青苗法学论丛

（第6卷）

QINGMIAOFAXUE LUNCONG

魏敬淼 / 主编

中国政法大学出版社

2023·北京

声　　明　　1. 版权所有，侵权必究。

　　　　　　　2. 如有缺页、倒装问题，由出版社负责退换。

图书在版编目（CIP）数据

青苗法学论丛. 第 6 卷 / 魏敬淼主编. —北京：中国政法大学出版社, 2023.8
ISBN 978-7-5764-1107-2

Ⅰ. ①青… Ⅱ. ①魏… Ⅲ. ①法学－文集 Ⅳ. ①D90-53

中国国家版本馆 CIP 数据核字(2023)第 179013 号

出 版 者	中国政法大学出版社
地　　址	北京市海淀区西土城路 25 号
邮寄地址	北京 100088 信箱 8034 分箱　邮编 100088
网　　址	http://www.cuplpress.com（网络实名：中国政法大学出版社）
电　　话	010-58908586(编辑部) 58908334(邮购部)
编辑邮箱	zhengfadch@126.com
承　　印	固安华明印业有限公司
开　　本	720mm×960mm　1/16
印　　张	24
字　　数	400 千字
版　　次	2023 年 8 月第 1 版
印　　次	2023 年 8 月第 1 次印刷
定　　价	99.00 元

前 言

《青苗法学论丛》是中国政法大学培训学院进行同等学力研修班培养模式改革系列举措的重要成果之一。中国政法大学培训学院集多年办学经验，优化课程设置，细化教学管理，在专业课程之外为同等学力研修班设置了论文写作与指导课程，并安排了在校博士生提供论文写作的具体辅导，为展示学员的学习成果，激励学员进行学术思考与学术写作，同时也为了学员之间相互启迪与促进，培养学员探索性的学术思维，营造良好的学术氛围，学院遵守学术规范，对遴选出的优秀习作汇集成册，公开出版。学员们的论文或许在文风上还有些稚嫩，在文字表达上还未能做到十分精准，在逻辑上也未能达成清晰缜密，但是，通过论文的写作，一定固化了知识，收获了思辨的乐趣，提升了对所研究问题的认知，增强了独立探索的信心与能力，并因为从选题到成文的过程受过折磨，性情受到磨砺，而使自己在面对问题与挫折时会变得更加坚强。

同等学力研修班的学员具有多学科背景，来自各行各业，有着丰富的实践经验，带着共同的法治情怀与提升自我的愿望汇聚到了法大的课堂，通过系统的专业课程学习，使自己的知识在总量上有了增长，而研修班"研"的能力培养，需要通过论文的写作来达成。培训学院重视学员的学术训练，充分利用学校各种资源助力学员学术品位与质量的提升，《青苗法学论丛》既为学员们提供了展示学习成果的舞台，也见证了每一位学员学术研究的美好起始。

法学是极其强调理论联系实际的学科，法学理论研究与法律实践之间的界限越来越模糊，所有的法律实践已离不开法学研究，论文的写作是提升学员法学研究能力的重要方式与关键环节。学术论文的写作固然离不开法学专业知识的积累、支撑，问题意识、创新精神与学术规范更是学术论文写作的三大必备基础。问题意识是对根据自己认知能力关注到的实际或理论问题产生怀疑，并在这样一种心态下始终以该问题为中心展开思维，通过比较分析、历史考察、社会调查、文献研究等研究方法去探求问题的最终答案。学术的魅力在于创新，创新精神要求学术论文要追求"异""争""全""新""远"。"异"的含义是不同，"异"有大有小，有形式上的，也有实质上的，最好的"异"体现在研究问题的结论上；"争"即争论、争辩，对同一法学问题，结论或命题应有不同见解，通过争辩产生主流观点或达成共识；"全"需要全视角、多方法、各方位验证自身观点；"新"意味着突破，能够不同程度、不同形式地补白前人未涉足的领域，填补学术研究的空白；"远"是基于现行制度、实施状况与已有成果，对未来提出比较合理、切实可行的发展方向见解。创新是学术论文写作的灵魂，最具挑战性，也最能给人带来成就的喜悦感。学术规范包括实质规范与形式规范。实质规范涉及论文选题的新颖性、创造性，资料收集的全面性、一手性，研究方法的科学性、适当性，纲目大小标题的确切性、精练性，论文内容结构的合理性、逻辑性以及研究结论的明确性。形式规范要求论文正、副标题要做到画龙点睛；内容提要要全面揭示论文要点，呈现各部分之间的逻辑关系，提示论文最具新意的内容；关键词应能反映论文的学术范围和思想；论文结构层次的序号、编号应规范、一致；文献的引用要符合规范；参考文献要坚持相关性、原始性和学术性；论文总结构应是提出问题、论证问题、得出结论三个部分；论文最后应有明确结论部分。学术论文的写作绝非易事，入选文集的学员已经进行了尝试，有了良好开端，我们相信学员们经过坚持不懈的努力，一定会收获满满，继而得到升华。

  青苗已破土而出、生根发芽，必将抽枝展叶、化木成林，并最终结出累累硕果。我们希望并相信学员们在各行各业、各个领域会助力我国法治国家、法治政府、法治社会的一体化建设，更希望未来法大以你为傲！

中国政法大学教授　魏敬淼

2023年1月7于北京小月河畔寓

目录
CONTENTS

退役军人优待证使用过程中的法律保障 / 朱李凯 …………………… 001
职场性骚扰雇主责任的判定 / 毛 琳 …………………………………… 005
突发公共卫生事件中社会补偿机制的合理化构建 / 许 鹏 …………… 009
常态化疫情防控下破产法改革的作用 / 翟金婷 ……………………… 014
个人信息保护的公私法协同机制研究 / 李子豪 ……………………… 019
网络暴力的法律控制 / 温佩君 ………………………………………… 024
论党内法规及监察问题分析及解决方案 / 赵 静 …………………… 028
论个人破产制度建构中如何界定
"诚而不幸"债务人 / 赵时语 ………………………………………… 032
司法警察办理司法制裁案件机制研究 / 闻嘉萱 ……………………… 037
论我国新刑法中的无限防卫权 / 陈 柳 ……………………………… 042
探究企业合同管理与法律风险防范措施 / 马照迪 …………………… 047
浅谈我国现阶段保留死刑制度的必要性 / 王旭铖 …………………… 051
浅谈银行理财产品的风险点及应对 / 孙靖璇 ………………………… 056
浅析强奸罪中"其他手段"的司法认定
——以办理"刘某强奸案"实务为视角 / 徐 臻 ………………… 060
浅析协议离婚中的冷静期制度 / 徐亚男 ……………………………… 065
人工智能时代侵财犯罪刑法适用的困境与出路 / 左伟斌 …………… 070
人力资本作为出资的规范探讨 / 张 爽 ……………………………… 074

我国税收激励政策中合格受赠人制度的

局限性及其完善 / 朱云飞 ……………………………………… 079

关于农村集体经济组织终止问题的思考 / 王靖茹 …………… 084

新形势下公职人员职务犯罪预防研究 / 王生童 ……………… 088

我国金融交易领域"买者自负"

原则的内涵及适用性研究 / 戴冀舟 …………………………… 092

浅析分公司作为单位犯罪主体的成立条件 / 苗英杰 ………… 097

在数字经济智能推动下个税的应用与发展 / 薛　飞 ………… 102

从刑法学视角看网络环境安全中的网络谣言治理 / 张　硕 … 107

比较视野下监察调查机制的域外考察

——以韩国为例 / 尹　航 ……………………………………… 111

企业合规改革视野下的单位犯罪及

刑事实体法的修改 / 张巡礼 …………………………………… 116

我国《反垄断法》中"经营者集中"

的不足与草案的改进 / 张泽华 ………………………………… 121

电信诈骗中被骗人取得骗子财物分析 / 曹文平 ……………… 125

"背靠背"支付条款的效力研究 / 许春燕 …………………… 130

论我国个人信息的法律保护 / 李月玲 ………………………… 135

论物业纠纷调解意义与法律方法 / 陈小刚 …………………… 139

法律视角下主播签约模式的选择及风险防范 / 陈晓璐 ……… 143

预重整机制的发展历程及其法律效果探究 / 李　伟 ………… 148

借名购房行为的效力分析 / 杨　芳 …………………………… 152

刑事法律援助的困境与对策分析 / 张　慧 …………………… 156

认缴制下股东出资义务加速到期制度

对债权人保护的研究 / 赵超楠 ………………………………… 160

由"罗伊诉韦德案"争议探讨堕胎权

背后的人格权保护 / 高雪枫 …………………………………… 165

个人破产制的立法构建 / 刘咏鸽 ……………………………… 169

《民法典》无效婚姻和可撤销婚姻制度研究／欧冬梅 …………… 173
网上银行格式合同的法律规制研究／陈　婉 …………………… 177
浅析未成年人检察工作对六大保护
　形成合力的促进作用／杜晓霞 ………………………………… 181
虚拟财产的法律性质研究／李晶晶 ……………………………… 186
监察回避转化制度之初探／张小峰 ……………………………… 191
智能穿戴设备中的敏感个人信息保护法研究／高铭瑜 ………… 196
隔代探望权的法律研究／姜中枢 ………………………………… 201
商标侵权行为中的商标性使用／李盛楠 ………………………… 205
功能性限定权利要求审查与解释／杨　爽 ……………………… 209
"一房二卖"法律适用问题研究／周丽娜 ……………………… 214
论网络服务提供者不履行"反通知"
　程序的责任认定／陈　新 ……………………………………… 219
论混合担保下担保人的内部追偿权／傅玲佳 …………………… 224
浅析房地产开发企业破产债权的清偿顺序／李彦超 …………… 229
论预约合同的效力认定／卢春竹 ………………………………… 234
论预约合同的识别／梁　林 ……………………………………… 238
农村宅基地拆迁后继承人的相关权益
　在司法实践中的探究／付　宇 ………………………………… 243
浅析预约合同的损害赔偿责任范围／沈飞鸿 …………………… 248
试论职务犯罪的预防
　——以国有企业管理人员为例／张盛云 ……………………… 253
合同之债和侵权之债下夫妻共同债务的认定／王　晓 ………… 258
论混合担保下担保人的内部追偿权／王忠鹏 …………………… 263
预约合同违约时的赔偿范围／徐　峰 …………………………… 267
论股权让与担保下的名义股东出资瑕疵责任／周超颖 ………… 271
论商标侵权中"双相似"与"混淆可能性"的认定逻辑／肖越心 ………… 275

人脸识别技术的法律风险和动态
知情同意机制的构建 / 黄娟华 ··· 279
股权代持在有限责任公司经营过程中
产生的若干法律问题及风险防范 / 李楚齐 ······································ 284
关于我国未成年人附条件不起诉制度探究 / 边巴吉巴 ······················ 289
论胎儿利益的民法保护 / 耿学文 ·· 294
论刑事司法中对律师庭外言论的规制与限度 / 蒋可馨 ······················ 299
诈骗罪和盗窃罪的区分 / 凌　云 ·· 303
如何有效打击有组织犯罪 / 刘嘉诚 ·· 308
洗钱罪与上游犯罪的共同犯罪的界限 / 刘新天 ································ 313
房屋拆迁纠纷解决机制存在的问题及对策 / 吕喜石 ························· 318
由"借腹生子"所引发的思考 / 马　珐 ·· 323
对过于自信的过失意志因素的分析 / 王　冠 ···································· 328
劳动合同中试用期的浅析 / 武秋月 ·· 332
优先于抵押权的企业欠税问题研究 / 潘琼芳 ···································· 336
论正当防卫中的退避义务 / 谢尚航 ·· 341
困境与出路
　　——青少年犯罪的法律问题探析 / 胥　文 ································ 345
违约金调减规则的适用困境与对策
　　——基于最高人民法院27个案例的实证考察 / 龚　莹 ············· 350
涉公法人民事案件执行的制度研究 / 马骏洵 ···································· 355
试述个人保险独立代理人的法律地位及其在寿险转型高质量
发展中的作用 / 欧　丹 ·· 360
《民法典人格权编（草案）》第1034条（个人信息）评注 / 田　娜 ······ 365
关于刑事拘留中"路途时间"的界定及有关规范的探讨 / 丘良尉 ······ 370

退役军人优待证使用过程中的法律保障

朱李凯*

(中国政法大学 北京 100088)

摘 要：为充分体现对退役军人的尊重，保障退役军人充分享受社会各方面的优先照顾、优惠便利和优质服务，国家决定发放退役军人优待证。但在实践中，对退役军人优待的保障还存在意识观念比较淡薄、制度设计不够完善、维权途径不够明确等问题。为进一步保障持证人在享受优惠政策过程中的合法权益，我国可以从强化观念意识、完善法律保障和明确维权途径等方面进行完善。

关键词：退役军人优待证 退役军人优待权益 合法权益保障

一、退役军人优待证出台的背景和意义

（一）退役军人优待证的出台背景

退役军人优待证系2018年退役军人事务部组建时提出，旨在贯彻落实党中央决策部署，构建退役军人荣誉体系，关心、优待退役军人，保护退役军人合法权益，激励广大官兵建功军营，增强军人的荣誉感、获得感、幸福感，在全社会营造"让退役军人成为全社会尊重的人，让军人成为全社会尊崇的职业"的浓厚氛围。退役军人优待证牵涉面广，背后需要一系列法规政策和技术体系的支撑。[1]从提出到申领退役军人优待证，经历了三年多时间。

---

* 作者简介：朱李凯（1991年-），男，汉族，湖南娄底人，中国政法大学同等学力研修班2022级学员，研究方向为社会法学。

[1] 雷鸿竹、程惠、李博文："新时代下退役军人服务模式的改革观察与整合协同研究"，载《中国军转民》2022年第6期。

2020年《退役军人事务部等20部门关于加强军人军属、退役军人和其他优抚对象优待工作的意见》明确提出建立优待证制度。2021年1月1日施行的《退役军人保障法》[1]首次将退役军人优待证写入法律。随后,退役军人事务部公布了《退役军人、其他优抚对象优待证管理办法(试行)》(以下简称《优待证管理办法(试行)》),进一步规范了优待证相关管理制度。2021年12月14日,退役军人事务部正式启动退役军人优待证申领仪式。

(二)退役军人优待证的意义

退役军人优待证由退役军人事务部与合作银行共同制作,是退役军人和烈士遗属、因公牺牲军人遗属、病故军人遗属等其他优抚对象彰显荣誉的载体、享受优待的凭证。其中,退役军人优待证系面向符合条件的退役军人发放。从实践来看,退役军人优待证主要有三个方面的作用:

第一,彰显持证人荣誉。退役军人优待证是针对退役军人本人发放,是对持证人光荣服役历史和贡献的一种肯定和证明。退役军人优待证的广泛使用能够不断提升社会的关注度和认可度,在社会上营造尊重退役军人的良好氛围,进一步增强退役军人的荣誉感。[2]

第二,便于识别身份。以往,不用类型的退役军人持有的证件不同,各个时期的证件式样也不同,无法即时甄别身份。而退役军人优待证系全国统一制发、统一编号、式样一致,证件上载明了退役军人优待证种类名称、持证人姓名、性别、肖像照、发放单位等信息,且证件内含芯片以加密方式储存上述信息。退役军人优待证能够使整个社会都能有效识别退役军人的身份。[3]

第三,待遇落实凭证。退役军人在享受普惠性政策和公共服务的基础上,可以凭借退役军人优待证这一载体,享受多元化的优待服务。既包括国家层面给予的精神激励、退役军人事务部与合作单位的优待类协议所涉及的服务,也包括各地政府面向持证人提供的社会保险、住房、医疗、交通、文化、帮扶援助等方面的优待服务,还包括其他社会组织、企业自发提供的面向退役军人的优待服务。

---

[1]《退役军人保障法》,即《中华人民共和国退役军人保障法》。为表述方便,本书中涉及我国法律文件直接使用简称,省去"中华人民共和国"字样,全书统一,后不赘述。

[2] 岳鑫、李瑛琳:"浅谈退役军人安置与就业问题及其对策",载《才智》2021年第1期。

[3] "独家专访!关于优待证,你还需要了解这些",载中华人民共和国退役军人事务部:https://www.mva.gov.cn/xinwen/xwfb/202112/t20211216_54180.html,最后访问日期:2022年8月14日。

二、退役军人优待证权益保障中存在的问题

针对退役军人优待证持有人合法权益的法律规定不多，《退役军人保障法》和《优待证管理办法（试行）》尽管有相关规定，但涉及的条款不多。仅在《退役军人保障法》第 15 条、第 53 条和《优待证管理办法（试行）》第 10 条至第 13 条中有相关规定。退役军人优待证所承载的持有人优待权益保障功能在实践中还存在以下问题：

（一）意识观念比较淡薄

由于《退役军人保障法》《优待证管理办法（试行）》出台时间不是很长，导致部分民众对上述法律规定的理解还不够深入、全面，对退役军人优待证的基本功能尚存在认知偏差。笔者在 L 市各县市区、乡镇（街道）、村（社区）调研退役军人优待证发放工作的过程中，发现部分退役军人对《退役军人保障法》及退役军人优待证的认识仅停留在知道有这回事但是了解不多的层面。这不仅与相关政策宣传力度有待进一步加强有关，更直接的原因是退役军人及相关服务行业从业人员意识淡薄，没有充分认识到退役军人优待证出台的背景和重大意义。

（二）制度设计不够完善

在退役军人优待证申领工作全面铺开的背景下，已经有越来越多的退役军人申领到了退役军人优待证，在这一背景下保障退役军人优待证日常使用的法律法规还需要得到进一步完善。目前，优待服务几乎都是国家及各省（自治区）鼓励企业、社会组织及社会各界主动提供，存在标准不够明确、各地不统一的问题。在社会主义市场经济飞速发展的今天，面对多元化、复杂化的发展趋势，确保优待服务落到实处的相关法律法规还较少，体系尚不够完善。不少服务场所还没有形成统一的服务标准，没有明确责任主体，在如何确保优待服务落地及持证人如何维护自己的合法权益等问题上，缺乏可遵循的原则和具体的操作性规则。

（三）维权途径不够明确

现有相关法律只规定了退役军人优待证持有人享受的优待权益，鼓励企业、社会组织及社会各界提供优待服务，但对优待权益受到侵害时持证人如何维护自己的合法权益却并没有作出明确的规定。并且，在司法实践中，对退役军人群体的优待尚有不足，没有形成便利、有效的法律服务保障机制。

这些问题的存在：一方面将造成优待权益维权难，持证人不愿或者不懂维护自己的合法权益；另一方面也会助长侵犯退役军人优待证持有人合法权益的风气。

三、对策建议

（一）强化观念意识

退役军人优待证是新时期的新事物，国家、社会要提升对《退役军人保障法》的普法力度，尤其是要在退役军人工作主管部门工作人员和退役军人、其他优抚对象这些特定群体范围内，加强对各相关优抚法律及相关诉讼程序的宣传，形成全社会尊重退役军人、支持退役军人优待的良好风气；营造工作人员自觉保障、维护退役军人合法权益的良好氛围；培养退役军人知晓如何依法有效维护自身权益的权利意识。

（二）完善制度设计

加强顶层设计，完善体系保障。目前，对持证人社会优待权益的相关保障多为政策性文件和地方性法规，法律效应和保障功能相对较弱，可进一步细化、完善社会优待权益保障的相关法律法规，提升法律体系的支撑力度。我国在结合社会发展现状，丰富优待服务范围和内容的同时，要进一步制定统一的行业服务标准，进一步明确服务责任主体，建立健全问责追责机制。以法律先行、制度护航的方式来确保优待服务真正落到实处，确保每一位持证人的合法权益都能得到切实的保障。

（三）打通专项维权途径

进一步提升退役军人优待证保障在司法领域的落实力度，完善针对退役军人及其他优抚对象的法律服务。退役军人优待证在日常使用过程中的保障不应该仅仅只是体现在制度建设方面，更主要的是要体现在行政执法、司法保障方面。如可结合热线电话、微信小程序、手机APP等多媒体互联网平台，建立专门的民众监督举报渠道，在以鼓励民众监督的方式保障服务质量的同时，也能为持证人维护自己的合法权益提供更加便利的服务。同时，基于持证人身份的特殊性，可充分依托各乡镇（街道）、村（社区）退役军人服务站，与基层法院、乡镇（街道）、村（社区）司法所、法庭等单位合作，开辟绿色通道，打通横向联通渠道，通过提供一站式法律援助服务，帮助退役军人优待证的持证人维护自身合法权益。

职场性骚扰雇主责任的判定

毛 琳*

(中国政法大学 北京 100088)

摘 要：性骚扰对受害者的伤害不仅仅停留在身体层面，其会对受害者的精神以及潜在受害者造成严重威胁。目前，对性骚扰的防治在世界范围内都面临着前所未有的挑战，其界定模糊、取证艰难、责任划分复杂，使得司法实践难以推行。其中，职场性骚扰更加普遍和复杂。在职场性骚扰中，雇主应该扮演怎样的角色、承担何种责任是现行法律亟须解决的问题。为预防此类事件的发生，近年来，我国立法机关和司法系统一直在努力推行各项办法，并逐步完善相应的法律法规，保护受害者权益，但相关工作仍任重而道远。

关键词：性骚扰 职场性骚扰 雇主责任

一、现实情况

职场性骚扰是在全球范围内并不少见的现象，2021年美国的一项调查显示：有44%的人经历过或正在经历职场性骚扰。[1]而在28个欧盟国家中，有超过75%的职场女性曾经经历过职场性骚扰。[2]然而，在经历性骚扰后，受害者上报雇主并得到相应支持及援助的案例少之又少。2018年，一项针对

---

* 作者简介：毛琳（1995年-），女，汉族，黑龙江哈尔滨人，中国政法大学同等学力研修班2022级学员，研究方向为社会法学。

[1] The All Voices Team, "The State of Workplace Harassment 2021", *ALL Voices* (Sept 1, 2021), https://www.allvoices.co/blog/the-state-of-workplace-harassment-2021.

[2] Eric Carlson, Irini Proios Torras, Dina Deligiorgis, "Handbook: Addressing Violence and Harassment Against Women in the World of Work", *UN Women and International Labour Organization*, 2019, 28.

100家企业的调查发现：有81%的公司没有制定与反性骚扰相关的政策，有12%的公司有相关政策却并未执行。一项针对女性记者的调查也显示：仅仅有3%的人在上报性骚扰之后得到了相应的反馈。而职场中相应政策的缺失也直接导致了在职场性骚扰案件中雇主规避责任或不采取相应措施。此外，司法政策的缺失以及取证的艰难也使得雇主责任的判定变得艰难。明确职场性骚扰中的雇主责任，不仅仅是职场规范的必要条件，更是保护受害者以及潜在受害者权益的必然要求。

雇主在职场性骚扰的判定中占据重要地位主要系基于以下几点原因：首先，雇主提供的工作环境决定了性骚扰发生风险的高低，职场性骚扰发生的外部条件为雇主所提供；其次，雇主对性骚扰事件的防治，是此类案件得到有效解决并避免再次发生的首要条件；再次，只有让雇主承担责任才能使职场性骚扰问题得到重视；复次，雇主的配合能够为证据的收集提供便利；最后，良好的工作环境是高效益产出的必要条件，办公环境内性骚扰的频繁发生，必定会影响经济效益。职场性骚扰案件中，雇主承担责任的必要性不止于此，但毋庸置疑的是，在职场性骚扰案件中，雇主有不可规避的责任。

二、法律规定和司法实践

2005年，我国《妇女权益保障法》首次增设了防止性骚扰的相关规定，弥补了我国司法系统在此问题上的空白。其规定："禁止对妇女实施性骚扰。受害妇女有权向单位和有关机关投诉。"此外，《女职工劳动保护特别规定》第11条规定："在劳动场所，用人单位应当预防和制止对女职工的性骚扰。"第15条指出："用人单位违反本规定，侵害女职工合法权益，造成女职工损害的，依法给予赔偿；用人单位及其直接负责的主管人员和其他直接责任人员构成犯罪的，依法追究刑事责任。"2021年《民法典》施行后，性骚扰被正式纳入"人格编"，使得国内在性骚扰防治道路上又向前迈了一大步，为此类问题提供了法律解决方案。《民法典》对性骚扰作出了明确定义，即违背他人意愿，以言语、文字、图像、肢体行为等方式对他人实施性骚扰的，受害人有权依法请求行为人承担民事责任，并规定机关、企业、学校等单位应当采取合理的预防、受理投诉、调查处置等措施，防止和制止利用职权、从属关系等实施性骚扰。

2021年3月8日，上海市杨浦区人民法院庭审并一审宣判了一起性骚扰案件，成为《民法典》生效后首例审结的此类案件。[1]案件中，受害者自2019年起受到被告通过言语、电话、短信、偷窥、尾随等多种形式实施的骚扰。受害者于2020年将此事报告至用人单位，被告被要求写下保证书，但这并未使被告停止此类行为，此后被告再次对受害者进行性骚扰，导致受害者承受了巨大的精神压力，并被迫休假在家。经过庭审，法院判定被告的行为构成对原告的性骚扰，应当承担相应的法律责任，并判处被告赔偿原告各项费用总计98 000元。在此事件中，雇主采取的行为仅仅是要求施害者写下保证书，并未采取其他杜绝此类事件再次发生的措施，间接导致受害者承受了巨大的精神压力并影响到了生活及工作。在此次案件中，雇主并未承担道德义务及法律义务，虽然受害者的主张得到了法律的支持与保护，但这对职场性骚扰的防止来说是远远不够的。雇主责任在此案件中的缺失，使得同类案件并不能得到雇主的重视，无法使办公环境内的性骚扰被完全杜绝。

三、现实困境与问题

在上述案件中，施害者得到了应有的惩罚，但并不是每一个职场性骚扰事件均能得到解决，职场性骚扰问题之所以难以被解决、雇主责任之所以难以被划定是有多方面原因的。

（一）受害者污名化

2015年，新浪的一项调查显示：在遭遇性骚扰之后，仅有4%的女性及3%的男性会选择报案或报告给相关部门。而美国的一项针对女性在遭遇性骚扰后不报警原因的研究显示：有66%的受害者因为认定自己对性骚扰的发生也负有一定责任而选择不报告性骚扰，80%的受害者因担心事件曝光而不报告性骚扰，78%的受害者因为对性骚扰感到羞耻或尴尬而选择不报告性骚扰。显然，受害者污名化是报案率低的一大主要原因。[2]受害者或者受害者家属往往会由于感到羞耻，或者抱有"被人知道，对自己名声不好"的想法而选择沉默。此外，担心被报复也是影响报案率的一大原因。报案率的低下，自

---

[1] "骚扰信息、偷窥、尾随……民法典实施后上海首例性骚扰损害责任纠纷案宣判"，载中国长安网：http://www.chinapeace.gov.cn/chinapeace/c100045/2021-03/17/content_12462721.shtml，最后访问日期：2022年8月23日。

[2] Jeffrey Jones et al., "Why Women Don't Report Sexual Assault to the Police: The Influence of Psychological Variables and Traumatic Injury", *The Journal of Emergency Medicine*, 36 (2008), 417~424.

然会导致此类问题难以被解决。

(二) 性骚扰界定模糊

虽然《民法典》明确了性骚扰的定义,然而却并未明确指出界定性骚扰的门槛。如何划分性骚扰的程度,不同程度的性骚扰分别将受到何种程度的惩罚,雇主在此类案件中将承担何种责任,在何种情况下雇主将受到何种程度的惩罚。此类规定的缺失导致了归责困难,亦可能导致相似案件的施暴者被判处不同程度惩罚现象的出现。

(三) 取证困难

在调查阶段,受害者往往会被要求提供证据,然除去通过电话或短信等方式进行的性骚扰外,其他形式的性骚扰并没有行之有效的方法来加以证明。由于性骚扰常常伴随言语骚扰及违背意愿的身体接触,因此很难留下实体证据,这使得对证据的收集存在很多阻碍,在无法证明性骚扰发生时如何保护受害者的权益也需要立法者加以考量。

四、防治对策建议

首先,法律中的雇主归责原则需要得到完善。法律明确规定雇主在职场性骚扰中应当承担的义务和责任是使雇主重视并积极预防、调查、制止性骚扰的有效办法。其次,企业应加强监管,强化相应政策,明确员工责任,在办公环境内做到对性骚扰"零容忍",不包庇、不维护,一有发生,即对施害者进行追责。再次,推行相关援助活动,为员工提供法律咨询及心理疏导,使受害者能够第一时间得到有效帮助。最后,企业应定期组织相关培训,增强员工守法、用法意识,普及性骚扰相关知识以及防治办法,并为受害者去污名化。

性骚扰是世界范围内的普遍现象,其中职场性骚扰十分常见。职场性骚扰不仅仅是对受害者身体的伤害,更是对受害者精神及生活的伤害。很多受害者在经历性骚扰后会承受巨大的心理压力,甚至罹患精神类疾病,难以回到职场,生活发生翻天覆地的变化。完善相关法律法规,不仅仅是对受害者权益的维护,更是可以体现社会的发展、司法的进步以及正义的执行。

突发公共卫生事件中社会补偿机制的合理化构建

许 鹏[*]

(中国政法大学 北京 100088)

摘 要：新型冠状病毒肺炎疫情暴发以来，政府的财政负担加重，人民生产生活水平下降，引发了大量关于完善社会补偿机制的讨论。近年来，我国学术界对突发公共卫生事件社会补偿机制的立法必要性、经费保障机制等问题做了深入讨论和研究，这些探讨主要集中在法理渊源和财政预算方面，针对管理体系建设问题的讨论较少。本文认为，突发公共卫生事件社会补偿机制的合理化构建是从法治、经济、管理等方面加强卫生应急管理体系建设的一个过程，并就相关问题提出了部分设想。

关键词：新冠肺炎疫情 突发公共卫生事件 社会补偿制度

一、研究背景

突发公共卫生事件（以下简称"突发事件"），是指突然发生，造成或者可能造成社会公众健康严重受损的重大传染病疫情、群体性不明原因疾病、重大食物和职业中毒以及其他严重影响公众健康的事件。建立合理的社会补偿机制，对于维护社会的公平与稳定而言尤为重要。白小平教授指出，社会补偿是社会法领域的利益调整方法，区别于以过错为前提的传统损害赔偿救济方式，社会补偿制度是将无过错的不幸损害转由全社会进行合理分担，这

---

[*] 作者简介：许鹏（1990年-），汉族，北京人，中国政法大学同等学力研修班2022级学员，研究方向为社会法学。

会使得对受损者的利益补偿义务社会化。[1]

二、面对突发事件建立合理的社会补偿机制的必要性

我国的突发事件社会补偿机制主要由法律法规、政策、社会及商业保险、财政补贴、社会福利与社会互助等组成。构建更为完善的突发事件社会补偿机制，有助于国家在面临突发事件时及早介入，可以为事前预防提供基础、为事中救援提供保障、为事后防止风险扩散和损失补偿提供支持，从而减轻财政压力、维护社会稳定。

三、目前我国社会补偿机制存在的不足与困难

（一）突发事件社会补偿机制的法律支撑不足

目前，我国没有专门的突发事件社会补偿法律依据，《突发事件应对法》《突发公共卫生事件应急条例》《传染病防治法》均未规定国家和社会对传染病人和困难人群进行照顾和补偿的范围和标准。相关法律法规在法律责任部分主要强调的是行政责任，个体违法根据其主观意愿和危害程度受到《治安管理处罚法》第 50 条的行政处罚或基于《刑法》第 114、115、330 条承担相应的刑事责任，但其民事责任因侵害对象不明确等原因在《民法典》中无对应法条和赔偿标准。

（二）突发事件应急管理体系建设仍需加强

在统筹应急力量、物资以及调度能力问题上，我国卫生应急办公室不如专门的应急管理部门那般全面和有力。我国应急管理部未设置卫生应急管理机构，缺乏常态化监管，在新型冠状病毒肺炎疫情暴发初期暴露出了报告系统不独立、响应不及时、预防准备不充分、统筹调度能力不足等问题。实践中，各地联防联控机制政策要求不一致，造成了社会生产生活成本抬高等问题。基于此，我国亟须重新构建一个承担更多职能的、全面的突发事件应急体系。

（三）突发事件社会补偿基金的筹措与分配机制有待完善

现阶段，我国的突发事件社会补偿资金主要来自财政拨款、医保基金、

---

[1] 白小平:"社会补偿的社会法证成——以灾后房屋修复重建社会补偿为视角"，载《前沿》2015 年第 8 期。

捐赠和保险；物资主要来自储备、调拨、捐赠和生产力紧急扩能。在疫情持续蔓延时面临诸多考验：

第一，财政经费设置不够科学合理，导致补偿成本增加。《突发事件应对法》第31条和《突发公共卫生事件应急条例》第6条均规定应急处理经费保障的责任主体为县级以上人民政府，但对保障的程度未作出明确规定，只能根据各级政府的财力或行政偏好来安排预算，[1]势必存在预算不足问题。

第二，筹措和补偿机制有待完善和细化，财政资金兜底模式不利于对社会资源进行整合与利用。目前，我国以财政补偿作为绝对主导，并通过政策调整以达到稳经济、保民生、提高防疫效率等目的。从新型冠状病毒肺炎核酸检测费用来看，根据国家医保局《关于降低新冠病毒核酸检测价格和费用的通知》的要求，2022年常态化多人混检，1个月内检测费用就达到216亿元，[2]防疫费用若全部由财政补贴支出，将会给国家财政造成巨大负担。

四、建构社会补偿制度的设想

（一）完善法律体系构建

构建独立的社会补偿法律体系应注意以下几点：

第一，明确统筹机制。一是国家应当设立公共卫生专项资金统筹规范，根据地区风险防范水平和财政收入明确各级财政拨付系数。二是扩大统筹范围，将部分医保基金、工伤保险和商业保险纳入体系，对适用情况进行补偿，避免财政资金过度投入。

第二，明确补偿启用条件、范围和标准。应根据《国家突发公共卫生事件应急预案》确定突发事件等级，启用不同的补偿方案，细化补偿项目，为突发事件社会补偿对象、范围、形式和标准提供法律依据，避免资源浪费。

第三，明确违法责任。我国公共卫生法律保障体系主要规范卫生行政行为，对个体的约束不够全面，导致部分个体漠视规则，增加了防控工作难度，造成公众健康损害或社会经济损失。对此，我国应对《民法典》"侵权责任编"作出新的司法解释，明确规定违反《传染病防治法》的人员所应承担的

---

[1] 黄东平："突发公共卫生事件应急处理经费保障机制研究"，载《中国总会计师》2020年第6期。

[2] "常态化核酸检测的经济账：一年成本上限约为1.7万亿元人民币！"，载中国网：http://henan.china.com.cn/finance/2022-05/11/content_41966627.htm，最后访问日期：2022年8月31日。

民事赔偿范围、赔付比例或标准,用以补偿其他受害群体或个人。

(二)健全现有应急管理体系

笔者认为,我国可在应急管理部下设卫生应急管理部门,对突发事件的预防保障、应急救援、补偿措施进行全面监督与管理。在应急保障方面采取以下改进措施:

第一,设立突发事件应急保障基金。明确公共卫生专项资金统筹标准,设定突发事件应急保障基金所占比例,本年度未使用完的资金结转下一年度滚存使用。在无疫情发生且滚存资金较多时,可参照养老基金的管理方式,确保资金的保值、增值。[1]

第二,合理配置应急物资的投入与利用。我国应从人口密度、人员流动性、基础卫生服务设施等维度评估不同地区的突发事件防控难度并划分防控等级,根据不同地区的等级充分分配卫生应急物资并进行管理,对临近保质期的物资,通过组织应急演练、教学、日常防疫等方式进行轮新,时刻保持各级防控关口的卫生应急物资处于完好备用状态。

(三)建立全面兼具正向的补偿模式

在健全社会补偿机制时,不仅要关注事中应急救援和事后安置补偿,还要加强事前预防的经济技术投入。应秉承生命至上和预防为主的原则,建立突发公共卫生事件应急机制和区域公共卫生联防联控机制。[2]新型冠状病毒肺炎疫情防控期间,国家大力推行疫苗接种服务,由医保基金滚存结余和财政资金共同承担疫苗费用和接种费用,个人不负担费用。[3]医保基金承担预防性疫苗费用和大规模核酸检测费用,标志着基本医保从疾病保险向健康保障转型,[4]是公共卫生资源向主动补偿方向的一次跨越,而后还可以配合疫苗接种险,打消民众顾虑,为疾病预防工作提供保障。

(四)建立多渠道筹资机制,鼓励社会捐赠和商业保险介入

我国公共卫生专项资金难以满足应急支出需求,政策和财政补贴因需要

---

[1] 黄东平:"突发公共卫生事件应急处理经费保障机制研究",载《中国总会计师》2020年第6期。

[2] 朱淼:"全球突发公共卫生事件相关法律制度的完善",载《开封大学学报》2021年第4期。

[3] 宋华琳、邹志:"突发公共卫生事件防控中全民预防接种的法治完善之道",载《医学与法学》2021年第4期。

[4] 鲁全:"社会保障在重大突发公共卫生事件中的功能研究",载《中共中央党校(国家行政学院)学报》2020年第3期。

分析和组织动员而具有滞后性，导致在突发事件初期可用资源有限。《社会保险法》第30条规定，应当由公共卫生费用负担的医疗费用不纳入基本医保基金支付范围。一方面，应当通过加大表彰力度、减免税费，鼓励社会捐赠；另一方面，还应遵循发展保险事业的要求，进行险种、风险和收益的建模测算，增加突发事件的补偿险种。例如，在新型冠状病毒肺炎疫情暴发期间，宁波市财政局于2020年12月28日与人保财险总公司签订了全国首个突发公共卫生事件保险合同，该险于宁波市启动突发事件Ⅰ级应急响应后1周内即对统筹款项进行了赔付，[1]这是政府购买突发事件保障类保险的一次有益尝试和突破。

---

〔1〕 宁波市地方金融监管局："完善公共卫生应急管理体系的财政解决方案——全国首创公共卫生突发事件保险启动赔付助力疫情防控工作"，载宁波市地方金融监管局网站，http://jrb.ningbo.gov.cn/art/2021/12/16/art_ 1229023523_ 58896722.html，最后访问日期：2022年8月31日。

常态化疫情防控下破产法改革的作用

翟金婷[*]

(中国政法大学 北京 100088)

摘　要： 新型冠状病毒肺炎疫情对我国目前的社会经济环境造成了重大影响，有相当数量的企业面临着资金短缺、无法正常经营等难题。从法治层面上来看，企业破产危机日益加剧。在这样的环境背景下，法院应精准判定破产缘由，立法者应进一步完善破产法、采用多种多样的现代化信息技术。政府也应与法院联动，从不同渠道解决企业破产审理中遇到的问题，防止衍生出更多与此相联系的社会问题。

关键词： 常态化疫情防控　破产法

自2019年末起，新型冠状病毒肺炎疫情在全世界范围内暴发，在全球引发了一系列严重影响，国内经济环境发生了巨大变化。与此同时，国际经济贸易形势也不容乐观。在这样严峻的背景下，我国的许多企业正面临着巨大的风险，甚至处于债务困境中。在2022年全国人民代表大会的政府工作报告中，时任总理李克强指出："我国经济尚处在突发疫情等严重冲击后的恢复发展过程中，国内外形势又出现很多新变化。"当前，世界经济广泛、持续地受到疫情的影响，同时也受到了国家间冲突的打击，由此造成了经济的严重衰退，产业链与供应链被切断，国际投资总额显著下降，大宗商品市场波动不断。受其影响，我国国内的消费投资、进出口贸易额都有所下滑，就业难等问题日益凸显，企业面临着严峻的考验。在宏观层面上，资本市场金融风险加大，常态化疫情防控也使得基层财政收支矛盾加剧。无论是在微观层面还是在宏观层面，都迫切

---

[*] 作者简介：翟金婷（1992年-），女，汉族，吉林省四平市人，中国政法大学同等学力研修班2021级学员，研究方向为经济法学。

需要法律和政策上的支持与扶助，以求能够帮助企业积极面对挑战，保障民生。

2020年5月15日《最高人民法院关于依法妥善审理涉新冠肺炎疫情民事案件若干问题的指导意见（二）》（以下简称《涉疫案件指导意见》）。《涉疫案件指导意见》对破产法进行了改革与完善，在制度层面上为应对疫情造成的一系列社会问题提供了法治保障。

为此，本文首先需要分析新型冠状病毒肺炎疫情到目前为止给企业与社会造成的影响。其次，从破产法的角度切入，讨论在常态化疫情防控的背景下破产法实施发生的变化。最后，从立法与执法层面提出相应的精准应对措施，在坚持市场化、法治化原则的基础上，运用多种手段灵活解决在破产法实践中有可能面临的各种问题，以更好地面对未来的机遇与挑战。

一、疫情对企业与社会的影响

为应对新型冠状病毒肺炎疫情，各地政府都采取了严格的防控措施。在这样紧张的氛围环境下，人员流动显著减少，企业的经营成本大大增加，导致企业额外负担了高昂的成本。也有部分企业无法正常完成预定生产计划，甚至无法从事日常的经营活动。从底层企业积累的生产风险、违约风险逐步传导至整个供应链和担保链，严重增加了流动性风险，提升了信用违约发生的可能性。如果不能出台相应政策对上述情况加以引导和控制，发生局部性经济危机的可能性就会上升。

我国的经济增速自2011年至今持续放缓，企业所面临的前景本就不容乐观。加之疫情的不断反复严重影响了企业的有序复工复产。在这种背景下，许多企业将被淘汰出局。在这次"大洗牌"中，现金流紧张甚至断裂是企业普遍面临的问题。企业如果不能维持资金的有效运转，就会面临一系列违约问题，进而导致破产。

二、常态化疫情防控下破产法的实施

在疫情带来的严峻考验下，法院在审理破产相关案件时极其重视对破产企业的保护与挽救。[1] 这一举措立足于破产法的立法宗旨，体现了公平正义

---

〔1〕 王琳、姚正海："新冠肺炎疫情对江苏省中小企业的冲击和对策研究"，载《经营与管理》2022年第2期。

的司法理念，适用于当下经济复苏的发展需要。从破产法的发展历程来看，破产法制的发展趋势如下：处置对象由个体转向财产、追责由不免责转向免责、处置方式由惩罚转向保护。[1]识别出诚实而不幸的债务人，为他们提供保护，使其在清偿债务后有免责和重生的机会是现代破产法的重要宗旨。

（一）尽全力化解债务危机

新型冠状病毒肺炎疫情的不断反复严重干扰了企业的有序复工复产进程，加之由市场变化引发的流动性紧缺等问题，导致许多企业无法依约进行债务清偿。但是，部分企业目前的困境只是暂时受困于形势，当条件具备时，其清偿能力尚有恢复的余地和空间。对这些企业，国家应进行引导与帮扶，区别对待，综合多方力量，共同解决问题，助其平稳度过危机。《涉疫案件指导意见》第17条规定，若企业因为疫情原因，无法按期履行债务约定，法院应积极促进合同双方进行协商。同时也可以积极引导合同双方进行庭外调解，通过庭外重组预重整等手段向破产企业施以援手。

企业挽救法律机制效果的完全体现离不开对企业破产原因的精准甄别。《涉疫案件指导意见》第18条指出，在判定企业实际情况与破产受理条件是否相符时，法院应将持续经营能力、行业未来状况等因素广泛纳入考量。需要明确企业是否有清偿到期债务的能力，具体来说是明确企业是否仍然具有持续经营的能力。其次，在债务人违约时，需明确其丧失清偿能力的情况是否具有完全性和长期性。

（二）加强执行程序与破产程序的有效连接

在当前特殊的社会经济背景下，执行与破产工作尤其是"执转破"工作，也需在其法治基础上发展，以适应常态化疫情防控的新需要。《涉疫案件指导意见》第19条第1款对这一内容作出了明确的规定，提出了执行与破产程序有效联合的重要性。在实践中，要对企业进行积极引导，通过破产重整、和解程序等多种渠道，多方位帮助企业度过债务危机。明确"执转破"本质，消除模糊认识，明确其实施与发展方向，是对破产企业实施保护与拯救的必要条件。

在当今特殊的环境及执法背景下，我国应当更审慎、精确地开展执行与

---

[1] 王佐发："'市场主体友好型'破产法：理论反思与制度建构——兼论中国破产法的修改"，载《中国政法大学学报》2021年第4期。

破产工作。在一定程度上降低由企业破产造成的社会压力的同时，要积极采取相应举措，全面帮助广大企业应对危机。

(三) 适当延长法定期限

为了应对疫情，各地都出台了相应的防控措施，企业的生产经营因此受到了或多或少的影响。《涉疫案件指导意见》对这一现状进行了考量，以债权人权利保护为出发点，对受到影响的破产程序相关法定期限予以酌情放宽。

《涉疫案件指导意见》规定："受疫情或者疫情防控措施影响案件的债权申报期限，可以根据具体情况采取法定最长期限。"《涉疫案件指导意见》不仅对线下程序进行了期限延长，也增加了重整计划或和解协议的期限。在破产重整程序中，基于防控政策或突发疫情等原因出现相关情况时，法院也可以依法延长其期限。如因为实际条件不允许召集投资人、无法实施尽职调查、不能进行谈判等，无法如期提交重整计划草案，法院可以在法定期限中剔除受影响的期间，但一般不得超过6个月。

三、降低疫情影响，缓解营商困境

在新型冠状病毒肺炎疫情的影响下，企业作为社会经济的重要组成部分受到了巨大的冲击。将新型冠状病毒肺炎疫情的影响降至最低，不仅需要政府的政策支持，也需要通过法制的改革助力企业应对挑战。

首先，要着力保护正处于破产程序中的企业的继续经营价值。这不仅有益于债权人，对整个社会的经济发展而言也是至关重要的。[1]与此同时，还应将共益债务融资的制度功能体现出来。在实践中，处于破产受理过程中的企业往往在先前的一段时间内就已经处于破产边缘，其可供担保的资产往往存留不足，难以获得融资。共益债务制度能够在一定程度上有效地解决上述问题，也契合全球范围内债务清偿制度的未来发展方向。

结　语

在未来的发展过程中，我们还需要兼顾法律法规及政策制度的适用性与准确性。如通过政府设置相关的各类政策性基金，用于支付在破产案件审理

---

[1] 参见郁琳、樊星："常态化疫情防控中破产审判的法律适用问题"，载《法律适用》2020年第15期。

过程中的缺口，或用于解决由破产问题引发的一系列社会难题。政府应与法院联合起来，共同解决由破产引发的各种社会问题，并在全国进行推广。完善税收制度，根据实际情况调整正处于破产挽救程序中的企业的征税额。综上所述，当前的社会经济环境与国际形势要求我们加快深化改革，加速经济转型，顺利实现"六稳""六保"的目标，积极应对未来可能出现的机会和挑战。

个人信息保护的公私法协同机制研究

李子豪*

(中国政法大学 北京 100088)

摘 要：《个人信息保护法》的制定出台为个人信息保护提供了全面、充分的规范依据，但涉及个人信息保护的法律制度体系建设仍然存在较大空间。个人信息权益既具有私法属性，也具有公法属性，需要多元保护机制的共同发力。个人信息保护不能局限于公法或是私法，而是要采取一种公私法协同的保护机制，通过法律法规完善、救济机制优化、社会各个层面的广泛参与和个人信息保护意识的提升等方式打造严密、有效的个人信息保护机制。

关键词：个人信息 《个人信息保护法》 公私法协同机制

自从《个人信息保护法》制定实施以来，个人信息保护便成了全社会的共识，相关法律法规体系也在不断完善。然而，随着信息社会发展的不断深入，个人信息保护法律体系的建设仍然存在较大空间。

一、个人信息保护的法律机制及其局限

随着信息社会的不断成型，个人的数字化身份和信息变得越来越重要，与此同时，个人信息侵权也在不断发生，对个人权益造成重大威胁。在此背景下，我国立法机关通过修正《刑法》、制定《民法典》《个人信息保护法》等重要法律进行回应，建立起了比较完善的个人信息保护机制。然而，个人信息在属性上仍然存有争议、不同部门法之间衔接不畅、个人信息保护的社会责任和国家义务定位不清等问题导致个人信息保护机制仍然存在着较大的

---

* 作者简介：李子豪（1990年-），男，满族，北京昌平人，中国政法大学同等学力研修班2021级学员，研究方向为刑法学。

完善空间。具体体现为以下三个方面：

第一，个人信息的法律属性存在争议。《民法典》第1034条第2款规定："个人信息是以电子或者其他方式记录的能够单独或者与其他信息结合识别特定自然人的各种信息，包括自然人的姓名、出生日期、身份证件号码、生物识别信息、住址、电话号码、电子邮箱、健康信息、行踪信息等。"《个人信息保护法》第4条第1款规定："个人信息是以电子或者其他方式记录的与已识别或者可识别的自然人有关的各种信息，不包括匿名化处理后的信息。"这两条规定对个人信息的界定是基本一致的，但法律规定的抽象性使得个人信息的法律属性仍然不甚明朗。主要的问题在于，个人信息到底属于个人的哪方面权益？在民法学者看来，个人信息属于公民个人的人格权，承载着个人的人格属性。[1] 但《个人信息保护法》并未突出个人信息的民法属性。在很多公法学者看来，个人信息是个人社会属性的体现，不仅体现为人格权意义，同样也体现为个人在社会公共活动中的重要意义。因此，从学理上讲，个人信息到底具有公法属性还是私法属性仍然存在争议。

第二，个人信息的保护和救济机制并不清晰。《民法典》对个人信息保护作出了明确规定，《个人信息保护法》在此基础上对个人信息的收集、使用、加工、传输等作出了更为细致的规定。然而，在实践中，对于在个人信息收集、使用、加工、传输过程中如何明确收集者、使用者的法律责任，以及个人信息在受到侵害或者有受到侵害之风险时个人应当如何得到救济，目前的法律规定仍然不明确。一个典型的例子是，人脸识别在我国的公共场合得到了普及和应用。虽然人脸采集在表面上符合个人知情同意和公共利益的要求，但由于人脸被采集之后的加工使用、开发利用和传输等环节基本上是不透明的，因此对于被采集者来说，其构成了巨大的风险。但按照《个人信息保护法》的相关规定，个人对于人脸识别机构并无提出知晓人脸信息使用情况的法律依据，因此既不能按照《民法典》的规定主张人格权受损，也无法请求政府机关救济。

第三，个人信息的分级分类标准不清，与隐私、数据等在概念上难以区分。实务界通常将个人信息分为一般信息和敏感信息。一般信息指的是与个人身份、行踪相关的活动信息，敏感信息指的是与个人尊严和社会身份具有

---

[1] 彭诚信："论个人信息的双重法律属性"，载《清华法学》2021年第6期。

强关联性的敏感性信息，比如生物识别信息、宗教信仰和金融信息等。[1]然而，在实践中，由于信息形态的不断更新，一般信息和敏感信息之间的界限不易划定，致使我国对敏感信息的保护力度不够。此外，《民法典》对个人隐私权作出了规定，隐私指的是个人不被侵扰的生活空间。但在实践中，隐私和敏感个人信息之间的界限不易区分，常常混同。随着数字技术的不断发展，数据累积量剧增，数据和个人信息在结构上多有重叠，难以界分，给执法带来了很多困难。

二、个人信息保护的公私法协同机制

根据既有研究，个人信息兼具公法和私法内涵。在私法意义上，个人信息具有财产属性和人格属性，个人信息具有财产属性，指的是个人信息在一定的范围内可以转化为财产利益，而不会对个人人格构成伤害。个人信息具有人格属性，指的是个人信息与个人人格紧密相连，个人信息承载着个人的人格利益。在公法意义上，个人信息具有公共利益属性，即个人信息有助于实现信息流通和公共繁荣。因此，个人信息保护不能局限于公法或是私法，而是要采取一种公私法协同的保护机制，通过法律法规完善、救济机制优化、社会各个层面的广泛参与和个人信息保护意识的提升等方式打造严密、有效的个人信息保护机制。

第一，完善个人信息保护的法律法规体系。在《民法典》《个人信息保护法》已经出台的背景之下，应当更进一步完善个人信息保护的法律法规体系。在实践中，仍然存在着公法和私法衔接不畅的问题。因此，应当通过具体的法规进一步确认社会主体和政府在个人信息保护上的责任。对于信息收集和加工者来说，应当树立严格的个人信息权利保护意识，在处理个人信息的过程中采取全流程备案制度，并形成定期评估机制。

对于政府部门来说，应当承担起更为周全的信息保护义务。政府既要承担消极的保障义务，通过完善立法、优化执法和司法环境为个人信息救济提供便利途径，同时也要承担积极的保障义务，促进社会民众个人信息权利意识的提升，制定加工处理个人信息的清晰标准，并与个人信息处理者保持良

---

[1] 宁园："敏感个人信息的法律基准与范畴界定——以《个人信息保护法》第 28 条第 1 款为中心"，载《比较法研究》2021 年第 5 期。

性沟通，建立起个人信息活动的动态监管体系。

以人脸识别为例。能够采集人脸的社会主体比较广泛，这增加了对人脸识别技术应用进行监管的难度。公私法协同机制有助于形成被采集者、采集者、政府监管部门的协同联动，通过对人脸信息的使用和传输进行实时动态监管，促使被采集者的知情同意、人脸采集者的自我规制和内部监管、政府部门的外部监管共同发力，促进个人信息保护的法律法规体系之完善。[1]

第二，促进个人信息侵权的救济机制优化。当前关于个人信息保护的法律规范体系日趋严密，针对侵犯个人信息罪、个人信息侵权的相关规定成了保护个人信息的有力工具。然而，由于个人信息的类型多元，侵犯个人信息的行为层出不穷，特别是各种隐秘手段不断翻新。由于个人在信息问题上处于弱势，因此仅靠刑事定罪和侵权救济并不足够，还应形成有效的预防机制和多元法律责任体制。一方面，实现个人信息侵权责任和刑事责任联动，司法机关一旦发现侵权行为应当升级为刑事责任，便应启动法律责任转化机制，及时对被侵权者进行救济。而政府部门的行政责任也要强化，实现动态的监管和保障。[2]

第三，促进个人信息保护的社会多方参与。信息既关乎个人人格和尊严，同时也可促进社会公共利益和福祉。因此，个人信息保护需要全社会的参与。一方面，要提高公众的个人信息保护意识，强化知情同意的制度约束功能，促进个体与信息收集者的良好互动。另一方面，要通过强化信息收集者的社会责任感和制定完善的行业规范体系形成强有力的社会规范约束，与法律规范形成联动机制，共同打造严密的个人信息保护参与机制。

结　语

个人信息保护任重而道远，既需要法律规范的完善，也需要社会主体的多元参与。在信息社会的高速发展过程中，只有充分保障个人信息和实现信息流通的良好互动，才能实现信息社会发展的成果被社会成员所共享。《个人信息保护法》在实施过程中暴露出的许多问题，给个人信息保护和制度建设

---

〔1〕 徐祥运、刁雯："人脸识别技术的社会风险隐患及其协同治理"，载《学术交流》2022年第1期。

〔2〕 王锡锌："个人信息权益的三层构造及保护机制"，载《现代法学》2021年第5期。

带来了挑战,比如法律规范之间的协调、敏感信息和个人隐私之间的区分、个人信息权利内涵的确定,以及个人信息保障机构的建立等。只有采取一种公私法协同机制才能实现个体、数字行业和政府部门之间的有效互动,促进信息社会的发展。

网络暴力的法律控制

温佩君[*]

(中国政法大学 北京 100088)

摘 要：随着网络平台的飞速发展，网络暴力现象愈演愈烈，严重侵犯了他人的合法权益，已经成为社会重点治理问题。基于此，我国正在构建网络治理法律法规体系框架，其中包括民事、行政、刑事等相关法律法规，但暂未出台针对网络暴力的专项法律法规。

关键词：网络暴力 法律法规 网络平台

中国互联网网络信息中心发布的《第48次中国互联网络发展状况统计报告》披露：2021年上半年，全国各级网络举报部门共受理举报7522.5万件。[1] 随着互联网的飞速发展，互联网上不乏极端的情绪化言论，侵犯了他人的合法权益、滋生了网络暴力。实际上，网络暴力属于对言论自由权的滥用。目前，网络平台已经成为现代人宣泄情绪的场所，一部分人通过网络暴力"自我实现"。与此同时，单行法的空白也加剧了网络言论自由的肆意发展。

《第46次中国互联网络发展状况统计报告》披露：从学历上看，网民群体中初中学历占40.5%；高中/中专/技校学历的网民群体占21.5%；受过大学专科及以上教育的网民群体占比为18.8%；小学及以下网民占比达19.2%。[2] 可见，网民的受教育程度普遍不高。网民参差不齐的素质以及对法律法规的

---

[*] 作者简介：温佩君（1992年-）女，汉族，广东云浮市人，中国政法大学同等学力研修班2021级学员，研究方向为经济法学。

〔1〕 中国互联网网络信息中心：《第48次中国互联网络发展状况统计报告》。

〔2〕 中国互联网网络信息中心：《第46次中国互联网络发展状况统计报告》。

无知使得许多人在互联网上肆无忌惮地发言。目前，国家针对网络暴力的法律规定散见于《民法典》《刑法》《治安管理处罚法》《网络安全法》等多部法律法规之中，并没有出台专项立法。同时，追究网络暴力刑事责任，要求受害人首先要准确找到 ID 背后的自然人再提起诉讼。然而，网络"买号"、使用他人手机号码注册的情况屡见不鲜，导致受害人的维权成本极高、难度极大。

一、网络暴力的常见形式

网络暴力的特点为以道德的名义对当事人进行恶意制裁，以寻求在现实中解决网络问题；通过"人肉搜索"公开当事人的隐私，煽动人群对当事人进行语言暴力，产生群体激化行为；对现实生活中的当事人进行实质性的威胁、恐吓并造成严重伤害。[1]总结起来，我国的网络暴力主要有以下几种形式：

（一）语言暴力

隐藏在网络背后的施暴者通过网络平台对当事人进行语言攻击、谩骂、侮辱、诋毁及恶意中伤诽谤、造谣生事，希望借助网络传播速度快的特点扩散语言暴力的影响。[2]

（二）隐私泄露

"人肉搜索"成了近年来网络暴力的主要表现形式，网民通过线上、线下渠道获取他人信息后，擅自发布、公开当事人的相关个人信息、视频、照片等，形成一张网络"通缉令"，让当事人在网络世界无处可逃，在现实世界饱受侵扰。

（三）暴力延伸

一旦个人事件上升为群体事件，怀揣从众心理的人们便会失去自我人格和意识，受到集体极端心理的感染，成为施暴者的跟随者。

（四）网络水军

《人民日报》报道：公安机关 2021 年共侦办网络暴力案件 200 余起，抓获犯罪嫌疑人 2000 余名，依法关停"网络水军"账号 620 万余个、网站 1200 余个，解散网络群组 17 万个。[3]2021 年 12 月，中央网络安全和信息化委员

---

〔1〕 邓晓霞、王舒怀："对网络舆论暴力说'不'！"，载《人民日报》2007 年 8 月 10 日。
〔2〕 祝言卿："网络攻击性行为的法律控制"，载《法制与经济》2020 年第 1 期。
〔3〕 "公安部：2021 年关停 620 万个'网络水军'账号"，载《中国青年报》2021 年 1 月 14 日。

会办公室召开全国网信系统视频会议，部署开展"清朗·打击流量造假、黑公关、网络水军"专项行动。

雇用网络水军，是"雇主"通过金钱买下大量网络 ID，利用大量账号发出同一种言论造势，形成虚假民意以达到自身目的的行为。除了加重不正当的商业竞争，近年来更是升级成为流量造假，利用网络黑公关敲诈勒索，境外势力购买水军影响国人意识形态、控制舆论甚至倒逼官方、遮盖真相、破坏公信力等犯罪行为，而网民则容易被"黑流量"裹挟，变成"黑水军"的棋子，丧失理性、撕裂社会。综上所述，网络水军已经极大地侵害了公民权益、社会利益和国家安全。

二、我国对于网络暴力的法律规定

我国现有网络暴力法律治理整体框架基本可以被总结为：以网信部门为中枢、以网安部门为支持、以网络服务提供者为辅助的多头共治。[1]

从立法体系看，我国目前有 8 部规范网络的专门立法（其中包括《网络安全法》《数据安全法》《个人信息保护法》）以及 21 部涉及互联网的相关法律；从民事立法层面来看，2021 年 8 月《中央网信办秘书局关于进一步加强"饭圈"乱象治理的通知》对社交媒体提出了相应的整治措施；从刑事立法层面来看，我国已有《刑法》《全国人民代表大会常务委员会关于维护互联网安全的决定》以及 10 部相关司法解释，其中《最高人民法院、最高人民检察院关于办理非法利用信息网络、帮助信息网络犯罪活动等刑事案件适用法律若干问题的解释》第 1 条第 1 款规定，网络接入、域名注册解析等信息网络接入、计算、存储、传输服务；信息发布、搜索引擎、即时通讯、网络支付、网络预约、网络购物、网络游戏、网络直播、网站建设、安全防护、广告推广、应用商店等信息网络应用服务等应当被认定为《刑法》第 286 条之一规定的"网络服务提供者"，扩大了网络服务提供者的主体范围；从行政立法层面来看，《治安管理处罚法》第 42 条规定，侮辱、诽谤、散布、威胁等方式侵害他人合法权益的，处以拘留或罚款。

从我国关于网络暴力的相关法律法规可知，网络暴力轻则构成行政处罚或者民事侵权，重则可能触犯刑法。网络暴力取证难、举证难的特点导致公

---

〔1〕 敬力嘉：《信息网络犯罪规制的预防转向与限度》，社会科学文献出版社 2019 年版，第 11 页。

民难以运用法律手段对网络暴力进行有效的制止，网民人数众多，导致无法查清每个网民的暴力言语，更难以查明网络暴力的领导者和积极分子，从而难以查明施暴者在网络暴力群体事件中的组织责任。侵权行为和侵权主体的难以取证，导致受害者无法提起刑事自诉或者民事诉讼，损害结果的门槛对于普通受害者来说也存在一定的高度，许多受害者在未达到法律规定的损害结果的起计点时，身心已经饱受折磨，最后不堪重负选择了自伤、自杀等行为。

三、关于网络暴力法律的建议

（一）出台反网络暴力相关法律法规

我国目前没有针对网络暴力的专项法律法规，法条之间缺乏协调性及系统性，在飞速发展的网络环境和多种网络暴力形式面前显得分外吃力。因此，出台专门针对网络暴力的系统性法律法规，明确网络暴力的判断标准，界定其民事、行政、刑事责任，规范网络暴力的界定程序显得尤为迫切。

（二）细化网络平台责任

事后补救的法律方式无法应对日新月异的网络变化，网络暴力有着传播成本低、煽动性强等特点，因此，平台的介入显得尤为重要。目前，虽然经过多方约谈，平台基本都能通过图片、关键词识别等人工智能方式过滤违法侵权信息，但是由于《侵权责任法》和《网络安全法》均没有对平台责任作出明确且细化的说明，这使得许多平台疏于管理，只有做到细化条款才能压实平台责任。

（三）严格落实网络实名制

目前几乎所有的平台均采用手机短信返回验证码的形式注册，属于第三方实名制，这给有心之人提供了规避的空间。买ID号、冒用他人身份注册手机号码、利用国外非实名制手机号码注册平台账号等都是网络水军常用的注册方式。因此，只有要求注册者提供真实姓名和身份证号、护照号等信息才能从源头遏制网络暴力。同时，这也对平台保护个人信息的技术提出了更多要求。

结　语

网络暴力冲击着法律的底线和公序良俗的道德底线，归根结底是人心之恶。法律无法监控人心，但必须起到引导作用。清朗行动首先应清朗思想，给予网民正向引导，人权不应被滥用，公序良俗不应被挑战，人心清朗则持身以正。

论党内法规及监察问题分析及解决方案

赵 静*

(中国政法大学 北京 100088)

摘 要：党的十八大以来，党中央重点推进全面从严治党。党的纪律检查制度具有十分特殊的政治地位，拥有相对完整、独立的执行权力。但无论是哪种权力都要受到相应的制约，一旦权力突破了制度的笼子，不论这种权力的行为目的如何，都会造成不良影响。落实党的十八大报告明确提出的"党的纪律建设"，完善党内法规体系，具有非常重要的意义。

关键词：党内法规　从严治党　监察法规

党的十八大以来，面对新时代的发展机遇与风险挑战，党中央重点推进全面从严治党，开展了强有力的反腐败斗争，其力度之大、举措之果断，体现了中国共产党保持自身纯洁性和先进性的决心。党的纪律检查制度在党的发展中承担了重要的使命，确保了党的凝聚力和向心力。

一、党内法规对行使纪检监察权的重要意义

党的纪律检查制度具有十分特殊的政治地位，拥有相对完整、独立的执行权力。党的十九大以来，党中央领导深化纪检监察体制改革，将党的纪律检查机关和国家监察机关合署办公，"两块牌子一套班子"，使得纪检监察机关的权力得到了空前加强。但是，无论是哪种权力都要受到相应的制约，一旦权力突破了制度的笼子，不论这种权力的行为目的如何，都会造成不良的影响。习近平总书记指出："纵观人类政治文明史，权力是一把双刃剑，在法

---

* 作者简介：赵静（1994年-），女，汉族，北京人，中国政法大学同等学力研修班2021级学员，研究方向为经济法学。

治轨道上行使可以造福人民，在法律之外行使则必然祸害国家和人民。"〔1〕因此，不断健全和完善党内法规体系对于促进纪律检查制度良性发展而言至关重要。

第一，党内法规为纪检监察机关正确、有效地行使权力提供制度保障。需要研究的问题是，如何行使纪检监察权才能既确保制度的有效性又不损害其他机关的正常运转，在需要纪检机关介入时，纪检机关能及时反应并采取相应措施，而不需要其介入时，也不会因为其拥有相对独立的执法权而影响到对其他事务的处理。

第二，党内法规体系是确保全面从严治党的规范基础。在全面依法治国的大背景下，从严治党也需要规范依据，提高党员的个人素质和领导干部的自觉性，需要以一套明确的规范作为行为准绳，用具有约束力的条文来规定党内各项工作的范围和内容。

第三，党内法规是确保纪检监察机关有"胆量"和魄力将刀口向内，处罚党内各种违纪行为的依据和支撑。

第四，形成完善的党内法规体系是全面依法治国、建设社会主义法治国家的内在要求。党的十九大报告指出，全面依法治国是国家治理的一场深刻革命。"奉法者强则国强，奉法者弱则国弱"，党内法规体系建设是把法治理念融入党的发展的重要措施。

二、改革开放以来的纪检监察领域党内法规建设的发展历程

"加强党内法规制度建设，是我们党推进党的建设的一条重要历史经验。"〔2〕改革开放以来，我国受到了外界各类新思潮的冲击，社会建设也面临大量新机遇与新挑战。中国特色社会主义进入新时代，党的十八大报告明确提出"党的纪律建设"，在新时代，党和国家在动荡的世界局势中需要克服众多困难，战胜更多挑战，而党的纪律建设是确保政党纯洁性和先进性的重中之重，一个腐败的政党绝无可能带领中华民族走向伟大复兴，只有时刻提高警惕，推进全面从严治党才能保证我们党在面对困难时不落下风，战无不胜。2016

---

〔1〕 习近平："在第十八届中央纪律检查委员会第三次全体会议上的讲话（2014年1月14日）"，载中共中央文献研究室编：《习近平关于全面依法治国论述摘编》，中央文献出版社2015年版，第59页。

〔2〕 中共中央办公厅法规局："中国共产党党内法规体系"，载《人民日报》2021年8月4日。

年通过的《中国共产党党内监督条例》指出，要让监督执纪成为常态，要让轻处分、小调整成为多数，重处分、大调整成为少数。对于"六个纪律"，即政治纪律、组织纪律、廉洁纪律、群众纪律、工作纪律和生活纪律要保持高度的自我反省。用党纪法治化的形式来严格要求党员，将"用一名共产党员的标准严格要求自己"落到实处，把各项工作细化、落实。

三、纪检监察领域完善党内法规的重要目标

（一）确保党纪检查有法可依

全面依法治国是我国的治国方略，必须坚持维护法的尊严和法的效力。在坚持全面从严治党以来，党纪对共产党员的要求比法律更加严格。法律往往是调整社会关系的规范，往往只为普通公民划定行为的基本底线，而党纪不仅仅要求共产党员在行为模式上更加严格地行使权力，同时也要求党员在生活上保持良好的作风，甚至在道德上也要有比群众拥有更高的觉悟。因此，在执行相关党纪规定时，一直坚持纪严于法，纪法分开、纪在法前。这会使人陷入"党大还是法大"的伪命题，没有深刻把握党领导人民制定宪法法律，党自身也必须在宪法法律范围内活动的内在含义。

（二）确保党纪的形式正义

目前，我国的纪检监察机关办案流程往往是，由纪律检查机关给予党纪处分，由国家监察机关给予开除公职等惩戒，而后移交检察机关提起公诉。最终决定处罚力度的仍然是法院。而当一个共产党员犯了极其严重的错误，对国家和人民的生命财产安全造成了极大的侵害时，后期判决无期徒刑乃至死刑的机关仍然是法院。如果纪检监察机关依据的党纪仅仅具有政治正义性，缺少法治正义性，对一个自然人所采取的各类强制措施便会缺乏形式正义。因此，党纪需要将法治正义纳入考量范围，以确立党内法规的形式来补全党纪的形式正义。

（三）确保党纪的实质正义

实质正义是指法律必须符合人们的道德理想、价值诉求，它着眼于内容和目的的正义性，即善有善报，恶有恶报。如果党内法规仅仅留存了其政治上的目的，那么这种法规便会沦为一种工具。

第一，以党内法规作为行为依据的纪律检查工作能够确保权力在合理的轨道上规范运行。党的纪律检查机关具有相对独立的权力，而这种纪律监察

权能够直接作用于党内各级组织，没有相应的立法进行规范，很容易出现权力的异化。通过立法，能够实现对权力的制衡，将纪律检查权通过条文形式规定下来，对权力形式的内容和程序进行适当限制，健全民主集中制的工作方式。将权力通过立法形式确定下来，采取党内法规的形式将纪律检查权转变为由成文规范授予，确保纪律检查权得到正确、有效行使，避免出现内部腐败。

第二，采用法治的形式尊重和保障人权。作为政党的纪律条例，党纪是用来对损害政党的行为进行惩戒的工具，但由于其强调政治属性，有时可能会忽视有效救济途径的设置。当出现这种问题时，可以及时借鉴回避等法律制度，避免案件以外的因素影响案件办理的公正性。另外，通过党内法规的形式来规范权力行使，为确保涉事人获得程序上的救济提供了途径，可以采取申请复核等形式为自己辩护，使尊重和保障人权在纪律检查工作中得到充分体现。

第三，确保发扬党内民主。党内民主是中国共产党的一大特色，有利于构建良好、清明的生态环境，而具有监督职能的纪检监察机关也应当确保党内民主的顺利实施。要通过党的纪律检查法治化切实保障党员的知情权、参与权、表达权及监督权等民主权利，着力以党内治理民主推动党内广泛民主，进而引导人民民主。

第四，有效统合党的机关与国家机关，使纪律检查机关和国家监察委员会形成强大"合力"。

（四）确保党的纪律检查工作的确定性和强制性

法律之所以能成为调整人们社会关系的行为规范，很重要的一点在于其具有教育性和引导性。法律条文可以让人们知道违法犯罪就必然受到处罚。只有通过党内法规的形式将各种行为对应的处罚规定下来，党员才会具有畏惧感和敬畏心，任何损害党组织健康肌体的行为都必然会受到惩罚。同时，立法也可以赋予纪律检查机构明确的监督、处分手段，增加纪律检查工作的威慑力。"依规治党主要是用制度管权管事管人，只有建制度、明法度、严约束，各级党组织和全体党员才能行止有度、步调一致，党的建设各项工作才能有规可依、有章可循，才能持续有效推进。"[1]

---

[1] 张文显："习近平法治思想的理论体系"，载《法制与社会发展》2021年第1期。

论个人破产制度建构中如何界定"诚而不幸"债务人

赵时语[*]

(中国政法大学 北京 100088)

摘 要：建构和完善个人破产制度之根本目的是推动市场经济的健康有序发展，进而给陷入债务危机中的"诚而不幸"债务人一条救济途径。为了实现这一根本目的，需要在个人破产制度与行政治理部门及社会各界机构之间建立有效的联动信息机制，让这一机制从个人破产流程的提起到审理、执行终结各个环节均发挥监督和监管作用，充分识别并确定何为"诚而不幸"债务人，最终达到其救济目的，激活市场经济发展的持续活力。

关键词：个人破产 个人征信信息体系 行政监管

一、个人破产制度历史背景及现实趋势

伴随着当前社会市场经济和互联网平台经济的不断发展、完善，如今我国掀起了全民创业的热潮。在"字节跳动"等互联网平台，创业者多以个人或者个体工商户的身份出现在商业创业热潮中。个人或者个体工商户在面对经济危机时抗风险能力较弱，一旦遭遇经济危机或日常商事经营风险，则经常会面临背负大量民间借贷或商业贷款。

但是，在我国，个人破产制度一直处于被冷藏状态，早在2000年初我国《企业破产法》的起草过程中便有学者提出过个人破产制度，但基于当时中国

---

[*] 作者简介：赵时语（1992年-），女，满族，天津人，中国政法大学同等学力研修班2021级学员，研究方向为经济法学。

传统的消费观念和金融改革的滞后性以及社会保障体系不健全等因素,全国人民代表大会最终在 2004 年审议的《企业破产法(草案)》中删除了与个人破产相关的条文。

如今我国市场经济制度改革不断深入完善、市场经济发展速度迅猛、大数据时代互联网平台效率不断优化、社会诚信体系持续完善、行政治理监管能力稳步提高,为进一步加快实现个人破产制度提供了多方助力,个人破产制度的出台时机不断成熟。

尤其是深圳经济特区还于 2020 年 8 月 31 日公布了《深圳经济特区个人破产条例》,为构建和完善个人破产制度提供了坚实基础和保障。[1] 个人破产制度不再是"空口理论""纸上谈兵",而是真正进入了"真刀实枪"的落地实施、有序执行轨道。

因此,推动立法机构完善个人破产各项细分制度已迫在眉睫。其中,如何界定"诚而不幸"债务人在一系列问题中显得尤为重要。

二、"诚而不幸"债务人的定义

完善个人或个体工商户非法人身份的破产制度之根本目的在于使社会经济秩序平稳、有序、健康发展,在某种意义上更是为了保护和救济一些诚实守信且还能创造经济价值的债务人,让他们有机会再次为市场经济创造活力、为社会创造价值。针对存在恶意逃避债务之行为的债务人也应通过法律或者行政手段给予其适当处罚和警示。何为"诚而不幸"债务人?笔者认为,应当将其界定为非因个人主观恶性产生债务,陷入经济危机,短时间内无法偿还全部债务的人。

当然,在实践中对"诚而不幸"债务人进行认定并不能简单地一概而论。其中对"非个人主观恶性"的认定还应细化其认定和判断标准。此外,还可以考虑通过建立"社会个人信息征信系统"来进一步识别债务人日常生活中方方面面的信息,以综合判断其是否诚信。此类诚信的判断标准可以细化到"使用第三方软件租一次共享单车是否存在拖欠租金行为""网上购物过程中是否有恶意评价"等层面,并非将其个人诚信信息仅局限于银行信贷系统,

---

[1] 任深:"首开国内个人破产立法先河——《深圳经济特区个人破产条例》解读",载《人民之声》2021 年第 4 期。

或通过公、检、法系统确认其是否存在实际犯罪记录或民事、行政纠纷等。

"产生债务"应被细化为其债务是合法之债还是非法之债。从其债务产生的时间、产生原因、在债务履行过程中是否存在隐瞒财产或转移财产之行为等多维度加以评判，进而分析其债务是否为社会公众认可的债务。

"陷入债务经济危机"则需要综合其个人自身经济情况、个人知识素养、个人发展规划、个人社会保障等方面来评判债务人是否还有偿还能力。

这一系列的评判依据都依赖于构建一套完善的社会基本诚实信用价值体系以及社会各界机构和国家公权力机关的相互配合和监督治理，其中国家公权力机关的监督和管理是至关重要的。

三、甄别"诚而不幸"债务人之监管办法

建立个人破产制度的前提条件必然是有成熟的社会信用体系，而有效建立并健全作为社会信用体系组成部分的个人信用体系，是建构个人破产制度的基础条件。[1]司法机关只有在通过有效合理的路径甄别或识别出何为"诚而不幸"债务人后，才能允许其启动个人破产程序。同时，针对启动个人破产程序后的各阶段均应制定相应的监管或监督机制，确保债务人并不存在不诚实现象或恶意逃债等行为。有效的监管办法可以甄别出债务人是否为"诚而不幸"之人，进一步确定是为债务人提供有效的救济途径还是施以更严苛的处罚。

笔者建议行政机关或行政机关授权行使公权力的社会组织就法人机构或非法人机构创设一套社会个人信用信息体系。主要以守信和失信两个维度进行个人信息收录。可以考虑将各政府行政服务部门收集的相关信用信息整体分类纳入该系统。将包括但不限于交通运输部门、市场监督管理部门、人力资源和社会保障部门、税务部门、商务部门、知识产权等部门收集、筛选、汇总的信息纳入个人征信信息系统。

与此同时，各部门可以联合制定关于个人或者个体工商户等非法人身份主体的守信和失信诚信制度和规则。明确能够纳入征信系统的信息范围，保证其中信息的时效性、真实性、合法性，明确合法收集信息的途径、守信和失信的评价标准和流程、体系的监督和监管流程等。

---

［1］李宏伟："我国构建个人破产制度的现实困境与法治对策"，载《中州学刊》2019年第11期。

对于这些主体，守信则给予激励或支持，此种激励形式是社会诚信价值的体现。激励政策可以多样化、多元化，根据不同公权力机关所属权限来进行对应的制度设计。例如，开通一些"守信绿色"通道、政府审批快速办理、以"审批制"代替"承诺制"等。

相反，若其失信则给予惩罚和告诫，此种失信也仅仅体现在社会诚信价值体系中。失信给予的惩罚和告诫在设计上同样也可以多样化。同时，可将失信表现行为划分为五种等级：失信记录、失信告诫、失信督促、失信资格限制、完全失信。此外还需重申，笔者认为，守信和失信的奖罚措施仅停留在诚信层面，不应上升至法律层面。

守信奖励和失信惩罚都应当被记录在信息管理系统中，同时也需要政府成立相应的社会信用监管部门予以监督和配合。[1]构建个人征信信息系统需要由国家公权力机关或国家公权力授权的组织统一监督或监管，结合银行金融机构等部门分析或收集个人或个体工商户的财务数据，通过日渐普及的第三方互联网程序或工具（例如支付宝、微信、淘宝、滴滴打车等）收集仅限于个人诚信信息范围的生活数据，最终通过互联网大数据平台进行综合分析，构建一套适合如今社会体系的个人征信信息体系。

毋庸置疑，构建一套全方面的个人征信信息体系并非一朝一夕之功，需要政府和社会各界的相互联动和无缝隙闭合。数据收集、数据选取范围、数据传输等任何一个环节出现遗漏都会引发不可预估的社会风险和法律风险，小到泄露或侵犯个人隐私，大到泄露国家机密。因此，构建个人征信信息体系的每个环节都应在安全可控的前提下操作和执行。

通过大数据人工智能收集和分析数据信息，确保信息获取、分析、重组等各环节风险可控，在国家公权力机关行政的监督或监管下，结合社会各界资源和力量一同构建和完善个人征信信息系统，最终将能为界定何为"诚而不幸"的债务人提供有力的数据保障。

结　语

个人破产制度的构建最关键、最本质的目的就是救济"诚而不幸"债务人。如何确定"诚而不幸"债务人是个人破产制度的重中之重。结合社会现

---

〔1〕 刘冰："论我国个人破产制度的构建"，载《中国法学》2019 年第 4 期。

状,我国迫切需要构建一套完善的个人征信信息系统来甄别谁是真正需要救济的债务人。构建个人征信信息系统的关键是政府公权力机关的有效监控和监管。制度无法改变人性,只有充分尊重人性,才能得到社会公众的认可和信赖。[1]

个人征信信息系统能够辨别出"诚而不幸"债务人,进而帮助人民法院决定是否启动个人破产程序。这一系统同时也有助于构建以诚为本的社会诚信价值体系,深化全社会的社会主义诚信价值观。

---

[1] 赵万一、高达:"论我国个人破产制度的构建",载《法商研究》2014年第3期。

司法警察办理司法制裁案件机制研究

闻嘉萱[*]

（中国政法大学 北京 100088）

摘要：随着人民法院司法体制综合配套改革的不断深化，以及相关文件的相继出台，人民法院司法警察的职权范围和责任边界得到了进一步规范与明确。然而，现有相关立法却略显不足，系统性研究论著相对匮乏，相关警务实战书籍也屈指可数。因此，系统研究人民法院司法警察提请罚款、拘留诉讼强制措施工作制度势在必行。

关键词：司法警察 司法制裁案件 警务监督

一、研究背景

司法警察是《人民警察法》规定的警种之一，同时又由人民法院直接领导和管理，是人民法院的重要组成部分。2019年2月27日，最高人民法院向社会公开发布了《最高人民法院关于深化人民法院司法体制综合配套改革的意见——人民法院第五个五年改革纲要（2019—2023）》，其中提出推动完善司法警察相关法律制度、积极推进司法警务信息化建设等要求。2021年2月10日开始实施的《人民法院司法警察依法提请罚款、拘留诉讼强制措施操作规程（试行）》（以下简称《强制措施操作规程》）更进一步规定了人民法院司法警察在打击涉诉违法行为方面的作用。至此，人民法院司法警察正式成为办理司法制裁案件的法定主体，同时也正式拥有了依法办理司法制裁案件的权力。

---

[*] 作者简介：闻嘉萱（1998年-），男，汉族，中国政法大学同等学力研修班2022级学员，研究方向为刑事诉讼法学。

二、司法警察办理司法制裁案件工作制度机制研究的必要性和重要性分析

随着社会发展，人民群众的法治意识得到了极大提升，法院的案件承办量日益增多，这也直接导致了法院接待当事人数量的激增，加之人民法院本身即是各类社会矛盾集中的场所，这对司法警察的安全保卫工作提出了更高的要求。因此，由人民法院司法警察办理司法制裁案件成了一种必然趋势。[1]

（一）有利于维护人民法院权威形象

人民法院神圣威严，面对部分民众在人民法院哄闹、滞留不听从司法工作人员劝阻，侮辱司法工作人员，希望制造产生不良影响满足自身诉求的现象，必须果断处置，杜绝不良影响。因此，进一步明确司法警察办理司法制裁案件的制度机制，有利于提升人民法院司法警察的执法力度，进而树立审判机关的权威。

（二）有利于完善司法警察执法规范化建设

长期以来，司法警察在面对法庭外扰乱法院办公秩序的行为时常会感到无从下手，各类文件规定了司法警察所具备的职责，但却并未制定实施细则，致使司法警察的执法行为无法可依。《人民法院司法警察条例》第9条规定："对以暴力、威胁或者其他方法阻碍司法工作人员执行职务的，人民法院司法警察应当及时予以控制，根据需要进行询问、提取或者固定相关证据，依法执行罚款、拘留等强制措施。"此条款虽然规定了司法警察具有"询问、提取或者固定相关证据"的权力，但实际上只有法官具有提请司法制裁措施的权力。《强制措施操作规程》的出台为司法警察办理司法制裁案件提供了依据，使得司法警察具有了向人民法院提请司法制裁的权限，这不仅对诉讼法规定的不详尽之处进行了解释，还对司法警察的职权进行了细化，从而让司法警察在执法时有法可依，符合司法警察执法规范化要求，有力促进了司法警察职业化建设。

（三）有利于保护司法工作人员人身安全

法院作为国家机关，保障法官在工作中的人身安全至关重要，司法警察

---

[1] 刘洪、张庆立："司法警察队伍建设路径探析——以检察机关司法警察和分类管理改革为背景"，载《上海公安学院学报》2023年第1期。

即是保护法官们的铜墙铁壁。司法警察是一支武装性质的司法行政执法力量，具有保护履行审判执行职务的司法工作人员人身安全的重要职责。明晰司法警察的权力边界有助于维护法院的正常办公秩序，提高工作效率。

三、制约因素分析

（一）培训机制不健全

办理案件人员专业素质亟待提升。《强制措施操作规程》出台时间不长，各司法警察部门对相关业务不甚了解，缺乏相应的经验积累和专业人员储备，容易导致案件办理触碰合规红线。在人员储备方面，司法警察缺乏计划性、系统性、周期性培训。如果能针对全体司法警察开展短期且具有针对性的司法警务技能培训，将会在短期内迅速提高司法警察的基础业务能力，从而在理论层面为司法制裁案件的办理奠定基础。

（二）设施设备建设差

相比于成立于1789年的美国联邦法警局，我国现行司法警察制度起步较晚，配套设备尚不完善。以办案场所为例，《强制措施操作规程》第16条规定："对违法嫌疑人的询问应当在具备安全防护条件的执法办案场所进行。"实际上，大部分司法警察部门并不具有独立的办案场所，很难完全按照《强制措施操作规程》的规定进行询问。

（三）与公安机关（拘留所）业务衔接不畅通

人民法院司法警察提请司法拘留数量极少，一些法院的司法警察甚至还没有提请过司法制裁案件。所以，一些地区的司法警察部门与拘留所之间尚未建立工作关系，司法警察部门对拘留所的收押条件不甚了解，导致工作效率较低。

四、人民法院司法警察办理司法制裁案件工作制度机制的推行对策

（一）提升司法警察业务水平

1. 组织开展集体调研

组织各级司法警察到司法制裁案件办理较好的法院进行学习，汲取优秀经验、培养业务能手；制定司法制裁案件规范卷，将优秀案件办理流程装订成册，印发至各单位进行传阅，用以指导案件的规范办理。

2. 实行案件考评制度

上级法警部门定期对下级法警部门进行案件考评,随机抽取办结案件进行匿名分析,并提出意见,如前后处理方式差别较大,则交由专家组评审,提出意见,并记录在册,用以指导广大司法警察,提高业务水平。

3. 实行激励制度

一些学者认为,在提高公务人员的工作积极性问题上可以借鉴企业的做法。澳大利亚学者欧文·E. 休斯认为,公务员组织部门在激励方面应当借鉴学习私营企业的激励管理措施。他认为,激励公职人员不是一件容易的事,激励的方式和手段要因时而变。[1]比如,对各法院司法制裁案件办理情况进行积分制量化考核,酌情发放奖金或给予荣誉,激励广大司法警察多办案、快办案、办好案。另外,利普斯基的"街头官僚"(Street-level Bureaucrat)理论认为,街头官僚的核心是自由裁量权,社会上的大多数执法者均会用他们手中的自由裁量权使工作变得比较轻松,但也有些执法者会拥有高度的责任感。因此,效仿公安机关人民警察队伍实行警长制,让办案骨干受到重视,也不失为良策。

(二) 完善相关规范制度

1. 继续完善司法制裁标准

《民事诉讼法》第118条第1、2款规定:"对个人的罚款金额,为人民币十万元以下。对单位的罚款金额,为人民币五万元以上一百万元以下。拘留的期限,为十五日以下。"该法虽然规定了最大处罚限度,但未就不同违法行为的性质、情节以及社会危害程度提出不同的制裁标准,因而在司法实践中,司法机关拥有较大的自由裁量空间,容易产生制裁程度与违法责任不相对等的情况。因此,在司法警察提请罚款、拘留强制措施时,有必要统一法律尺度,细化不同违法行为所引发的法律后果。这也是当前法治化营商环境建设的必然要求。

2. 建立健全防范司法警察滥用权力的监督机制

孟德斯鸠曾说过:一切有权力的人均容易滥用权力,这是一条亘古不变的经验,有权力的人遇到界限才会停止。因此,应当进一步建立健全司法警

---

[1] [澳] 欧文·E. 休斯:《公共管理导论》(第4版),张成福等译,中国人民大学出版社2015年版,第83~86页。

察办理司法制裁案件的监督机制。其一，可以在上级法警部门内设立法制审核部门，经审核批准后再交由本级司法警察大队主管院领导审批；其二，进一步落实警务督察制度，对司法制裁案件的办理情况进行多方、有效的监督，防止办案出现纰漏。

3. 调整现行组织领导体制

有国内学者指出，我国应改变司法警察的隶属关系，将其划归公安机关领导，采取派驻制度，实现司法审判、检察同司法警察行政事务相分离。我们可以将其作为司法警察组织领导体制改革的参考，但从目前来看，仍需由人民法院对司法警察进行领导，建议在最高人民法院设立司法警察总局，作为内设的职能部门，在各高级人民法院设立司法警察局，依然实行编队管理，司法警察局下属若干司法警察支队，分别派驻至各中级人民法院，司法警察支队下属若干司法警察大队，分别派驻至各基层人民法院，进而优化警力配置，避免非警务活动，使得司法警察在办理司法制裁案件时更加高效。

论我国新刑法中的无限防卫权

陈 柳*

（中国政法大学 北京 100088）

摘 要：本文从无限防卫权是一种特殊的正当防卫的角度出发，对无限防卫权的"有限"作了全面阐述。通过对无限防卫权理论的论述以及对其设立后利弊的分析，最终得出笔者的结论，以期为正当防卫中无限防卫制度的完善提供一定的参考。

关键词：无限防卫权　防卫意图　防卫条件　理论争议

一、无限防卫权的缘起及演进

古巴比伦的《汉穆拉比法典》最早对无限防卫进行了立法规定。中世纪以后，刑法所规定的无限防卫制度所保护的法益由最初的对财产权的保护逐渐转向对人身权的保护，这是该制度的一大飞跃。1532年制定的《卡罗林纳刑法典》对此有记载。20世纪以来，不少国家的刑法学者改变了对无限防卫的认识，并在其刑法中有所体现。例如，1908年《日本刑法典》第36条。从刑事立法来看，当今世界各国一般均采用有限防卫的规定方式，例如《加拿大刑法典》《美国模范刑法典》。[1]

---

* 作者简介：陈柳，女，回族，河南省驻马店市人，中国政法大学同等学力研修班2022级学员，研究方向为经济法学。

[1] 刘君："浅论我国刑法中的无限防卫权"，载《法制与社会》2016年第22期。

二、无限防卫权概述

（一）无限防卫权的概念及特征

1. 无限防卫权的概念

关于无限防卫权的含义，学者们发表了很多观点。结合不同学者的观点，笔者认为对这一概念可作如下理解：第一，无限防卫权只能发生在特定条件之下，是一种特殊情况下的权利；第二，我国《刑法》所规定的无限防卫权，即使造成不法侵害人伤亡，也不属防卫过当，不负刑事责任；第三，无限防卫权的行使不存在防卫过当的情形，对这点的理解是十分重要的。

2. 无限防卫权的特征

（1）保护客体的局限性：特殊防卫被限制在防卫严重危及人身安全的暴力犯罪，仅仅限于保护防卫人的人身安全，这也是对这一权利的合理限制。

（2）防卫对象的特定性：仅限于《刑法》规定的"正在进行行凶、杀人、抢劫、强奸、绑架以及其他严重及人身安全的暴力犯罪"，在其他类型的犯罪中，这一制度是难以适用的。

（3）防卫行为的无限性：特殊防卫与一般正当防卫是完全不同的，特殊防卫具有无限性。

（4）防卫后果的免责性：不管造成何种后果，都不承担刑事责任。

（二）无限防卫权成立的条件

1. 主观条件

（1）防卫人对防卫条件的认识。第一，行为人首先必须认识到严重暴力犯罪行为的存在；第二，行为人还须认识到这种犯罪行为是正在发生、正在进行中的，危害行为具有急迫性。

（2）防卫人进行防卫的主观目的主要表现为防卫人进行防卫时的心理态度。

以上两个条件也同样适用于正当防卫的场合，是无限防卫的前提。

2. 客观条件

笔者认为，我国特殊防卫权的客观构成要件主要包括以下几个方面：

（1）特殊防卫的前提条件是必须有某种暴力犯罪行为存在，我国《刑法》总则对此有相关规定。

（2）特殊防卫权的时间条件是指必须有某种特定的暴力犯罪正在实施，

这是该权利行使的时间条件。

（3）特殊防卫权的对象条件是指特殊防卫必须针对特定的暴力侵害者本人实施。

（4）特殊防卫权的范围限度条件是指强调暴力犯罪必须是严重危及人身安全的犯罪。

（三）无限防卫权的立法目的

1997年《刑法》第20条第3款规定："对正在进行行凶、杀人、抢劫、强奸、绑架以及其他严重危及人身安全的暴力犯罪，采取防卫行为，造成不法侵害人伤亡的，不属于防卫过当，不负刑事责任。"法律之所以如此规定，是因为行凶杀人类犯罪行为的侵害强度极大，对人身安全的危害极其严重，因此被侵害人在遭遇此类犯罪时，无须考量防卫后果，可以采取任何有助于阻止侵害发生的防卫行为。

（四）无限防卫权的理论争议

我国刑法界对无限防卫权存在两种对立的看法，即肯定说与否定说。

（1）肯定说：从无限防卫权的根据方面论证了特殊防卫权的合理性，指出该制度对于完善正当防卫制度而言不可或缺，有力地保护了被侵害人的防卫权。

（2）否定说：从立法技术上对特殊防卫提出批评，指出现行《刑法》在涉及特殊防卫的规定上存在问题。

三、无限防卫权在司法实践中应当注意的问题

无限防卫权（有些学者认为无限防卫权的提法不妥），其实质还是一种正当防卫权。笔者认为，行使无限防卫权必须符合以下条件：

（1）行使无限防卫权必须是针对严重危及人身安全的暴力犯罪，这是前提方面的限制，具体情境被规定在我国《刑法》之中。

（2）严重危及人身安全的暴力犯罪必须是实际存在而又正在进行的，这是时间上的限制。

（3）行使无限防卫权时，防卫人必须具有防卫合法权益的意图。

四、无限防卫权在立法上的缺陷与完善

(一) 无限防卫权在立法上的缺陷

1. 法条设计上的缺陷

首先,"行凶"一词含义模糊。"行凶"一般可被理解为伤害或杀人,从《刑法》第20条第3款将"行凶"与"杀人"并列规定的方式看,"行凶"似乎不包括杀人在内,存在理解上的模糊性;其次,条款设定中对防卫行为的规定缺乏主观条件的限制,容易造成这一权利被滥用;再次,对侵害行为的规定欠缺强度限制;最后,缺乏对防卫人证明责任的规定。

2. 制度性的弊端

(1) 可能导致防卫权被滥用:《刑法》允许防卫者在受到暴力侵害时不受防卫限度的约束,这种规定有可能造成防卫者对防卫权的滥用。

(2) 可能导致被害人遭受的损失扩大:法律允许防卫者行使无限防卫权,犯罪分子会因担心自身性命而放弃中止犯罪的念头,实施更严重之侵害,从而使受害者遭受到不可避免的损失。

(3) 可能会助长私刑报复之风:对暴力侵害者可实施无限防卫会产生国家放任某些私刑报复行为的错误导向,不符合法治社会的要求。

(4) 可能损害刑法的人权保障机能:犯罪人应享有基本人权。无限防卫权的确立损害了刑法的人权保障机能。

(二) 无限防卫权在立法上的完善

1. 对"行凶"一词作出明确界定

最高司法机关应当对"行凶"一词作出明确的司法解释,将"行凶"界定为使用凶器的暴力行凶。

2. 对侵害行为的强度进行限制

通过立法规定,对于非暴力实施的杀人、抢劫、强奸、绑架等严重危及人身安全的暴力犯罪,暴力实施的抢劫、强奸、绑架等不足以严重危及人身安全的暴力犯罪,不能行使无限防卫权。

3. 对"其他严重危及人身安全的暴力犯罪"予以严格限制

通过立法或司法解释对严重危及人身安全的暴力犯罪予以明确列举,限定无限防卫权的适用范围,规范这一权利的适用。

4. 增设以"足以制止不法侵害"为限度

通过立法规定，防卫人实施的防卫行为，须以"足以制止不法侵害"为限度。

五、无限防卫权的利弊分析

任何事物都存在利弊，无限防卫权也不例外，学者们对此多有论及，归纳起来大概有以下几点：

（1）无限防卫权的设立，容易引发私刑，造成社会秩序的混乱；

（2）无限防卫权的设立，弱化了对不法侵害人应有的合法权益的保护；

（3）无限防卫权的设立，有可能导致新的不法，进一步激发严重的暴力犯罪；

（4）现行《刑法》关于无限防卫权的规定，导致取证困难，一些不法之徒极易歪曲利用无限防卫权实现其杀人目的。[1]

笔者认为，无限防卫权对正当防卫条款的发展和完善无疑是1997年《刑法》的精妙之笔。第一，多少年来形成的明哲保身思想不可能在短期内消除，在如此心态支配下的人的行为恐不会涉及对防卫权的滥用；第二，对无限防卫权进行立法和司法完善，能更好地实现立法目的，发挥这一权利的作用。

关于无限防卫权的是是非非，人们会永远讨论下去，但是从人类同犯罪作斗争的经历中我们不难发现，无限防卫权在社会治安形势日益严峻的今天有着不可磨灭的价值。相信只要人们能够在法律规定的范围内正确行使这一神圣权利，无限防卫权带给人们的一定是福音而不是祸患。

---

[1] 李广帅："无限防卫权的构成要件及相关问题分析"，载《法制博览》2021年第16期。

探究企业合同管理与法律风险防范措施

马照迪*

（中国政法大学 北京 100088）

摘　要： 企业的发展离不开对合同的管理。企业重视对合同的管理可以有效提升自身防范法律风险的水平，减少一些不必要的法律纠纷，从而保障企业的利益不受到损失，保障企业健康、可持续发展。本文主要围绕企业合同管理以及法律风险防范等问题展开阐述，希望提供有价值的信息。

关键词： 合同管理　企业　风险防范

企业的经营与管理主要围绕在产、销、供三个方面。而这三个部分都需要通过合同进行连接才能保障相关工作的顺利开展。但在合同管理的过程中，因为需要签订、修改和履行大量合同，因此不可避免地会导致合同纠纷的产生。基于此，企业应对合同管理给予充分重视，加强对合同风险的防范。合同管理混乱会给企业的经营造成不良影响，不利于企业的发展。

一、企业合同管理与法律风险防范的概念

合同管理一般包括合同的签订、变更、解除、转让、终止等，需要较长时间以及大量人员参与，具有管理手段复杂多样的特征。加强对合同的管理可以有效提升企业应对相关法律风险的能力，有利于减少一些不必要的法律纠纷，保障企业健康、稳定、长远运行。

---

* 作者简介：马照迪（1993年-），女，满族，北京人，中国政法大学同等学力研修班2022级学员，研究方向为经济法学。

二、企业合同管理与法律风险防范的现状

现阶段,企业的合同管理一般应用独立法务管理模式。这种管理模式是指将合同主要放在法务部门,由法务部门负责合同管理以及法律风险防范工作。基于管理模式,企业一般会设有专门的合同审计人员。首先,公司在运营过程中不可避免地会遭遇一些长期合作伙伴变动的情形,这会导致资信表述出现差异,而法务部门对每一个合同的商务部分、技术部分以及标准部分很难做到完全精通,这会影响到合同管理的效果。其次,企业在合同管理风险防控方面还存在一些不足:第一,风险管理比较侧重于合同事前的签订、事后的管理,对合同履行的管理则缺乏足够的认识。第二,合同内容中的文字可能会不够严谨,这就会导致争议的发生。第三,缺乏对合同中的技术标准、验收标准以及进入验收等细节的重视,而业务部门则缺乏合同风险防范意识。第四,缺乏对合同履行过程的记录跟踪。第五,企业的管理人员职责划分不清,部门之间不能有效联动。如果在合同履行过程中遭遇风险隐患便会降低补救效率,从而造成企业利益损失。第六,合同管理的监督体系不完善,缺乏合理的自控手段,这会降低对合同管理的监管水平,不利于企业的稳定发展。第七,企业还可能存在对合同管理不重视的情况,主要原因是风险防范意识比较差,过于追求利益的最大化而无限制削减费用。同时,缺乏专门的法律事务岗位,从而降低了法律风险防范的水平。当遭遇法律纠纷时,企业缺乏有效应对手段,这会给企业带来严重的生存危机,从而影响企业的健康、稳定发展。[1]

三、加强合同管理法律风险防范的重要性

企业加强对合同的管理有利于避免一些法律风险,减少不必要的法律纠纷,节约人力、物力,将更多的资源投入发展与建设,为企业创造更多的收益,同时也能更好地保障市场秩序。因此,企业应该重视对合同的管理,提升法律风险防范意识,不仅要强化各个环节部门人员的法律风险意识,还应该建立专门的法律团队,建立健全相应的制度体系,提升人员的素质与风险防范意识。同时,还应该重视对合同履行过程的跟踪记录,避免企业在合同

---

[1] 李敏怡:"企业经济合同法律风险及防范措施探讨",载《现代经济信息》2019年第17期。

履行过程中遭遇安全隐患,如有法律风险出现,也能及时发现、尽早干预。只有这样才能提升企业的合同管理水平,从而保障企业的发展尽可能少地受到法律纠纷的影响。[1]

四、加强企业合同管理与法律风险防范

(一) 重视建立培训机制

在合同管理的过程中,企业应该重视合同管理过程中的法律风险防范。首先,企业应该对部门员工进行定期培训。培训不仅能够有效提升工作人员的素质,还能将法律风险防范意识落实到合同管理的过程中,这有利于提升企业合同管理的水平,减少一些法律纠纷,从而保障企业健康、稳定地发展。其次,企业应该根据不同部门对合同的需求对部门进行分类,之后再从不同部门中挑选出相应的培训人员,并按照先后顺序对相关人员进行定期培训。在培训的过程中,还应该对法律风险防范中的言行以及在合同管理过程中需要注意的问题进行罗列,并引用一些现实案例来强化员工的法律风险防范意识,这不仅能够提升企业的合同管理水平,还能提升各个环节的法律风险防范水平,有助于促进企业更好地发展。同时,在培训中还应该注意一些问题。比如,培训的内容必须结合企业的业务以及发展需要,同时还应该根据不同部门的实际情况进行有针对性的培训,只有这样才能提升合同管理水平,从而保障企业的稳定发展。

(二) 完善合同管理制度

企业应该重视对合同管理制度的完善。在合同管理过程中,风险可能会发生在各个方面,比如合同洽谈、签订、履行等多重环节。对此,企业必须根据实际情况建立健全合同管理制度。首先,对合同的管理必须兼具动态以及静态,只有将动态和静态有效结合起来,才能拓宽风险防范范围、提升合同管理的水平。其次,在合同的管理过程中,为了更好地提升企业的法律风险防范能力,应该号召公司全体成员一同参与其中,只有这样才能将各个环节有效衔接起来,从而降低合同法律风险的发生概率。最后,通过合同管理制度还能提升各个部门之间的沟通,从而加强商务、法务、财务等部门之间的联系,这有利于保障合同签订、履行到结束的全过程管控,从而有效提升

---

〔1〕 王媛:"企业经济合同法律风险及防范措施分析",载《法制博览》2019 年第 18 期。

企业法律风险防范的水平。[1]

(三) 加强法律风险防范意识

合同的管理过程比较复杂，容易出现风险隐患以及法律纠纷。对此，企业应该加强法律风险防范意识，从风险源头开始将合同的法律风险意识贯穿整个过程，强化各环节合同负责人的法律风险意识，建立专门的法律团队进行合同管理，健全合同管理过程中的相关制度，妥善解决合同纠纷，从而减少法律风险的发生。首先，企业应该专门设立法律事务部门，并加强相关部门体系制度的跟进，优化奖罚机制，通过这种方式有效减少一些法律纠纷。其次，还应该重视对合同管理制度中的一些不足以及不合理的地方进行优化和完善，提升合同管理制度的科学性以及有效性，只有这样才能综合提升合同管理法律风险防范的水平，尽可能减少法律纠纷，从而保障企业的可持续发展。

(四) 加强对合同管理的监督

企业应该重视对合同管理的监督，不仅要对合同履行过程进行全程监督，还应该加强部门的监管职能，并重视在合同履行各个环节的验收工作，从而形成科学、合理的合同管理监督体系。此外，还应当着力完善企业责任制度，将职位的权利与需要承担的责任"挂钩"，使员工在工作过程中始终以自身的工作责任为重点。同时，责任也是个人能力以及良好素质的体现，有责任意识的成员会主动承担起自身应该承担的责任。反之，也会有人逃避自身所应当承担的责任。基于此，应当在企业中设置有效的责任追究机制，完善责任追究机制可以提高员工的责任意识、培养责任观念，使员工在工作过程中始终把企业的利益放在首位，促进企业的良好发展。

结　语

通过以上论述可以得知，合同管理与法律风险防范密不可分，企业必须重视合同管理的作用，强化法律风险防范意识，减少一些法律纠纷的产生。因此，企业应该从多个方面入手，比如对部门员工进行定期培训、建立健全合同管理制度、强化各环节合同负责人的法律风险意识、加强合同管理的监督等。只有这样才能提升合同管理法律风险防范的水平，保障企业的可持续发展。

---

[1] 陈玺岚、陈淑祥："企业经济合同法律风险及防范措施分析"，载《法制博览》2019年第2期。

浅谈我国现阶段保留死刑制度的必要性

王旭铖[*]

(中国政法大学 北京 100088)

摘　要： 死刑，是剥夺犯罪分子生命的刑罚方法，是最严厉的刑罚处罚方式。自从意大利刑法学家贝卡利亚在《论犯罪与刑罚》一书中明确地提出废除死刑的主张以来，关于死刑废留的争议一直延续至今。尽管废除死刑是人类文明发展的必然趋势，但是对于处在社会转型关键期的我国来说，尚不存在废除死刑的现实条件。

关键词： 死刑制度　刑法修改　社会惩治

截至目前，全世界有 106 个国家已经废除了死刑，另外还有 50 多个国家在法律上暂停了死刑。2021 年 10 月 8 日，澳大利亚等国在联合国人权理事会上提出了废除死刑的决议草案，宣称在全世界范围内废除死刑有助于提高人的尊严和促使人权的持续发展。我国和日本等国在这项决议案上投下了反对票。在我国，保留死刑是国家的一贯政策。"因为人们普遍认为，在现阶段，极其严重的危害国家安全、危害公共安全、侵犯公民人身权利的犯罪还大量发生，一些犯罪分子气焰嚣张、屡教不改，只有保留死刑，才有利于与这些极为严重的犯罪做斗争，才能保卫国家安全、维护社会稳定、保护公民法益。"[1] 某些国家不顾他国的国情，以"普世价值"为借口，用废除死刑来彰显所谓的"人权"和"自由"，显然是荒谬的。废除死刑不仅是法律问题，也是社会问题，要结合一个国家的政治、经济、文化等社会状况进行权衡取舍。

---

[*] 作者简介：王旭铖 (1988 年-)，男，满族，河北承德市人，中国政法大学同等学力研修班 2020 级学员，研究方向为刑法学。

[1] 曲新久主编：《刑法学》(第 5 版)，中国政法大学出版社 2016 年版。

一、死刑废除论的主要观点

第一,死刑违背了人道主义。用剥夺人生命的方法来惩罚犯罪,属于低级文明社会血腥复仇主义的观念,不符合当代文明社会所倡导的人权思潮。人的生命权是宝贵的,是人与生俱来最神圣的权利,在任何情况下都不能被人为侵害。[1]

第二,死刑错判难以改正。例如,因强奸杀人罪在1995年被判处死刑的"聂树斌案"于2016年由最高人民法院第二巡回法庭作出改判,宣告撤销原审判决,改判聂树斌无罪。该案在社会上引发了巨大的关注,也在法学界掀起了一股废除死刑热。

第三,死刑预防犯罪的作用一般。支持者认为,很多欧洲国家在废除死刑后也未出现犯罪率上升的现象,因此死刑的预防作用被高估了或者无法被证实。而对于那些极端残暴、执迷不悟的犯罪分子来说,死刑又未必能真正对他们产生震慑作用。

死刑虽然是野蛮、残酷的,但是也不可否认,其"以暴制暴"的手段确实能够彻底消除穷凶极恶的罪犯,平息受害人及其家属的仇恨。而死刑错判毕竟属于个案,况且随着刑侦技术的发展、司法制度的完备,死刑冤假错案的发生可以在最大限度上避免。对于预防犯罪的作用,我们不能仅用废除死刑后的犯罪率来衡量,毕竟犯罪率主要取决于一个国家的社会发展程度。因此,死刑固然有其不足,但瑕不掩瑜,其在震慑极端恶性犯罪、维护国家长治久安上具有不可替代的作用。

二、我国保留死刑的必要性

尽管我国当前已经全面建成小康社会,但是内部发展质量仍有待提高,外部环境更趋复杂、严峻,鉴于我国现阶段的社会发展水平和历史文化背景,废除死刑的条件尚未成熟。

(一)"杀人偿命"的传统思想根深蒂固

尽管我国几千年的正统儒家文化强调"仁""爱",但是在刑罚理念上仍然是法家思想占据主导地位,强调"以刑去刑",让普通民众因畏惧刑罚而不

---

[1] 纪留利:"浅析中国现阶段保留死刑的必要性",载《民营科技》2013年第4期。

敢犯罪。同时,"杀人偿命,天经地义""罪大恶极、死有余辜"的同害报复观念在中国百姓的思想中扎根很深。[1]笔者因工作原因,曾在司法机关、学校、私企和监狱里做过有关死刑废除的调查问卷,即使是在监狱的服刑人员,支持保留死刑的比例也高达89%。我们不得不承认,死刑的存在能够平息由对社会影响极其恶劣的犯罪引发的众怒,能够契合民众内心深处的因果价值观念。

(二)"极端恶性犯罪"依然频发

2021年5月完成的第七次全国人口普查显示:我国大陆地区人口为14.17亿人。在如此庞大的人口基数下,极端恶性犯罪的数量也不可小觑。从危害国家安全角度看,分裂分子实施的暴力恐怖犯罪依然猖獗,分裂国家势力一直蠢蠢欲动;从危害公共安全角度看,因泄私愤危害公共安全的案例屡见不鲜;从侵犯公民人身权利角度看,一些犯罪突破了法律底线、道德底线和人伦底线,如2020年7月在杭州发生的徐某利杀害妻子来女士并分尸、抛尸案,2020年11月在重庆发生的张某和女友合谋将其亲生的两名幼子女从15楼飘窗扔下致死案。以上这些极端恶性犯罪,丧失人伦、泯灭人性,不判处死刑不足以弘扬社会正气,不足以捍卫公平正义。

(三)经济发展"不平衡不充分"

2021年我国GDP突破了114万亿元人民币,但是人均GDP仅相当于欧盟的1/3,且贫富差距问题不容忽视。发达国家能够废除死刑,是基于其雄厚的经济实力、高保障的福利政策使之足以承载废除死刑的物质基础。"犯罪对社会的危害在一定程度上是与经济发达程度成反比的,经济实力雄厚的社会对犯罪往往具有较高的承受能力,因而对犯罪大多抱着相对宽容的态度。"[2]而我国经济发展水平差异较大,经济类犯罪仍然频发。况且,死刑的执行成本较为低廉,能够避免将纳税人的钱过多地用于罪犯,可以在很大程度上节约司法资源。

(四)死刑的"震慑效应"不可替代

刑罚的作用在于防止和减少犯罪,没有一种刑罚方式能像死刑这样对犯

---

[1] 施建军:"浅析中国传统文化视野下的死刑观——对中国死刑何去何从的另一种思考",载《法制与社会》2008年第16期。

[2] 耿欣:"论我国保留死刑的现实必要性",载《法制博览》2016年第5期。

罪分子产生如此之大的震慑效果，这是自由刑无法替代的。顽固不化的"亡命徒"虽然存在，但毕竟是极少数，绝大多数民众都是珍爱生命的，都会对死刑产生畏惧心理。就如西南政法大学陈忠林教授所说的："至于说死刑对遏止腐败没有太大效果是站不住脚的，生命对绝大多数人来说是宝贵的，说一个人宁愿用其他东西来换最宝贵的东西，就是违背最基本的常识。"

三、保留死刑与严格适用死刑

尽管我国当前不适宜废除死刑制度，但应实施"保留死刑，严格适用死刑"的政策，确保"当判必判""少杀慎杀"。

（一）适用死刑范围的限制

我国古代《尚书》中就有"与其杀不辜，宁失不经"的记载，即与其杀掉没有犯罪的人，不如按照未经证实有罪而发落，这体现了立法者的慎刑思想。我国《刑法》规定，只有罪行极其严重的犯罪才适用死刑。所谓"极其严重的犯罪"，应指"犯罪行为所侵害的客体的价值与人的生命权利相当的犯罪"，它需要充分考虑犯罪人的主观恶性、社会危害、犯罪动机和犯罪手段等一系列因素。同时，自《刑法修正案（十一）》实施以来，我国适用死刑的罪名从1982年的71个减少到了目前的46个，占全部罪名的比例已经跌破10%。今后，我国还应继续减少适用死刑的罪名，缩小死刑适用的范围。[1]

（二）适用死刑对象的限制

犯罪的时候不满18周岁、审判的时候怀孕的妇女、审判的时候已满75周岁（手段特别残忍致人死亡的除外）的人在我国是不适用死刑的，前者主要考虑其尚处于世界观、人生观、价值观的形成时期，心理再塑性强，应立足教育改造；后者则体现了我国刑罚的人道主义原则。但是，笔者认为，对死刑适用主体的限制还应继续加大。

（三）适用死刑程序的限制

我国在1980年2月至2006年12月期间，省、自治区、直辖市高级人民法院是可以复核死刑的。自2007年1月起，我国的死刑复核权收归最高人民法院。由最高人民法院行使死刑核准权，有利于提高死刑案件的办案质量，减少冤假错案的发生。2019年9月1日，《最高人民法院关于死刑复核及执行

---

〔1〕晁玉凤："我国死刑制度的必要保留和改善"，载《中国市场》2006年第40期。

程序中保障当事人合法权益的若干规定》正式施行，该规定进一步规范了死刑复核及执行程序，能够更好地保护当事人的合法权益。今后，我国应继续完善死刑的办案程序，确保每一起死刑案件都经得起法律和时间的检验。

综上所述，尽管废除或者暂停死刑在世界绝大多数国家已经施行，但综合考虑我国的文化背景和社会发展实际，现阶段我国尚不具备废除死刑的必要条件。当然，我国也要继续坚持"严格适用死刑"的政策，积极探索"无死刑"刑罚体系的制度设计，以应对我国社会发展的新需要。

浅谈银行理财产品的风险点及应对

孙靖璇[*]

（中国政法大学 北京 100088）

摘　要：传统银行业面临着冲击与挑战，却仍为广大居民投资者所信赖。由于经济形势和资本市场业态的变化，传统的固定收益模式刚性兑付已被打破。然而，居民对于新形势的变化认识不足，中行"原油宝"事件的发生更使得我们需要去反思如何保护好居民的"钱袋子"，从各个方面保障资金安全。

关键词：理财产品　风险　原油宝

一、传统银行业面临挑战，挑战中包含着转机

银行是通过存款、放款、汇兑、储蓄等业务，承担信用中介任务的信用机构。从性质上划分，可分为央行、政策性银行、商业银行。现如今，由于技术革命以及我国互联网生态的渗入，以阿里集团的支付宝为代表的互联网金融的崛起极大地改变了国民的生活方式，随之而来的还有消费习惯和理财观念的改变。青年消费群体成为花呗、借呗等提前消费功能的忠实用户和拥护者，这势必会对传统的银行业务造成极大的冲击。

事物是不断发展创新的，新事物存在着吸引力，这必然会促使旧事物进行升级和改造。近些年来，从担保公司到蚂蚁金融，一轮又一轮的新鲜事物势头迅猛，但其在凭借高息高利的优势疯狂吸金后却频繁"暴雷"，国民在经历过大风大浪之后才蓦然回首，银行因拥有相对规范的管理结构、层层监管机制，以及庞大的受众群体，仍然在我国的市场经济体制中发挥着重要的作用。

---

[*] 作者简介：孙靖璇（1994年-）女，蒙古族，河南洛阳人，中国政法大学同等学力研修班2021级学员，研究方向为经济法学。

二、存款的有力保障和理财产品的有限保障

国民熟知的《存款保险条例》就是为建立和规范存款保险制度，依法保护存款人的合法权益，及时防范和化解金融风险，维护金融稳定而制定的，由国务院于 2015 年 2 月 17 日发布，自 2015 年 5 月 1 日起施行。《存款保险条例》第 5 条规定，存款保险实行限额偿付，最高偿付限额为人民币 50 万元。简单来说就是国民存入银行的存款是受到法律切实保护的，其安全性和规范性是其他机构所无法比拟的。但是，随着银行业务的拓展，我国银行开始更多地融入国际金融圈子，各式各样的理财产品让居民眼花缭乱。理财产品的形式灵活、期限选择多样、年收益率较高，开始成为越来越多的居民打理资产的首要选择。

理财产品，即由商业银行和正规金融机构自行设计并发行的产品，将募集到的资金根据产品合同约定投入相关金融市场及购买相关金融产品，获取投资收益后，根据合同约定分配给投资人的一类产品。与存款不同，理财产品对于居民的保护力度和强度值得细思。

三、中行"原油宝"事件暴露出的问题与风险点

我国国有六大行即工、农、中、建、交、邮储，国内大银行的理财产品基本没有出现过特别重大的亏损事件，收益区间也相对平稳，唯一一次让居民大失所望的"黑天鹅"事件要数中国银行的"原油宝"事件了。具体的事件经过和细节本文不再进行阐述，在此仅就其暴露出来的银行理财产品存在的问题和风险点作一评述。

第一，理财产品种类繁多，居民难以甄别，冗长专业性强的合同条款存在责任分担不合理的情况，但居民对此没有清晰的认识，同时一旦遭遇市场风险和银行操作风险，责任不好判定，对于财产损失的弥补不好达成统一处理意见和方案。[1] 首先，笔者认为，中国银行的"原油宝"属于理财产品，因此关键就在于产品说明书，也就是合同条款是如何约定的，如出现明显的违约情况，则可直接判定银行负担责任。鉴于银行提供的均是格式条款，对

---

[1] 董彪："金融衍生品风险与责任配置的法律分析——以'原油宝'事件为例"，载《南方金融》2020 年第 9 期。

于可能出现的风险没有明显的揭示,并对后续的责任划分和损失分担缺乏详尽的说明。我们最常看到的几句话是"理财非存款,投资需谨慎""投资风险由个人承担",此类模棱两可的条款说明都含有一定的隐患。同时,普通居民往往很难准确理解说明书中的专业金融语言。

第二,理财产品确实存在风险,但居民往往认定银行会对一切理财风险进行兜底,对市场风险存在认知偏差,加上银行员工的过度销售和夸大宣传,会诱导居民选择与自己风险承受能力不匹配的产品。大部分居民对银行的理解还停留在《存款保险条例》时代,认为理财同存款一样,受到国家法律的绝对保障,这种忽视市场风险的认识带有严重的个人主观色彩。2018年出台、2022年生效的"资管新规"已经落地,其核心内容便是打破银行理财的"刚性兑付",资金兜底已成为历史。另外,某些银行的客户经理为了吸引客户、完成业务指标,在销售过程中会弱化对风险的提示和宣传,夸大产品收益,银行人员的道德风险一旦出现,居民储户是难以规避的。[1]

第三,一旦出现风险事件,银行监管机构中国银保监会的监管力度是十分有限的,由于信息透明度有限,以及各行的业务灵活度高,银行监管机构在事件爆发后的处理也是以对银行机构的罚款以及督促为主要手段,在责任的划分以及如何妥善处理居民的财产损失等关键性问题上,并不能实施强有力的干预,还是以银行机构为主体,由机构所在总部实施解决方案。

第四,在客户准入方面仍存在漏洞,银行员工存在为了推销某款产品,引导调高居民的风险承受能力评测结果,使得居民自身的承受能力与其可能承受的风险不匹配的现象。如"原油宝"理财产品的评级在 R2~R3 级,个别以储蓄存款为主的中老年客户群体,也就是自身风险评级仅为 R1 的客户,在高利和银行员工的引诱下,脱离实际调高了自身承受风险等级,购买了理财产品,但自身对于可能出现的风险却缺乏清晰的认识。在风险事件发生后,并不理解为什么本身以安全储蓄为出发点的资金会不翼而飞,同时基于自身知识的局限性,在如何维护自身利益方面也是无能为力。

四、居民如何最大限度地保护自己的资金安全

第一,遵循投资原则,分散投资,合理配置,不要把鸡蛋放在同一个篮

---

[1] 部慧、陆凤彬、魏云捷:"'原油宝'穿仓谁之过?我国商业银行产品创新的教训与反思",载《管理评论》2020年第9期。

子里。居民应以年收入、家庭情况、自身对风险的承受能力等方面为出发点，合理配置资金，以资金安全性为基础，流动性为参照，适当配置高风险高收益产品。同时，根据《存款保险条例》的处理原则，可将资金分别放置在不同的银行机构，如若某家机构出现问题，可将损失减至最小。同时，每一款理财产品均有详细的产品说明，居民在购买前应关注产品风险等级、产品收益、产品封闭期、产品挂钩衍生品等重点信息，做到心中有数，如产品说明专业术语过多，也可详细询问银行工作人员。在正规渠道购买理财产品，按照银行规定流程进行双录等关键性操作步骤，最大限度地避免与银行员工进行私下交易，避免银行员工的人员操作风险。

第二，增强认知，了解基础金融知识，打破固化思维，紧跟时代变化；需要了解"资管新规"的文件精神，在金融市场国际化市场化的进程中，打破刚性兑付，即理财利率紧随市场波动的理念需要更加深入人心，彻底改变出现风险由银行机构兜底的固化思维，对市场风险有自己的基本判断，并对理财产品挂钩标的以及风险等级有初步的认知，不盲目听信银行员工为了完成销售任务而推荐的"高收益""独角兽""新产品"等营销噱头。

第三，合法维权，了解维权途径。尽管居民在与银行机构的博弈中并不占据主动地位，但仍可以向银行监管机构、律师、新闻媒体寻求帮助，形成社会舆论的压力。首先，可以从理财产品设置是否合理，在银行销售过程中是否存在虚假宣传等关键点入手，收集证据及资料，向银行监管机构（即银保监局）递交书面或口头投诉材料，引起监管机构的高度重视，形成从上向下的督促与施压。其次，可以咨询律师，通过法律正规途径进行维权。最后，可以通过地方媒体或者民生类节目形成社会舆论压力。

第四，谨慎对待银行风险评级，对于身份信息以及风险评级必须由自己进行填写，切勿盲目信任他人。切勿泄露个人信息，同时谨慎对待银行的风险评级，选择与自身经济实力相匹配的选项；切勿贪图便宜，让他人代替自己进行选项填写，银行的风险评级是对个人能否购买高风险产品的评估，如若随意评级，可能会造成后续的财产损失。

笔者认为：首先，居民必须提高对银行理财产品和风险的认知水平；其次，在操作过程中必须保证全部由本人进行操作；最后，谨慎对待银行风险评级，尽最大可能分散风险，保证自身的资金安全。

浅析强奸罪中"其他手段"的司法认定
——以办理"刘某强奸案"实务为视角

徐 臻*

(中国政法大学 北京 100088)

摘 要：在以"其他手段"实施的非典型强奸犯罪中，犯罪嫌疑人与被害人一般相识，案发时暴力程度并不明显，无论是对犯罪的主观故意，还是对客观行为的认定均存在难度。本文以司法案件为例，浅析"以其他手段"实施强奸罪的认定路径。

关键词：其他手段 强奸 司法实践

目前，在我国的司法实践中，强奸罪的认定标准比较混乱，认定过程也有诸多难点，特别是在压制反抗的手段不明显、被害人意思表示不明晰的情况下，更难以准确定性。相应的案件多以"熟人作案"的形式表现。[1]

一、以"其他手段"实施强奸案件的现状及特点

近年来，以"其他手段"实施的非典型强奸犯罪开始逐渐取代传统型强奸犯罪成为司法实践中的常见情形。此类案件的表现方式包括醉酒状态型强奸、迷奸、骗奸等，多具有以下特征：其一，多发生于熟悉或相识的人际关系中，双方在发生性交前的行为动向常常存在"自愿性"，从而影响对"违背意志"的判断；其二，缺少或没有反抗痕迹，导致能直接体现"违背意志"的客观证据边缘化甚至缺失；其三，此类案件的犯罪嫌疑人侥幸心理严重，

---

* 作者简介：徐臻（1989年-），女，汉族，江苏省高邮市人，中国政法大学同等学力研修班2022级学员，研究方向为刑法学。

[1] 徐志权："'半推半就'强奸案件的定性分析"，载《中国刑事警察》2021年第6期。

在关键的言词证据上与行为人呈"一对一"的状态，有罪证据与无罪证据并存。这些特征导致在被害人没有明显反抗的情况下，证据采信不易把握，罪与非罪的界限较为模糊。本文将以醉酒状态型强奸案为例，对该类案件的把握进行探讨。

二、基本案情介绍

2021年8月7日22时许，被告人刘某与被害人谭某相约至酒吧喝酒，次日凌晨，被告人刘某将醉酒的被害人谭某送回上海市浦东新区张江镇中科路的暂住处后，趁被害人谭某醉酒之际，强行与其发生性行为。被告人刘某被抓到案后拒不供述强奸犯罪事实。2021年9月，上海市浦东新区人民检察院以刘某涉嫌强奸罪向上海市浦东新区人民法院提起公诉。2021年11月，上海市浦东新区人民法院作出一审判决，以强奸罪判处被告人刘某有期徒刑4年6个月。

三、以"其他手段"实施强奸案件的认定难点

（一）在手段行为非暴力的情况下，对"违背妇女意志"的判断

对此问题，理论界对"违背妇女意志"的核心特征的判断主要有三种观点："手段非法性说""被害人主观上的否定说""犯罪分子主观意志说"。[1] 若以"手段非法性"为核心特征，就非暴力的"其他手段"很难找到外化表现形式的证据；若以"被害人主观上的否定"为特征标准，存在以性行为发生后被害人的行为来推断其主观态度的问题；若以"犯罪分子主观意志"为特征标准，又较为依赖嫌疑人的如实供述及案发前后的异常反应等。结合本文案例，不利于认定"违背妇女意志"的证据如下：①案发前，刘某和被害人一直有微信聊天，系熟人关系；②案发当晚，二人首次相约深夜共同前往酒吧，被害人喝完酒在回程出租车上叫刘某"老公"，后由被害人将刘某带进家门，其间被害人在未开灯的情况下与自己男友视频聊天但并未求助；③刘某无伤势、被害人软组织挫伤但无法确定致伤原因及时间；④案发次日被害人在自己男友的追问下才告知男友整个过程，由男友报警。如此更需通过细节判断对性自主权的侵犯情况。

---

[1] 田刚："强奸罪司法认定面临的问题及其对策"，载《法商研究》2020年第2期。

(二) 被害人的醉酒状态对反抗意识、反抗能力的影响

强奸案件的醉酒状态一般采用个体性标准，醉酒状态不仅包括性防卫能力完全丧失的"不知反抗"情形，也包括意识虽然清醒，但身体无力抵抗、言语不能清晰表达的"不能反抗"情形。第二种情形与实施正常性行为时"默示同意"的外在表现形式较难以区分，在司法实践中更是难以认定。案例中，案发前监控可见，被害人有扶额行为，被拉起身时下坠力明显，多次呕吐。但刘某一直强调被害人意识清醒，从酒吧回到小区后可以指明住处，回到住处还告诉其遥控器的位置、教其使用饮水机，并提到性侵途中的细节"睡了一会儿，她让我给她拿手机，我拿过去她就自己刷手机，之后有人给她打视频，视频了十几分钟，她用脚踢我，我理解就是不让我说话，后面我问她是谁，她说是她同事"，以此佐证被害人意识清醒。本案中，对于被害人在醉酒状态下看似半推半就的态度是否会导致嫌疑人产生"对方愿意"的错误认识，尚需进一步判断。

(三) 直接证据"一对一"的情形下，严密证据链条的形成

在以"其他手段"实施的非典型强奸案中，犯罪嫌疑人往往会采取"零口供"态度，在"一对一"的情况下，简单地采信被害人陈述或嫌疑人供述都有失稳妥，容易放纵犯罪或者冤枉无辜。结合案例，被害人表示其只记得衣服被对方脱掉，之后就睡着了，中间隐约醒来，后又睡着至天亮，其甚至无法确定是否被强奸。而刘某一直辩称女方存在意识，是顺其自然发生性行为。二者说法对立，如何有效使用其他碎片化的间接证据来印证二人说法的客观性、真实性，亦需进一步梳理。

四、以"其他手段"实施强奸案件认定的实务应对

(一) "缺乏被害人同意"是构成强奸罪的实质标准

以"缺乏被害人同意"取代"违背妇女意志"作为强奸罪司法认定的重要规则，这种做法的优势在于"被害人同意"是一种具有规范属性的法定授权行为，从证据法角度来分析，在不敢反抗、不知反抗的强奸情形下，被害人的反抗只要能够达到表明其不愿发生性关系的程度，即告完成，嫌疑人在进行"被害人系自愿"的辩解时，必须说明被害人"同意"的细节。即便嫌疑人对性自主权产生认识错误，也应当属于法律认识错误，并不影响对行为性质的判断。结合案例，案发前，刘某和被害人双方交情较浅，聊天从未涉

及性话题，酒吧、路上也没有谈论性话题或性暗示；案发时，刘某自述没有提过性要求，其后却自行帮被害人脱衣服并自忖为"自然"与之发生性关系，这意味着刘某的行为本身是缺乏被害人同意的，具备"违背妇女的性自主决定权"的特征。

(二) 性防卫能力存在削弱因素致被害人不能很好地表达性自由的意志是认定醉酒状态型强奸的关键

醉酒是一种精神状态，具有个体的差异性和结果的不特定性，因此需要结合事件发生时的受害人表现、酒后状态及具体行为等证据综合分析认定。案例中，被害人先后喝了 5 杯酒，均由刘某点好递给被害人；从监控可见，被害人在酒吧时已呈醉酒状态，从酒吧出来后至少呕吐了 3 次。从回程出租车下车后，刘某抱起被害人时，被害人小腿在空中无意识晃荡。以上均能直观感受到被害人酒后自我控制能力减弱。案发时段被害人与男友视频通话，其处于只能简单嗯嗯回答的状态，且报案时被害人也讲不清被侵犯的程度，其记忆呈现"断片"状。该种状态下表达的性自由意志缺乏真实性。在意识清醒后，被害人要求刘某离开并删除刘某微信，反映出了其抗拒、羞耻的心态。综上证据均体现出被害人当时无法正常表达性自由的意志。

(三) 经验法则是精准甄别是否违背妇女意志的有效手段

根据不同时段的审查构罪要素：案发前可从言词、聊天记录等分析双方平时的关系，如接触次数、熟悉程度、是否发生过性行为，以此判断是否存在发生性行为的情感基础。结合案例，刘某和被害人系同小区取快递相识，相互仅限于微信聊天，互不知晓真实身份，也未曾单独约会，被害人与男友关系稳定，可见不存在发生性行为的感情基础。案发时可分析性行为发生时的环境条件、受伤、呼救等要素，通过一般的生活经验判断双方所述是否客观可信。案例中，被害人自觉酒醉时，给男友发定位，恳求其过来接她，在案发时段又与男友视频通话，以常理经验判断，其并不具有主动与刘某发生性关系的意愿。案发后，通过分析被害人的态度反应、报警等具体情形，并结合双方平常的道德品行、生活作风等进行综合判断。在审查构成要素的同时，需重视对言词证据的分析、判断，可将被害人陈述与被告人供述逐一进行比较分析，研判双方供述的真实性。

结　语

时代在变迁，人们对性观念的认知也已发生较大变化，在以"其他手段"实施的强奸案件中，部分被害人因其相对开放、不谨慎的交友态度，导致该类案件中的加害人在手段上表现出的社会危害性明显较小，故在办理该类案件的过程中，司法机关亦需兼顾"打击犯罪"和"保障人权"双重职责，审慎定性、准确量刑，提升法益保护效果。

浅析协议离婚中的冷静期制度

徐亚男*

（中国政法大学 北京 10088）

摘　要：本文分析了离婚冷静期的提出背景。为维护婚姻的和谐稳定，我国《民法典》规定了登记离婚冷静期制度。其指的是夫妻双方在准备协议离婚之时，法律强制性要求 30 日的冷静期。离婚冷静期制度的构建，有助于维护家庭关系的稳定，促进社会和谐，同时可以推进我国家事审判方式改革。

关键词：离婚冷静期　《民法典》　协议离婚

2021 年 1 月 1 日起，《民法典》实施。为了贯彻该法典有关离婚冷静期制度的规定，民政部对婚姻登记程序进行了调整，在离婚程序中增加了冷静期。新调整后的离婚登记程序包括申请、受理、冷静期、审查、登记（发证）等。

一、离婚冷静期提出背景

在中国，不管是一线城市还是二、三线城市，民政部受理的离婚登记自 2002 年以来均连续增长。随着 20 世纪 80 年代出生的独生子女开始进入婚恋期，夫妻都是独生子女的"双独婚姻"现象逐渐显现。"80 后"的婚姻稳定度远低于平均水平，"闪婚""闪离"的现象非常普遍。很多"80 后"夫妻结婚仅 1 年左右，就因为锅碗瓢盆、油盐酱醋、家长里短等小事打得不可开交，直至闹离婚。"双独"婚姻家庭，夫妻双方都是独生子女，往往缺少宽容，婚后双方又缺乏对婚姻磨合的耐心，因此草率离婚现象越来越普遍。国家统计

---

* 作者简介：徐亚男（1987 年–），女，中国政法大学同等学力研修班 2021 级学员，研究方向为经济法学。

局数据显示：结婚人数变少，离婚的却越来越多，仅2018年就有380万对夫妻的婚姻走到了尽头，离婚业务已经占到民政局全年婚姻总业务的1/3。[1]数据显示："闪离"人数增加，婚后2年至7年为婚姻破裂的高发期，最易提起离婚诉讼。[2]结婚3年内申请离婚的超过40%，最快者结婚25分钟即"闪离"。与此同时，全国地方法院受理离婚诉讼的案件数也在逐年攀升。

那么，"离婚冷静期"到底是什么？2020年5月22日，在第十三届全国人民代表大会第三次会议上，《民法典（草案）》（以下简称《草案》）第五编第四章对离婚制度作出了规定，并在《婚姻法》的基础上作了进一步完善：一是增加离婚冷静期制度。实践中，轻率离婚的现象增多，不利于婚姻家庭的稳定。为此，《草案》规定了提交离婚登记申请后30日的离婚冷静期，在此期间，任何一方均可以向登记机关撤回离婚申请（《草案》第1077条）。二是针对离婚诉讼中出现的"久调不判"问题增加规定，经人民法院判决不准离婚后，双方又分居满1年，一方再次提起离婚诉讼的，应当准予离婚（《草案》第1079条第5款）。《民法典》第1077条第1款规定："自婚姻登记机关收到离婚登记申请之日起三十日内，任何一方不愿意离婚的，可以向婚姻登记机关撤回离婚登记申请。"且前款规定期限届满后30日内，双方应当亲自到婚姻登记机关申请发给离婚证，未申请的，视为撤回离婚登记申请。

二、离婚冷静期的社会效果

自2020年8月份以来，离婚冷静期成了网友热议的话题，支持的网友觉得这可以增强家庭责任感，降低离婚率，不支持的（包括不少微博大V）则在自媒体上否认离婚冷静期存在的必要性，认为离婚冷静期有违离婚自由，会导致诉讼离婚的增加。还有部分网友认为，夫妻双方中的弱势方权益很难得到保障，比如因"家暴"而离婚的，设置"离婚冷静期"反而会给家暴者打击报复的机会。但是，自2021年1月1日起施行的《民法典》规定因家暴而登记离婚的，不适用冷静期制度。[3]除外情形应当包括两层含义：首先，

---

[1] "民政统计季报（2018年4季度）"，载中华人民共和国民政部官网：https://www.mca.gov.cn/article/sj/tjjb/qgsj/2018/20181201301328.html，最后访问日期：2022年4月20日。

[2] "司法大数据专题报告之离婚纠纷"，载最高人民法院网：https://www.court.gov.cn/fabu-xiangqing-87622.html，最后访问日期：2022年4月20日。

[3] 夏沁："民法典登记离婚冷静期条款的解释论"，载《法学家》2020年第5期。

以家暴为理由申请登记离婚的，不适用冷静期制度；[1]其次，在冷静期发生家暴行为的，应立即终止冷静期的适用。将家暴列为冷静期的除外情形，符合冷静期的立法宗旨，是对施暴者的教育与惩罚。[2]

三、制定冷静期制度的合理、合法性

第一，设立离婚冷静期符合立法趋势。根据我国的司法实践，当事人一方向法院申请诉讼离婚时，若有一方不同意离婚，法官一般会判决不予离婚。也就是说，一审判决离婚的概率非常低，若想通过诉讼离婚大概率要经过二审。因此，从时间成本角度考虑，在登记离婚中设置冷静期所产生的时间成本并不必然导致当事人双方选择诉讼离婚。其实，目前我国已有多个法院开始在诉讼程序中探索离婚冷静期并取得了良好的效果。[3]据统计：至2020年已有上海、四川、河南等8个省在基层法院试点离婚冷静期，效果显著。其中，河南省在试点期间挽回了两万余个家庭。四川安岳县在试点的5个月间，发出的二十余份"冷静书"中已有十多份到期，到期后未再次提出的离婚的概率达90%。[4]从国际上看，已经有不少国家建立了离婚冷静期制度。如《法国民法典》规定了为期3个月的离婚冷静期，比利时、瑞典则规定了6个月的考虑期，韩国则依据不同情况规定了较为灵活的冷静期。[5]因此，在登记离婚程序中设置冷静期既不会导致诉讼离婚的增加，也符合国内外设置离婚冷静期的立法趋势。

第二，有利于维护未成年子女的身心健康，能让子女在一个父爱、母爱并存的家庭中成长。[6]离婚不仅是两个人的事，两个家庭间就未成年子女的抚养权归属问题往往争议较大。登记离婚并未对夫妻离婚做过多干涉，对于

---

[1] 杨立新、蒋晓华："对民法典婚姻家庭编草案规定离婚冷静期的立法评估"，载《河南社会科学》2019年第6期。

[2] 王心禾："家暴引发离婚诉讼宜慎用冷静期"，载《检察日报》2018年11月26日。

[3] 对诉讼离婚冷静期试点的介绍见王琦："诉讼离婚冷静期制度的构建：必要性、可行性及与现行法的对接"，载《贵州社会科学》2020年第12期。

[4] "四川安岳推行离婚冷静期已3年效果咋样　看看推行者怎么说"，载《成都商报》2020年5月25日。

[5] 对域外比较法经验的介绍，参见杨立新、蒋晓华："对民法典婚姻家庭编草案规定离婚冷静期的立法评估"，载《河南社会科学》2019年第6期。

[6] 类似观点可见马忆南："离婚冷静期是对轻率离婚的限制和约束"，载《妇女研究论丛》2020年第4期。

子女问题更是全靠夫妻双方的责任心。有些年轻的夫妻在离婚时就子女抚养问题并未考虑周全，也没有商量出谁抚养孩子，拿着从网上下载的或是民政局提供的离婚协议书模板就往民政局跑。资料提供不全，去离婚无疑是给民政局工作增加负担。未成年子女的抚养问题被忽视，子女的教育和生活得不到保障，在没有关怀的家庭中成长也会导致未成年情感缺失，子女会觉得没有安全感。离异家庭的子女，从小就生活在一个不完整的家庭中，缺少父母双方共同的关爱。这势必会影响他们对感情的看法，若引导不及时，更有可能走向犯罪的道路。最高人民法院就曾指出，我国的未成年人犯罪有百分之七八十来自离异家庭。在离婚登记程序中设置冷静期，有利于让夫妻双方担负起作为父母的责任，权衡离婚可能会对未成年子女造成的影响。

第三，在《婚姻法》中设置离婚冷静期制度，不仅能够贯彻我国婚姻家庭法的基本精神，还能够在司法实践中确定案件审理的基本价值导向，特别是在法律规范不明确的状况下，能够让审判人员准确掌握婚姻法的精神，实现同案同判，维护司法的权威性，修复当事人的关系，促进家庭关系的稳定。设立这一制度不仅涉及亲属关系，还要吸收社会经验、社会学、法制史等不同学科的成果，借鉴并吸收其他国家关于冷静期的制度设置，由此得到更为合理的制度构建方式。因而，我国对离婚冷静期制度进行探索不仅可以丰富当前的亲属法研究，还能够促进这一学科和其他学科的融合，推进我国婚姻家庭制度的发展。

第四，有利于社会的和谐稳定。婚姻、家庭关系是社会关系的基础，人类社会的生存和发展都有赖于家庭秩序的稳定。在离婚案件中，有相当一部分当事人的感情是可以挽回的，并不属于《婚姻法》所规定的夫妻感情破裂的情形。夫妻吵架、闹情绪而冲动地走向民政局，事后后悔离婚，还要再去民政局复婚。离婚冷静期制度的设置可以让这部分夫妻的婚姻得到挽救，修复家庭关系，由此降低离婚率，有助于维护家庭关系的稳定。在现代社会中，幸福的标准更加多样化和复杂化，夫妻双方有可能因为日常生活中的小矛盾而诉诸法院，"闪离"现象日益增多。司法机关能够用判决书的方式解除当事人之间的婚姻关系，但这种方式并不能真正消除其矛盾，往往还会造成更多的社会隐患。推行冷静期制度，不仅是为草率离婚的夫妻提供一个冷静的时间，让他们理智地作出决定，也是为了挽救家庭关系。离婚冷静期的设置，可以挽救危机婚姻，有利于维护婚姻关系的稳定，从而促进社会的和谐稳定。

结　语

　　稳定的婚姻是维护社会稳定的一个重要因素，离婚冷静期制度的构建有助于减少草率离婚现象。《民法典》提出离婚冷静期制度无疑是我国法制进步的表现，可以推进我国家事审判方式改革，维护家庭关系的稳定，促进社会和谐。但是，离婚冷静期制度不应该在实际适用时被"一刀切"使用、法院和民政局应根据申请离婚的夫妻具体情况来正确适用离婚冷静期制度，只有这样才能有效地降低我国的离婚率，稳定婚姻与社会。

人工智能时代侵财犯罪刑法适用的困境与出路

左伟斌*

（中国政法大学 北京 100088）

摘　要：在人工智能快速发展的背景下，多发性侵财犯罪也趋于网络化，本文以侵财犯罪为切入点，对人工智能时代侵财犯罪刑法适用的问题与出路进行了研究剖析，提出了犯罪主体调整、立法更新建议，以期为相关人员提供理论参考。

关键词：人工智能　财产犯罪　刑法困境

人工智能已逐渐渗透到人类生活的各个方面，并对国际社会产生了巨大影响。面对这样的挑战，法学界应该正确认识人工智能技术发挥的作用，从法律层面引导人工智能的发展。

一、人工智能的三种类型

根据人工智能的智能程度，我们可将人工智能分为弱人工智能、强人工智能和超级人工智能三类。

弱人工智能指擅长在某一特定领域发挥作用的人工智能。由于弱人工智能只是为了解决某些特定问题而被制造，不是专门为模仿人类思维而开发，因此它仍然只是一种工具，与传统的产品并没有实质性差别。事实上，目前人们正处在人工智能技术较为薄弱的初级阶段。强人工智能是指已经接近人类水平的人工智能。由于强人工智能拥有最基本的人格，并且能够像人那样独立思考与决定，所以在强人工智能阶段，人工智能可以被作为一种独特的

---

* 作者简介：左伟斌（1975年-），男，汉族，河南郑州人，中国政法大学同等学力研修班2021级学员，研究方向为刑法学。

社会主体，在特定领域行使权利，并对自身的行为承担责任，主要表现在遗产、继承、侵害和犯罪等方面。超级人工智能由著名人工智能思想家尼克·博斯特伦（Nick Bostrom）定义为在几乎所有领域（包括科学创新、一般技能和社交技能）都比最聪明的人脑聪明得多的人工智能。这一阶段的人工智能在计算和思维能力方面远远超过了人脑。更重要的是，超级人工智将能突破传统人脑的空间束缚，和人们共同建立一种全新的人类社会。人类的法律系统只在人类社会关系中发挥作用，而人类规则已不再被应用于超级人工智能。[1]

二、人工智能时代的财产犯罪类型

（一）以人工智能为侵犯对象的侵犯财产罪

目前，犯罪嫌疑人在网络交易中窃取他人财产，最重要的手段是使用手机银行功能，并开通多个第三方的支付账号。其中，后者一直是我国刑事理论界热度最高的探讨与争论焦点。而基于其他第三方支付账户的情况（包括自身是否已绑定银行卡）侵财作案可以被分成如下两种：通过被绑定于个人银行卡账户上的第三方支付账户实施的侵犯财产罪和使用不绑定在个人银行卡账户上的第三方支付账户实施的侵犯财产罪。针对故意使用第三方在线支付交易账户实施的其他侵权案件，主流观点包括三种：盗窃、欺诈和信用卡欺诈。

线下财产盗窃犯罪则利用各种 ATM 软件的基本工作原理来实施盗窃财产犯罪，如非法获取用户的银行卡账户，非法更改账户密码，篡改银行密码，窃取个人信息。笔者认为，只要严格奉行习惯法的上述基本原则，现有的刑法理论足以规范盗窃罪，而不必对我国现行刑法法规进行重大修改。目前，我国最新的刑事司法解释和其他司法解释中的刑法规定，对于惩治信用卡诈骗罪作出了明确规定，可以直接引用。[2]

（二）以人工智能为侵犯主体的侵犯财产罪

在现实生活中，人工智能引发了一些刑法问题。例如，无人驾驶系统与

---

〔1〕 吴允锋："人工智能时代侵财犯罪刑法适用的困境与出路"，载《法学》2018 年第 5 期。

〔2〕 张弛："互联网背景下财产概念的流变及对刑法适用的影响"，上海交通大学 2019 年博士学位论文。

智能辅助行驶系统已经初步实现应用。那么，搭载自动驾驶系统的汽车如果与智能车辆驾驶者共同造成事故，并达到了道路交通肇事罪的刑法惩罚标准，刑事责任应该如何划分？如果目前人们已承认人工智能汽车可以成为道路交通违法的实施主体，那么还应该认真处理以下四个问题：第一，谁首先违反了《道路交通安全法》的规定？第二，谁对这起交通事故负责？第三，如何防止再次发生这种错误？第四，如何处理刑事责任人以及刑罚如何具体执行？基于无人驾驶智能汽车驾驶程序的存在，人几乎没有任何的身体运动，对无人驾驶智能汽车的操控完全由人工智能程序完成。特定人的驾驶控制行为完全通过人工智能程序完成，不存在因人的过失或操作疏忽而造成重大车辆交通事故的可能性。

三、人工智能时代财产犯罪刑罚的适用困境

目前，随着人工智能财产犯罪的频发，该法不可避免地存在一些缺陷甚至漏洞。有很多学者提出，随着现代科学技术的不断变革、科学技术的进步，人工智能学科的发展已经逐渐进入新时代。我们应该意识到，其在未来可以成为法律刑事责任的主体。简单地说，从基本理论结构来看，目前人类可实现的人工智能技术主要包括弱人工智能和中强人工智能。虽然弱人工智能与中强人工智能基本上缺乏独立性，但是基于系统的编程，强大的人工智能系统具有高度的认知能力和自我控制能力，并且有自己的独立感。[1]

可以清楚地预见，随着人工智能从低级到高级的不断发展，这些技术工具最终将具有人格价值并超越人格，法律将不断与创新和生存做斗争。在刑法背景下，将犯罪类型作为犯罪行为主体进行讨论并非绝对不合理，尽管它们并不具有普遍性。随着人工智能技术的不断发展，基于互联网的人工智能科技可以为实施金融诈骗犯罪提供巨大的便利，为了能够有效地预防和打击该类犯罪，我国有必要重新研究或进一步研究与此类犯罪活动相关的刑事政策。

四、人工智能时代对财产犯罪的刑法出路

（一）犯罪主体的调整

在超级人工智能时代，人工智能可能不再具备所有现代人的先进生物学

---

[1] 赵香如、潘雨："利用人工智能侵财犯罪的刑法性质"，载《南宁师范大学学报（哲学社会科学版）》2019 年第 6 期。

特征，但完全有可能具备完成犯罪活动所需的所有要素，控制他人的正确和准确识别，控制其犯罪心理行为，能够产生任何犯罪故意冲动或者抑制犯罪心理的犯罪过失动机。所以，立法者有必要在《刑法》中将超级人工智能主体接纳为过失犯罪主体。当前，我国法律所承认的智力犯罪行为主体应该涵盖所有自然人和社会单位。所以，我们相信，在超级人工智能时期，犯罪行为主体也应该只涉及自然人、单位、中国超级人工智能学会等超级人工智能单位。应该进一步补充的是，我国刑法中的智能行为犯罪理论应该得到进一步发展，确认超级人工智能单位与人可以构成共同犯罪。

（二）立法更新

当犯罪嫌疑人利用人工智能系统实现财产诈骗等犯罪目的时，人工智能也可能成为犯罪行为的对象。这种人工智能的行为不应构成金融盗窃，因为它不符合信息主动方式和信息秘密窃取方式这两个特征，并且人工智能可能由于某些构成要件与某些传统诈骗罪的构成要件的某些本质特征存在差异，或者自身缺乏某些必要构成要件而被完全排除在一般诈骗罪的规制范围之外。我们应该理性地面对人工智能时代给世界带来的一系列新变化和技术挑战，贯彻立法优先于司法指导的思想，进一步完善现行立法。立法者在刑法中新增的相关罪名的具体构成方式，可以被认为是增设了利用计算机人工智能罪，或使用计算机信息控制网络诈骗罪。

侵财犯罪会随着整个社会文化和法律科学技术的动态发展而发生变化。侵财犯罪技术应用的复杂多样性会直接导致其指控对象也呈现多样性。笔者的建议是，针对在侵财犯罪中使用人工智能，或利用信息窃取实施侵财犯罪，应主要从以下两个基本方面进行理性思考：第一，由于利用人工智能实施盗窃财产行为符合我国刑法的基本犯罪要件，因此我们可以直接适用当前刑法，不需要对我国有关盗窃罪的刑事立法进行修改。第二，利用网络人工智能软件故意占有财产并不完全符合现行诈骗罪的构成要件，其他主观要件与现行刑法对诈骗罪针对构成要件的规定相冲突。

人力资本作为出资的规范探讨

张 爽[*]

(中国政法大学 北京 100088)

摘 要：一直以来，理论界及实务界对于劳务以及人力资本出资都有很高呼声。十余年间，部分地方政策开始尝试突破法律的限制。但是，在制度层面没有提供法律保障的前提下，以人力资本作为出资方式，对于出资人、债权人等多方主体而言，均存在较大法律风险。

关键词：人力资本 出资

2020年6月，中国（山东）自贸试验区济南片区印发《人力资本价值出资管理办法（试行）》。据此，在该地区注册公司，股东可以以人力资本价值作价出资，出资额上限为注册资本总额的70%。官方宣传称该办法为全国首创性改革，探索人力资本价值出资，使人力资本不仅可以作为融资依据，还可以作为产权受到法律保护，为济南乃至全国创新创业开通了制度化的新通道。

一、地方政策关于人力资本出资的规定

实际上关于允许股东以人力资本作价出资的实践，早在2005年上海市工商行政管理局、浦东新区人民政府就印发了《浦东新区人力资本出资试行办法》。随后温州市、珠海市横琴新区相继出台类似政策，为人力资本出资实践进行了有益探索。

各地人力资本出资政策的主要情况见下表：

---

[*] 作者简介：张爽（1984年-），女，汉族，天津市人，中国政法大学同等学力研修班2022级学员，研究方向为经济法学。

制定机关	发布时间	名称	备注
上海市工商行政管理局、浦东新区人民政府	2005年3月	浦东新区人力资本出资试行办法	1. 较为全面规定了人力资本定义、出资范围、评估、登记，退出与转让。 2. 人力资本占注册资本比例上限为35%。 3. 实际上被2008年印发的《上海市浦东新区人力资本出资登记试行办法》废止。
中共温州市委办公室、温州市人民政府办公室	2006年2月	温州市人力资本出资暨记试行办法	1. 人力资本占注册资本比例上限为30%。 2. 对于公司清算、公司章程、风险防控作出更详细的规定。
上海市人民政府办公室	2008年10月	上海市浦东新区人力资本出资登记试行办法	内容与2005年《浦东新区人力资本出资试行办法》完全一致。
珠海市横琴新区管委会办公室	2016年12月	中国（广东）自由贸易试验区珠海横琴新片区人力资本出资管理办法（试行）	1. 人力资本占注册资本比例上限为1/3。 2. 在风险防控，保障债权人和其他股东的权益，人力资本转让和推出等方面进行了多项制度设计。 3. 有效期至2018年12月31日。
中国（山东）自由贸易试验区济南片区管委会、济南高新技术产业开发区管委会	2020年6月	中国（山东）自贸试验区济南片区人力资本价值出资管理办法（试行）	人力资本占注册资本比例上限为70%

注：以下分别称浦东政策、温州政策、横琴政策、济南政策

在地域分布上，以上政策均出自我国经济较发达地区，特别是横琴政策与济南政策，都为自贸区所在地行政机关制定，实践先行先试，为改革积累可复制、推广的经验。在属性上，温州政策与浦东政策（2008年）为所在市人民政府制定，性质为地方政府规章。[1] 但是可以规定的事项内容被限定在城乡建设与管理、环境保护、历史文化保护等方面。

---

[1]《立法法》第93条第1款规定："省、自治区、直辖市和设区的市、自治州的人民政府，可以根据法律、行政法规和本省、自治区、直辖市的地方性法规，制定规章。"

横琴政策与济南政策为效力等级更低的行政规范性文件。《国务院办公厅关于加强行政规范性文件制定和监督管理工作的通知》对行政规范性文件作出了明确的定义，同时还明确了行政规范性文件不得设定行政许可、行政处罚、行政强制等事项。[1]

由此，无论是在地方政府规章中还是在行政规范性文件中，规定"可以人力资本作价投资入股"都突破了该层级规范的事权范围，突破了上位法的规定。

二、现行法律、行政法规层面关于出资方式的规定

《公司法》于2005年、2013年、2018年三次修正（订）均未对出资方式作出修改，明确股东可以用货币出资，也可以用实物、知识产权、土地使用权等可以用货币估价并且能够依法转让的非货币财产作价出资，同时明确规定法律、行政法规规定不得作为出资的财产除外。2021年12月，经全国人大常委会审议通过的《公司法（修订草案）》公开征求意见，在出资方式上增加了股权、债权两种类型。从《公司法》的历次修正（订）历程来看，对于非货币出资的规定体现出了从相对严格限制到逐渐开放的态度转变。虽然扩大了用作出资的财产范围，但是在国家基本法律层面，对于长期以来的关于人力资本出资的呼声立法者仍未予以回应。[2]

《市场主体登记管理条例》于2022年3月1日起施行。作为行政法规在第13条更是以否定方式列举，出资方式应当符合法律、行政法规的规定，明确不得以劳务作价出资。[3]

根据法律的效力高于行政法规，行政法规的效力高于地方性法规、规章

---

[1]《国务院办公厅关于加强行政规范性文件制定和监督管理工作的通知》（国办发〔2018〕37号）明确指出："行政规范性文件是除国务院的行政法规、决定、命令以及部门规章和地方政府规章外，由行政机关或者经法律、法规授权的具有管理公共事务职能的组织（以下统称行政机关）依照法定权限、程序制定并公开发布，涉及公民、法人和其他组织权利义务，具有普遍约束力，在一定期限内反复适用的公文。"

[2] 蒋大兴："人力资本出资观念障碍检讨及其立法政策"，载《法学》2001年第3期。

[3]《市场主体登记管理条例》第13条规定："除法律、行政法规或者国务院决定另有规定外，市场主体的注册资本或者出资额实行认缴登记制，以人民币表示。出资方式应当符合法律、行政法规的规定。公司股东、非公司企业法人出资人、农民专业合作社（联合社）成员不得以劳务、信用、自然人姓名、商誉、特许经营权或者设定担保的财产等作价出资。"

以及新法优于旧法的基本法律原则，我们甚至可以认为，现行《公司法》及《市场主体登记管理条例》已经否定了前述政策的法律效力。

三、人力资本出资的法律风险

通过政策创新，认可人力资本作价出资，对于降低创业成本、优化营商环境、吸引优秀人才、发展地区经济具有积极的促进作用。但前述地方政策规定"可以人力资本作价投资入股"支持人力资源资本化的探索，与现行的《公司法》《市场主体登记管理条例》规定不符，其效力存在不确定性。在没有制度保障的前提下，以人力资本作价出资，对于出资人、债权人等多方主体而言均存在较大风险。

首先，人力资本出资人存在风险。公司章程是由公司依法制定，规定其名称、住所、经营范围、组织机构等重大事项的基本法律文件，是由全体股东同意并书面确认的"公司宪章"，因此对于全体股东都具有约束力。特别是对于高新技术类成长型企业而言，人力资本对于公司发展的意义十分重大，可促使公司资本在短时间内快速增加。如果其他股东以人力资本出资的方式不符合法律规定为由，通过否认公司章程的效力，进而否认人力资本出资人的股东资格，剥夺其分享红利及决策的权利，此时地方政府规章及行政规范性文件都不足以保护人力资本出资人的权益。

其次，公司的债权人也存在风险。有限责任是公司制度赖以存在的基石。在确定股东只需对公司承担有限责任的同时，此种制度设计也须考虑维护债权人及公众的利益。股东仅以其出资为限对公司承担有限责任，公司的注册资本由此可以代表公司承担责任的能力以及清偿债务的能力。股东完成出资的财产即转化为公司的财产，然而人力资本出资在实质上并不能直接转化为公司拥有的现实财产。人力资本的价值会不断变化，公司资本由此随之波动，这一问题在允许人力资本出资比例达到70%的济南政策中表现得尤为明显。人力资本价值的实现依赖于出资人本人的主观意愿，是不能通过强制方式实现的。未到期的劳动合同是否可以转让、是否可以要求股东为债权人提供劳务均是现实中难以解决的问题。[1]

事实上，在现行的法律制度内，还可以寻求其他替代性方案，以促进人

---

[1] 李友根：《人力资本出资问题研究》，中国人民大学出版社2004年版，第121~141页。

力因素发挥更大作用。根据《公司法》第 34 条、第 42 条的"但书"规定，全体股东可以达成不按照出资比例分取红利、行使表决权的约定。以人力资本出资的股东可以通过符合法律规定的方式认缴较少部分的注册资本，同时在出资协议及公司章程中约定，公司红利分配、表决权的行使并不按照注册资本比例进行，进而使得以人力资本出资的股东仍可获得较高比例的分红与表决权。另外，还可以对人力资本拥有者进行股权激励或者通过绩效奖励的方式实现人力资本的价值回报。

综上，前述各地的人力资本出资政策并不能为这一出资方式提供确定的法律保障。在国家立法层面未提供制度供给的情况下，市场主体更宜通过意思自治、协商一致的契约安排妥善设计公司章程、治理结构，在现行法律制度框架内，寻求合法、合规的方式，发挥人力资本这一重要资源的作用。

我国税收激励政策中合格受赠人制度的局限性及其完善

朱云飞*

(中国政法大学 100088)

摘　要： 为了鼓励企业进行公益捐赠，加入公益事业，我国政府对企业的公益捐赠实施了如税费减免等税收激励政策。合格受赠人作为税收激励政策中重要一环，其相关制度存在一定的局限性，如没有单独明确的法律法规、认定标准过于严苛等。因此本书在梳理我国现行的税收激励政策中的合格受赠人制度的相关规定的基础上，分析了我国税收激励政策中合格受赠人制度的局限性，并提出了相应的完善策略，希望能够推动我国公益事业的发展。

关键词： 税收激励　合格受赠人　制度完善

一、问题的提出

"公益"意指公共的利益，[1]近年来，随着我国经济的不断发展，人民的公益意识得到显著提高，越来越多的人开始意识到公益的重要性，并能够积极通过各种方式参与公益活动。在我国，公益事业的主要支持者与支撑者非企业莫属。而公益捐赠是企业公益意识彰显的最主要手段，也是企业参与公益的重要途径之一。然而，对于企业来说，其最主要的目的还是实现自身

---

* 作者简介：朱云飞（1988年-），男，蒙古族，北京人，中国政法大学同等学力研修班2022级学员，研究方向为经济法学。

[1] 中国社会科学院语言研究所词典编辑室编：《现代汉语词典》，商务印书馆2012年版，第452页。

利益的最大化，因此为了不断鼓励企业参与公益事业，提高企业进行公益捐赠的热情，激发其进行公益捐赠的内生动力，我国政府出台了一系列税收优惠政策，通过对进行慈善捐赠的企业给予税收减免来降低捐赠成本，从而刺激企业增加捐赠额度，扩大捐赠规模，实现我国公益事业的良性发展。

然而，由于我国的起步时间较晚，目前的税收激励政策并不完善，合格受赠人制度作为我国税收激励政策中的重要一环，也有需要改进、完善的空间。因此，本文在梳理我国当前现行税收激励政策中的合格受赠人制度相关规定的基础上，分析了我国税收激励政策中合格受赠人制度的局限性，并提出了相应的完善策略，希望能够推动我国公益事业的发展。

二、税收激励及合格受赠人的内涵

（一）税收激励的内涵

税收是指国家基于某些政治因素，例如为确保公共财政能够充分提供医疗、卫生、教育、养老等基本公共服务而向一国的全体人民强制地、无偿地征收的部分收入。而税收激励则是指在税费征收过程中，国家向满足特定要求的群体实施的税费减免、税费延期等优惠条件。一般来说，国家实施税收激励政策，其背后的深层原因都是实现优化资源配置的目的。目前，在我国开展的公益捐赠活动中，国家会通过实施税收激励政策，给予满足一定条件的开展公益捐赠活动的企业相应的税费减免，以刺激更多的企业进行公益捐赠，自觉自愿地加入我国的公益事业。有数据显示：在2003年"非典"疫情防控期间，北京市政府实施了对企业支持"非典"疫情的相关捐赠费用全额抵税的税收激励政策后，5天之内，北京市民政局所收到的企业公益捐赠就从原来的1000万元攀升至了1.657亿元。[1]可以说，税收激励是促进企业加入公益事业，进行公益捐赠不可或缺的重要手段。

（二）合格受赠人的内涵

在公益捐赠活动中，接受公益捐赠的对象被称为"受赠人"。然而，事实上，在我国，并不是所有的公益捐赠都能满足税收激励的条件，进而实现税费减免。其原因在于我国对"受赠人"的认定。目前在我国，受赠人被分为

---

〔1〕 刘京主编：《中国慈善捐赠发展蓝皮书（2003年-2007年）》，中国社会出版社2008年版，第197页。

两类，一种是能够帮助企业享受税收激励政策的"合格受赠人"，而另一种则是无法满足国家税收激励政策条件的"一般受赠人"，企业只有向符合政策规定的对象进行捐赠，才能获得相应的税费减免等税收激励。也就是说，并不是企业的每一笔公益捐赠都能获得相应的税费减免或其他激励，这在某种程度上挫伤了企业从事公益捐赠的积极性。

三、我国合格受赠人制度存在的局限性

（一）我国现行政策文件对合格受赠人认定条件的规定

目前，我国的合格受赠人认定标准还是非常杂乱的。根据《公益事业捐赠法》《企业所得税法实施条例》的规定，我国的合格受赠人被界定为县级以上人民政府及其部门或公益性社会团体。[1]然而，一方面，我国的县级以上人民政府及其部门想要成为"合格受赠人"，其背后的条件也是比较复杂的。首先，对我国县级以上人民政府及其部门的捐赠必须是在不可抗力灾害发生时进行的；其次，这种捐赠不能被应用于人民政府及其部门内部的建设，例如增添基础设施、发放劳务等，而是需要被应用于对受灾群众的救助，此时，才能够将政府视作"合格受赠人"，企业的此种捐赠才能够得到税收激励。

另一方面，当公益性社会团体作为合格受赠人时，其条件也较为严格。首先，根据我国对社会团体注册认定的有关规定，必须有50个以上的个人或30个以上的单位才可以成立社会团体，并且全国性的社会团体其最低的注册资金需要达到10万元。其次，作为合格受赠人的社会团体，必须连续3年被评级为3A，并且对其用于公益的支出也有要求，一般要占到总支出的一半以上，并且要超过上一年总收入的7/10。这对于一般的社会团体来说是一个相对较大的挑战。并且，即使满足了相应条件，对于社会团体合格受赠人身份的认定，也还需要每年不断动态更新，经过我国国家税务总局、民政部等部门进行层层审核，这导致在我国能够成为合格受赠人的社会团体数量十分有限。我国政府部门发布的统计数据显示：2016年我国合格受赠人仅有183个。[2]

---

[1] 杨肖宁："我国慈善事业制度的法律研究"，载《南京工程学院学报（社会科学版）》2010年第4期。

[2] 牟朝阳："我国公司公益捐赠税收激励问题研究"，华东师范大学2018年硕士学位论文。

(二) 当前我国合格受赠人制度存在的问题

根据上述分析我们不难发现，目前我国税收激励中的合格受赠人的认定条件还是非常严苛的，一方面，我国不可抗力灾害，尤其是自然灾害的发生并不十分频繁，并且有时为了避嫌，规避贪污腐败现象，我国政府并不会接受来自企业的公益捐赠，使得这种公益捐赠难以实现常态化，极大地缩小了企业可以进行公益捐赠的合格受赠人范围。另一方面，我国的社会团体准入门槛较高，公益性社会团体想要成为合格受赠人难度较大，不利于引导企业进行公益捐赠。不乏一些企业有意向我国的"草根"社会团体或是有需要的个人（如贫困户、失学儿童、孤儿等）进行公益捐赠却不能获得税费减免等税收激励的现象。同时，限制企业进行公益捐赠的对象还有可能使得公益捐赠失去原本的意味，变得功利化。

四、完善我国合格受赠人制度的相关措施

目前，我国的合格受赠人制度并不完善，没有出台单独的法律法规，并且在已有的政策文件中，对受赠人的严格资格要求导致我国合格受赠人的总体数量较少。虽然这种更严格的要求能有效地规范我国公益事业，防止其成为不法分子的寻租场所，但也必须采取必要的措施，规避当前合格受赠人存在的问题，使我国的公益事业更加有效。[1]一方面，过于严苛的认定条件限制了企业进行慈善捐赠的渠道，也不利于符合条件的受赠人之间的良性竞争，使得企业的慈善捐赠积极性降低，阻碍了中国慈善事业的规模和健康发展。因此，研究者提出，可以针对我国的合格受赠人制度出台相应的法律法规，重置合格受赠人的资格标准，降低准入门槛，增加合格受赠人的数量，使愿意捐赠的企业能够有更多的选择，避免因合格受赠人数量不足而被迫放弃捐赠。

总　结

通过本文，我们了解了当前我国为推动公益事业持续发展而出台的税收激励政策，这一政策的本意是激励更多的企业从事公益捐赠活动，然而税收

---

[1] 陈璐璐："完善我国慈善公益捐赠制度的法律思考——以捐赠人为视角"，厦门大学2008年硕士学位论文。

激励政策中合格受赠人制度的不完善限制了企业进行公益捐赠的途径,在一定程度上打击了企业进行公益捐赠的热情。因此,本书指出,可以通过出台专门的法律法规、降低合格受赠人的准入门槛等措施扩大合格受赠人的范围,以促进我国公益事业的健康发展。

关于农村集体经济组织终止问题的思考

王靖茹[*]

（中国政法大学 北京 100088）

摘　要：农村集体经济组织是中国特有的农村组织形式，是独立于经营性法人和非营利法人的特殊组织法人，终止是其正常运作的必然环节。经营性资产是农村集体组织法人的财产来源，可能由于解散、破产等事由终止。《企业破产法》第135条也规定经营性资产可被作为破产财产，但目前有关农村集体经济组织终止问题的研究仍不完善，该类特别法人能否终止、怎样终止等问题值得进一步研究。

关键词：农村集体经济　特别法人　破产终止

一、农村集体经济组织的"特别性"

（一）集体资产经营管理与公共服务的双重职能

《土地管理法》第10、37、41条，《农业法》第10条都明确规定农村集体经济组织对农村集体所有财产的运营行使经济职能，采取对外租赁、投融资入股等方法创造收益。据统计，北京市昌平区2021年上半年的农村集体经济组织总收入约为11亿元，其中村级组织收入约为9.02亿元，占比82%，村级企业收入约为0.92亿元、乡镇级企业收入约为1.04亿元，占比18%。可见，农村集体经济中经营性资产占据了一定的比重。农村集体经济组织法人对其从事的其他集体资产经营及管理应依法行使经济职能。一方面，依照

---

[*] 作者简介：王靖茹，女，汉族，天津市人，中国政法大学同等学力研修班2022级学员，研究方向为经济法学。

《土地管理法》第 63 条，集体经济组织有权对集体经营性建设用地采取出让、出租、抵押等方法获得适当的经济利润；另一方面，根据《民法典》第 342 条的规定，集体经济组织可以通过招标、拍卖、公开协商等方式发包农村土地，依法采取出租、入股、抵押或者其他方式流转土地经营权。随着农村集体经济组织参与社会主义市场经济程度的不断加深，农村集体经济组织法人既要承担更多的集体财产经营管理职能，还要履行公共服务职能。[1] 据统计：2019 年全年，全国农村集体经济收益和用于乡村公益性基础设施的政府总直接投资总额约折合人民币 1424 亿元，极大地促进了公共事业的发展。

（二）农村集体经济组织资产经营利用具有社区性

根据《民法典》的规定，农村集体经济应当履行其经营与管理本村集体资产的经济职能。例如，安徽黄山市屯溪区奕棋镇积极盘活农村闲置资源，将资产变成集体经济和农民增收的"源头活水"。该镇江村老榨油厂通过资产盘活项目，通过江南产权交易中心对外进行招租，每年增加集体经济收入 10 万元；浙江省金华市婺城区村级企业集体产业园建设项目，共投入资金 1.28 亿元，其中国有资本 0.6 亿元，村级投资入股 0.68 亿元，实现了饮用水资源涵养功能区的村级企业集体创收致富。综上所述，按照《企业破产法》的有关规定，破产与终止程序只能适用于农村有限责任公司、乡镇企业和各类专业合作社。

二、农村集体经济关于能否破产终止的思考

农村集体经济组织是我国土地公有制度之下存在的特殊组织。主流观点认为，其不能依照《企业破产法》进行破产终止。[2] 但笔者认为，农村集体经济组织法人现在已经逐步具有了完全法人资格，并可独立参与各项社会主义市场经济活动，应当尽早建立规范的农产品市场经营退出机制。《企业破产法》第 135 条明确规定："其他法律规定企业法人以外的组织的清算，属于破产清算的，参照适用本法规定的程序。"在当代我国农业城市化改革发展的过程中，也曾出现过一些农村集体经济合作组织依法适用程序破产而终止的案例，即整村征收改制，农村集体经济组织在"合村并组"过程中逐渐消亡。我国各地对农村集体经济组织的终止是基于行政管理体制下的集体经济组织

---

[1] 周彬彬："论农村集体经济组织法人的破产问题"，载《中国不动产法研究》2021 年第 1 期。
[2] 参见李永军等：《破产法》（第 2 版），中国政法大学出版社 2017 年版，第 22~23 页。

的终止,而不是依照《企业破产法》的规定实施的破产终止。农村集体经济组织实施破产终止在实践上的困境主要表现在两方面:一是农村集体经济组织解散或破产的责任财产确定和剩余财产分配的问题;二是农村集体经济组织兼具经济和公共服务职能,并不是纯粹意义上的营利性经济组织,无法适用我国当前的破产终止制度。

三、农村集体经济破产终止制度之设想

在我国,由公司经营与管理控制不善导致社会经济效益严重降低的经济现象普遍存在,有些农村集体经济组织甚至存在资不抵债的状况。据调查,不少中西部地区农村信用社负债较严重。由于不能执行破产终止,农村集体经济组织债权人的利益无法得到保障,集体资产面临资不抵债的风险。因此,我国亟须建立农村集体经济组织破产终止制度,以便有效保障农村集体经济组织的集体资产以及成员、债权人的利益。

(一)应赋予农村集体经济组织公共服务职能

农村集体经济组织履行经济职能,并承担一定的社会责任,由此形成了一种集公司企业与社会团体于一身的新型组织,即社会企业。在经济学上,农村集体经济组织是政府利用公私合作方式进行农村管理的主要形式,实现了由行政垄断公共服务向公私协同的过渡。如《民法典》第101条第2款明文规定,村民委员会应当能够完全代行集体经济服务组织管理的全部职责,也就是说,即便没有成立农村集体经济组织,也丝毫不会影响村民委员会相应农村社区职责义务的完成。

(二)如何界定农村集体经济组织的责任财产范围

《民法典》第260条规定了农民集体所有财产分为不动产和动产两类,具体划分为资源性资产、非经营性资产、经营性资产。资源性资产属于集体所有,非经营性资产具有公益属性,经营性资产具有财产属性。[1]农村集体经济组织仅享有经营权,并没有财产所有权。综上所述,只有明晰各农村集体经济合作组织的主体责任、财产关系范畴,并以此理顺其与当地农民集体经济之间的债权债务关系,才能适用《民法典》对有关主体法人债务及其承担

---

[1] 吴昭军:"农村集体经济组织终止问题研究",载《暨南学报(哲学社会科学版)》2021年第10期。

义务的一般规定。

(三) 农村集体经济组织终止的法制度设计

1929年至1933年，时值美国经济大萧条时期，生产社会化和私有制之间的矛盾激化，纳税人无力缴税导致财政枯竭，市政破产保护制度由此诞生，即一种专门为陷入财务困境的市政法人提供的救济途径，1978年，《美国联邦破产法》对市政当局的债务进行调整，把保护债务人和债权人的利益视为同等重要，并由此构建了一套综合债务重组程序，其实质是法定的地方政府债务调整程序。在适用主体上，市政机构破产制度仅限于当地政府部门和具有公益性质的公法人。农村集体经济组织应主要被用于履行地方经济职能，与单纯基于实现公共治理目的要求而新设立的县级政府机关的功能截然不同。《美国联邦破产法》规定的程序的实质是法定时期的农村地方政府债务危机清理救济程序，即农村债务的调整偿还程序。当地方两级政府同时陷入政府债务危机时，可以更有效地保障其履行作为基本职能的地方公共社会服务职能。农村集体经济组织自身虽然依法行使着各项公共经营服务社会职能，但是作为其唯一法定职能的社会职能，代行者依然是当地村民委员会。随着未来我国村级集体产权制度改革的持续深化，村集体经济组织无疑可能进一步完全剥离各项公共经济职能，变成更为单一、独立的集体经济组织，绝不能再借鉴美国式的乡村市政机构集体破产制度。因此，为了逐步构建社会主义农村集体经济组织企业破产的终止审查制度，我国可以尝试先从司法程序上优先考虑适用破产后重整、和解程序，再适用企业清算破产程序。

结 语

目前，由于我国农村集体经济组织财产权的归属不清晰、集体土地所有权主体未能厘清，在理顺农民集体与农村集体经济组织内部财产关系的前提下，探索建立破产终止制度，有利于营造良好的市场环境。

新形势下公职人员职务犯罪预防研究

王生童*

(中国政法大学 北京 100088)

摘　要： 职务犯罪指行使国家公权力的公职人员利用被赋予的职权谋取不正当利益或侵犯公民合法权利的行为。预防职务犯罪是党和国家反腐败斗争的主要战场。党的十八大以来，我国反腐败斗争形势持续向好，但腐败与反腐败的较量还在激烈进行，整体形势呈现出四个新的阶段性特征。本文结合新形势下职务犯罪的特征表现，探讨职务犯罪预防的理念转变和措施演进，找准"三不"一体推进监督体系构建下职务犯罪预防工作的定位和价值。

关键词： 公职人员　职务犯罪　预防工作　反腐败斗争

引　言

公权力是国家强制力的体现，《宪法》规定中华人民共和国的一切权力属于人民，公职人员接受国家指派、授权、委托行使公权力，体现的是人民群众对公职人员的信赖。因此，一旦公职人员利用被赋予的公权力谋取不正当利益或侵犯公民合法权利，将极大地损害国家和政府的公信力。近年来，我国持续深入推进监察体制改革，《监察法》《监察法实施条例》等法律法规陆续颁布实施，将行使国家公权力的公职人员全部纳入了监察范围，明确了监督主体、整合了监督力量、强化了监督效果，是中国特色社会主义法治建设的重要成果，为夺取反腐败斗争压倒性胜利提供了坚强的法治保证。与此同

---

* 作者简介：王生童（1990年-），男，汉族，青海西宁人，中国政法大学同等学力研究班2022级学员，研究方向为刑法学。

时，自党的十八届四中全会提出"形成不敢腐、不能腐、不想腐的有效机制"[1]以来，党和国家综合考虑反腐败斗争的事前预防、事中惩治、事后警示，逐步丰富了中国特色社会主义反腐败理论体系，推动了反腐败法规制度建设，优化了反腐败工作体制机制，确立了"三不"一体推进的反腐败斗争基本方针，反腐败治理水平持续提升，为打击职务犯罪提供了理论支撑与方向指引。职务犯罪预防工作也就此进入了新时代，面临新的形势任务和时代考验。

一、新形势下公职人员职务犯罪的特征

公职人员依法依规在国家机关、国有企事业单位、基层群众自治组织及其他具有公共管理职能的组织行使公权力，但由于公权力存在违规使用及被收买的可能性，每个国家或政权出于正常运转的需要，都必须对公职人员职务犯罪问题进行预防和控制。结合中国裁判文书网公布的职务犯罪判决，笔者认为，新形势下公职人员职务犯罪呈现出以下四个特征：

（一）过程隐蔽化

随着经济的繁荣和教育的普及，公职人员往往具有较强的法律意识，对党规党纪、法律法规的内容较为熟悉，在实施职务犯罪行为的过程中，往往凭借对本职工作的理解，游走在违纪违法边缘，甚至利用一些法纪空白，以创新为名实施犯罪。其过程具有极强的迷惑性与隐蔽性。

（二）行为长期化

随着职务犯罪打击力度的提高，一些处心积虑试图利用手中权力谋取私利的公职人员不再轻易采取一次性获取高额回报的犯罪方式，转而进行长期筹备，试图"细水长流"，谋取"期权式"回报。犯罪行为呈现出持续时间长、涉及金额大、牵扯领域广的特点，甚至出现了公职人员调动到哪，腐败问题就跟到哪的现象。2020年最高人民检察院发布"提升职务犯罪案件办理质效"[2]系列主题指导案例，其中作案人员大多长期贪腐，其不良后果和恶劣影响可谓触目惊心。

（三）实施团伙化

梳理总结近年来的职务犯罪案件，部分公职人员为逃避打击、隐蔽实施

---

[1]"中共中央关于全面推进依法治国若干重大问题的决定"，载《人民日报》2014年10月29日。
[2]"最高人民检察院关于印发最高人民检察院第二十批指导性案例的通知高检发办字〔2020〕44号"，载《中华人民共和国最高人民检察院公报》2020年第5期。

腐败行为，常采取拉帮结派、团伙作案的方式，通过所谓的"自己人"营造"小圈子"，为彼此创造职务犯罪的便利条件，通过权权交易、权钱交易共同实施贪腐行为。甚至会在共同利益的驱使下，与同一团体组织、行业领域的非公职人员内外勾结，串通作案。

（四）主体青年化

传统印象中职务犯罪主体通常年龄较大、职务层级较高，具有一定的社会阅历。但随着经济发展，受功利主义、利己主义等思潮影响，一些制度监管松散的单位、行业出现了年龄较小、职务层级较低的公职人员实施职务犯罪的情况，"小官大贪""新官即贪"现象开始出现。这类年龄较小、职务层级较低的公职人员在实施职务犯罪行为时往往为达目的不择手段、行事作为不顾后果，所在单位、行业发现时往往已造成巨大的犯罪后果，且常常无法弥补或挽回损失。

二、新形势下公职人员职务犯罪预防的路径

随着"三不"一体推进反腐败斗争基本方针的确立，传统意义上的职务犯罪事前预防工作应及时转变思路，在构建"不敢腐、不能腐、不想腐"体制机制的过程中，重新审视每个环节对职务犯罪预防的意义和作用，紧紧围绕"立好规矩管好人"这个核心思想，确保预防工作融入反腐败斗争全过程。

（一）提高惩治效率

信息时代，"大数据"为职务犯罪查办和预警提供了技术支持，我们必须重视对其加以利用。要充分利用"大数据"思维，以自然客观数据为依托，不断提高职务犯罪查办和预警的质效，为实现"不敢腐"的震慑目标打好基础。一是要根据近年来的职务犯罪数据信息，分析高频犯罪领域、案件类型、主体特点，确定预警指标，针对重点领域、重点环节、重点岗位和关键人员开展监督管理工作。二是在查办职务犯罪的过程中，要善于利用大数据工具，分类解析各时期收集的数据，明确最佳取证方向、优化取证策略，高效推进查办工作。三是要通过每次职务犯罪查办的数据积累，不断迭代优化工作方案，形成指引，提高类案查办质效。

（二）深化制度建设

随着《监察法》的出台，所有行使国家公权力的公职人员均被一体纳入

了国家监察覆盖范围,[1]体现了党和国家以法治化方式开展反腐败斗争的决心,凸显了制度建设对于遏制职务犯罪的重要性,为进一步深化制度建设奠定了基础。"窥一斑可见全豹",要想把"不能腐"的笼子扎牢,就必须从各层级的制度建设入手。一是在国家层面,必须持续推进法治建设,用法治思维加强制度建设,凡事以制度建设为先,形成谋事找法、行事遵法、遇事用法的良好法治环境。二是在各行业、各领域层面,要针对自身特点和权力运行规律,丰富、完善制度体系,形成对权力运行各环节的层层约束监管和问责机制,避免权力失管、跑偏。三是在具体单位、部门层面,要坚决贯彻国家相关法律法规,遵照本行业、本领域的制度规范,结合自身实际制定实施细则,增强制度的可操作性、提高制度的更新效率,及时、有效地管控权力。

（三）培育廉政文化

世界上的一切问题,归根到底还是人的问题。[2]只有不断厚植培育廉政文化,在每一名公职人员心中筑牢"不想腐"的堤坝,才能从真正意义上"预防"职务犯罪。要想使公职人员对廉政文化"入脑入心",就必须形成全方位的廉政文化体系。一是要强化理想信念,加强公职人员职业认同,树立"为人民服务"的宗旨,通过各类主题教育,持续提升公职人员的敬业奉献精神。二是要做实警示教育,要用好、用活已有的职务犯罪案例,以通报曝光、案例分析等方式在公职人员心中树牢"莫伸手、伸手必被抓"的底线,并根据已有案例分析本行业、本领域存在的问题,及时纠正。三是要加强正面引导,对拒腐防变的优秀典型进行专访,开展事迹宣讲,将遵纪守法、爱岗敬业的优良品格广泛宣传,引导构建良好的工作氛围和社会风气。

新形势下,时代与人民对公职人员有着更高的期许和更严的要求,职务犯罪预防不能局限于事先预防的传统思路,必须将"猛药治疴""去腐生肌"与"治大病于未病"结合起来,依托"三不"一体推进反腐败体制机制建设,构建职务犯罪预防的新思路、新举措,通过建设一支"踏踏实实为国尽责""真真切切为民谋利"的公职人员队伍,夺取我国反腐败斗争最终的、全面的胜利。

---

[1] 夏金莱:"论监察全覆盖下的监察对象",载《中国政法大学学报》2021年第2期。
[2] 范希春等:"新时代中国共产党人的政治宣言——深入学习习近平总书记'七一'重要讲话精神笔谈（一）",载《特区实践与理论》2021年第5期。

我国金融交易领域"买者自负"原则的内涵及适用性研究

戴冀舟[*]

（中国政法大学 北京 100088）

摘　要："买者自负"原则是金融交易领域的一项基本原则。随着金融产品的普及，当前我国对金融交易领域"买者自负"原则的适用需求逐渐加大。因此，我们有必要研究当前我国金融交易领域"买者自负"原则的内涵以及适用前提，并在此基础上探究其存在的问题，以期我国出台更多有关金融交易领域"买者自负"原则的专门性法规，助推我国构建更成熟、稳定的金融交易市场。

关键词：金融交易　买者自负　内涵　适用性

一、"买者自负"原则的内涵

"买者自负"原则是一项古老的交易规则，是在商品交易的过程中逐渐形成的。其在拉丁语中的表述为"请买方当心及自行承担风险"，之后逐步由单一的"买者自负"演变为"买者自负，卖者有责"，在英国普通法中长期占据重要的地位，是市场交易的根本原则之一。其含义是买方应当对自己真实意思表示下的行为承担责任。随着市场经济环境的不断进化，人们对"买者自负"原则含义的理解与解释愈加完善，在现代金融交易市场，它依旧是一项普遍存在的基本原则。

---

[*] 作者简介：戴冀舟（1985年-），男，中国政法大学同等学力研修班2022级学员，研究方向为经济法学。

结合民法的发展历史来看，"买者自负"原则是以传统民法中的"自己责任"为基础发展而来的。其含义包括两个方面：一是对自己造成的不利后果不应将责任推卸给他人；二是就对他人造成的不利后果，在自己行为造成的损害范围内承担责任。"买者自负"原则的适用以契约自由为前提条件，以自己的责任为法理基础。[1]

本文所探讨的"买者自负"原则集中体现于金融交易市场，其内涵与传统民法中的"买者自负"原则存在着部分差异。在金融交易领域，"买者自负"原则的适用不仅仅是法律层面上的责任承担，更多的是要求买方承担投资风险。这一原则意味着，除非是基于法定情形或正当理由，否则投资者应承担由交易行为带来的风险，不能将责任归咎于金融产品的发行者、代理人或其他金融交易参与主体，也不能将交易损失归于其他主体或外部因素。买方在实行投资行为的过程中应当主动判断产品的风险程度以及自身的风险承受能力，并自主承担交易活动的收益和风险。[2]当然，以上论断均要以金融产品销售者（也就是卖方）切实履行了自身义务为前提，严格要求卖方履行信息披露和风险提示义务、适当性义务才是"买者自负"原则最为重要的内容。若只强调买者自负其责，本就处于相对弱势地位的买方的权利将难以得到保障。

二、金融交易领域"买者自负"原则的适用前提

（一）卖方的信息披露与风险提示

在金融产品交易领域，买方在获取信息、投资经验、风险承担能力等方面都处于一个相对弱势的地位，如果不能采取相应的措施维持买方与卖方之间的信息平衡，我国的金融交易市场很可能会显露出"柠檬市场"的特征。"柠檬"在美国的俚语中指"次品"，柠檬市场就是信息不对称的市场，在这一环境下，往往会出现高品质产品无人问津以致淘汰，而次品占据市场，导致市场产品整体水平下滑的现象。那些不能保障买方知情权的金融产品销售者所销售的金融产品就是金融交易领域的"柠檬"。

---

[1] 徐明、卢文道："证券交易'买者自负'原则的司法适用及法制化初探"，载《证券法苑》2011年第1期。

[2] 王椒椒："我国信用评级法律制度研究"，西南政法大学2016年硕士学位论文。

在金融交易领域，买卖双方地位上的差距来自信息资源的不平等。即使是中小投资者，作为买方，他们的投资决定也不是凭空作出的，不论对信息的掌握达到了何种程度，他们的决定都是建立在一定的信息之上的。没有正确而充分的信息，会造成决策的失误，而掌握了正确且充分的信息，也不代表就能获得收益。特别是在现实中，卖方逐利的本能会使其选择隐瞒重要信息、误导投资者，以获取更大的利益，金融交易领域中"买者自负"原则若在这种知情权未获保障的情况下得以适用，则不是对交易秩序的维护，而是纵容卖方对买方权益的侵害。因此，金融交易领域"买者自负"原则适用的最主要前提就是卖方的信息披露与风险提示，通过具有一定约束力的信息披露制度设计平衡信息资源，填补买者与卖者之间的信息鸿沟。如果这一前提不能得到满足，则无法从"卖者有责"过渡到"买者自负"。

（二）卖方的适当性义务

卖方的适当性义务的概念发端于以美国为代表的经济发达国家，如日本、英国便都有相关的规定。它早先出现在相关行业组织的自律规范之中，是对卖方诚实信用要求的具体表现，主要适用于反金融欺诈领域。商业银行普遍遵循的"了解你的客户"原则就是在长期实践中形成的，反映出了卖方适当的重要地位。"买者自负"原则中隐含的"卖者谨慎"规则也集中体现了对卖方适当性的要求。该义务主要包括两个层次：首先要对投资者进行识别并分类，细化投资者类别和准入门槛，以确定适当的投资者。在这一环节中，卖方要依循"了解你的客户"的行业规则，既要了解产品的风险性，也要充分认识客户。其次，以适当的方式进行最适合的金融产品、服务交易。金融产品销售者提供的产品不仅应当合法有效，具备同类产品的一般特性，而且在知道买方需求的条件下要满足投资者的购买需求。[1]

三、我国关于"买者自负"原则适用前提立法规定的现状及存在问题

（一）关于卖方的信息披露与风险提示的立法规定现状

在各类具体的金融交易领域，部门法对信息披露和风险提示义务多是在某一环节中予以规定。如2014年修正的《证券法》第三章第三节提出了"持

---

[1] 封博："浅析适当性管理与投资者'买者自负'的关系"，载《企业研究》2013年第4期。

续信息披露公开"要求,2015 年的《证券法(修订草案)》对信息披露和风险提示义务作出了更为详尽的规定。我国的部门法缺乏对金融交易领域卖方信息披露和风险提示义务的具体规定,主要是由金融交易各领域的行业准则提供补充。如中国证券业协会于 2015 年发布的《关于进一步明确债券评级信息披露规范的通知》就只针对债券评级制度中的信息披露进行了规范。

(二)关于卖方适当性义务的立法规定现状

我国对卖方适当性义务的规定同卖方的信息披露与风险提示义务规定的情况相似,缺乏较高层次的相关法规定,主要由行业自律规范规定具体的判断标准、实施措施。我国现行《证券法》没有直接的有关卖方适当性义务的规定,而《证券法(修订草案)》以投资者保护为出发点增设了对卖方履行适当性义务的要求,同时规定投资者须履行如实告知义务,否则卖方可以拒绝销售金融产品或提供服务。

(三)我国"买者自负"原则适用前提立法规定存在的问题

"买者自负"原则适用的基础是对信息披露和风险提示义务履行情况的认定以及对卖方适当性义务的规定。[1]然而,一方面,目前我国针对信息披露和风险提示的规范并不细致,缺乏信息披露的审查监督制度,没有规定信息披露法律责任制度,在如何监督信息提供的及时性、信息传达的易懂性上没有作出具体的规定,为金融产品销售方提供了规避责任的空间。另一方面,更是缺乏对卖方适当性义务的规定,难以推动有效的适当性义务相关制度在金融交易领域的执行。没有适当性义务相关制度的支撑,"买者自负"原则就会缺少适用前提,无法助力司法实践追求实质公平。金融产品的卖方只是在形式上履行了适当性义务,并没有真正实现卖方履行适当性义务的意义。

结　语

通过对"买者自负"原则在金融交易领域的适用进行探讨,我们能够发现,虽然金融交易中卖方往往处于优势地位,但"买者自负"与"卖者有责"是并行不悖的,不能忘记"买者自负"的另一个要求是"卖者谨慎"。我国在提高投资者自身投资能力的同时,也要注意对金融交易相对方的监管,

[1] 杨为程:"证券交易中'买者自负'原则的检讨与反思",载《江汉论坛》2015 年第 4 期。

保证信息披露和风险提示义务、适当性义务的落实。只有这样，"买者自负"原则才能更充分地保护金融产品销售者、投资者，才能帮助我国构建更为成熟、稳定的金融交易市场。[1]

---

[1] 胡伟："金融消费'买者自负'原则的检视与展望"，载《西南金融》2013年第5期。

浅析分公司作为单位犯罪主体的成立条件

苗英杰*

(中国政法大学 100088)

摘 要：随着我国经济社会的不断发展，单位犯罪正在发生日新月异的变化，公司内设分支机构的、不具有法人主体资格的分公司犯罪日渐增多，这就对单位犯罪中犯罪主体的认定提出了挑战。为有效打击违法犯罪、维护公平正义，我们应揣摩立法意图，灵活分析判断，在对单位和个人采取"双罚制"的刑罚模式下，准确认定责任人，杜绝"错位打击"情况的出现，更好地实现刑法对犯罪行为的打击。

关键词：单位犯罪　分公司　犯罪主体

随着我国经济社会的不断发展，单位犯罪的类型和形态发生着巨变。作为公司内设分支机构的、不具有法人主体资格的分公司犯罪日渐增多。基于此，如何确定单位犯罪的犯罪主体，更有针对性地对其施以刑罚，成了刑法理论界和司法实务界应当予以重视的热点问题。

一、我国现行《刑法》对单位犯罪主体承担刑事责任的一般性规定

刑事责任是成为犯罪主体的必要条件，通常指犯罪主体实施了违反刑法规定的行为，造成了刑法所保护法益受损的法定后果，应当承担国家法定机关对于其行为的否定评价和刑事制裁的不良后果和处罚。根据"罪责刑相适应原则"，刑事责任具有专属性和联系性。专属性，指刑事责任只能由刑法规定的实施犯罪行为的自然人和单位承担，不能向其他主体进行转嫁，或由其

---

* 作者简介：苗英杰（1994年-），男，中国政法大学同等学力研修班2021级学员，研究方向为刑法学。

他主体分担或替代承担。而联系性则更加鲜明地强调了承担刑事责任的主体，必须是犯罪行为的施加者和对刑法所保护法益的破坏者。[1]

对于单位犯罪所承担的刑事责任，《刑法》第二章第四节作出了一般性规定。其第 30 条界定了单位负刑事责任的范围，即"公司、企业、事业单位、机关、团体实施的危害社会的行为，法律规定为单位犯罪的，应当负刑事责任"。第 31 条明确了单位犯罪的刑事责任承担原则，即"单位犯罪的，对单位判处罚金，并对其直接负责的主管人员和其他直接责任人员判处刑罚"。根据《刑法》总则的规定，我们可以明确任何实施了犯罪行为、具有刑事责任能力且应当承担刑事责任的组织，都具有可罚性，均可成为单位犯罪的主体。该组织只要在犯罪行为发生时依法设立，独立实施不法行为，无论其被追责时是否存续、是否具有承担刑事责任的财产，都可作为我国刑法中的单位犯罪主体而被处罚。同时，该组织的主管人员和其他直接责任人员也应根据其身份行为，以自然人身份受到刑事处罚。

二、分公司作为单位犯罪主体的条件分析

最高人民法院于 2000 年 9 月在"全国法院审理金融犯罪案件工作座谈会"上指出："单位的分支机构或者内设机构、部门实施犯罪行为的处理。以单位的分支机构或者内设机构、部门的名义实施犯罪，违法所得亦归分支机构或者内设机构、部门所有的，应认定为单位犯罪。不能因为单位的分支机构或者内设机构、部门没有可供执行罚金的财产，就不将其认定为单位犯罪，而按照个人犯罪处理。"由此可知，最高人民法院肯定了分公司作为单位的分支机构，在以其名义实施犯罪，且违法所得亦归其所有时，可以作为单位犯罪的主体。

结合实际，"以分公司名义实施犯罪，且违法所得亦归分公司所有"，为追究分公司的刑事责任提供了方向性指引。但在司法实践中，还需以此为基础，揣摩立法本意，对判断条件进行更深入的总结和细化。相比于公司成立单位犯罪的一般性条件，分公司在犯罪实施中所表现出的"独立性"被作为判断其是否可以以其自身作为犯罪追责主体的标准。对这种"独立性"，我们

---

[1] 孙昌军、蒋羽扬："论我国新刑法关于单位犯罪的立法模式及其完善"，载《现代法学》1998 年第 2 期。

可以从主客观两个方面加以分析判断。[1]

（一）客观方面

第一，经营管理独立性。具体体现在分公司作为公司组织结构中的一个业务单元，拥有决定某行为并实施该行为的能力。因此，分公司具备实施独立犯罪行为的空间。

第二，人员管理独立性。具体表现为分公司负责人不仅具有自由意志，而且对于下属工作人员也拥有较为直接且可靠的控制力。因此，分公司具备实施独立犯罪行为的人员条件。

第三，财务管理独立性。具体表现为分公司在资金管理、收入支配、利润分配等环节，客观上不受总公司制约。这种财务管理上的独立性，既可以在总公司财务管理架构下，基于被授权的相对独立性获得，也可以是基于便于实施犯罪行为而单独建构不受总公司管理和控制的财务体系而获得。

综上，分公司只有在以上三方面都具备了相当程度的"独立性"，由其作为犯罪主体，单独承担刑事责任才有实际意义。

（二）主观方面

第一，分公司须对所实施的犯罪行为有足够认知，并且基于这种自发、主动的认知实施行为。这种主观上的主动性，排除了受控于总公司，被教唆诱导实施犯罪的情况。只有在这种自主意志驱动下实施犯罪行为，才构成分公司实施犯罪行为可罚性的基础。

第二，总公司对分公司实施犯罪行为不应存在希望或放任的主观态度。如前分析，分公司行为的独立性是使其成为刑法中单位犯罪主体的必要条件。倘若总公司在事前已对分公司的犯罪行为有一定认识，却鼓励、默许、纵容分公司实施犯罪行为，那么无论这种态度是否系基于经营行为或营利性目的，只要是为公司整体谋利或是为全体公司员工谋利，便均构成间接故意。据此，分公司的犯罪行为应被视为总公司主观意志的体现，分公司由此将成为总公司实施犯罪行为的工具和载体。此时，总公司即取代了分公司，成了单位犯罪的主体。

---

[1] 林辉："论单位犯罪的构成及其处罚"，载《广西政法管理干部学院学报》1999年第1期。

三、分公司成为单位犯罪主体的限制性条件

对比分公司成为单位犯罪主体的成立条件,分公司在某些情况下,以自己的名义实施了犯罪行为,虽然违法所得归其所有,但仍不宜被作为犯罪主体进行追责。主要表现在以下几方面:

首先,分公司实施犯罪不能基于总公司的意志,无论指令是明示或暗示。倘若分公司的犯罪行为是以自己的名义作出,但本质上是在执行总公司的指令,那么在此种情况下,分公司显然不具有成为犯罪主体的独立性,应被视为总公司犯罪的工具或载体,刑事责任应由总公司承担。[1]

其次,冒用分公司名义实施犯罪行为,不应以分公司作为犯罪主体进行追责。虽然分公司犯罪通常以分公司名义实施,但这不应成为必要条件。[2]在司法实践中,我们可以发现,有相当一部分犯罪活动,为掩饰真相、骗取被害人信任,存在盗用单位名义的情况。对此,《最高人民法院关于审理单位犯罪案件具体应用法律有关问题的解释》也进行了明确:"盗用单位名义实施犯罪,违法所得由实施犯罪的个人私分的,依照刑法有关自然人犯罪的规定定罪处罚。"

最后,对于一些由单位内部多家分公司参与的连续犯罪,如果各分公司犯罪行为均在总公司搭建的整体行为框架中实施,便应追究总公司的刑事责任。[3]例如,在某案件中,A分公司在一地非法收购刑法禁止流通的物品,而后基于公司整体运营网络,由B分公司在另一地销售获利。

此外,依据《最高人民法院关于审理单位犯罪案件具体应用法律有关问题的解释》,对于"个人专门设立分公司进行犯罪活动",以及"分公司设立后,专门实施犯罪活动"这两类行为,由于已经与单位犯罪的立法目的出现明显的偏离,因此均不应认定为单位犯罪。

总　结

确定公司犯罪主体的意义在于:在单位犯罪对单位和个人采取"双罚制"

---

〔1〕 李桂红:"单位犯罪中单位行为与单位意志的认定",载《当代法学》2006年第4期。
〔2〕 李希慧:"论单位犯罪的主体",载《法学论坛》2004年第2期。
〔3〕 曹顺明:"论单位犯罪的主体范围",载《河北法学》1998年第3期。

的刑罚模式下，将分公司认定为犯罪主体有利于正确确定责任人，最大限度地避免"错位打击"情况的出现。[1]在我国刑法框架内，分公司在一定条件下是可以成为单位犯罪的主体的，对此，不应僵化地分析和判断，而应揣摩立法意图，以对"独立性"的判断为出发点，从客观和主观两方面进行审视。[2]对于一些现实社会和司法实践中常见的不应以单位犯罪追责的情况，应进行全面考量，杜绝误判，以更好地实现刑法对犯罪行为的打击。

---

[1] 王飞跃："单位犯罪责任人员之认定"，载《政治与法律》2020年第6期。
[2] 臧冬斌："单位犯罪主体范围探讨"，载《法学评论》2001年第6期。

在数字经济智能推动下个税的应用与发展

薛 飞*

(中国政法大学 北京 100088)

摘 要: 随着数字经济的快速发展,税务数据在经济运行研判中所起的作用日渐凸显。基于此,我国应进一步盘活数据资源、挖掘数据价值、拓展数据应用,不断探索"以数治税"的新路径、新渠道。按照"十四五"经济规划,数字经济将带动智慧税务的发展,从而改变个人所得税的扣缴方式。面对数字经济的机遇,个人所得税预扣预缴将伴随着经济发展发生新的变化,我们在未来的生活中应怎样履行好个税扣缴义务?这是本文探讨的重点。

关键词: 税务数据 经济规划 个税预扣预缴

一、个人所得税的改革发展史

新的个人所得税改革是从 2019 年开始实施的,时至 2021 年,个人所得税在我国税务发展中被普遍应用并且取得了较好的成效。2018 年 8 月 31 日,我国对《个人所得税法》进行了一次新的修正,于 2019 年 1 月 1 日颁布实施,即新《个人所得税法》。个人所得税改革前,工资薪金按月申报,采用超额累计税率,单位代扣代缴。个人所得税改革后,整体计算所得税、扩大了减除费用扣除范围、调整优化了个人所得税税率结构、增加了公益捐款的扣除。不同收入适用不同的税率,税率较为统一,优化了税率结构,体现了税收公平。新《个人所得税法》对于不同收入群体的收入水平差异进行了调整。其中,起征点税率的调整能够调节不同收入水平人们在收入方面存在的差距;

---

* 作者简介:薛飞(1985 年-),女,汉族,河南平顶山人,中国政法大学同等学力研修班 2021 级学员,研究方向为经济法学。

税率级距的调整提高了工薪阶层的收入水平，减轻了生存就业压力，在一定程度上缓解了民众的薪资焦虑。

二、个人所得税对数字经济的发展与应用

数字经济在国民经济中的地位不断上升，给经济社会的发展带来了巨大活力，对原有的经济生产方式和居民生活模式产生了重大影响，既带来了高效率的经济活动和便利化、智能化的生活，也带来了诸多挑战。特别是在国家税收方面，数字经济对税收来源、税收概念及税收治理均造成了较大程度的冲击。[1]

自 2021 年以来，税务部门不断深化税收大数据应用，服务税收改革发展大局，运用大数据技术，持续丰富自然人"一人式"税收档案，全面汇集自然人涉税信息，为综合所得申报纳税提供了数据支撑；运用互联网技术，搭建了与海量自然人纳税人的高效触达渠道，通过个人所得税 APP 实现了自然纳税人个人所得税高频业务的掌上办理；运用人工智能技术，实现了线上征纳互动和数据智能服务，优化完善了实名认证登录，推出了申报预填、智能退税审核、在线征纳互动等一系列服务创新，进一步提高了征管效率、降低了征纳成本。[2]

三、避免个税中先预缴后退税，稳定汇缴政策

根据《个人所得税法》最新修正的标准、综合所得减除费用标准的提升以及稿酬费用的扣除标准，《个人所得税法》的修正增加了纳税人的专项扣除，降低了纳税人的税负。该法在具体实施过程中遵从以下几点原则：

（一）据实列支的原则

税法在扣除上一直坚持据实列支的原则，纳税人的继续教育支出是完全可以扣除的，但如果支出没有实际发生，则意味着税负并没有对纳税人构成成本及负担，按量能纳税的原则就不应该享受扣除。

---

[1] 王桦宇、连宸弘："税务数据资产的概念、定位及其法律完善"，载《税务研究》2020 年第 12 期。

[2] 王卫军、朱长胜："应对数字经济的挑战：从生产增值税到消费生产税"，载《税务研究》2020 年第 12 期。

（二）限额扣除的原则

专项附加扣除并不意味着发生的全部费用都予以扣除，如贷款利息支出，如果不予以限额扣除，可能就会推动杠杆，使更多的纳税人着力于贷款买房以抵个人所得税，不利于房地产市场的稳定。此外，对租金收入的扣除也需要关注目前房地产以租代售的新型商业模式，有些项目的租金完全超过了平均租金的水平，因此限额扣除更有利于促进社会公平，以免被个别利益群体所利用。

（三）简便、降低遵从成本的原则

以上支出享受税前扣除的条件是这些支出具有真实性、合法性，最重要的依据便是合法凭证。当然，此处的合法凭证并不局限于发票。我国并没有要求必须持有发票才允许扣除，如大病医疗费、教育费等，纳税人并不一定能够取得发票，行政事业单位的收据也可以作为扣除凭证。同时，我国应通过公安、金融等部门与税务机关的数据交互进一步减轻纳税人的负担。这些需要相关规定予以明确，在具体实行时应遵循简便、降低遵从成本的原则。

新《个人所得税法》主要优化了两类纳税人的预扣预缴方法，首先针对全年工资薪金收入不超过6万元的居民个人；其次是按照累计预扣法，预扣预缴劳务报酬所得个人所得税的居民个人，目前包括取得佣金收入的保险营销员和证券经纪人、因实习取得劳务报酬所得的接受全日制学历教育的学生。主要优化这两类纳税人的个人所得税预扣预缴办法，避免"先预缴、再退税"的麻烦。

扣缴义务人可以通过自然人电子税务局扣缴客户端和自然人电子税务局WEB端扣缴功能申报个人所得税，在计算并预扣本年度1月份个人所得税时，系统会根据上一年度的扣缴申报情况，自动汇总并提示可能符合条件的员工名单，根据实际情况进行核对、确认后，即可按规定的方法预扣预缴个人所得税。采用纸质申报方式的，扣缴义务人需根据上一年度的扣缴申报情况，判断符合规定的纳税人，再按规定执行，并需从当年1月份税款扣缴申报起，在《个人所得税扣缴申报表》相应纳税人的备注栏填写"上年各月均有申报且全年收入不超过6万元"。

随着税制的不断完善，《个人所得税法》的修正为我国未来进一步深化税制改革奠定了基础。"十四五"时期，我国应不断完善专项附加扣除项目，建立吸引境外高端人才的政策体系，通过扩大综合所得的范围、优化专项附加扣除等改革进一步完善个人所得税制度，不断促进个人所得税良好、稳定发展。基于新修正的个人所得税政策，中低收入人群的个人所得税负担将大幅降低，在分步推进、日渐完善的过程中，现代个人所得税制度将在未来发挥更为重要的收入调节作用。

四、数字经济对个税税法发展的前瞻性改革

（一）数字经济为个税注入新的活力

随着数字经济的发展，以大数据为支撑的市场和社会监管方式创新成为可能，为实现税务部门针对个人税源的智慧监管奠定基础。其一，建立数据融合中心，需要对税务部门、行业协会、第三方机构以及互联网数据等各方数据进行采集、整理和融合，构建自然人视图，建立监管目标画图，从而减少监管过程中的信息不对称问题。其二，建立个人纳税信用体系，通过人口信息数据分类整合，有针对性地对数字经济中的个人交易进行有效的动态监控管理，建立以居民身份证号码为基础的统一社会信用代码制度，赋予网络个人"数字身份识别码"，通过个人身份的确认和识别，实施守信激励和失信威慑举措，进一步提高自然人的税收遵从度。

（二）提供精准化和个性化的纳税服务

虽然数字经济使纳税服务更加智能化和数字化，但是数字经济的个人交易模式多样，催生了不同的个人纳税服务需要。税务服务机构为更好地推动项目发展，应创制更具个性化的纳税服务产品。广大纳税人在享受便捷办税的同时，应注意防范一些涉税风险，充分享受各种税收政策红利，这也有助于做好"六稳"、落实"六保"，[1]培育经济新动能。通过对税收大数据的分析运用，提高精准化服务能力，借助后台数据进行对比分析，对纳税人精准画像，提供科学、合理的个税申报方案，让"以数治税"理念在个人所得税中得到有益尝试，营造良好的纳税环境，确保个人所得税服务的有效落实，不断加快数字税务发展。

结　语

以税收大数据为驱动力的智慧税务，可以实现从经验式执法向科学精确

---

[1] 杨志勇："数字资产税征收的国际实践与我国的政策建议"，载《经济纵横》第 2020 年第 11 期。

执法转变，从无差别服务向精细化、智能化、个性化服务转变，从"以票管税"向"以数治税"分类精准监管转变，全方位提高税务执法、服务、监管能力，更好地营造公平竞争的税收环境。

从刑法学视角看网络环境安全中的网络谣言治理

张 硕[*]

(中国政法大学 北京 100088)

摘 要：在当前的时代背景之下，互联网技术获得了快速发展，给人们的生活提供了很大便利，同时也为人们的沟通交流提供了多样化渠道，但是网络在发展过程当中也存在一定的弊端，尤其是如今我国的网络监督管理力度还不够强，网上依然存在着一部分人为了博人眼球以及提高点击率而肆意散播各种谣言的现象，这不仅给网络秩序造成了重大影响和干扰，同时也影响到了社会主义和谐社会的构建。本文将主要从刑法学视角对网络谣言治理问题进行探究，以供相关专业人士加以参考和借鉴。

关键词：以刑法学视角 网络环境安全 网络谣言治理

随着我国信息技术和网络技术的快速发展，网络谣言已经突破了传统时间和空间上的限制，能够在网络上实现快速、大范围传播，这会对社会的和谐稳定造成不良影响。在互联网上传播谣言以及制造谣言会受到法律的严惩。在网络上发表个人意见和个人观点时，公民须具备基本的道德以及素养，为了保障社会的和谐稳定，公民有责任、有义务做到不信谣、不传谣、不造谣。为了优化网络环境，我国需要加强网络谣言治理工作，这项工作具有现实性意义和价值。

一、网络谣言的主要特征

随着自媒体的进一步发展，普通人的声音开始能够被世界听到，但同时

---

[*] 作者简介：张硕（1992年-），男，汉族，北京市人，中国政法大学同等学力研修班2021级学员，研究方向为刑法学。

也为谣言的传播插上了翅膀。在信息的接收端，自媒体已经成为民众获取信息的重要渠道；在信息的生产端，时效性、差异性而非准确性成为自媒体从业者的第一追求。一些自媒体从业者为了吸引眼球、增加流量，利用人们对新、奇、特消息的兴趣以产业化的形式编造、传播谣言，严重扰乱了社会秩序，给人们的生产生活造成了恶劣影响。[1]相比于传统的谣言，网络谣言具有以下特征：

（一）传播方式多元化

过去的谣言主要通过口口相传的方式传播，受到了空间和地域的限制，无法实现谣言的大范围传播。但是，互联网到来之后，信息传播途径更为多元化，网络上的每一个人都可以发表各种信息，这也给网络谣言的泛滥提供了基础，传播方式日益呈现出多样性。[2]

（二）传播范围大

互联网产生之后信息传播打破了时空限制，人们可以通过网络随时进行沟通和交流，尤其是在平板电脑和智能手机普及之后，互联网的作用进一步凸显，在互联网上人们可以转发各种信息，并且也可以针对网络消息进行评论。相关调查研究资料显示：民众如果对某一话题抱有浓厚的兴趣且就该话题展开了热烈交流，那么该话题便会一跃成为热点话题，但是如果该话题本身即属于谣言，便会让网络秩序受到严重影响，让社会舆论导向产生偏差。

（三）具有很强隐秘性

网络谣言具有很强的隐秘性，这也给网络谣言的快速传播提供了便利。在网络世界中，用户之间基本上都不认识，同时大量用户也没有实现实名登记，即便谣言散播开来，也无法从中找到谣言散播人员。另外，由于大量网民缺乏独立判断和思考的能力，往往会以讹传讹，导致谣言的传播速度加快、范围变广。网络谣言的危害是不容忽视的，但是在当前的时代背景之下，我国目前还难以将其完全消除。

二、刑法学视角下整治网络谣言的主要策略

（一）完善网络谣言相关罪名

近些年来，我国打击网络谣言的力度在不断增大，取得了一些成效。然

---

[1] 参见谢永江、黄方："论网络谣言的法律规制"，载《国家行政学院学报》2013年第1期。
[2] 参见胡慧颖："刑法学视角下网络谣言的治理问题探讨"，载《法制博览》2021年第11期。

而，随着互联网技术的不断推广和发展，依然存在不法分子利用法律漏洞实施网络犯罪，在网络上肆意散布和传播谣言的现象。导致此类现象出现的原因主要是，我国当前尚未构建起完善的网络谣言整治法律体系。就目前的情况来看，虽然我国有不少关于网络的法律条款，但都存在一定程度的笼统性，没有明确规定和具体实施细则，可操作性比较低。另外，在网络谣言相关罪名的界定方面存在严重不足，导致无法从法律层面为打击犯罪提供保障，从而严重影响了我国打击网络谣言的力度。所以，我国应当从刑法的角度完善规制网络谣言的相关罪名，对其进行明确的界定，同时在实际实施过程中不断完善相关法律体系，以便更好地惩治网络谣言等犯罪行为。[1]

首先，国家应结合网络发展的具体特点，针对网络谣言相关犯罪行为明确新罪名，从而使网络谣言整治工作更具针对性，以有效解决网络谣言相关犯罪多样化的问题。其次，国家应当出台各项实施细则，结合犯罪对象的年龄等特点，对犯罪罪名进行详细、清晰的分类，提升网络谣言立法的可操作性。最后，国家应当明确、清晰地划分谣言的内容，并应结合犯罪情节的轻重情况，给予不同的惩处措施，从而不断提升犯罪治理力度。比如，对于那些用心险恶且严重影响社会安定或者给他人带来严重伤害的犯罪行为，应当给予重罚；对于那些因无心过失而造谣或传谣，且未曾伤害到他人或社会，或者造成伤害比较轻的，应当结合实际情况，谨慎处理，可以采用教育为主的处理方式。

（二）加强相关法律之间的联系

目前，我国的法律体系涉及很多领域，这些法律之间存在着一定程度的联系，其主要原因就是任何法律都不可能做到面面俱到，多多少少都存在一定的真空带，需要其他法律条文来加以补充。所以，在惩处网络谣言相关犯罪行为时，不能只运用刑法，还应当结合其他法律条文（比如宪法、民法等），在加以综合考虑之后再进行处理。在将刑法作为法律依据时，需要严格遵循谦抑原则，也就是用最少量的刑罚来获取最大化的刑罚效果，但应当注意的是，这并不意味着其他法律法规可以凌驾于刑法之上。在实施过程中，对于那些证据确凿的犯罪行为，必须依照刑法，给予其应有的惩罚。网络谣

---

[1] 参见周振超、张梁："网络谣言法治化治理的法理诠释与实践向度"，载《理论月刊》2021年第1期。

言犯罪具备一定的特殊性,由于其是一种新型罪名,所以我国目前的法律尚未能对其进行有效的规范与制约。现阶段,虽然民法与其他的法律在规范与惩处传统犯罪方面发挥了很大的作用,逐步形成了较为完善的法律体系,但在规范与约束网络谣言犯罪方面还存在较大的不足和缺陷,需要将刑法同其他法律有效结合起来,实现对网络谣言犯罪行为的全面法律约束,使网络环境更加规范,从而有效减少网络谣言犯罪行为。

(三) 明确界定网络公共秩序

作为网络犯罪行为的一种,与传统犯罪行为相比,网络谣言犯罪行为是在网络空间内实施的,这也是其同传统犯罪行为最大的不同。就本质而言,网络谣言犯罪行为同传统犯罪的区别并不是很大,在惩处方面,由于网络谣言犯罪发生在虚拟的网络空间中,因而需要扩大传统刑法中罪名体系的解释范围。虽然网络秩序同社会秩序是并行存在的,但二者之间存在相当大的差异,因而单纯用传统的犯罪标准来说明和解释网络犯罪是不适用的,需要明确界定网络公共秩序。对由网络谣言造成的网络空间公共秩序以及社会秩序的混乱,我国应当进行明确界定,要结合实际情况,对该犯罪行为造成的网络以及社会等公共秩序的混乱程度进行明确判定,然后依据刑法规定对其进行惩处。[1]

结 论

综上所述,我国当前需要优化网络环境,针对网络谣言进行有效治理。网络谣言不仅会影响到社会和谐稳定,同时对于个人的发展和成长也会造成一定的影响,故应从刑法的角度对谣言进行科学、有效的治理,要求每一个公民不断提高自身识别真假消息的能力。为了整治网络谣言,我国需要完善相关罪名,强化相关法律之间的联系性,并且明确界定网络公共秩序。

---

[1] 参见胡亚龙:"以刑法学视角浅谈网络谣言的治理问题",载《法制博览》2020年第13期。

比较视野下监察调查机制的域外考察
——以韩国为例

尹 航[*]

(中国政法大学 北京 100088)

摘 要：近年来，中国的监察调查体制改革是中国下大决心惩治贪污贿赂、侵权渎职等职务犯罪的重要体现。本文立足于韩国"制度式"职务犯罪调查机制，从职务犯罪调查的制度构建、职务犯罪调查机构的调查权、职务犯罪调查机构的调查特点等三方面入手，以期对中国的监察调查体制建设提供域外视角与制度建设经验。作为与中国隔海相望的国家，韩国的职务犯罪调查机制对于中国的监察调查机制具有重要的借鉴意义。

关键词：监察调查 反腐 中韩比较法

一、韩国职务犯罪调查的制度构建

韩国当前的职务犯罪调查机制被称为"制度式"调查机制，原因在于以"光州民主化运动"为标志事件，韩国逐步过渡到民主政治阶段，跳出了以往军政府时期"运动化"的治理形式。金大中执政时期，韩国政府出台了《防止腐败法案》，标志着韩国反腐败体系的正式建立，同时推动设立专门的反腐败机构"韩国反腐败独立委员会"（KICAC）。卢武铉执政时期，韩国政府推动出台了《腐败预防法修订法案》。李明博政府时期，韩国政府推动成立了"反腐败与国民权益委员会"（ACRC）。朴槿惠执政时期，出台了韩国"制度式"职务犯罪调查"里程碑式"的法案《关于禁止不正当请托及收受财物的

---

[*] 作者简介：尹航（1992年-），女，汉族，安徽淮北人，中国政法大学同等学力研修班2022级学员，研究方向为刑法学。

法律》,也被称为《金英兰法》。这一法案标志着韩国职务犯罪治理制度建设达到高潮,未曾想朴槿惠却因"亲信门"事件、"国情院受贿案"遭到弹劾下台。2017年文在寅上台,面对上任总统所引发的政治危机,在发布一系列施政纲领的同时,文在寅的当务之急是恢复民众对国家打击腐败、惩治贪腐的信心,格外强调国家惩治职务犯罪的决心与行动,决心设立独立的职务犯罪调查部门,这也是文在寅竞选纲领中最重要的承诺。[1]2019年12月底,韩国通过了《关于设立高级公职人员犯罪调查处的法案》,这一法案的监管对象包括总统、国会议员以及各个公职机构的长官,打破了韩国检方垄断公诉权的局面。

此前,韩国并未设立专门的职务犯罪侦查机构,而专门的反腐败机构则职权有限,尚不能制衡独揽犯罪侦查权、公诉权的检察厅。现行的犯罪侦查机构以韩国检察厅为核心,实行检警一体化,检察厅行使犯罪侦查权和公诉权,享有极大的权力。这就意味着,韩国的官员职务犯罪案件均由韩国检察厅管辖。根据犯罪案件状况的不同,涉及政治家、高层官员、重要人员的案件,由韩国大检察厅下的中央侦查部介入处理;其余的一般职务犯罪案件则由高等或地方检察厅管辖。由于缺乏专门的调查机构,检察厅垄断了犯罪的公诉权与侦查权。因此,文在寅的改革计划——设立"高级公职人员犯罪调查处"——被视为是从制度上制衡享有公诉垄断权的检察厅的重大举措。毫无疑问,法律制度不管如何完善,终归都要落实到具体运行中才能实现其价值。如何运行这一套制度体系,是韩国职务犯罪调查机制的当务之急。

二、韩国职务犯罪调查机构调查权

韩国于2019年12月底通过了最新的《关于设立高级公职人员犯罪调查处的法案》,2020年1月由文在寅主持的国务会议正式审议并通过了《高级公职人员犯罪调查处设立及运作有关法律(公告案)》,于2020年7月正式施行。法案的主要内容为成立调查高级公职者犯罪的机构,规定该调查处的结构及运作规则。该法案规定了"高级公职人员犯罪调查处"的调查对象,顾名思义包括韩国政治体制中最主要的各类高级官员。其中最为特殊的一点

---

[1] 巴殿君、安那莹:"韩国反腐清廉制度及其效果分析",载《韩国研究论丛》2017年第1期。

在于，高级公职人员犯罪调查处可以对法官、检察官、警察、高级公职人员的犯罪行为直接起诉，并不需要经由检察厅同意，把职务犯罪公诉权从检察厅手中剥离出来，彻底改变了韩国检察厅独揽公诉权的局面。[1]该法案同时规定，高级公职人员犯罪调查处独立行使职权，不受总统和青瓦台的干涉，并且就高级公职人员的犯罪行为行使管辖权，其他机关发现的犯罪线索，均需向该调查处通报。

2020年1月13日，韩国国会表决通过《刑事诉讼法（修订案）》和《检察厅法（修订案）》。根据这两项修订案，韩国检方对警方侦查活动的指挥权将被取消，两者之间的关系从上下级变为相互协作。2022年5月2日，文在寅政府提出了一项重要法案——《检察厅法（修正案）》，旨在大幅削弱检察官的调查权。此前，韩国检察官能够调查的犯罪范围高达6项，而该法案则将其削减为2项，即腐败以及犯罪案。该法案已经在国会全体会议上以172票赞成通过。

三、韩国职务犯罪调查机制的反思与启示

文在寅上台后主导的一系列削弱检方权力的改革举措取得了一定成效，现行的职务犯罪调查机制形成了"二元并存"的局面，其中"一元"是指以"高级公职人员犯罪调查处"为核心的职务犯罪调查机构，专门针对高层人员的职务犯罪案件独立行使调查权、起诉权，并且不受外部干预，包括不受检察厅系统的干预；另"一元"则是以"检察厅"系统为核心，依然由韩国大检察厅中央侦查部和地方检察厅特别搜查部行使对除由高级公职人员犯罪调查处管辖的案件以外的案件的管辖权，主要是一般公职人员（非高级公职人员）的职务犯罪案件。对于这一部分案件，其权力并未受到削弱。当前二元并存的局面彻底改变了以往韩国检察机关对腐败案件管辖一家独大的局面，韩国检察机关的权力在制度层面受到了限制，从韩国的政治现实出发，这具有一定的积极意义。[2]

回顾韩国检察机关行使反腐调查权力的历史，其往往扮演两种角色：一

---

〔1〕 王生、骆文杰："韩国历届政府反腐败治理的经验及借鉴研究"，载《东疆学刊》2019年第1期。

〔2〕 肖滨、黄迎虹："发展中国家反腐败制度建设的政治动力机制——基于印度制定'官员腐败调查法'的分析"，载《中国社会科学》2015年第5期。

方面,韩国检察机关代表着绝对的正义,通过查办一系列大案、要案树立了检察机关公正无私的形象,享有着查处韩国公职人员的"绝对权力",得到了韩国民众的支持;另一方面,韩国的政治现实使得检察机关往往会沦为政治斗争的工具,代表不同财阀的党派之间会利用检察机关的权力,通过对检察机关中的"检察官"施加一定影响,使其选择性办案,成为打压异己、放纵财阀的工具,权力滥用极大地破坏了检察官公正执法的形象,损害了民众的信任。[1]这种撕裂的现实使得改革检察制度的呼声愈发高涨,文在寅上台执政的一系列举措就是顺应这种呼声,使得改革变得顺理成章。

但韩国检察机关长期以来形成的权力高度集中局面不是一朝一夕能改变的,文在寅在其任期内的大刀阔斧改革已经进入"深水区",而韩国检察部门面对自己权力的大幅缩减,必然不会坐以待毙,文在寅的改革能否继续推行需要交给时间来检验。

结　语

总体而言,韩国的"制度式"职务犯罪调查机制在不断完善,反腐调查力度不断加大,其已经逐渐认识到原有职务犯罪调查机制(即以检察机关为调查核心)的弊端所在,但由于受执政当局的政治影响较大,文在寅在其执政后半段时期推出的职务犯罪调查新机构"高级公职人员犯罪调查处"能否得以延续,其功能发挥是否如设立时所设想的那样,调查公职人员职务犯罪的权力能否由检察机关顺利过渡到专门的职务犯罪调查机关,检察机关集权型的职务犯罪调查机制转向分权型的职务犯罪调查机制能否实现,还需要得到进一步的历史检验。

对于中国的监察体制而言,中共中央办公厅于2016年11月印发《关于在北京市、山西省、浙江省开展国家监察体制改革试点方案》,部署在三省市设立各级监察委员会,从体制机制、制度建设上先行先试、探索实践,为在全国推开积累经验。2017年11月4日,全国人民代表大会常务委员会通过了在全国各地推开国家监察体制改革试点工作的决定。[2]我国的监察体系已经

---

〔1〕 陈媛:"亚洲国家反腐败的三种强力道路",载《比较政治学研究》2017年第2期。
〔2〕 中央纪委国家监委国际合作局:"把握反腐败国际合作的时和势",载《中国纪检监察报》2020年4月16日。

建成，监察体制改革正在稳步推进，未来的改革关键在于如何在现行的框架体系下不断细化与优化相关的监察调查规则，这是目前监察体制建设需要探索的方向和发展的重点。我国应适时地参考与借鉴域外国家和地区相应的改革趋势与有益经验，同时立足于我国的国情与实际，走出一条具有中国特色的监察调查道路。

企业合规改革视野下的单位犯罪及刑事实体法的修改

张巡礼[*]

(中国政法大学 北京 100088)

摘　要：近年来，企业合规成为企业治理的热点话题。我国刑法将刑事责任划分为自然人与单位，为企业合规语境下的刑事责任承担奠定了基础。但目前，由于我国刑法缺少相关的企业合规规定，致使推动企业合规存在障碍。因此，将企业制定并实施有效的合规计划作为从宽量刑情节、责任排除事由以及犯罪中止的法定原因，有利于激励企业主动承担合规管理责任。

关键词：企业合规　刑事责任　激励机制

合，符合。规，规定。根据文意解释，所谓企业合规就是企业开展的各方面的活动均应符合规定。具体而言，企业合规，就是企业与员工的经营管理行为符合法律法规、监管规定、行业准则、企业章程、规章制度以及国际条约等要求。这是因为企业与员工的不合规行为会引发法律责任，受到相关处罚，造成经济或声誉以及其他负面影响。为此，企业应当制定一套流程或机制，以实现防范合规风险的目的。

公司治理理论的发展是掀起企业合规热潮并引发广泛讨论的根本原因。公司治理的目的逐步从保护公司及股东利益延伸到关注利益相关者的利益，再到当下企业承担社会责任以维护社会公共利益。而近年来，最高人民检察院为贯彻习近平法治思想、发挥检察职能、助力推进国家治理和治理能力现

---

[*] 作者简介：张巡礼（1988 年-），男，汉族，安徽庐江人，中国政法大学同等学力研修班 2022 级学员，研究方向为经济法学。

代化而开展的企业合规改革试点工作是企业合规快速发展的直接原因。自 2020 年 3 月起，最高人民检察院开展"企业犯罪相对不起诉适用机制改革"试点，在上海、江苏、广东的 6 家基层检察院开展涉案企业合规改革；2021 年 3 月，试点工作扩大到 10 个省份。[1] 2022 年 3 月，企业合规改革已在全国范围内推广，并取得了阶段性成效，但"只要企业合规，既放过企业，也放过企业家"口号的提出却引发了激烈争论。在此过程中，众多专家、学者基于企业合规视角提出了对刑事实体法与程序法的修改建议。甚至有学者提出，推动企业合规必须确定并重构单位独立意志理论。因此，在企业合规改革的背景下，笔者将就单位刑事责任理论以及《刑法》的修改谈谈个人的见解。

一、单位刑事责任理论周延

根据《刑法》第 30 条和第 31 条的规定，单位的刑事责任是指公司、企业、事业单位、机关、团体因实施了危害社会的行为，并且该行为被法律规定为犯罪，所应承担的法律责任。[2] 简言之即为，单位犯罪的，单位应承担的刑事责任。刑事责任的形式包括对单位判处罚金、对单位直接负责的主管人员和其他直接责任人员判处刑罚。

谈单位刑事责任，离不开单位犯罪，谈单位犯罪离不开刑法的犯罪论，离不开犯罪的四个构成要件，即犯罪客体、犯罪客观方面、犯罪主体、犯罪主观方面。关于犯罪客体，刑法保护的法益并不因犯罪者是自然人或者单位而产生差异。关于犯罪主体，单位是否承担刑事责任取决于刑法是否会因特定类型的危害社会行为处罚单位。因此，认定单位犯罪的难点就在于何种危害行为可以归因于单位。其中涵盖两个关键点：单位实施的危害行为的类型以及单位实施危害行为的主观过错。单位犯罪的主客观要件如能有机统一，则可实现单位刑事责任理论周延。

（一）单位行为

单位包括公司、企业、事业单位、机关、团体。企业合规更多探讨的是

---

[1] "最高检下发工作方案 依法有序推进企业合规改革试点纵深发展——第二期改革试点扩大至北京、浙江等十个地区"，载中华人民共和国最高人民检察院官网：https://www.spp.gov.cn/xwfbh/wsfbt/202104/t20210408_515148.shtml#1，最后访问日期：2022 年 7 月 2 日。

[2]《刑法》第 30 条规定："公司、企业、事业单位、机关、团体实施的危害社会的行为，法律规定为单位犯罪的，应当负刑事责任。"第 31 条规定："单位犯罪的，对单位判处罚金，并对其直接负责的主管人员和其他直接责任人员判处刑罚。本法分则和其他法律另有规定的，依照规定。"

公司、企业。本文的单位行为概指公司、企业行为。并非所有的单位行为都有法律评价的意义,必须是单位实施的,能够产生法律效果的行为。具体到单位犯罪,必须是单位实施的,危害社会的行为。这种危害社会的行为是单位的成员(如直接负责人、主管人员、其他直接责任人员)基于单位的意志,以单位的名义实施的对社会有危害的行为。

(二)单位过错

单位犯罪的犯罪主观方面,是指单位对自己的行为及其危害社会的结果所持的心理态度。根据《刑法》第14条和第15条的规定,单位犯罪也应该具备犯罪的故意或者过失心态。[1]单位明知自己的行为会引发危害社会的结果,并且希望或者放任这种结果发生,因而构成犯罪的,是故意犯罪。单位应当预见自己的行为可能发生危害社会的结果,因为疏忽大意而没有预见,或者已经预见而轻信能够避免,以致发生这种结果的,是过失犯罪。

从现行《刑法》总则分析,单位犯罪的刑事责任理论与自然人犯罪的刑事责任理论是符合中国国情的,是周延的,并不存在逻辑障碍。

二、推动企业合规的立法障碍

企业治理是国家治理体系的重要组成部分,国家治理体系和治理能力的现代化要求有效预防企业犯罪,预防企业犯罪也是当下世界各国共同面临的课题。法律对企业违法犯罪的制裁从单一的事后惩处过渡到事前预防应该成为新的立法、司法趋势。[2]有效预防企业犯罪离不开企业根据自己的组织架构、资产规模、营业范围等因素事先制定有效的合规方案或者合规"红宝书"。[3]目前,企业自担成本制定合规计划并予以有效实施的动力不足。多数企业往往是因为从事违法行为,甚至犯罪,承担了法律责任以后才被迫基于对自身利益的长远考虑,逐步制定合规计划并实施。笔者认为,推动企业合

---

[1]《刑法》第14条规定:"明知自己的行为会发生危害社会的结果,并且希望或者放任这种结果发生,因而构成犯罪的,是故意犯罪。故意犯罪,应当负刑事责任。"第15条规定:"应当预见自己的行为可能发生危害社会的结果,因为疏忽大意而没有预见,或者已经预见而轻信能够避免,以致发生这种结果的,是过失犯罪。过失犯罪,法律有规定的才负刑事责任。"

[2] "相关报告称企业反贿赂合规意识整体偏低 专家建议 刑事立法引入企业合规制度",载《法治日报》2022年6月8日。

[3] 刘艳红:"涉案企业合规建设的有效性标准研究——以刑事涉案企业合规的犯罪预防为视角",载《东方法学》2022年第4期。

规的最大障碍在于刑事实体法缺乏关于企业合规的激励制度。企业事先制定的合规计划，乃至涉案后制定并实施了有效的合规计划应当具有法律上的从轻、减轻甚至免除刑罚乃至不予追诉功效。

三、推动企业合规的刑法完善建议

（一）明确企业制定并实施有效合规计划为单位犯罪的法定从宽情节

事先是否具备有效合规计划、发生危害行为后是否及时进行整改，是判断企业危险性的重要事实。将企业合规写入《刑法》总则，上升到法定从宽量刑情节之高度，必然会激励和推动企业合规。企业在设立之初或者经营过程中，从自身行业特性出发，制定合规计划，安排人力、物力予以组织实施，甚至建立监控体系乃至第三方评价体系。企业的该种行为本身便足以表明企业集体意志的主观恶性较低。当然，《刑法》总则规定有效企业合规可作为从轻、减轻甚至免除处罚的情节并不意味着没有有效合规计划的企业将被从重处罚。从当下的情况看，笔者认为，还不宜将企业合规上升到法定义务的层面。

（二）探索企业合规计划作为单位犯罪的责任排除事由

有学者提出："事先合规，实体出罪；事后合规，程序出罪。"合规可以成为无罪抗辩事由，也就是违法阻却事由。对此，笔者持不同观点。《唐律疏议·名例》规定："诸断罪而无正条，其应出罪者，则举重以明轻；其应入罪者，则举轻以明重。""出罪"指免除或者减轻行为人的法律责任，其逻辑前提是已经构成犯罪。已经构成犯罪的，不能因为企业有事先合规就从实体上认定其不构成犯罪。笔者认为，将企业合规作为责任排除事由而非违法阻却事由更合理。有了企业合规管理体系，企业实施的危害社会的行为乃至犯罪行为就不会被认定为危害行为，甚至可以理解为正当化行为，显然不符合常理和认知。因此，将企业合规作为责任排除事由更妥当，企业有了有效的合规制度和计划并持续实施，在道义和朴素的情感认知上便可以得到原谅。[1]

（三）将企业合规作为单位犯罪的犯罪中止形态考量因素

未遂与中止在犯罪意志方面存在不同，犯罪未遂是基于行为人意志以外的原因，犯罪中止则是基于行为人自身意志放弃犯罪。有效的企业合规恰恰能够体现在单位犯罪过程中单位自愿放弃犯罪的主观能动性和主观意志。在

---

[1] 崔永东："合规治理的法律意义与道德意义"，载《中国社会科学报》2022年5月18日。

相关立法解释或者司法解释中，明确企业合规在单位犯罪过程中对单位意志的审查作用将有利于推动企业合规和预防企业犯罪。

结　语

随着企业合规向纵深发展，很多专家学者将研究方向导向刑法和刑事诉讼法的基本理论，比如单位刑事责任理论的重构。笔者从现行刑法关于单位刑事责任的规定是否周延为切入点，得出了单位刑事责任理论周延之结论，试图将企业合规改革从理论研究范畴引入更具有现实意义的立法、司法实践。合规激励直观地体现在《刑法》总则的量刑情节、责任排除事由、犯罪中止等规定中，能最大限度地调动企业合规的积极性并助力国家实现治理能力现代化。

由于笔者能力有限，本文虽然提出了一些观点、想法以及建议，但肯定存在诸多不足之处，尤其是在单位独立意志理论要不要确立，预防犯罪理论与企业合规的衔接，协商性的企业合规激励理论是否更适合当下国情等问题上还需要进一步研究和细化，这也是笔者后期思考和研究的方向。

我国《反垄断法》中"经营者集中"的不足与草案的改进

张泽华*

(中国政法大学 北京 100088)

摘　要：在《反垄断法》中，"经营者集中"是需要监管执法部门重点关注的一类领域。我国经济法发展受大陆法系影响，这在"经营者集中"的实体控制标准的制定中也有所反映。为了规范市场经营秩序，利于市场良性竞争，我国需要对"经营者集中"的有关规定进行完善，修订处罚制度，加强重点领域审查，完善"停表"制度。

关键词：经营者集中　反垄断法　"停表"制度

市场因恶性竞争易出现秩序紊乱现象，从加强管理的角度出发，建立规范的《反垄断法》及"集中经营者"制度具有重要意义。在经济市场的发展过程中，竞争是必然存在的，而竞争导致的市场支配情况需要通过立法进行管理规范。经营者集中会产生正反两方面的影响：正面影响是，有利于推动规模经济发展，有利于整体市场发展，可以促进产业升级转型，提高经济效益；负面影响是，行业的过度集中会压制小经营者的经营积极性甚至产生垄断行为，不利于经济的长久、稳定发展。《反垄断法（修正草案）》的公布进一步提高了我国在反垄断工作上的监管力度。

一、经营者集中的概念探讨

根据我国《反垄断法》的相关表述，"经营者集中"的审查规定重点集

---

* 作者简介：张泽华（1989年-），女，汉族，山西太原人，中国政法大学研修班2020级学员，研究方向为经济法学。

中在经营过程中的各类情况。具体表现为,参与者通过兼并、购买等经济行为取得后续主体的控制权,或者通过其他约定等对其他经营者进行干预与影响。经营者集中一般属于市场经济主体间的自由行为,各个经营者在遵守市场秩序的情况下合法联合或扩大规模,以此来提升自身的市场竞争能力,最终实现自身的良性和有序发展。

按照"经营者集中"在各类经济活动中的属性,我们可将其分为混合集中、横向集中和纵向集中三类,横向集中是产业链某一阶段的集中,纵向集中是产业链上下游的集中,混合集中则是两者兼而有之。在实际经营过程中,基于经营者本身的属性和经营者参与的情况,"经营者集中"会呈现出不同的特点,此时就需要根据实际情况,对其集中属性进行分类。

在我国《反垄断法》中,审批经营者集中时,须附条件并向国务院反垄断执法机构进行汇报,同时提供相应的资料与报告书。经营者需要一个有序且合理的申报标准,这不仅关系到各部门的处理效率,不会产生滥用职权的行为,也能保证经营者的经济效益。[1]在附条件审批中,反垄断执法机构会根据经营者提供的相应资料,结合实际市场经营情况,综合考量经营者的集中经营行为和各类后续影响,再对相应集中行为作出批准或禁止的审核。同时,需要注意的是,一些附条件的要求也可能会对相应的经营者产生经营影响,主要以降低市场的不利影响为主。

二、经营者集中的创新需求

随着新兴产业的不断发展,反垄断执法机构要在新兴产业中不断适应市场需求,加强对"经营者集中"的创新改进。与新兴产业的经营特点相对比,"经营者集中"可以仅集中在现有产业上,需要根据实际产业特点对现有制度进行完善。[2]在市场高速发展的情况下,反垄断执法机构可能无法及时了解市场信息,这就出现了基于信息不对称等因素产生的客观困难。由于创新产业无法直接进行准确归纳,因此降低了经营者的界定可能,甚至因为无法预估的市场经营及可能形成的连锁效应,致使执法机构的测量口径过大,从而

---

〔1〕 方小敏:"经营者集中申报标准研究",载《法商研究》2008年第3期。
〔2〕 季文光、成福伟、崔娟敏:"基于新兴产业的经营者集中救济制度研究",载《全国商情》2014年第4期。

无法达到反垄断、引导市场良性发展的目的。

结合现阶段中国市场的创新发展来看，反垄断制度需要面对的是"经营者集中"的各类不确定性。一方面，创新产品本身具有不确定性，基于创新产品所处的各个阶段，执法者无法确定其在立项之后的阶段属性；另一方面，"经营者集中"具有非常大的不确定性，经营者所处的新兴市场会导致无法确切定义现行制度是否可以直接适用。执法者需要综合考量经营者审查环节提供的各类材料，必要时还需要借助特殊考量模型进行定量分析。[1]

2021年，《反垄断法（修正草案）》进入社会征求意见环节。这也是该法第一次进行修改。根据2020年全年案件数据统计：仅"经营者集中"案件就立案485件。结合上述数据统计和市场监管总局在公开文件中公示的材料，我们可以看到我国的反垄断工作不断提高，尤其是在对互联网等"新平台"的监管上显示出了不断提升的监管力度。市场公开的处罚信息显示，在阿里集团对银泰商业进行的三次收购、腾讯集团旗下关联方收购新丽传媒，以及其他相类似的案件中，经营者都因未依法申报而受到了处罚。

三、2021年《反垄断法（修订草案）》中的"经营者集中"改进方案

（一）处罚制度的修订

2021年《反垄断法（修订草案）》直接对"经营者集中"的惩罚力度进行了更改，调高了行政处罚金额。结合现在"经营者集中"企业的市场份额和市值等数据我们可以发现，原有50万元的最高档对参与主体来说是非常低的惩罚，这就会使得经营者忽视或直接省略前置行政审批流程。

（二）加强重点审查领域

我国反垄断的监管与执法机构可支配人手相对较少，导致监管力度无法与市场实际的经营情况相匹配。此时，更需要相关监管与执法人员在"经营者集中"的重点领域加强力度。

（三）审查期限的"停表"制度

创新市场的发展加大了对"经营者集中"的审查难度，对安检的复杂评估、市场分析、限制性条件的确认等，都需要大量时间进行审核与磋商。而

---

[1] 郭家昊："创新市场或创新因素：对经营者集中分析进路的推导"，载《经济法学评论》2016年第2期。

因为监管机构的要求,申请主体可能需要多次撤回和提交,这会造成资源浪费。2021年《反垄断法(修订草案)》就此类事件首次提出了在审查期限中实行"停表"制度,这就说明在相应条件允许的情况下,反垄断监管与执法部门可以根据经营者的实际情况,决定是否中止审查的期限计算,同时可以将后续结果书面通知经营者。从程序上避免流程因素对审查公共资源的占用,减少重复提交的情况,加强经营者提交材料的完整性,整体提高行政审核效率。同时,停表制度也会匹配一定的限制制度,发挥其积极作用,防止审查流程的拖沓与其他问题的出现。

我国《反垄断法》不会区别对待各类经营主体,经营者的经营性质或者企业所有权都不会影响对监管与执法机构的审核。只要经营者合法经营,新兴产业与传统产业都会根据所处的市场环境进行审核。监管部门也希望通过相应的规章制度保障各经营者的合法权利,使之可以公平地参与市场经营活动,营造良好、有序的竞争环境,最终有利于我国经济的稳步发展。从目前来看,新兴行业尤其是互联网经济呈现出的多样性,要求监管机构与经营者相互协作,尤其是已经出现的行政处罚也在提醒互联网经营者,要合法经营,严格遵守各类规章制度,共同维护市场稳定;监管机构也需要逐步完善相应制度,提高自身监管与执法水平,这样才能促进整体环境稳定、有序、健康发展,兼顾新兴产业发展的可能性,弥补之前制度的不足。[1]

---

[1] 黄明涛:"《反垄断法》修订草案的若干问题研究",载《中国物价》2021年第1期。

电信诈骗中被骗人取得骗子财物分析

曹文平*

(中国政法大学 北京 100088)

摘 要：依据《刑法》第20条之规定，正当防卫是客观不法的消极要素，该行为在形式上与犯罪行为具有相似性，但实质上不具社会危害性及刑事违法性。正当防卫是我国刑法赋予公民的防卫权。研究正当防卫在理论价值和实务价值上都有重要的意义，有利于理解犯罪本质，区分罪与非罪的界限。本文就电信诈骗案中，受骗人获得骗子财物的行为性质进行了粗浅的分析。

关键词：电信诈骗 被骗人 财物 正当防卫

引 言

近年来，电信网络技术不断迭代发展，支付手段多样化在给人们生活带来便利的同时，也被骗子利用实施电信诈骗，结合时代特点，骗子的手段不断翻新，每天都有大量案件发生。与传统诈骗案件不同，其呈现出犯罪多发、犯罪数额巨大、涉及面广、社会影响大、挽回损失困难等特点。最近笔者就接触到了一个案例：2021年11月27日，赵某接到诈骗电话，在与骗子的周旋过程中，赵某取得了骗子的3200元。

在这种情况下，赵某的行为是否构成犯罪？可以认定为正当防卫吗？是否构成正当防卫是本案的核心问题。同时，还应考虑是不是存在防卫过当的问题。

正当防卫不仅在理论上而且在实务中都有重要的意义，有利于我们更好

---

* 作者简介：曹文平（1977年-），男，汉族，北京市昌平区人，中国政法大学同等学力研修班2022级学员，研究方向为刑法学。

地理解犯罪的本质特征，更好地区别罪与非罪的界限。下面笔者将从几个方面进行分析。

一、本案正当防卫的成立条件

正当防卫的核心关键点在于确定一种行为在社会上是无害的和有益的。我国刑法理论认为，正当防卫的构成是防卫意图与防卫行为的统一。具体而言，正当防卫要素应当包括五个方面：意图、原因、目的、时间和限度。[1]

（一）防卫意图

这一概念的含义是，当事人感知到了非法侵权行为的发生，决心制止这种侵权行为，以保护国家、公共利益、个人或他人财产的合法权利。[2]本案中，赵某认识到被他人诈骗，具有防卫认识，为防止本人的合法财产被他人侵犯而与骗子斗智斗勇，有防卫的意识，主观上有防卫意图。

（二）防卫起因

正当防卫的起因是不法侵害。其是正当防卫的客观条件之一，应当具备客观性、社会危害性、紧迫性三个基本的特征。

（1）客观性。本案中，骗子的诈骗行为客观存在，不是赵某主观猜测和臆想的。

（2）社会危害性。电信诈骗案涉及广大人民群众，无论学历高低，财产损失一般都比较严重；电信诈骗案一般都打着国家机关的名义，会严重损害国家机关的公信力，严重影响国家机关日后的行政及司法行为，影响国家治理和社会管理；电信诈骗相较于传统侵财案件，犯罪者的风险小、成本低、收益高，这几年传统侵财案件发案率下降，而电信诈骗却明显抬头，给公私财产造成了重大损失；赵某如果落入犯罪分子的圈套，很可能损失惨重。

（3）紧迫性。如今的电信诈骗只需被害人在手机上进行操作，在很短的时间内就能完成，这些都是在骗子精心设计的圈套下完成的，只要与其联系，就很有可能中计，所以赵某只要和骗子通话就有钱财被骗的紧迫性。

（三）防卫对象

本案中的骗子是诈骗行为的实行者，如果意志自由，就是直接正犯，可

---

〔1〕 高铭暄、马克昌主编：《刑法学》（第4版），北京大学出版社2010年版。

〔2〕 曲新久等：《刑法学》（第6版），中国政法大学出版社2016年版。

以成为防卫的对象；如果没有意志自由，有可能构成紧急避险，强迫其实施诈骗行为的人可以构成间接正犯，此时的骗子只是他人的犯罪工具，仍可成为防卫的对象。

（四）防卫时间

本案中，赵某面临持续诈骗行为，是在与骗子的周旋过程中取得骗子财产的，取得财产的行为是在诈骗的过程中，即诈骗行为持续意味着诈骗正处于实施阶段，还没有最终结束，符合正当防卫的防卫时间要求。

（1）开始时间。本案中，骗子在电话中虚构事实，符合《刑法》分则诈骗罪的构成要件，是实行不法行为，此时不法侵害已经开始；对于有些非实行行为，如果能够促进实施不法侵害，也可以进行防卫。

（2）终止时间。正当防卫的先决条件随着违法行为的结束而消失，使进一步防卫成为不必要。违法行为的终止一般有以下三种情况：①违法行为已经终止；②非法行为自动终止；③罪犯已被制服或失去伤害能力。[1]本案中，赵某在与骗子的较量中取得行为人的财产，骗子未能成功诈骗，不得已自动终止了犯罪行为。

（五）防卫限度

防卫限度指的是正当防卫与防卫过当之间的限度范围。有效阻止正在进行的非法行为需要有一个限度，超过这个限度便会构成防卫过当。防卫过当应当明显超过必要限度和造成重大损害，对此应考虑被害人所处的情景，结合社会公众的一般认知作出判断，只有造成行为人重大损害才构成防卫过当。

本案中，赵某取得 3200 元，金额较大，但没有达到巨大的标准，没有给行为人造成重大损害，符合正当防卫的防卫限度要求。

二、本案正当防卫的认定

（一）正在进行的不法侵害的判断标准

不法侵害一直在持续，在概念上指的是不法侵害行为已经开始并且还没有结束。由于正当防卫的本质是制止不法侵害，因此对于防卫时间的限定，应当从制止不法侵害的必要性角度加以考量。本案中，骗子通过电话一直在实施诈骗行为，是诈骗罪的实行行为，且一直在进行，赵某为了防止自己遭

---

[1] 曲新久等：《刑法学》（第6版），中国政法大学出版社2016年版。

受钱财损失而实施防卫行为，并且取得了骗子的财物，取得财物也是在骗子实施诈骗的过程中。总之，赵某实施的正当防卫行为和取得的正当防卫结果都发生在不法侵害进行中。

（二）本案防卫的正当性

正当防卫的目的是保护国家、公共利益、人身或财产免受正在进行的不法侵害，防卫的结果可能会对行为人造成一定的损伤，正当防卫是"以正对不正"，具有正当性。

公民的权利受损，一般需要公权力救济，不允许私立救济；只有在形势紧迫、公权力救济不可能马上挽回公民损失的情况下，公民才拥有自救的权利，即正当防卫，这在规范层面具有正当性。

本案的防卫行为是在迫不得已的情况下实施的，采用了与骗子相当的行为，未实施其他不当行为，行为在法律上具有正当性。

本案的防卫结果是取得骗子的 3200 元，属于取得他人较大财产，不属于取得他人巨额财产，不存在防卫过当的情况，因此从防卫的结果上来说，也具有正当性。

本案中，赵某为防止自己被骗而取得行为人财物，属于自卫行为，抑或是代行警察权，骗子在实施诈骗时使用的财物是供犯罪所用的本人财物，依据《刑法》第 64 条，应当予以没收，由此可知它不受法律保护。赵某的行为惩恶扬善，有力打击了违法行为，弘扬了正气，净化了社会环境，完全具有防卫的正当性。

结　论

骗子在诈骗过程中，以虚假身份，编造虚假事实，意图取得被骗人财物，符合《刑法》第 266 条之规定中"骗"的行为，是实行行为，虽然未取得受骗人的财产，但受骗人有被骗的现实、具体危险，构成犯罪未遂，是不法侵害行为，构成防卫起因；犯罪分子通过电话实施诈骗，不法侵害正在进行，符合正当防卫对防卫时间的要求；骗子通过电话实施诈骗的实行行为，是诈骗罪的主体，其可以构成防卫对象；被骗人认识到被骗，并进行防卫，有防卫意图和防卫行为；通过防卫取得 3200 元，是防卫结果，未造成骗子巨大财产损失，防卫未超过必要限度，符合正当防卫对防卫限度的要求；防卫行为在现实中导致了防卫的后果。从主观层面分析，被欺骗的人拥有防卫意识，主观与客观相统一,属于正当防卫的范畴。

被骗人在被骗时,不能及时获得公权力的救济,通过防卫有效避免了本人的财产损失;打击了诈骗分子的犯罪行为,维护了社会秩序,认定为正当防卫有利于惩恶扬善、弘扬正气。

"背靠背"支付条款的效力研究

许春燕[*]

(中国政法大学 北京)

摘 要：建筑工程领域款项拖欠问题屡见不鲜，总承包人为了避免承担资金风险，会在与下游企业签订的转包、分包合同中设置"收到业主工程款后支付"等类似表述，继而将回款风险转嫁给分包人。此类条款被称为"背靠背"条款。由于我国对于"背靠背"条款缺乏明确的规范，因此该类条款的效力一直备受争议。本文将对建筑工程领域分包合同中的"背靠背"支付条款进行分析。

关键词："背靠背"条款 附条件 性质 效力

一、"背靠背"条款的概念及性质

(一)"背靠背"条款的概念

"背靠背"条款主要是指总承包人通过合同条款的安排，在付款期限、条件中增设以第三方款项支付为前提，由分包人承担部分或全部义务和责任，借此减少己方的相关风险、义务和责任。[1] 在实践中，发包人普遍倾向于将风险转移给承包人，承包人往往会接受发包人的苛刻条件，之后再通过各种其他途径向分包人转移风险。

(二)"背靠背"条款的性质

当前司法实践对"背靠背"条款的性质认定存在三种观点：

---

[*] 作者简介：许春燕（1990年-），女，汉族，广东汕头人，中国政法大学同等学力研修班2022级学员，研究方向为民商法。

[1] 林立：《工程合同：法律、规则与实践》，北京大学出版社2016年版，第233页。

第一，附条件生效说。目前大部分法院[1]均认定该条款为附条件生效条款，但关于付款条件是否成立，总承包人需承担严格的举证责任。目前支持附条件生效条款的主要依据是《民法典》第158条的规定："民事法律行为可以附条件，但是根据其性质不得附条件的除外。附生效条件的民事法律行为，自条件成就时生效。……"如无法举证证明已积极向业主方主张权利，将适用《民法典》第159条条件拟制的规定。

第二，附期限生效说。部分法院[2]认为该条款属于对支付时间的约定，需核实发包人向总承包人完成支付的情况，再根据合同约定确定总承包人应向分包人承担的支付义务是否已届清偿期。

第三，区分生效说。部分法院[3]认为该约定并未明确规定时间点，属于付款时间约定不清晰。有学者认为，判断"背靠背"条款约定是否明确，应当区分不同情形，如果总承包人将总包合同中的付款节点告知分包人，总包合同与分包合同相结合能够推出分包合同的付款时间，则应当认定该约定明确，否则属于约定不明确。[4]

笔者认为，"背靠背"条款应被认定为附条件生效条款。业主是否支付工程款、是否全额支付工程款，属于不确定的事实，支付的时间和是否能支付都是不确定的。而附期限生效条款对未来发生的事实应该是确定的。如定性为附期限生效条款，则该观点存在漏洞。司法实践中还大量存在施工承包人怠于向业主方行使债权导致分包人无法请求分包工程款的案例，因此，将"背靠背"条款解释或定性为附条件生效条款更为合理。[5]

---

[1] 譬如（[2022]渝0117民初5543号）江津区四面山镇茂艺装饰经营部与施某利，重庆市马门溪苗木种植有限公司买卖合同纠纷判决书；（[2022]京03民终6776号）建峰建设集团股份有限公司与华汇（天津）照明灯饰销售有限公司买卖合同纠纷二审判决书。

[2] 譬如（[2022]京02民终6756号）中国黑色金属材料北京有限公司等合同纠纷案。

[3] 譬如（[2022]辽01民终6126号）北京城建集团有限责任公司、沈阳山河商品混凝土有限公司买卖合同纠纷二审判决书。

[4] 张义：《最新建设工程施工合同法律实务与风险防范》，中国法制出版社2015年版，第51~52页。

[5] 李君冀："建设工程施工合同中'背靠背'支付条款的效力分析"，载《知识文库》2019年第23期。

二、"背靠背"条款的效力分析

（一）现有效力观点

目前对"背靠背"条款持无效观点的学者主要基于以下两方面原因：

第一，"背靠背"条款突破了合同相对性原则，不合理地将上游合同业主方的履行义务嫁接到双务合同中，将分包合同中承包人承担的支付义务与总包合同中发包人的支付义务相牵连。但发包人并不是本合同的当事人，因此，该条款的成立缺乏基础。

第二，"背靠背"条款为格式条款，违反公平原则，应被认定为无效。建筑工程领域的分包合同通常为反复适用、不得更改的格式合同，在支付条款中附加业主支付前提，限制了供货方主张货款的权利，属于《民法典》第497条规定的格式条款无效情形，因此应被认定为无效条款。

目前对"背靠背"条款持有效观点的学者主要基于以下两方面原因：

第一，"背靠背"条款属于承包人与分包人平等主体之间对自身合法权利义务的安排，且体现了当事人的意思自治，符合民法中自愿平等的原则，应为有效条款。

第二，"背靠背"条款不违反法律强制性规定，并不属于《民法典》规定的无效情形，也不属于《最高人民法院关于审理建设工程施工合同纠纷案件适用法律问题的解释》规定的合同无效情形。

（二）本文观点

笔者认为，认定合同条款是否有效应严格适用《民法典》关于法律行为无效的规定。因此，笔者对以上无效观点不甚认同，主要基于以下几个方面：

第一，"背靠背"条款不违反《民法典》关于民事法律行为无效的法律规定。在鼓励交易的市场原则下，合同无效应严格遵守法定事由，不得任意扩大解释。当事人以第三方履行债务作为一方履行债务的条件，是对债务人何时履行债务所作的约定，并不影响合同效力。如果该期限可以确定，那么则按期限执行；如果该期限无法确定，则可能认定为无约定期限或需要根据债务人是否积极主张等情形进一步明确合理的履行期限。

第二，发包人的权利义务在"背靠背"条款中并未被赋予或限制，并未违反合同主体相对性。合同内容相互履行，并未违反合同内容相对性。如总承包人以发包人未支付货款为由拒绝支付，该违约责任也仅在合同双方之间产生，并未违反责任的相对性。综上，"背靠背"条款并不违反合同的相对性规则。

第三，"背靠背"条款并不违反公平正义原则，合同的签订遵循意思自治原则，分包人在自由竞争的市场环境下自甘风险，自愿接受"背靠背"支付条款，理应有效。建筑市场竞争激烈，买方处于优势地位。总承包人垫资和配资成本高、风险大，在交易设计上把业主方拖欠工程款的风险分散到下游分包人的交易环节，是自发的合理市场行为，不构成法律上的显失公平。

三、"背靠背"条款的适用限制条件

在我国的审判实务中，绝大多数法院均认定"背靠背"支付条款有效。2012年《北京市高级人民法院关于审理建设工程施工合同纠纷案件若干疑难问题的解答》第22条款也明确了"背靠背"条款有效，总包人对于其与发包人之间的结算情况以及发包人支付工程款的事实负有举证责任，但应设置严格的适用条件：

第一，对"背靠背"条款进行明显的标注，并加以提示说明。总承包人制定的分包合同往往不能更改，可能被认定为限定、排除权利人的主要条款，建议总承包人在"背对背"条款处要求供应商进一步盖章确认，同时签订风险共担补充协议，避免"背靠背"条款被认定为格式条款。

第二，对支付进度、比例进行细致约定，在司法判例中，法院对于"收到业主工程款后支付"有不同的看法。一部分法院认为先收后付应是收到多少支付多少，一部分法院则认为根据发包人与总承包人的承包合同支付比例、进度来考虑，如业主未支付100%工程款，则总承包人有权拒付。因此，为避免争议，双方对支付的条款应作细致约定，譬如总承包人收到一笔款，就应向分包人支付一笔，不得以未收到全部工程款为由拒绝支付。

第三，设置合理且有明确付款日期的"背靠背"条款具有可操作性，避免在合同中简单约定"以业主支付进度为准"等模糊期限，总承包人应充分披露与发包人签订的总包合同的相关文件及相关信息，确定分包商对于总包合同约定的付款时间节点，付款金额、比例等关键信息有清晰的认识且保留已告知的证据。充分保障供应商的知情权，确保分包合同中的业主支付时间节点与总包合同的付款时间节点相匹配，避免在诉讼过程中分包商以约定期限不明为由进行抗辩。

第四，总承包人对付款条件未成就适用严格举证责任。总承包人应积极向业主主张工程款，并保留催收、对账甚至诉讼的相关证据，如总承包人未能对前款内容进行举证，不排除存在怠于行使权利或采用不正当手段阻止条件成就的情况，此时分包人有权认为条件成就，要求支付工程款。再者，如有证据证明总承包人与发包人之间约定的支付条件已满足，发包人也可提起代位权诉讼。

论我国个人信息的法律保护

李月玲*

(中国政法大学 北京 100088)

摘 要： 通过法律保护个人信息既是法治社会的基本诉求，也是现代信息社会健康发展的有力保障。当下我国的个人信息保护立法在数量、质量、体系与适用等各方面仍存在一定的不足。应当秉持科学的立法理念，明确个人信息法律保护的基本原则，使个人信息保护立法与我国法律体系相协调。

关键词： 公开个人信息　个人信息　个人信息保护制度

计算机和网络技术的发展，使人们步入了一个新的资讯社会，人们的个人信息在社会上占有一席之地，而一些不法分子也在不断地展开活动。央视"3·15"全国消费者权益保护日期间，招商、工商、农行等多家企业的网络银行账号失窃案再次证明了"个人信息"的重要意义。如何依法保障公民的个人信息已经成为当今社会普遍关心的问题。

一、个人信息法律保护的意义

(一) 保护公民个人信息安全的重要途径

在网络社会中，公民的信息安全尤为重要。在和谐社会中，每个人都保有自己的隐私，比如生活习惯、爱好等。这关系到其自身的日常生活。一个更加人性化的社会应当充分保障个体信息，这是一个有秩序的社会的内部需要。

---

* 作者简介：李月玲（1989年-），女，汉族，福建厦门人，中国政法大学同等学力研修班2022级学员，研究方向为民商法学。

(二) 法治社会的基本诉求

在当今世界，资讯是一种珍贵的资源，其正确的共享和流动关系到整个人类社会的发展。基于此，个人、团体、政府、公民等各方都能通过各种途径获得自己的资讯之利。在实际中，个人信息被盗反映的是一种在市场上的无序竞争。信息技术的快速发展使得个体的数据被量化。这样一来，收集和使用个人信息的风险就会增大。这些问题已经严重危害到我们的社会和人民的日常生活。为了有效控制侵犯公民个人信息的现象，五十多个国家和地区先后出台了有关保护公民个人信息的法规。目前，个人信息泄露已经成为一个非常严峻的问题。在保障公共和公共利益的基础上，我们应该赋予他们一些自主权利。从法律上讲，立法保护是构建社会主义和谐社会的必然需要，其在规范社会行为的同时也要注意保护公民的信息自由、维护其合法权益。

(三) 现代信息社会健康发展的有力保障

本文认为，信息资源作为一种具有战略性意义的资源，其合理的共享和流动关系到整个社会的发展。在现代，电子商业是人类日常活动的重要组成部分，是21世纪的发展之本。基于此，政务信息化也越来越受到重视，它构建了一个有效、公开的政府机制。[1]无论是在电子商业领域还是在政府管理领域，都不可避免地涉及公民信息安全问题。因此，有效地保障公民的信息就成了促进政府和企业发展的关键因素。

二、我国现阶段保护个人信息法律的现状及缺陷

(一) 我国目前对个人信息保护的法律规定

在信息化高速发展的今天，我国的公民个人信息受到了前所未有的关注。

第一，我国法律对个人信息的直接保护。目前我国的法律法规、规章、司法解释等对"个人信息"作出了直接规定。比如《护照法》《居民身份证法》等都对"个人信息"的法律保护作出了明确的规范。[2]此外，2021年颁布的《个人信息保护法》也对保护公民的信息权利进行了规范。

第二，我国法律对个人信息的间接保护。除了上述直接保障，我国立

---

[1] 梅绍祖、齐爱民："个人信息保护的基础性问题研究"，载《苏州大学学报（哲学社会科学版）》2005年第2期。

[2] 杨珂、王俊生："基于eID的网络身份制与个人信息保护法律制度研究"，载《信息安全研究》2019年第5期。

法还为公民的个人信息提供了一种间接保障。比如,《宪法》中就有关于公民资料法律保护的规定。有关部门颁布的法规对公民信息也作出了不同的规定。

(二) 目前我国在个人信息法律保护方面的缺陷

计算机虽具有超强的信息加工功能,但对信息的安全保护不足,导致很多人的信息被非法收集、利用,在某些行业,这种情况甚至成了"正常"。当前,我国有关公民个人信息的立法仍存在下列问题:

第一,我国的法律规定数量有限而且适用难。究其原因在于我国现有的立法规定较少,我国目前的《个人信息保护法》在适用与执行上存在一些困难。

第二,我国的法律规定存在重刑轻民倾向。所谓"重刑",就是着重于"刑事处罚"和"行政管理"。这导致资讯使用者就自身受到的损害不能获得应有的补偿。

第三,我国的法律规定体系性仍有欠缺。没有对保护的理由、原则、主体、责任等进行清晰的界定,因而缺少系统性内容。

第四,我国的信息保护观念比较陈旧。由于公民的个人信息在我国还是一个新生事物,很多相关单位对其重要性理解不够,加上没有采取相应的预防措施,使得其在当今的社会生活中常常面临多种形式的危险。

三、完善我国个人信息法律保护的若干思考

构建一个健全的法制体系,不仅可以解决我国公民的个人信息保护问题,而且可以推动我国的法治建设,使公民个人的资料得到充分的保护。这对维护我国公民的个人隐私权、财产权具有重要意义。

(一) 秉持科学的立法理念

从法律的观点来考虑,在保障公民个人信息流通、利用和维护公民的信息权益方面,我国应当将公民的个人信息的自由流通与公民的合法权益有机联系起来。我们提倡的是对个人信息的保护,即对人类自身的尊重。

从社会的资源层面来说,我们的社会要求人们能够在一定程度上充分利用个体信息。因此,在注重个人私密性的前提下,要避免将个体与个人信息彻底隔离开来,这样不但会造成不合理的资讯利用,而且也会影响到整个社会的发展。因此,对数据的维护也应该着眼于推动其流通与利用。虽然二者

之间存在着某种冲突，但是我们应该认识到，二者之间并非绝对的对立关系，反而可以相互补充。

（二）明确个人信息法律保护的基本原则

从对个人信息的保护角度来看，最基本的是对个人信息的保障。这是一套能够更好地保障个人信息的制度。

个人信息保障的根本原理是法律对公民资料的保障。很多国家在拟订或修订个人信息法律时，大都采用了经济合作与发展组织所确立的八项基本准则。因此，笔者认为，我国未来在个人信息保护方面要注意与国际上的一些做法相结合，以使我国未来的个人信息保护能够与全球经济的融合发展同步。

（三）立法应符合我国的法律体系

我们还要顾及我国现有的法律体系。在我国，公民的个人信息权是一种与公民人格、隐私有关的公民基本权利。除此之外，还存在一些有商业意义的信息，即商业秘密。所以，笔者提出，今后我国的公民个人信息保障立法应该与《宪法》《民法典》《反不正当竞争法》《保守国家秘密法》《未成年人保护法》《妇女权益保障法》等相关的法规体系相结合。

结 论

在本质上，对个人信息的控制是一种人身权，但是其在对象、内容、行使方式等各方面都与传统的隐私权、肖像权等不同，[1]具有无可取代的功能，是一种新兴的、独立的权利。因此，研究个人信息保护在保障公民权利、人格尊严、提高公民法治观念方面都具有重要的现实价值。

笔者认为，应在比较法学研究成果的基础上，协调其与隐私权的关系，将其整合到人身权中，并结合《个人信息保护法》，为我国的公民信息权利保护创设一条中国式途径。

---

[1] 张跃：“消费者个人信息权法律保护研究”，载《法制博览》2019年第15期。

论物业纠纷调解意义与法律方法

陈小刚*

(中国政法大学 北京 100088)

摘　要：小区是我国社会治理的微小单元，和谐社会的构建离不开良好的物业管理。如今，物业管理纠纷已成为一个亟待解决的难题，采取诉讼的方式解决纠纷难以从根本上化解矛盾，因此应该充分发挥调解的作用。尤其是在我国的物业基础较为薄弱的前提下，我们需要分析物业纠纷的各种类型以及其背后产生的深层次原因，针对不同情形选择不同的调解方向，在法律的框架内予以妥善解决，从而提升国内住宅小区物业管理纠纷的治理水平，增强人民群众的幸福感和安全感。

关键词：物业管理　纠纷　治理

一、问题的提出

实现社会和谐首先必须建设和谐的社区。在现实生活中，物业管理纠纷是难以避免的，但如果所有的纠纷都要通过打官司来明确一个"说法"，那么即使案件能够了结，当事人之间的矛盾也可能无法得到根本性解决，反而会进一步激化。尤其是围绕物业管理产生的各种社会关系，无论是在业主与物业服务企业之间，还是在业主与业主之间，都具有长期性、持续性的特征，纠纷一旦涉讼，当事人之间的矛盾便会越积越深，以致难以长期和睦共处。有的矛盾如果处理不妥，甚至会酿成群体性纠纷，这些都不利于和谐社区的建设。

---

* 作者简介：陈小刚（1978年-），男，汉族，江西南昌人，中国政法大学同等学力研修班2022级学员，研究方向为民商法学。

相比之下,通过调解来解决各类物业管理纠纷则具有显而易见的好处。作为多元化解决民事纠纷的方式之一,调解是已被我国法律和司法实践确认的一种解决民事纠纷的方式。在物业管理纠纷中引入调解能够极大地缓解矛盾。物业管理在改善人民群众生活和工作环境方面发挥着越来越重要的作用,已经成为与人民群众日常生活密切相关的民生行业。但是,由于当前物权基础薄弱、公共意识淡薄和契约精神缺失等问题普遍存在,导致物业管理纠纷频发,给业主的日常生活带来了诸多烦恼。对于各类物业管理纠纷,如果能通过调解的方式予以妥善处理,化解各类矛盾,则将有利于为实施有序的社区管理、构建和谐社区奠定扎实的基础。

二、实践中物业纠纷的主要类型和原因

物业纠纷背后往往存在一定的利益冲突,如果不深入分析纠纷背后的原因便难以真正化解纠纷。笔者通过对实践中的物业纠纷进行整理,按照涉及的纠纷内容的不同,认为常见的物业纠纷类型大致有如下几种:

首先是由业主欠交物业费引起的纠纷。小区物业管理的基础是物业公司与业主签订的物业服务合同,这使得物业费的缴纳成了物业纠纷产生的主要原因。其中的原因可能是个别业主认为本小区的物业服务不好,不愿意缴纳物业费,从而导致纠纷的发生。

其次是由居民间建筑物共用部分的权属和管理使用划分引发的纠纷。例如,业主乱停乱放、对于老旧小区是否安装电梯意见不一致等。这些问题难以通过诉讼解决,但又影响着业主的生活。

最后是由居民人身财产受损失引发的纠纷以及由居民私搭乱建等引发的相邻权纠纷。

通过分析这些纠纷的产生原因和基础,我们可以发现,看似复杂棘手的纠纷背后涉及一定的法律关系,抓住这些法律关系就可以在法律的框架下分析和化解矛盾。正如有学者认为,物业管理纠纷所涉法律关系可以被归为相邻权纠纷、物业服务费用纠纷、停车位管理纠纷、公共设施使用管理纠纷、公共维修资金使用管理纠纷等。只有区分不同的纠纷类型,依照不同的法律关系才能更好地调解矛盾。

三、物业纠纷调解的原则

（一）树立保护业主合法权益的意识

物业管理活动的目的是保障业主生活、居住、工作的方便和舒适。因此，物业服务企业与业主的关系是服务与被服务的关系，而不是行政上的管理与被管理关系。业主对于物业服务企业为维护小区的秩序和安全所实施的必要的管理行为，应当予以支持和配合。

（二）树立维护合同严肃性的意识

物业服务合同作为一种合同形式，应当被纳入我国《合同法》的调整范畴，不能因形式上的欠缺而轻易地按照合同无效或合同解除的思路进行调处，而是要尽量维护生效合同的有效性，以继续履行为目标来调处和化解矛盾，保持物业管理的稳定性。

（三）树立权利义务对等的意识

物业服务合同关系是一种平等有偿的服务关系。基于这一关系，虽然我国在物业管理收费方面实行政府定价和指导价，但只要合同双方基于真实的意思表示，合同约定的服务价格与政府指导价格有所偏差，在未显失公平的前提下，便应当尽量予以保护。

（四）树立所有权与管理权相对分离的意识

物业管理作为一种先进的社区管理模式，在强调小区业主自治的同时，对物业服务企业依合同所取得的管理权也应予以充分尊重。尤其是在建筑物区分所有的法律状态下，一味强调单个所有权的完整性和排他性而忽略小区统一实行有序管理的协调性和效益性是不符合小区业主整体利益的。

（五）树立具体业主与抽象业主利益有机整合的意识

具体业主作为产权人，对自己的建筑物区分所有的专有部分享有完整的占有、使用、收益和处分的权利，作为抽象业主代表的业主委员会无权随意设置障碍，妨碍具体业主正当权利的行使。同样，具体业主行使权利应以不妨碍抽象业主追求全体业主效益最大化为前提。

四、具体纠纷类型的调解方法

（一）由预交物业费用引起的纠纷

实践中，业主与物业服务企业签订物业服务合同时常常会采取预交费用的方式。例如，有小区业主反映物业服务企业要求在入住时就要预交半年到1年的物业服务费，如果业主不按照要求缴纳，甚至会扣押其房屋钥匙。面对这类物业纠纷，人民调解员在调解过程中需要把握两点：其一是找准调解所需的法律依据。具体来讲，可以通过细致的沟通，记录物业服务公司预收物业费的具体情况，找到前期物业服务的合同，查清相关费用的缴纳方式在合同中是否有规定。其二是依据具体的合同内容邀请纠纷双方进行协商，如果合同中并无规定，那么就应当劝说物业服务企业纠正违约行为；如果物业服务企业预先收取物业费的行为是有合同依据的，调解员就应劝说业主遵守合同，自觉履行交费义务。[1]通过这种方式就可以化解实践中出现的纠纷。

(二) 由房屋装饰装修保证金引发的纠纷

实践中，业主购买房屋后会进行一定的装修，而为了防止违规装修行为影响整体建筑物的安全，物业服务企业一般都要与业主签订房屋装饰装修管理服务协议，并约定交纳一定数额的履约保证金和装修垃圾清运费。纠纷往往源于履约保证金的数额、收取装修垃圾清运费的合理性及具体标准等。对此，人民调解员进行调解时需要把握三点工作方向：一是查清业主与物业服务企业签订的房屋装饰装修管理服务协议中，有关履约保证金和装修垃圾清运费的具体约定条款。二是衡量相关收费标准的合理性。一般来说，对于履约保证金的收取标准，并不存在具体的政策规定，实践中按照实际情况和以往习惯进行认定。对此，人民调解员应通过走访调查小区和小区所在地的实际情况来衡量、判定物业服务企业要求的履约保证金的标准是高还是低。三是学习掌握有关政策法规的规定，[2]在调解时可以此来增加调解的规范性。

---

[1] 参见张杰："物业管理纠纷的解决机制研究"，载《行业综述》2011年第5期。

[2] 《物业管理条例》第53条、《住宅室内装饰装修管理办法》（建设部令第110号）对业主进行房屋装饰装修和物业服务企业履行管理责任均提出了明确要求，《物业服务定价成本监审办法（试行）》（发改价格〔2007〕2285号）也反映出了物业费成本测算不含业主装饰装修产生的垃圾清运费等情况。

法律视角下主播签约模式的选择及风险防范

陈晓璐[*]

(中国政法大学 北京 100088)

摘 要：直播产业的快速发展使得主播这一职业人数激增，制度规范的滞后以及法律意识的淡薄使得主播的签约模式多样且不合规。本文将结合实际情况，拆解目前各种主播签约模式的利弊，并针对不同的主播用工需求，给予法律风险防范的合规建议。

关键词：网络主播 劳动签约模式 竞业限制

随着直播产业的迅速发展，主播已经成为大家都熟悉的职业，尤其是近年来，在其他产业呈现经济疲软状态时，直播已经成为各行各业的"自救"工具。除了电商行业外，餐饮、教育、演出甚至是地产、文旅都开启了直播，以期实现第二曲线增长。但与此同时，用工单位与主播之间的纠纷也在日渐增长，给产业发展带来了较大的不稳定因素。

一、常见的主播签约模式

（一）签署劳动合同

直接与主播签署劳动合同的情形主要有三类：

第一类是最为常见的，就是与助播签署劳动合同，由于助播在直播过程中主要起到的是递品、辅助、串词等职能，绝大部分没有机会进行口播，有的助播甚至不会出镜，因此用工单位往往会与助播签订劳动合同。

第二类是店播主播，他们会在明星或者流量主播下播后持续进行直播，

---

* 作者简介：陈晓璐（1984年-），女，汉族，浙江杭州人，中国政法大学同等学力研修班2022级学员，研究方向为民商法学。

一般在非黄金档时间开播，时间较长且会有轮班机制。用工单位在招聘排班的店播主播时，一般比较难招聘到综合能力较高的，由于几乎没有不可替代性，因此会签署劳动合同。

第三类是转岗或兼任的主播，即这部分人员在用工单位是有本职工作的，诸如东方甄选的董宇辉，原本是一名英语老师，由于公司业务转型才开始直播带货。这类人员在入职时签订的必然是劳动合同，后续转岗或兼任主播时，大部分公司会沟通薪酬的调整，却往往无暇顾及法律关系的转换。

（二）签署经纪约或类似性质的合约

在签约时，如果是明确的主播岗位，且主播有较好的能力，用工单位往往会与其签署具有独家绑定性质的经纪约、代理约、合作约等，且该类合约往往由用工单位（MCN机构或直播平台）提前制作，对主播有较多的约束并会设置严苛的违约责任，由这类合约导致的纠纷是最多的，且纠纷金额较大，处理起来周期也较长。

（三）未签署合约，平台挂工会

这类情形一般出现在娱乐主播中，合作模式为在直播平台上直接加入工会，双方默认达成"挂靠"关系，工会会从主播打赏中抽取一定比例的佣金，同时好的工会也用自己的排位给主播"背书"，但是在主播达到一定流量前，双方不签署书面合作协议，仅靠平台后台维系。

二、各类主播签约模式的利弊分析

（一）劳动用工关系

主播与平台签署劳动用工合同的好处大致有三点：其一是大部分的主播更接受劳动合同的签约模式，更容易达成合作，谈判成本较低。其二是所有利用公司资源、成本、场地所形成的作品都是职务作品。其三是主播收入按照"工资薪金"计税，较其他类目来说税负较低。

不过，也不能忽视签劳动用工合同的相应弊端：其一是主播的流量起来了之后随时有可能离职。其二是无法约定较为合理的违约追责制度，只能够用扣罚绩效等方式，遇到严重情形（如违反平台规则导致封禁，或是个人违反公序良俗等）无法追责。其三是竞业限制的实现前提有较多因素，需要有一整套体系设计。

（二）经纪合作关系

此种方式的优势在于可以约定多种情形下的各种违约责任，根据违约情况的严重程度设置不同的违约后果。当主播提出解约时，如果还有较多的工作内容未完成，且剩余合作期较短，审判机关有可能支持继续履约。[1]同时在经纪合作关系下，经纪公司主体可以自己名义对外为主播承接各类业务，而在劳动关系中则不可以。

其弊端在于如果处于经纪合作中，经纪公司应当垫付主播的孵化、培训、推广费用，并履行相关义务。当主播提出与经纪公司解约后，经纪公司无法阻止其在外从事直播工作，无法进行竞业限制。另外，从税务合规角度来说，经纪公司需要承担代扣代缴义务，但在与主播签约的过程中，主播会提出以税后收入的模式结算，从而给经纪公司增加了较高的税务风险或税负成本。

三、主播签约模式的选择以及风险防范

（一）适合签署劳动合同的主播

较难敲定经纪合约条款，但是又非常希望与之合作的主播可以先行签署劳动合同，但需要注意以下三点：

第一，在签署劳动合同时，要重点关注知识产权、保密义务、竞业限制等条款，确保其离职时可以不中断使用其肖像、声音、艺名等。

第二，提前布局IP商业化，即使是在劳动合同模式下，也应当对账号归属、相关IP的商标申请、著作权保护等做好提前规划。

第三，在后续的重要节点，诸如大促节日、重金投流等，公司应与主播沟通采取其他的合作模式，包括但不限于单项分约、优先独家、项目分红等，增加与主播之间的黏性。需要注意的是，不同主体最好签署不同类型的合约，以避免两个相同主体之间存在不同的法律关系。

（二）适合签署经纪合同的主播

一般来说，在能够洽谈的情况下，所有的主播（包括助播、兼职等）均应当与用人方签订经纪性质的合约，形式可以是经纪约、代理约或合作约等。2022年5月20日《广播电视和网络视听领域经纪机构管理办法》第2条第1

---

〔1〕 例如，"蒋某夫诉天津唐人影视股份有限公司合同纠纷案"（北京市朝阳区人民法院一审［2015］朝民（商）初字第43905号判决）。

款规定:"本办法所称广播电视和网络视听领域经纪机构,是指依法设立的为参与广播电视和网络视听节目的演员、嘉宾、主持人、网络主播等人员,提供签约、推广、代理等相关活动的机构。"第6条规定:"广播电视和网络视听领域经纪机构与经纪人员建立劳动关系,经纪机构、个体经纪人员向服务对象提供经纪服务,均应当订立书面合同,合理约定双方权利和义务。"因此,主播与经纪机构之间应当签署书面合约。此种方式的风险防范要点如下:

第一,经纪资质。虽然资质问题不必然影响合同效力,但《广播电视和网络视听领域经纪机构管理办法》第7条规定:"广播电视和网络视听领域经纪机构、经纪人员提供经纪服务,应当对服务对象身份进行核实;服务对象需要具备相关从业资格或者服务资质的,应当对其进行核验。"第11条规定:"广播电视和网络视听领域经纪机构应当根据行业特性,合理配备满足业务需要的经纪人员,经纪人员与服务对象人数比例原则上不低于1∶100",否则会进行处罚。

第二,合约履行。经纪约往往会由经纪公司方单方面制作,且权利义务的约定相对失衡,基本都会有利于经纪公司,但在执行过程中,却往往会南辕北辙。例如,虽然签署了经纪约,但在合作期内严格按照劳动合同的制度和要求来管理主播,如钉钉上下班打卡,用"工资""考勤""请事假"等与劳动合同模式一致的管理手段,最后导致主播采用劳动仲裁的方式确认事实劳动关系。

第三,合约以外。经纪约的合作期限往往较长,除了签约时的状态会发生变化,合作的平台机制以及商业模式也会发生变化,因此不能够仅凭一纸合约约束双方,还应当从平台规则、制度更新、补充协议等方式入手,随时对双方的合作规则作出更新和调整,必要时也可以转换合作思路,例如从经纪合作升级至股权合作。

(三)适合以其他形式合作的主播

挂靠模式的主播合作模式的主要风险在于平台规则的不可控性。例如,只要一方发起解绑,另一方在几日内未表示不同意就可能直接解绑。此外,各平台的挂靠期限各不相同,有的期限较短,一年一签,无法保障工会的权益。

第一,针对股权合作的模式,主要有以下几点需要注意:①账号或ID估值入股的,后期如账号封禁可能产生极大风险;②主播的不可控性,一旦有违公序良俗或存在不当言行，便可能造成巨大损失；③对于直播分成和股权分红要作出调整，区别成本和利润。

第二，在代运营合作模式下，最重要的是要列支成本价值，如遭遇主播违约相对方可以主张赔偿。

总的来说，无论采用何种模式开展合作，直播本质上都是一场以"人"为核心的交易，所以在合作模式上也应当因人而异，充分考虑各方利益。如此才能长久合作，实现共赢。

预重整机制的发展历程及其法律效果探究

李 伟[*]

(中国政法大学 北京 100088)

摘 要：预重整是降低正式破产重整程序的运行成本，提高破产重整成功率的一种机制。预重整机制作为一种兼具私力救济和司法脱困双重属性的新型困境企业拯救方式，通过有限的司法资源介入，准确识别困境企业的重整价值，在企业挽救机制中具有广泛的适用空间和发展前景。预重整作为破产领域的一个新鲜事物，凭借其准确识别重整价值和重整可能、降低重整成本、提高重整成功率的优势，已经在部分法院展开试点。本文即是对预重整机制的发展历程及其所具有的法律效果的探究。

关键词：破产重整 预重整 法律效果

一、预重整机制的必要性与实践现状

(一) 制度的必要性与国际现状

20世纪90年代的美国正经历着经济大衰退的浪潮，国内大量企业深陷财务困境，债务人普遍拒绝采取庭外私力谈判的救济方式，纷纷选择进入破产程序。由于破产重整耗时极长且费用高昂，使身处困境的企业难以承受。这些因素都倒逼受困企业另辟蹊径，寻求庭外私力救济与庭内公力救济相结合的方式。于是，预重整制度在实践摸索中应运而生，成了受困企业拯救自身的又一创新手段。对此，各主要经济体都设立了预重整制度。联合国国际贸易

---

[*] 作者简介：李伟 (1988年-)，男，汉族，北京昌平人，中国政法大学同等学力研修班2022级学员，研究方向为民商法学。

法委员会在《破产法立法指南》[1]中将"预重整"表述为:"为使受到影响的债权人在程序启动之前的自愿重组谈判中谈判商定的计划发生效力而启动的程序。"实践中,有必要使债权人的庭前自愿谈判中的计划产生法律效力,以最大限度地减少庭内重整程序中的拖延和费用,故应当建立一种快捷的简易重整程序。

总而言之,在域外破产法实践之中,预重整的地位不容小觑,但相关立法并未对此作出细致的规定,域外的破产法学者甚至总结认为:预重整更多的是一种实践的做法,而不是一种法律框架。一直没有相关法律条文来规范是因为立法者至今还没有意识到在市场需要与立法安排之间存在真空地带,当然也就没有必要采取任何行动。

(二) 我国预重整机制的发展历程及现状

我国《企业破产法》于2006年通过立法确立破产重整制度之后,就有学者对预重整制度展开了理论研究,[2]讨论借鉴英美法中预重整的概念在我国建立预重整的可能性。预重整机制作为一种"舶来品"以及司法实践的产物得到了最高人民法院以及各地法院出台的会议纪要、工作指引、指导意见的高度认可。

2018年3月,《全国法院破产审判工作会议纪要》第22条[3]对预重整程序作出了详细的规定,随后各地出台了相应的规范细则。例如,2019年12月,北京市第一中级人民法院出台《北京破产法庭破产重整案件办理规范(试行)》,该规范第三章专章对预重整程序进行了规定;2020年1月,泉州市中级人民法院联合泉州市地方金融监督管理局等多部门出台了《关于加快推进企业破产处置工作措施》,该措施第1条明确提出推行预重整制度,规定"进一步落实重整企业识别机制",同时明确在全市探索开展预重整工作,实现"庭外重组和庭内重整的衔接"等。

从以上各方出台的文件可知,预重整机制在全国破产司法实务中已有较

---

[1] 联合国国际贸易法委员会:《破产法立法指南》(2006年中文版),第28页、第212页。该文件中的"简易重整程序"即指"预重整程序"。

[2] 例如胡利玲:"论困境企业拯救的预先重整机制",载《科技与法律》2009年第3期;董惠江:"我国企业重整制度的改良与预先包裹式重整",载《现代法学》2009年第5期。

[3] 《全国法院破产审判工作会议纪要》第22条规定:"探索推行庭外重组与庭内重整制度的衔接。在企业进入重整程序之前,可以先由债权人与债务人、出资人等利害关系人通过庭外商业谈判,拟定重组方案。重整程序启动后,可以重组方案为依据拟定重整计划草案提交人民法院依法审查批准。"

长的发展历程，在理论界和实务界亦取得了较高的认可度，尤其是近两年，各地法院集中出台了相关工作指引和实施细则，目前已在多地开展试运行。但遗憾的是，截至目前，预重整机制仍未取得立法层面的确认。

二、预重整机制的法律效果

前文已提到，预重整机制是司法适度介入，重整利害关系人之间通过自愿平等协商、商业谈判而达成重整目的的一种机制。与重整程序相比，预重整机制在减少司法制度成本的同时，也失去了司法制度的强制力保障。在实践中，预重整所能收获的法律效果如下：

（一）进入预重整程序不能当然产生中止诉讼、中止执行等效力

由于预重整机制在立法层面的缺失，目前预重整期间的债务人尚不能享有破产重整程序中对债务人的一系列权利保护性规定，即重整程序中的清偿债务停止进行、债务利息停止计算、诉讼中止、执行程序中止、管理人对未履行完毕合同具有选择权等规定，不能适用于预重整期间的债务人。

实践中，只有个别地区的法院赋予了预重整程序一定的执行中止效力，但大多只能中止执行本院管辖的案件，对于其他法院只能作协商处理。如《广州市中级人民法院关于破产重整案件审理指引（试行）》第32条规定："预重整期间，临时管理人履行下列职责：……（二）执行案件移送重整审查的，及时通知所有已知执行人民法院中止对债务人财产的执行程序……"

同时，预重整期间债权人同意停止计息、延期还款、暂不提起诉讼等要求，也只能依靠债务人与债权人之间的谈判协商，缺乏法律的刚性约束。在最高人民法院的司法判例中，债务人以自己已进入预重整程序为由要求法院中止审理、移送破产法院管辖的抗辩理由未被采纳。[1]

（二）预重整计划草案具有一定的约束力

预重整计划草案的效力指的是利益相关主体在预重整阶段作出的意思表示是否具有约束力。笔者认为，如果允许利害关系人在重整程序中对预重整阶段作出同意的意思表示进行随意否认和撤销，不仅会损害到其他利害关系

---

〔1〕 [2021] 最高法民申1488号：中资国本成都投资有限公司、四川丰泰投资集团有限公司、四川丰泰金科投资有限公司与天地建筑创新技术成都有限公司合同纠纷案。最高人民法院认为："预重整属于启动正式破产程序前的庭外债务重组机制，并不能产生人民法院裁定受理破产申请的效力，二审法院据此对中资国本成都公司等申请人要求中止审理的申请不予准许，并无不当。"

人的利益，而且也将导致预重整阶段所达成的工作成果付之东流，直接撼动预重整机制存在的意义。2019年《全国法院民商事审判工作会议纪要》第115条规定，人民法院受理重整申请前，债务人和部分债权人已经达成的有关协议与重整程序中制作的重整计划草案内容一致的，有关债权人对该协议的同意视为对该重整计划草案表决的同意。故笔者认为，预重整计划草案对各方利害关系人具有一定的约束力。

三、预重整机制的完善方向

笔者认为，预重整机制需要得到立法层面的确认，如此才能为预重整机制与破产重整程序之间的有序、顺畅衔接提供法律支撑和保障。预重整期间债务人是否享有一定的保护机制、利害关系人对预重整计划草案所作的同意表示在重整程序中能否反悔、预重整期间经主要债权人表决通过的预重整计划草案是不是可以当然成为债务人的重整计划草案等问题都需要通过法律进行明确。

尽管在企业预重整机制的实践探索中，最高人民法院以及各地法院曾形成相关的会议纪要，出台了相关的工作指导意见，但是就法律层面而言，预重整机制在实践运行中还是难免会引发缺乏相关法律依据的争议，且各地法院出台的工作措施、指导意见不尽相同，无法在全国范围内形成一套科学、权威、可供一体遵循的做法。目前，预重整机制在我国已具备相对成熟的司法实践基础，亟待通过《企业破产法》或其司法解释进行确认，对预重整机制的适用标准、申请主体、运行要求、法律效果、法院审查标准等作出具体规定，对预重整机制进行全流程规范，以实现提升破产重整程序质效、为困境企业减损保值以及维护社会稳定的目的。

借名购房行为的效力分析

杨 芳[*]

(中国政法大学 北京 100088)

摘 要：借名购房行为的效力不能一概而论，需要予以区分。借名购房行为根据房屋性质可以被分为借名购买普通商品房和借名购买政策性保障住房。借名购买普通商品房的，因只涉及双方当事人的利益，借名购房协议应当被认定为有效；借名购买政策性保障住房的，因涉及损害社会公众利益，借名购房协议应当被认定为无效。

关键词：借名购房行为 借名购房协议 效力

如今经济社会的蓬勃发展使得购房问题成了牵涉每一个居民切身利益的问题。面对政府的各项购房政策或基于其他原因，最近几年司法实践中出现了一类新的民事纠纷类型，即借名买房问题。借名买房合同并不是我国《民法典》规定的类型化合同，所以理论界和实务界对这种特殊的购房行为的效力一直存在争论。基于此，我们有必要对借名购房行为进行分析，厘清其中涉及的各方法律关系，同时考虑政策和公共利益的影响。

一、借名购房的类型分析

实践中，借名购房行为的类型有很多，大致可以理解为名义上的购房人与实际的出资人与使用人不一致的行为。理论上一般认为借名购房行为是指名义购房人根据其与实际出资人的合同，在实际出资人的授意下，以名义购房人的名义与出售房屋的售房人签订房屋买卖合同，并将房产登记在名义购

---

[*] 作者简介：杨芳（1987年-），女，汉族，江苏徐州人，中国政法大学同等学力研修班2022级学员，研究方向为民商法学。

房人名下的行为。[1]这种行为不同于代理，因为其不是以实际出资人的名义，而是以名义购房人的名义开展民事活动，所以我们需要对其行为的效力进行分析，不能直接以尊重意思自治为由认为其行为有效。

根据笔者所查询到的司法实践中实际发生的借名购房案件，以实际出资人不以自己的名义购房的原因进行区分，借名购房大致有以下三种类型：第一种是实际出资人为了规避某种政府对房市调控的政策，例如地方为打击炒房而规定的限购令导致实际出资人无法购房；第二种是实际出资人想要享受名义购房人的购房资格或享受购房的优惠条件，例如现在为满足工薪阶层住房需求而建设的经济适用房或廉价房等；第三种则是实际出资人想要通过借名购房的方式逃避自身的债务，例如不履行到期债务，面临法院的强制执行，提前就将房产登记在亲朋好友名下，以达到隐匿财产或转移财产的目的。[2]

实践中，对第三种类型的探究较为复杂，考虑到文章的篇幅，本文仅针对第一种类型和第二种类型的借名购房行为进行分析，对其效力和涉及的各方关系进行探究。

二、借名购房协议的效力

借名购房行为的达成，视事实购房人、登记购房人和售房人之间的合同关系而定：其一，事实购房人与登记购房人之间的借名合同关系。在该种合同关系中，双方意思表示一致，借名人以出名人的名义购买房屋。其二，出名人与售房人之间的购房合同关系。该种合同关系以前述借名合同关系的成立为前提。其三，借名人与售房人之间直接的房屋买卖合同关系，借名人为房屋实际出资人。

基于上述情况，借名购房合同属于合同联立的情形。《民法典》"合同编"规定了多种合同，归纳起来可以分为两类，即"有名合同"与"无名合同"，借名购房合同即属于后者。

无名合同可被分为四种类型：纯粹无名合同、对向联立合同、准混合合同及混合合同。其中，对向联立合同中存在多个合同关系，这些合同之间在效力上的关联性是区别于一般的多数合同关系的最为本质的特征。对向联立

---

[1] 参见赵申豪："借名购房行为效力判定路径之辨识"，载《法治研究》2017年第4期。
[2] 陈平："借名购房行为的效力研究"，载《宜宾学院学报》2015年第7期。

合同的订立主要有以下情形：单纯性质结合；依存性质结合；附条件性质结合。[1]依存性质结合是指一个合同的效力主要取决于另一个合同的效力。当合同之间存在一定的依存关系时，会产生相互依存或者一方依存两种状态关系。前者指各个合同是互相牵制的，即当一个合同因某种原因导致失效时，另一个合同也会随之失去效力。后者指单方面的关系，即合同一依赖于合同二，但反之则不然。[2]

就借名购房行为的性质而言，借名购房协议可以归属为合同联立，正因为有了出名人与借名人的借名合同，才产生了登记购房人与售楼方、事实购房人与售楼方之间的合同关系。其他两个合同的命运和效力完全取决于借名合同的成立。

现实中，在不违反法律法规强制性规定的前提下，考虑到尊重购房人的意思自治，往往会承认其借名购房合同的效力。比如，事实购房者通过借用他人名义的方式购房而获得银行的优惠贷款政策；再比如，父母因年龄限制无法获得银行贷款而借用子女名义购房等。在司法实践中，其效力都是可以被认可的。例如，法院在"金某善诉董某宝房屋买卖合同纠纷案"[3]中认定合同无效应依据效力性禁止性规范，本案诉争房屋购买、办理贷款之时，并非不允许金某善购房，仅是对金某善的贷款行为予以限制。人民银行的部门规章规定商业银行贷款首付款比例和利率水平应随套数增加而大幅度提高。也就是说，金某善、董某宝的这种借名购房办贷规避银行信贷政策的行为，规避的是首付款的支付比例及利率水平，该行为损害的是银行利益而非社会公共利益，所以该合同有效。法院在"李某、王某明夫妇诉王某丽房屋买卖合同纠纷案"中认为，借名人为规避信贷政策，获得贷款资格而借他人名义买房，未涉及损害社会公共利益，所以该合同有效。在"李某诉阳某平所有权确认案"[4]中，法院也认为事实购房人利用登记购房人是房地产开发职员的身份而借名购房，所以该合同有效，房屋归事实购房人所有。

而关于第二种违反国家住房保障政策而借名购买价格相对较低的经济适用房的情形，一般认为，其因涉及损害社会公共利益而应被认定为无效。法

---

[1] 参见易军、宁红丽：《合同法分则制度研究》，人民法院出版社2003年版，第366~367页。
[2] 赵申豪："借名购房行为效力判定路径之辨识"，载《法治研究》2017年第4期。
[3] 参见北京市第二中级人民法院［2010］二中民终字第19950号民事判决书。
[4] 参见北京市第二中级人民法院［2011］二中民终字第13070号民事判决书。

律保障的社会公共利益可以被理解为社会公众基于社会经济发展希望得到满足的要求、愿望或需求。[1]《经济适用房管理办法》作为国家机关为完善城市经济适用房住房制度、保障中等收入家庭的基本住房需求、解决城市低收入家庭住房困难、改进并规范经济适用房制度、保护当事人合法权益而颁布的规范性文件,在一定程度上体现出了公共利益性,尤其是在我国各个城市的房地产市场过热、房价多年来居高不下的情况下,经济富裕者仍四处买房、囤房,一则变相占据了中低收入者的社会资源,二则市场需求方变相增多,根据市场经济供需原则,房屋价格上升趋势不减,越来越多的普通百姓仍买不起房。经济适用房的出现对房屋刚需人群来说无疑是一种保障,因此国家针对经济适用房的交易出台了特殊的规定和限制,严格管理、控制经济适用房的买卖,以保障低收入人群的居住权,也是为了保障社会的良态发展。而那些为了避开国家出台的限购政策的购房人实际上并不符合购买经济适用房的条件,其不属于低收入保障人群,违背了经济适用房建设的初衷,影响到了其他有资格购买经济适用房者的权益,损害了低收入人群的购房机会,涉及违反社会公共秩序及社会公共利益,因此借名购房买卖协议应被认定为无效。[2]

结　语

通过上述分析可知,我们在认定借名购房协议是否有效时,不能一概而论,应先行考察房屋的性质和借名购房合同的内容。借用他人之名来购买政策性保障住房(如经济适用房、人才住房等),由于借名购房这一行为违反了社会公共利益,故合同应被认定为无效;借名购买普通商品房的,由于不存在恶意串通损害他人利益,不违反社会公共利益,所以该类合同应被认定为有效。

---

〔1〕 冯宪芬:"社会公共利益的法律思考",载《西安交通大学学报(社会科学版)》2009年第4期。

〔2〕 陈平:"借名购房行为的效力研究",载《宜宾学院学报》2015年第7期。

刑事法律援助的困境与对策分析

张 慧*

(中国政法大学 北京 100088)

摘 要：大力推行法律援助制度是实现依法治国的重要工作内容之一。在认识到法律援助制度重要性的前提下，如何通过建立更完善的制度来维护社会中弱势群体的基本权益是我们应该重点考虑的内容。特别是在当下刑事辩护委托率偏低的情况下，刑事辩护的法律援助显得尤为重要。逐步扩大刑事案件的法律援助范围，旨在维护嫌疑人、被告人的基本权利。提高刑事辩护法律援助率，提高辩护质量是刑事法律援助的最终目标。

关键词：刑事法律援助 司法困境 对策

刑事法律援助制度是保障被告人权益的重要内容之一。当前我国律师参与刑事法律援助工作的形式大体可被分为两种：一是司法部门指派专门的法律援助中心的专职律师来参加辩护工作，法律援助中心的律师基于其自身的职责开展辩护工作；二是律师事务所与法律援助中心合作，在法律援助中心接到指派时，再分派给律师事务所，由律师事务所指派专职律师开展辩护工作。不管何种方式，都存在一些现实的困境与难题。2022年《法律援助法》实施后，我国的法律援助工作开始如火如荼地进行。然而，在实践过程中，由于现实情况复杂，一些问题愈发凸显，故需要进行详细的分析和探究。

---

* 作者简介：张慧（1994年-），男，汉族，天津滨海新区人，中国政法大学同等学力研修班2022级学员，研究方向为刑法学。

一、我国刑事法律援助面临的困境

（一）刑事法律援助宣传力度不足

相比于我国法律援助制度在理论层面的蓬勃发展，实践中对于刑事法律援助的宣传力度尚显不足，主要存在两方面的情况：第一是针对律师的宣传力度不足，现在愿意做法律援助案件的律师很少，愿意做刑事案件的法律援助的律师更少。原因主要为，刑事案件风险高、时间周期较长、政府补贴较低、办案成本高等。第二是对嫌疑人、被告人的宣传力度不足，嫌疑人、被告人通常都不了解自己的权利，没有聘请法律援助律师的意识或者认为法律援助辩护发挥不了实质性作用，进而在很多情况下拒绝法律援助。这两方面的宣传不足使得刑事法律援助制度难以落实，实践中法律援助的比例并不高。

（二）司法资源不够充足

司法资源不够充足，主要包括两方面：第一是司法工作者不足，虽然我国在实现依法治国的道路上走出很远，取得了很大成就，律师队伍在不断壮大，到 2022 年已经接近 60 万名律师，但是律师人数在全国人口中的比重还比较低，很难应对社会不同层面的法律需求，很多法律援助工作没有律师担任。第二是法律援助经费难以得到保障。虽然现在法律援助经费已经被纳入政府财政预算，但是在正式开展刑事辩护全覆盖工作后，法律援助刑事案件数量翻倍增加，在法律援助方面的资金投入十分有限，财政资金紧张，经费上受到了很大的约束。这也导致法律援助律师在处理案件时效率和水平难以提升。

（三）辩护质量与评估标准有较大差距

在律师承办刑事法律援助案件时，从案卷看，阅卷笔录、会见笔录、开庭笔录、辩护词、证据材料等各项形式要件基本齐备，但内容质量与评估标准有较大的差距。主要存在的问题有：第一，阅卷笔录大多较为单薄，部分案卷仅对阅卷内容进行了列举，缺少详细的分析意见。第二，绝大多数案件仅有少数几次会见，不排除因受疫情影响，看守所预约困难，无法实现多次会见的情况，但是其中也难免存在工作懈怠的情况；现在大力推行视频会见，但是通过视频会见系统进行会见后，缺少受援人签字；很多刑事案件的会见笔录仅机械性地使用模板，流于形式，缺少对个案的针对性提问。第三，法律援助刑事案件辩护意见较为简单，适用法律正确但缺少具有针对性、充分性的分析论证，对于案件没有独到的辩护意见。

二、处理好刑事法律援助问题的对策

（一）做好普法工作，增强法律援助公信力

做好普法工作，增强法治宣传教育工作。令全民加深对法律援助的认识，摒弃不花钱的都是不好的消极理念，让社会中的弱势群体能够信赖法律援助制度。

创新宣传手段，提高法律援助在农村、广大社区的知晓度。首先，通过建立微信群等现代化交流方式，将村民、居民拉入群，每个群里配备一名律师或法律工作人员，不定时、不定期地在群里分享代表性案例，让农民感受到案例、明白用法每时每刻就在身边。在行政服务中心门口或各镇、村委等醒目地点悬挂法律援助宣传标识牌，增强农民群众对法律援助的认识和了解。并且，清晰、明确地写明申请法律援助的流程。现实中，很多人具有申请法律援助的意识，但是不清楚如何申请法律援助。其次，在宣传方式上，多多开展法律援助活动，在乡村、社区开展形式多样、内容丰富的法律援助宣传活动。再次，依托地方司法行政网站以及法治宣传网站和普法类、公共法律服务类公众号平台，加强与主流媒体的合作力度，与各级电视台、本地报社合作，拍摄、报道相关法律援助宣传节目。最后，不断开创法律调解、公益类普法电视节目，让居民能够真正认识到法律援助带来的真实帮助，不断提高法律援助在乡村、社区的知晓度。

（二）加大财政支持，整合司法资源

我国刑事辩护率低的一个重要原因可能是大多数被告人由于经济贫困而无力聘请律师。[1]基于此，政府应当在我国现有财政能力范围内加大对法律援助财政的支持力度。对于刑事案件，可以根据案件的不同类别，划分层级，就不同的案件设置不同的补贴标准。简单的案件给予基础的补贴，复杂、疑难、重大案件给予较高的补贴。同时，应依据案件审理阶段设置不同的补贴标准，区分侦查、起诉、一审、二审以至于死刑复核、再审等。有的社会人士提出，应设立法律援助基金会，鼓励公民、法人及其他组织进行捐赠，完善社会资金捐助制度，相关部门也可以探索其可行性。并且，需要建立公开

---

[1] 左卫民："中国应当构建什么样的刑事法律援助制度"，载《中国法学》2013年第1期。

制度，只有公开、透明才能确保法律援助制度健康运行。

对于法律援助司法工作者不足的问题，可以在律师数量不足的地方，将其他的人员纳入法律援助工作的范围。比如，本科学习法学专业但是未通过法律职业资格考试的人员、基层法律工作者、退休的律师、公安人员、检察官、法官，愿意加入法律援助工作的，都吸纳进来，以充实法律援助工作队伍。

（三）完善评估机制，从严把控辩护质量

法律援助质量评估是提升法律援助质量、推动政府法律援助监管工作的手段和重要工具。[1]健全法律援助案件质量评估体系，定期开展案件质量评估活动，对评估结果进行及时通报，将评估的结果与案件指派、评先评优等机制联系在一起，可以加强对法律援助案件办理质量的监督。

完善法律援助质量评估是前提，从严把控辩护工作是手段。为了提高辩护质量，首先应当逐步实现规模化、专业化。在现有的政法法律援助机构的基础上，整合援助资源，设立专门的法律援助案件对接部门，让专业的司法工作人才处理专业的刑事法律援助案件。其次，对于一个刑事法援案件，可以成立小组办理，由专业的执业律师牵头，由实习律师、律师助理辅助参与，并且可以由经验丰富的法律工作者、社区工作者加入共同处理。

结　论

提高刑事案件法律援助辩护率，尽最大可能维护嫌疑人、被告人的基本权利是实现依法治国的重要途径。虽然新的《法律援助法》已经颁布施行，但是法律援助工作的进行应当循序渐进。基于此，我国应加强法律援助制度建设，解决法律援助制度存在的问题，早日使法律援助深入每一个人民群众心中。

---

[1] 孙道萃：“中国特色刑事法律援助制度的立法完善”，载《江西社会科学》2021年第6期。

认缴制下股东出资义务加速到期制度对债权人保护的研究

赵超楠*

(中国政法大学 北京 100088)

摘 要：2013年公司注册资本制度变更为认缴制，对很多创业者来说是一大利好消息，它降低了创业门槛、投资成本，增强了市场经济活力，也为公司设立提供了便利，进一步提升了公司竞争力，但这也引发了债权人利益保护与未届出资期限股东期限利益之间的矛盾。股东出资义务加速到期成为债权人保护自身利益的思路之一，但该思路缺乏可依据的法律法规支撑，直到2019年《全国法院民商事工作会议纪要》出台，我国才进一步形成了股东出资义务加速到期制度，为加速股东出资义务到期的实现提供了更多可能。

关键词：认缴制 股东出资 加速到期

一、现行股东出资义务加速到期制度

我国公司法上的注册资本制度经历过从实缴制到认缴制的变更，如今我国《公司法》规定的股东出资期限不再有法定出资期限的限制。在这一背景下，实践中，很多公司章程规定的出资期限可能长达几十年，此时如果公司现有资产不足以清偿债权人债务，但又没有达到股东的出资期限，可能会导致公司偿还能力不足，从而影响债权人权利的实现。为解决这一实践难题，多部法律或司法解释均规定了涉及股东出资义务加速到期的内容，这也使得

---

* 作者简介：赵超楠（1992年-），女，汉族，河南周口人，中国政法大学同等学力研修班2022级学员，研究方向为民商法学。

加速股东出资义务到期成了热点问题。例如，《公司法》《企业破产法》等对加速股东到期、保护债权人利益作出了相关规定，[1]直至《全国法院民商事工作会议纪要》[2]正式提出股东出资加速到期概念，进而形成了股东加速到期制度。但《全国法院民商事工作会议纪要》同时也明确指出"纪要不是司法解释，不能作为裁判依据进行援引"。因此，《全国法院民商事工作会议纪要》第6条无法被直接作为裁判的法律依据。所以，在实践中如何具体操作这一制度还需要进一步探究。

二、股东出资义务加速到期的实现方式

根据我国法律的规定，面对股东出资的期限利益，现行制度并没有明确债权人的实现途径。笔者结合案例实践总结出了以下方式：

（一）公司解散

《最高人民法院关于适用〈中华人民共和国公司法〉若干问题的规定》（以下简称《公司法解释（二）》）第22条规定，在解散程序中，股东出资义务加速到期。公司进入解散清算程序时，股东将不再享有期限利益，其未届出资期限的出资应当提前实缴，作为债务人财产或者清算财产，使全体债权人一体受偿。同时，公司章程规定的出资期限不能超过公司的存续期间，公司解散意味着公司存续期间即将届满，此时公司章程规定的出资期限届至，股东应当实缴其尚未缴纳的出资。

（二）向法院申请破产清算

公司不能清偿到期债务，符合破产清算条件的，债权人依法向法院对公司申请破产清算，根据《企业破产法》第35条的规定，加速股东出资义务到期。

（三）起诉股东

股东出资加速到期的前提条件之一是公司无法清偿债权人的到期债务，

---

[1] 具体条文为《企业破产法》第35条、《最高人民法院关于适用〈中华人民共和国公司法〉若干问题的规定》第22条。

[2] 《全国法院民商事审判工作会议纪要》第6条规定："在注册资本认缴制下，股东依法享有期限利益。债权人以公司不能清偿到期债务为由，请求未届出资期限的股东在未出资范围内对公司不能清偿的债务承担补充赔偿责任的，人民法院不予支持。但是，下列情形除外：（1）公司作为被执行人的案件，人民法院穷尽执行措施无财产可供执行，已具备破产原因，但不申请破产的；（2）在公司债务产生后，公司股东（大）会决议或以其他方式延长股东出资期限的。"

在有足够证据证明这一前提条件的情况下，债权人可在同一案件中同时起诉公司和股东，这也可以导致加速股东出资到期，要求股东在未出资范围内承担责任。若没有足够证据证明存在加速到期的前提条件，则不适宜一并起诉公司与股东，若符合一定条件则可以直接起诉未完全履行出资义务的股东。

三、股东出资义务加速到期的实现难点

（一）明确的法律依据不足

《企业破产法》第 35 条适用于公司破产情形下的股东出资加速到期，《公司法解释（二）》第 22 条适用于公司解散时的股东加速到期。《全国法院民商事工作会议纪要》第 6 条虽然规定了公司在非破产与解散情形下股东出资应否加速到期，但该纪要并非法律规定或司法解释，不可被援引作为裁判的法律依据。因此，总的来说，加速股东出资义务到期的裁判依据还是比较缺乏。

（二）执行程序中是否支持股东出资义务加速到期的裁判不一

对于《最高人民法院关于民事执行中变更、追加当事人若干问题的规定》第 17 条的"未缴纳或未足额缴纳出资""尚未缴纳出资"是否包括股东出资期限已到期未缴纳情形，现有相关法律法规并未作出清晰、明确的规定，司法裁判中也颇具争议，观点不一。举例如下：

根据广州市番禺区人民法院［2021］粤 0113 执异 368 号案件的表述："一书堂公司是在注册资本认缴制下成立的有限责任公司，作为［2020］粤 0113 执 12361 号案的被执行人，经本院强制执行，已退付申请执行人 1510.88 元，未发现有其它可供执行的财产，一书堂公司、张某华既未能举证一书堂公司仍有财产可供执行，张某华也未能举证其已按认缴出资额完成了对一书堂公司的实际出资，吴某云申请追加张某华为［2020］粤 0113 执 12361 号案的被执行人于法有据，本院予以支持。"

根据上海市徐汇区人民法院［2020］沪 0104 执异 94 号案件的表述："本院认为，《最高人民法院关于民事执行中变更、追加当事人若干问题的规定》第 17 条规定，作为被执行人的企业法人，财产不足以清偿生效法律文书确定的债务，申请执行人申请变更、追加未缴纳或未足额缴纳出资的股东、出资人或依公司法规定以该出资承担连带责任的发起人为被执行人，在尚未缴纳出资的范围内依法承担责任的，人民法院应予支持。经上海市金山区市场监督管理局备

案的点硕公司章程显示，股东马某某、万某某的出资时间均未到期，故李某某的申请不属于《最高人民法院关于民事执行中变更、追加当事人若干问题的规定》规定可以追加的情形。"

(三)《全国法院民商事工作会议纪要》规定的"已具备破产清算原因"证举难、认定难

《全国法院民商事工作会议纪要》第 6 条将公司"已具备破产原因"作为认定股东出资加速到期的重要条件，但对于公司处于何种状态即属于"已具备破产原因"却并未作出明确规定，导致在司法实践中法院对此认定标准不一，裁判结果亦不尽相同。

对于申请人而言，需要收集的证据很多，如公司的工商内档，涉及执行案件数量、金额，是否还在正常经营，是否存在被吊销营业执照的情况，是否按时办理企业年检，经营场所承租情况，税务是否还是正常户，是否已经被申请破产等，如果起诉的股东无法出庭，法院可能会因无法掌握被申请公司的情况而无法调查和明确该公司是否已具备破产原因，进而不支持债权请求。此外，《全国法院民商事工作会议纪要》中的股东出资加速到期制度在处理股东出资期限利益与债权人实现到期债权利益之间冲突的同时，还触及了不同债权人之间实现到期债权利益的冲突，进而牵涉到了与破产法相关制度的衔接问题。

总　结

面对实践中日渐凸显的股东出资期限利益和债权人清偿到期债务利益之间的冲突，《全国法院民商事工作会议纪要》整合既有制度元素形成了一套颇具创造性的解决方案，并运用是否具备破产条件的表述对这套方案的扩张适用进行了限缩。但现有的股东出资义务加速到期制度并未对股东出资期限利益和债权人清偿到期债务利益的优先级作出明确判断，在谨慎可控的范围内为地方法院打开了平衡这对利益冲突的制度空间。

最新的《公司法（修订草案）》第 48 条规定："公司不能清偿到期债务，且明显缺乏清偿能力的，公司或者债权人有权要求已认缴出资但未届缴资期限的股东提前缴纳出资。"这一规定很可能是对股东出资加速到期制度的集中清理与固化。

出资设立公司的股东务必要对认缴出资抱有敬畏之心，也要对公司运营

切实负起责任,否则如果公司因运营不善而失去偿债能力,未届出资期限的股东将不得不提前实缴全部出资。而公司的债权人则要对作为交易对象的债务人公司的债务清偿能力进行动态、审慎的评估,当通过公司无法获得债务清偿之时,要尽早发起要求股东出资加速到期的诉讼并尽快申请执行,避免因出手较晚而陷入被动。

由"罗伊诉韦德案"争议探讨堕胎权背后的人格权保护

高雪枫*

(中国政法大学 北京 100088)

摘 要：2022年6月24日，美国最高法院公布了"多布斯诉杰克逊妇女健康组织案"（Dobbs v. Jackson Women's Health Organization）的裁决结果，以6∶3的结果一举推翻了1973年"罗伊诉韦德案"（Roe v. Wade）和1992年"计划生育组织诉凯西案"（Planned Parenthood v. Casey）的裁决，宣告堕胎权并非为美国宪法所保护的权利，堕胎问题交由各州自行决定。目前，我国尚未在立法层面明确规定妇女具备堕胎权。但这并不意味着我国法律法规缺乏与堕胎相关的内容。本文旨在分析和研究在中国法律系统下保护妇女堕胎权。

关键词：堕胎 堕胎权 公权力

一、女性堕胎问题的法律争议

美国对堕胎问题的争议一直非常激烈，支持女性享有堕胎权的选择派与反对女性享有堕胎权的生命派处于激烈的对抗中，并由此将一个纯粹的医学问题论述为了一个覆盖政治、宗教、伦理、道德等诸多要素的繁杂问题。

倘若单纯从法律层面切入，对堕胎权的讨论重点是保护人格权，也就是衡量生命权以及生育权。其分析的核心为在人格权产生冲突和矛盾的基础上，怎样均衡价值、落实人格的合理保障。"罗伊诉韦德案"中的两位律师对当时

---

* 作者简介：高雪枫（1994年-），男，汉族，山西朔州人，中国政法大学同等学力研修班2022级学员，研究方向为民商法学。

的堕胎政策发起了挑战，并选定了一名21岁期望能够堕胎的年轻女子，化名为简·罗伊（Jane Roe），将亨利·韦德（Henry Wade）状告至法庭后，要求得克萨斯州废除堕胎禁令。但其请求因违反得克萨斯州法律而被拒绝。她们遂上诉至美国联邦最高法院，美国联邦最高法院将此案与另一起佐治亚州的20岁女子要求堕胎的案件合并审理。最终，美国联邦最高法院以7∶2的结果宣告得克萨斯州与佐治亚州禁止堕胎的法律违宪，女性终止妊娠的权利受美国宪法保护；判决允许在胎儿获得子宫外存活力（viability，独立于母体子宫外的存活力，即在怀孕24周至28周前）之前进行堕胎，政府只能在这一怀孕期限之后进行流产干预。

但在2022年6月24日，美国联邦最高法院结束了近五十年来对堕胎的宪法保护。阿利托大法官（Samuel Alito）在所撰写的判决多数意见中指出，美国宪法并未明确提到堕胎，且任何条款都没有默示地（implicitly）承认这一权利；堕胎权与《美国宪法第十四修正案》所保护的"自由"范围内的其他权利十分不同，也与最高法院此前就亲密性关系、避孕、婚姻等事项的相关裁决所承认的权利不同；因为堕胎权会"破坏""胎儿生命"（fetal life）及密西西比州法律所称的"未出生的人"（unborn human being），因此对这一事项，各州具有法律上的保护利益。"罗伊诉韦德案"一开始就大错特错，其推理极其脆弱，最终裁决具有破坏性效果。但值得注意的是，三位自由派大法官布雷耶（Stephen Breyer）、索托马约尔（Sonia Maria Sotomayor）和卡根（Elena Kagan）联合发表的异议意见提出："无论接下来发布的法律的确切范围如何，今天裁决的一个结果都是确定的：削弱（curtailment）了女性的权利及其作为自由和平等公民的地位。"

虽然在我国，堕胎问题从未引起过巨大分歧以及对立，但倘若直接忽略堕胎问题后牵连的保护人格权问题，便也会影响到人格权的落实。我国在全面落实计划生育阶段将堕胎作为一种控制人口的手段。在当时，人们并未关注强制堕胎行为侵犯胎儿的权益和对生命敬畏、尊重的基本价值，也尚未在之后分析其引发的保护人格权的问题。梳理实践，我国的计划生育制度确实形成了优良的控制人口成效，但也确实在一定程度上限制了生育体系的法治化发展。[1]

---

[1] 余军："生育自由的保障与规制——美国与德国宪法对中国的启示"，载《武汉大学学报（哲学社会科学版）》2016年第5期。

《民法典》直接规定了保护胎儿权益的条款,但其关注的重点在于未来胎儿的权益。

由此可见,我国生育制度确需完善,以使妇女生育权、胎儿利益真正得到保护,从而体现出尊重以及确保人权的观念,对完善以及强化保护人格权具有重大意义。

二、妇女生育权保护

读者可能会有这样的看法,中国并不禁止堕胎,探讨保护生育权确有必要吗?但不禁止堕胎,是不是就代表尽最大可能保护了中国妇女的生育权?《宪法》直接规定夫妻均有落实计划生育的责任以及义务,但并没有对生育权进行规定。《妇女权益保障法》规定女性有生育子女的基本权利,也有不生育的权利;《母婴保健法》规定倘若胎儿有重大缺陷、显著的遗传病症、危及女性的生命就可以堕胎;《人口与计划生育法》禁止因非医学需求的性别选择而人工终止妊娠。从以上法律中我们可以看到,中国在堕胎问题上持比较宽容的看法,但在生育问题上却多为义务性规定。可见,尽管中国允许自由堕胎,但在立法层面尚未明确生育权。因此,妇女的生育权亟须得到立法层面的确认。

生育,顾名思义包括生和育。生育权,由生育和权利组合而成。"生"指妇女从怀孕到分娩的过程;"育"指对婴儿的抚育。而关于权利,张文显表示权利隐含或者被直接规定在法律体系内,法律体系内的主体可在法律要求中随意挑选不作为以及作为,进而获得一定的收益。[1]通过文义解释可以看出此权利内涵:自然人可以自主决定是否生育、何时生育及生育数量。自由为生育权的重点,其核心为自由权。笔者认为,生育权不但是法定权利,同时也是人权,是在宪法中的民事权利、基本权利、人格权利。

我国对妇女生育权缺乏法律保护。《宪法》将生育权规定为基本人权可实现保障妇女生育权的目标。从宪法层面保护尚未确定的权利通常有两个途径:一是运用宪法扩张以及解释,并直接明示;二是运用未列举的宪法条款予以保护。例如,我国《宪法》第37条规定不可以侵害公民的自由权利,就广义层面而言,自由涵盖了行为、身体层面的自由。在中国,宪法并不被当作直

---

[1] 张文显主编:《法理学》(第3版),高等教育出版社2007年版,第99页。

接审判的依据,由此《民法典》直接规定了生育权。《民法典》第109条直接规定我国法律需要保护自然人的尊严以及自由,这有人格权的功效,进而可衔接《宪法》第38条公民的人格尊严不受侵犯的规定,通过《民法典》保护生育权,也就是在民法层面界定了生育权损坏救济、应用条件等。

三、胎儿利益保护

目前,在立法方面,各国保护胎儿利益的方式有两种:一是总括保护,但凡和胎儿利益有关的保护,均将胎儿当作已经出生,典型国家有意大利、瑞士等;二是"个别的保护",唯有在特殊时期方可将胎儿视作已经出生,典型国家有德国、日本和法国。多数学者主张我国为总括保护主义,如王洪平表示应用总括保护的区域一般均会规定胎儿民事权,我国《民法典》在总则编中对胎儿权利作出了规定,由此可应用总括保护。[1]但同样有学者表示我国可应用个别保护,表示我国对民事权一直遵循始于出生、终于死亡的基本原则,胎儿只有在和特别法律要求有关的事项产生时才拥有主体地位,由此我国为个别保护。相比于探讨我国在保护胎儿利益时采用何种立法方式,明确主体地位的产生以及消灭才是更为重要的。在这一问题上存在两个学说:第一为条件解除,也就是在胎儿出生前,其就拥有主体地位,倘若生下的孩子是死胎,那么就没有主体地位;第二为法定停止,也就是怀孕时胎儿不具备权利,但在生下的是活胎的情况下,继承以及溯源请求损害赔偿权利。笔者认为,这两种学说各有利弊,基于保护胎儿利益的考虑,条件解除说具有很强的合理性。

胎儿虽不是法律意义上的人,但具有发展成人的潜力,法律有义务保护胎儿的利益。[2]所以,有必要在观念上纠正随意堕胎的态度,谨慎地对待堕胎,对胎儿的生命给予尊重。

---

[1] 王洪平:"论胎儿的民事权利能力及权利实现机制",载《法学论坛》2017年第4期。
[2] [美]罗纳德·德沃金:《自由的法:对美国宪法的道德解读》,刘丽君译,林燕平校,上海人民出版社2001年版,第73页。

个人破产制的立法构建

刘咏鸽*

(中国政法大学 北京 100088)

摘 要：我国的《企业破产法》一直被视为"半部破产法"，消费金融的扩张可能导致系统性金融风险，个人的商化使得商事主体与一般的民事主体的区分日益减弱，为了给诚实而不幸的人以生存权及发展权，有机会基于个人破产制度重获新生，个人破产制度的构建成为重中之重！

关键词：个人破产制 立法构建 免责制度 失权制度 复权制度

一、个人破产制的主体范围

由于经济的不断发展，民事主体、商事主体相互交融，两者的区分日益困难。而且，考察英国的立法实践，区分商人和非商人不仅存在困难，而且容易造成司法不公。因此，笔者建议，我国在构建个人破产制度时，适用主体应当包含所有自然人，包括从事商事活动的自然人及消费者。

二、和解程序的立法构建

纵观世界各国的个人破产制度，在和解程序问题上，主要存在两种制度：一种为和解分离主义，即不需要以当事人法庭外债务清理程序作为前置程序，主要实行国家有英国、日本；另一种为和解前置主义，主要实行国家有德国、荷兰、奥地利，法律规定将法庭外债务清理程序作为个人破产的前置程序。观察各国的和解程序我们可以发现，和解前置主义被越来越多的国家所采纳，

---

* 作者简介：刘咏鸽（1994年-），女，汉族，广东省深圳人，中国政法大学同等学力研修班2021级学员，研究方向为民商法。

已成为主流，如美国在 2005 年以前奉行的是和解分离主义，之后转变为了和解前置主义。《美国 2005 年消费者保护与破产程序滥用防止法》（Bankruptcy Abuse Prevention and Consumer Pro-tection Act of 2005，BAPCPA）明确规定，个人债务人在提出破产申请前的 180 天内必须接受经授权的非营利性咨询机构提供的信用咨询和相关预算分析。[1]这种做法可以使案件分流，减少个人破产案件，减轻司法压力，提高司法效率。

三、重整与清算的限制选择模式

重整及清算有自由选择模式和限制选择模式：自由选择模式即债务人可以任意选择适用重整模式还是清算模式，主要代表是日本。2021 年 3 月 1 日生效的《深圳经济特区个人破产条例》采取的即是该种模式；限制选择模式即只有在满足法定条件时才能适用清算程序，主要代表有美国、法国、德国、荷兰、卢森堡等。

2005 年之前，美国采用的是自由选择模式，即债务人可以自由选择适用重整或清算程序，但是，该项制度导致大量未来有偿债能力的债务人恶意逃避债务，危害债权人的合法权益，而且个人破产清算程序的清偿率低于重整程序。2005 年后，《美国破产法 2005 年修正案》引入了"收入测评"制度，即通过收入测试，如果债务人的收入高于法定标准，则不允许直接申请破产清算，避免债务人借个人破产制度直接申请破产清算，逃避债务，损害债权人的合法权益。在此，笔者建议我国在构建个人破产制度时选择限制选择模式。

四、处罚机制

个人破产制度虽然能够为诚实而不幸的人设置合理的退出机制，但是不能因此成为其恶意逃债的工具，法律应当规定严厉的处罚措施，通过民事、行政、刑事等多种途径加以规制，以最大限度地保护债权人的合法权益。例如，英国通过严格的破产调查程序、破产限制措施及破产欺诈行为的刑事制裁，严厉打击恶意逃债行为，取得了良好的效果。因此，我国在构建个人破产制度时，可以借鉴英国等国家的规定，通过民事、行政、刑事等多种措施

---

[1] 颜卉："我国个人破产程序设置的模式选择"，载《甘肃社会科学》2021 年第 2 期。

对恶意逃债行为予以规制。

五、免责制度

免责制度分为当然免责与许可免责，当然免责是指破产人的债务在破产程序终结后自然免除，当然免责缺乏对债务人的审查监督，有可能造成债务人恶意逃债、个人破产案件激增；许可免责是指破产程序终结后债务是否免除需要法院裁决，通过法院的审查，对免除债务人的债务予以限制，更有利于打击逃废债的行为，维护债权人的合法权益。英国在1705年首创免责制度，在1976年确立了自动免责制度，在2002年将自动免责的时间由3年修改为1年，[1]其他国家诸如德国的免责考察期为7年，葡萄牙的免责考察期为5年。鉴于我国的国情，我国应建立许可免责的破产免责制度。

六、自由财产

自有财产是为保障破产人的基本生活，不被纳入破产财产范围及执行的破产人的合法财产。对于自由财产制度，各国的规定不一：一种是美国、英国的列举加概括模式，法律规定得较为详细，如《美国破产法》第522条、《英国破产法》第283条；一种是德国、日本的抽象概括模式，赋予了法官较大的自由裁量权。

考虑到我国的司法现状，采用抽象概括模式缺乏指引性，可能导致实践中认定标准不一。因此，我国应采取列举加概括模式，在提供指引的同时赋予法官自由裁量权。

七、失权制度

失权制度是一项因法院宣告破产而使得破产人丧失某种公民权利、职业资格的制度，主要有裁判形成主义失权、当然形成主义失权两种。当然形成主义失权是基于破产本身，裁判形成主义失权是基于法律的规定及破产人的主观是否存在过错。

一般主要有下列几个方面：一是律师、公证人、失踪人的财产管理人及清算人等与法律相关或由法律指定的职业或资格的人员，但不包含法官、检

---

[1] 徐阳光："个人破产立法的英国经验与启示"，载《法学杂志》2020年第7期。

察官；二是公务员的资格，如公职人员候选人、工（商）业工会会员代表、农（渔）会会员等；三是在企业中的职务，股东会的股东、董事会的董事、监事会的监事及合伙企业的合伙人；四是其他的职业资格，如会计师、建筑师等职业资格。

我国适宜采用裁判形成主义失权，如此不仅能够保护诚实而不幸的债务人，还能够发挥个人破产制的警示作用。

八、复权制度

个人破产与企业破产最大的区别在于，企业破产清算后因注销而主体消灭，个人破产清算后主体仍然存续，[1] 因此，复权制度对于债务人的"重生"至关重要。复权制度与失权制度相对应，包含许可复权、当然复权、混合复权三种模式：许可复权除法定条件外，还需要法官的审查，主要实行国家包括法国、意大利；当然复权指达到法定条件自动恢复权利，主要由英美国家采用；混合复权模式以当然复权为主、许可复权为辅，主要实行国家为日本。单一的模式不能保障公平、公正。因此，我国可以在个人破产制的立法构建中借鉴日本的做法，采取混合复权模式，以将法律规定与法官的审查监督相融合，防止债务人恶意逃避债务。但是，很遗憾，《深圳经济特区个人破产条例》并未规定复权内容，因此是不完整的，可见，我国个人破产制的立法构建任重而道远。

总　结

综上所述，个人破产制的立法已经成为当务之急，我们应当从实际出发，结合我国现阶段的基本国情，在个人破产制的主体范围、重整与清算的限制选择模式、处罚机制、失权、复权制度等方面，吸收借鉴国外立法的优秀经验，制定出符合我国实际的个人破产法。

---

[1] 贺丹："个人破产程序设计：一个新思路"，载《法律适用》2021年第9期。

《民法典》无效婚姻和可撤销婚姻制度研究

欧冬梅[*]

(中国政法大学 北京 100088)

摘 要：随着经济的不断发展，社会精神文明的不断进步，法律法规的不断更新完善，我国对婚姻家庭关系的保障也越来越全面。然而，在现实生活中，还是存在着大量弄虚作假进行婚姻登记、近亲结婚、未达法定结婚年龄就以夫妻名义共同生活的案例，目前我国对上述行为尚缺乏有效监管措施和手段。本文以可撤销婚姻和无效婚姻的法律后果入手阐述在该类问题上的司法监控和解决完善之处。

关键词：婚姻关系 无效婚姻 可撤销婚姻

我国是世界人口大国，总人口数约占世界人口的18%，婚姻家庭关系呈现出复杂多样的情况。在实际生活中，骗婚、近亲结婚等情况依然存在。这些现象会造成许多负面影响，给当事人造成严重伤害或者在社会上引起较大反响，也为我国婚姻家庭相关法律提出了各种难题。

一、无效婚姻和可撤销婚姻法律层面的发展

婚姻权利是民事主体各项家事权利的基础，在我国，《婚姻法》的立法和修改经历了半个世纪的进程。关于无效婚姻制度的立法规定，最早出现在1986年3月15日由民政部公布的《婚姻登记办法》中，并在1994年2月1日经国务院批准颁布和实施的《婚姻登记管理条例》中得到确认和延续；2001年修正的《婚姻法》将无效婚姻和可撤销婚姻作为修改新增内容，第一

---

[*] 作者简介：欧冬梅（1984年-），女，汉族，广东茂名人，中国政法大学同等学力研修班2022级学员，研究方向为民商法学。

次在法律层面建立了无效婚姻和可撤销婚姻制度。

2021年1月1日实施的《民法典》关于无效婚姻和可撤销婚姻制度的规定,是在承继原《婚姻法》的立法基础上进行的修正与完善。其第1051条至第1053条规定了我国公民无效婚姻和可撤销婚姻的情形,确立了无效婚姻和可撤销婚姻的婚姻二元效力瑕疵体系。[1]

二、《民法典》对无效婚姻和可撤销婚姻的规定

《民法典》第1051条规定重婚、有禁止结婚的亲属关系和未到法定婚龄的婚姻关系是无效婚姻。相比于《婚姻法》,其删除了"婚前患有医学上认为不应当结婚的疾病,婚后尚未治愈的"的条款。第1052条规定因胁迫结婚的,受胁迫的一方可以向人民法院请求撤销婚姻。请求撤销婚姻的,应当自胁迫行为终止之日起1年内提出。被非法限制人身自由的当事人请求撤销婚姻的,应当自恢复人身自由之日起1年内提出。这一条将《婚姻法》规定的"自结婚登记之日起"变更为"自胁迫行为终止之日起",进一步保障了受害者的维权时效。第1053条有条件地承认了疾病婚姻的效力:一方患有重大疾病的,应当在结婚登记前如实告知另一方;不如实告知的,另一方可以向人民法院请求撤销婚姻,在相互知晓对方身体健康状况的情况下,疾病婚姻合法有效;一方违反婚前重大疾病告知义务缔结的婚姻,对方配偶有权申请撤销。也就是说,未如实告知患有重大疾病而结婚并不当然导致婚姻无效,而是由当事人自行决定是否需要撤销婚姻;婚姻关系的撤销不再是婚姻登记机关的权限,而是由司法机关审理判决,撤销权仅可通过诉讼方式行使。同时,《民法典》还新增了婚姻无效或可撤销情形中无过错方的损害赔偿请求权,加强了对无过错方的保障,以弥补无过错方的损失和伤害,这也是《民法典》区别于《婚姻法》的一个地方。

三、对可撤销婚姻情形的探讨

按照《民法典》对无效婚姻和可撤销婚姻情况的规定,其并未将以伪造、变造、冒用证件等方式骗取婚姻登记的情形列入无效或者可撤销范围。但在

---

[1] 魏琳:"《民法典》二元效力瑕疵体系下无效婚姻和可撤销婚姻之浅析",载《法制博览》2022年第18期。

现实生活中，存在不少伪造、变造、冒用证件等方式骗取婚姻登记的情形，受害者无法直接引用相关法律条文进行维权。

实践中发生过这样的案例：男方通过非法手段购买了某地的身份证，在女方不知其身份为假的情况下，与女方在民政局登记结婚。婚后两人由于各种问题经常分居两地。10年后，男方因非法持有毒品罪被公安机关抓获。在案件侦办过程中，男方向公安机关坦白，其身份为假，身份证系十年前向他人购买所得。至此，女方才得知与自己结婚十年的丈夫竟然是个骗子。女方据此向法院提出离婚，但是法院以女方与男方实际上并不存在婚姻关系为由不予受理。以婚姻登记信息的男方为起诉对象，法院不受理，以男方实际身份起诉，结婚证上登记的信息又不是这个人，这让女方陷入了迷茫。[1]在律师的建议下，女方向法院起诉撤销婚姻登记。但根据我国现行《行政诉讼法》的规定，非因不动产提起诉讼的案件，自行政行为作出之日起超过5年提起诉讼的，人民法院不予受理。女方与男方登记结婚已超过10年，按此规定，法院将无法处理该案件。

冒名顶替或弄虚作假进行婚姻登记的案例在现实生活中大量存在，但我国现行的《行政诉讼法》却并未对撤销此类婚姻登记行政行为的诉讼时效作出例外规定，而是统一规定为5年。司法机关依法不受理抗辩超过诉讼时效的案子，从法律上来讲无可厚非，但对受害人来说，这一做法却会使其面临救助无门的境地，显然有失妥当。最高人民法院、最高人民检察院、公安部、民政部针对这一问题也出台了相关的指导意见，在不违反现行法律规定的情况下，可以通过向法院起诉要求法院向民政局出具司法建议的方式撤销婚姻登记，解决当事人陷入无法离婚也无法撤销的困境。

四、对无效婚姻情形的探讨

《民法典》把重婚、有禁止结婚的亲属关系、未到法定婚龄的婚姻关系列为无效婚姻范畴。但是，在现实生活中，还是存在大量重婚、未达法定结婚年龄就以夫妻名义共同生活、近亲属结婚的情况，其中有以不正当手段已经骗取了登记或并未登记的。对于当事人之间系无效婚姻但是已经通过不正当手段实现了结婚登记的情形，《婚姻登记管理条例》第25条规定："申请婚姻

---

[1] 重庆市永川区民政局撤销婚姻登记决定事先告知书［2022］永民撤告字第2号。

登记的当事人弄虚作假、骗取婚姻登记的，婚姻登记管理机关应当撤销婚姻登记，对结婚、复婚的当事人宣布其婚姻关系无效并撤回其结婚证，对离婚的当事人宣布其解除婚姻关系无效并收回离婚证，并对当事人处以 200 元以下罚款。"该条文规定行政机关知悉后，应当主动撤销婚姻登记，但在现实中，对于大部分无效婚姻，行政机关极少主动介入撤销婚姻登记或者采取干预措施予以纠正。主要还是需要当事人自行主动提出，其才会采取相应的措施。

实践中存在一种情况：男女双方是三代以内表兄妹关系，两人青梅竹马，相互之间一直有好感，成年后双方到民政局婚姻登记机构申请了登记结婚。婚姻登记机构对其双方提供的身份证明进行了审查，但是并未对其是否有近亲血亲进行核实，同日给双方颁发了结婚证。婚后两人相处融洽，一直相敬如宾，但是 6 年来，两人生育 3 个子女，智力均有较大问题。社区知悉双方是近亲关系，也向行政部门报备了此事，但是最后行政部门也只能尊重双方的决定，并未作出婚姻无效、收回结婚证的决定。

依据《民法典》的规定，两人的婚姻关系应是自始无效，但是两人一直以夫妻关系生活，并且在结婚的第 8 年生育了第 4 个子女，也是智力发育存在较大缺陷的孩子。相关行政机构也并未对该关系给予纠正或者采取任何强制性措施。在这自始无效的婚姻关系中，双方一直很平稳地生活在一起，但是对孩子将来生活造成的伤害却是无法避免的。法律条文只能在原则上做引导，很难在此类关系中发挥应有的效果。

结　语

我国的婚姻家庭关系呈现出复杂多样、千差万别的情况，经过近半个世纪的探讨、修正，不断完善。我国《民法典》颁布后，其所确立的无效婚姻与可撤销婚姻制度进一步体现了我国关注人民群众切身利益的立法宗旨，使得人民群众的婚姻家庭关系得到了应有的保障。但在一些明显不合理的婚姻关系中，国家应该要做到让个人意志得到充分实现，同时也要防止过度利己导致对社会伦理的破坏或者给社会造成较大范围的负面影响，国家需进一步在对家庭的管控与防止公权力对私权的过度干涉之间寻找价值平衡点。

网上银行格式合同的法律规制研究

陈 婉[*]

(中国政法大学 北京 100088)

摘 要：当今，网上银行交易成了人们生活中不可或缺的一部分，但体现金融机构与客户权利义务的合同格式条款却存在法律规制漏洞，导致消费者权益无法得到保障。本文从格式合同法律规制现状、网上银行格式合同在实践中存在的问题及借鉴等角度展开分析，并提出了改进方案及建议。

关键词：网上银行 格式合同 法律规制

20世纪90年代，伴随着信息技术的飞速发展，互联网时代的到来推动世界经济迅猛发展，对金融行业同样产生了深远影响。网络银行业务在这样的时代背景下应运而生，并因其成本更低、效率更高、服务方式便民化等特点迅速在全球范围内得以普及。自1997年招商银行推出"网上支付服务"以来，网络银行业务在我国正式拉开帷幕并飞速发展，时至今日，国内绝大多数商业银行均已建立自己的电子银行，银行不再需要大量开设分支机构，雇用大量员工，运营成本大大降低。但是，在带来便利的同时，网络银行业务较传统银行业务也面临更多的交易风险与不确定性，为更好地管理和规避交易风险，明确与银行客户间的权利义务，保护金融消费者权益，对网上银行格式合同的法律规制具有必要性和实践意义。

格式条款，是指合同由一方当事人为与不特定的多数人订立合同重复使用而预先拟定的，以待不特定的第三人接受而不能与其协商的合同条款。[1]

---

[*] 作者简介：陈婉（1988年-），女，汉族，广东深圳人，中国政法大学同等学力研修班2022级学员，研究方向为民商法。

[1] 张邦铺："论网络消费者合同中的格式条款及规制"，载《特区经济》2007年第3期。

合同的全部条款均为格式条款的合同被称为格式合同。网上银行通过与客户签订电子银行服务协议建立网上银行业务关系,电子银行服务协议作为网络格式合同,具有降低交易成本、维护交易安全、促进交易方式更加便捷的优势,并因此迅速得到了推广应用,在促进经济发展方面发挥了重要作用。但格式合同本身一些固有的弊端也带来了一些负面影响,如格式条款内容由合同一方事先拟定,合同另一方没有协商余地,违背了契约自由原则;在实际交易中,合同提供者往往占据专业、市场、行业资源等优势地位,与消费者地位不平等导致消费者只能被动接受条款,违背公平原则,无论是法律规制还是司法实践均存在不同程度的漏洞与缺陷。

一、格式合同法律规制现状

在目前我国的法律中,仅有《民法典》合同法编与《消费者权益保护法》对格式条款的适用作出了规制,而针对网上银行的立法则主要是中国银行业监督管理委员会(已撤销)于2006年发布的《电子银行业务管理办法》。在《民法典》合同法编中,除一般性的合同规定外,第496条、第497条、第498条分别对格式条款的定义、原则、无效、发生争议的解释方式等作出了规定,不仅对格式条款的规制内容少,更未见对网上银行格式合同作出规范,对网上银行格式合同的规制存在立法空白。《消费者权益保护法》从维护消费者合法权益的角度出发,明确调整对象为消费者的消费行为及经营者的经营行为,保障消费者的安全保障权、知情权、选择权、公平交易权、获得赔偿权等权利,从一定程度上对金融消费者在使用金融机构通过网上银行业务提供的产品和服务时的合法权益进行维护,但亦未针对网络格式合同的特性及风险性作出针对性规范。《电子银行业务管理办法》从电子银行业务申请与变更、风险管理、数据交换与转移管理、业务外包管理、跨境业务活动管理、监督管理、法律责任等角度对电子银行业务进行了规范,仍不涉及对电子银行或格式条款、格式合同的规制。除此之外,"该法属于部门规章,行政色彩浓厚,在法律位阶上处于低位。在内容上原则性的规定比较多,主要是要求电子银行应该怎么做",[1]不具有可诉性。通过上文的梳理分析我们可以看出,我国法律对网上银行格式条款的规定非常有限。目前为止,我国并没

---

[1] 刘星:"电子银行格式条款研究",上海大学2013年硕士学位论文,第27页。

有对电子银行格式条款进行专门的立法规定。略有涉及的法律法规对相应内容的规定也过于简略，存在一定程度的缺陷。

二、网上银行格式合同的实践问题及立法借鉴

（一）网上银行格式合同的实践问题

在网上银行交易中，网上银行格式条款均为金融机构预先拟定，合同订立过程中未与对方协商。由于金融机构处于强势地位，且各家金融机构格式条款趋同，客户并没有过多选择，加上行业地位趋于垄断，导致客户对于大多数格式条款只能被动接受。在这种市场环境下，基于趋利避害心理，金融机构容易通过网上银行服务协议转嫁风险，通过采用一些专业术语、晦涩难懂的文字使得文义含糊，难以解读。一些"霸王条款"则会想方设法地减轻或免除自身的责任，加重相对人的责任负担，限制剥夺相对人的某些权利，通过不合理地分配合同风险将一些本应由自身承担的风险转嫁给相对人，违反公平原则。[1]

相对而言，银行客户人数众多且分散，大多数客户不具备维权的专业能力及意识，双方地位显失公平。客户在首次使用网银之前，须在网络上点击同意一份电子服务协议，因金融机构的网上银行合同内容趋同，客户实质上没有选择权，合同的订立不能体现客户的意志。

（二）国外立法借鉴

在网上银行格式条款问题上，国外一些国家的做法具有一定的借鉴意义。如美国法律规定，应在显著位置以显著方式向消费者展示格式条款，为消费者提供对合同条款进行审查的机会，在消费者提出要求时，银行应为其提供格式条款的复制件。《韩国电子金融法》规定金融机构和电子金融业者在合同缔结时应通过相关电子设备向用户公布和明示合同全部条款内容，公布的方式应符合醒目原则；在用户要求时，金融机构和电子金融业者应当通过电子邮件等通信手段提供合同副本，并对条款内容进行解释。[2]

三、规制网上银行格式合同的建议

通过上文对网上银行格式合同法律规制现状及存在问题的分析，我们可

---

[1] 徐子昕："论网络格式合同中的霸王条款"，载《法制博览》2016 年第 20 期。
[2] 邹强："网上银行若干法律问题探析"，山东大学 2010 年硕士学位论文，第 22、23 页。

以看出格式合同确实存在一定的立法空白和漏洞，在现实生活中容易引发不公平现象。解决网上银行的格式合同问题，既能满足电子银行业发展的需要，更是维护客户权益的需要。本文尝试从立法规制、司法规制、行政规制、社会力量监督等方面探讨改进方案及建议。

（一）立法规制

在立法规制层面，完善我国《民法典》中的合同立法，可探索将合同编中的格式条款规定与网络业务的特殊性相结合，填补引发条款显失公平的漏洞。或在《电子银行业务管理办法》的基础上，为网上银行格式条款的规制提供更明确、更可行的规范指引。如可以在《电子银行业务管理办法》中增加条款，明确格式条款及免责条款使用的禁止性规定。还可以增设一章，用以规范机构与客户的权利义务，限制机构权力滥用。

（二）司法规制

在司法规制层面，司法机关对格式合同的审查一般是事后审查。法院通过案件纠纷更先接触到实践问题，司法机关利用个案司法裁判可以发挥重要的指引作用。通过个案处理经验和知识累积针对不同类型的格式条款总结出类案规则，从而为后续立法提供重要的参考资料。

（三）行政规制

在我国，人民银行及国家金融监督管理总局是我国银行业的专门监管机构。可通过确立监管部门对金融机构业务及制度行使审查批准或备案的权力，考虑建立网络银行格式合同登记备案制度。在信息披露上，国家金融监督管理总局可借鉴信息披露规则，明确规定在网上银行业务中哪些信息必须向客户告知，哪些条款需要向客户作出特别解释等。

（四）社会力量监督

在社会力量监督层面，由于银行与客户地位实质上并不平等，这种不平等可通过发挥消费者权益保护协会等社会组织的力量进行平衡。消费者权益保护协会等社会组织可将具备同类诉求的消费者组织起来，进行集中维权。亦可提供专业咨询，或推荐专业的律师进行维权。也可发挥协会地位优势，与金融机构协商，对特定条款提出规制建议。

浅析未成年人检察工作对六大保护形成合力的促进作用

杜晓霞[*]

(中国政法大学 北京 100088)

摘 要：2021年6月1日起施行的《预防未成年人犯罪法》《未成年人保护法》正式形成了以"家庭、学校、社会、网络、政府、司法"为一体的"六大保护"新局面，各部门、各单位积极履职研究制定落实"六大保护"的相关规定，但结合2022年最高人民检察院发布的《未成年人检察工作白皮书（2021）》的数据来看，如何将"六大保护"的合力发挥到极致仍是一个值得探讨的课题。结合近几年未成年人检察工作的探索，我们有理由相信，未成年人检察工作在"既教育挽救涉罪未成年人又关爱救助未成年被害人"的指引下，在国务院未成年人保护工作领导小组的统筹协调和督促指导下，在全国妇联和中国关心下一代工作委员会等各部门的支持下，积极发挥着对"六大保护"形成合力的促进作用。

关键词：六大保护 司法保护 未成年人检察

一、问题的提出

随着社会发展和未成年人活动空间的扩大，通过对涉未成年人犯罪的充分调研和研讨，《预防未成年人犯罪法》《未成年人保护法》相继进行了修订，"两法"的修订为未成年人保护提供了坚实的基础和有力的保障，正式形

---

[*] 作者简介：杜晓霞（1987年-），女，汉族，山西大同人，中国政法大学同等学力研修班2022级学员，研究方向为刑法学。

成了以"家庭、学校、社会、网络、政府、司法"为一体的"六大保护"新局面。就在大家为未成年人的保护长出了牙齿而高兴的同时，我们也意识到"六大保护"彼此间比较独立，各部门、各环节之间如何有效地形成合力是充分发挥"六大保护"作用所面临的现实问题，也是能否顺利实现立法目的所面临的现实问题。

二、《未成年人保护法》规定的"六大保护"

新修订的《未成年人保护法》将"政府保护"和"网络保护"单独成章，但从章节排序中可见，未成年人"六大保护"各自发挥的作用和比重不尽相同，应充分认识到各职能的保护地位，尽可能发挥其地位优势。

（一）家庭保护

家庭监护的地基打得越牢，保护的根基便越实、越稳。未成年人涉案多与家庭监护不到位或监护缺失有关。《未成年人检察工作白皮书（2021）》显示：2021 年，符合撤销监护人资格条件的，检察机关支持或单位起诉的案件同比上升 49.2%，提出检察建议的案件同比上升 45.54%，撤销监护人资格的案件同比上升 48.66%，因监护人缺乏有效监护能力提出检察建议的案件同比上升 3.1 倍。曾有司法工作人员表示：家庭保护如果不到位，就会出现"5+2=0"的效果。即学生在校的 5 天时间里接受教育，周末回家 2 天后将会让学校 5 天的教育重归于零。从《未成年人保护法》对家庭保护的规定中可知，家庭对未成年人的抚养、教育、保护义务具有不可替代的地位，虽然也有对代为照护的相关规定，但对此职责的限定也比较严苛。强调了代为照顾、看护的"代为照护"也不代表诸如承担抚养费、教育、情感联系等具体监护职责是可对外委托的。

（二）学校保护

学校规范的"笼子"扎得越紧，保护的空间便越大、越强。除家庭外，学校是未成年接触最多的场所，入学后的未成年人置身学校的时间远远多于居家的时间。预防和惩戒学生欺凌及性骚扰一直备受社会各界的关注。同时，我们也可喜地看到，在大力抓"一号检察建议"落实的 4 年中，性侵未成年人犯罪增幅已趋于平缓。2021 年检察机关起诉的强奸未成年人犯罪案件增幅为近 4 年来最低。基于强制报告制度及入职查询制度的落实，校园保护正在逐渐牢固，但仍略有不足，这也在提醒学校在承担教书育人责任的同时，还得肩负起对未成年人的保护工作，建立健全未成年人教育保护机制和保护措施。

（三）社会保护

社会保护的网织得越密，保护的幅度便越广、越宽。全社会要一起努力创造更加有利于未成年人健康成长的社会环境，形成友好对待未成年人的共同意识和行为，实现"大手携小手"的美好夙愿。严格贯彻《未成年人保护法》规定："国家机关、居民委员会、村民委员会、密切接触未成年人的单位及其工作人员，在工作中发现未成年人身心健康受到侵害、疑似受到侵害或者面临其他危险情形的，应当立即向公安、民政、教育等有关部门报告。"全社会须对未成年人保护形成自觉，在内心形成共同的法律意识，如此才能将对未成年人保护义务的履行作为共同的法定责任。

（四）网络保护

网络规范的漏洞堵得越多、保护的领域便越细、越严。在我国，高达94.9%的未成年人网络普及率表明，网络已成为孩子们成长不可回避的新空间。[1]随着社会经济和人们生活方式的改变，网络空间逐渐向更多、更广的领域开放，加之近几年疫情的影响，未成年人越来越频繁的网课使得其接触网络的时间更长。在这一背景下，不少犯罪分子将手伸向涉世未深的懵懂少年，使其成为自己的作案工具。仅在2020年和2021年，未成年人涉嫌利用电信网络犯罪的起诉便同比上升37.65%和21.25%，其中明显上升的犯罪活动是未成年人涉嫌帮助信息网络犯罪活动，2021年同比上升6倍。家庭、学校、企业、政府都有义务预防未成年人沉迷网络，其中家长应作为第一责任人，不能借口工作忙碌放任孩子与"电子保姆"为伴，而是应正确、积极地承担起监督、引导孩子限时、安全、理性上网的责任。

（五）政府保护

政府福利的篮子编得越大，保护的红利便越实、越优。政府部门必须举全国之力托起家庭的未来、民族的希望，敞开胸怀为未成年人健康成长提供有益的场所，为祖国和民族的未来提供优渥的物质和福利保障，为保障未成年人的茁壮成长担起重任。

---

[1] 张军："以'六大保护'呵护'少年的你'"，载《中小学校长》2021年第10期。

(六) 司法保护

司法制度的利刃越尖，保护的力度便越狠、越深。司法保护作为未成年人保护的最后一道防线，肩负着比其他保护更重的职责。基于此，我国应建立健全未成年人保护法律法规等各项制度，加大司法救助力度，坚持严厉与宽容相济的司法原则，最大限度地将保护向深向远延伸。

三、未成年人检察对六大保护形成合力的促进

检察机关对未成年人保护既有特殊的职责也有特殊的便利条件。在各大保护职能充分发挥自己职责的同时，检察机关集中运用好法律赋予的特殊程序和手段，动员社会各个方面的力量，加强和社会各界组织部门的沟通协调，一起做好未成年人的司法保护工作。

(一) 促进夯实家庭保护基础

检察机关应立足检察职能，积极促进将司法保护融入家庭保护，在办理未成年人检察案件中全面开展家庭教育指导工作。为积极参与家庭教育工作联动机制的建设，最高人民检察院下发了《关于学习贯彻〈中华人民共和国家庭教育促进法〉的通知》，为强化家庭教育指导工作、宣传家庭教育在未成年人成长中的重要作用提供司法保障，着力引导全社会树立"重视家庭教育、依法科学进行家庭教育"的保护观念，为《家庭教育促进法》深入实施营造良好环境。

(二) 促进完善学校保护机制

为抓好"一号检察建议"监督落实，各级检察机关联合教育行政部门通过专项排查、督导检查、情况通报等方式，完善校园各项安全制度的建设；深入推行检察官担任法治副校长工作，通过走进校园列席校务会、开展实地检查等具体工作，促进校园安全隐患等问题的解决；通过法治进校园等多样课堂的举办，化解校园欺凌、校园纠纷、家庭矛盾难题。

(三) 促进提升社会保护成效

检察机关运用多种形式，提高强制报告社会知晓度，积极将强制报告举措纳入辖区网格化来管理，深入落实强制报告制度，加强对线索处置的跟踪监督，依法纠正有案不立、有罪不究等问题；联动相关部门就入职查询制度细化建章建制，推动建立性侵、虐待、拐卖、暴力伤害等违法犯罪记录信息库，将查询范围扩大到所有密切接触未成年人的行业的从业人员。

（四）促进净化网络保护环境

全力保障未成年人的上网安全，严惩侵害未成年人的行为、保护救助未成年被害人，助力未成年人回归正常学习生活；坚持宽容不纵容原则，最大限度地教育、挽救主观恶性不大、罪行较轻、初犯偶犯的涉网未成年人，帮助其尽快重新回到社会。

（五）促进发挥司法保护监督

检察机关应按照《关于进一步规范检察机构设置的通知》要求，设立独立未检机构，培养专业团队，对涉未成年人案件及未成年人犯罪预防进行实时监督与引领。

总　结

对未成年人司法保护承担着特殊责任的检察机关是国家法律监督机关，也是参与未成年人司法保护全过程的政法机关。[1]只有真正做实、做细未成年人检察工作，才能更有效地促进未成年人"六大保护"合力的形成，才能更深入地发挥未成年人"六大保护"合力的作用，才能更真切地实现未成年人"六大保护"合力的愿景。

---

〔1〕 史卫忠、范向利："'两法'施行背景下未成年人检察工作高质量发展路径探析"，载《中国检察官》2021年第11期。

虚拟财产的法律性质研究

李晶晶*

(中国政法大学 北京 100088)

摘　要：网络虚拟财产作为网络时代下的新型数字化财产，其种类与形式上的多样性使得侵权案例数量呈现出逐渐上升的态势。网络虚拟财产虽然实际具备了民法意义上"物"的基本含义和特点，但当前我国关于网络虚拟财产的立法还并不健全。所以，在我国网络虚拟财产纠纷案件不断增加的今天，我们必须对其法律特性的民法保护问题给予足够关注。同时，通过深入分析研究网络虚拟财产的法律特性，提供必要的法律依据，助力我国网络虚拟财产纠纷争议的处理，也旨在为我国有关立法工作提供借鉴参考。

关键词：网络　虚拟财产　法律性质

在当今这个信息化飞速发展的时代，网络游戏中的虚拟财产引发了诸多侵权争议，由此产生的犯罪问题使我国互联网环境诸多社会矛盾也开始逐渐凸显。依据现实案例，侵害虚拟财物的网络游戏违法犯罪不管是发生在国内还是在国外，都已成为一个严重威胁我国社会治安稳定并产生巨大不稳定影响的违法行为问题，已开始引起社会各方的广泛关注。在我国，基于网络游戏产业的飞速成长，涉及虚拟财物的社会矛盾问题也在日益增加。怎样确定网络上虚拟财物的法律特征？其应否受到司法保障？它不但关乎用户（游戏参与者）的合法权益，同时就中长期而言，网络游戏产业的安全发展也必将因此受到影响。所以，深入分析互联网虚拟财产纠纷的问题，不但可以在理论上对我国传统的民法物权、债权、知识产权等法律概念向网络时代作进一

---

* 作者简介：李晶晶（1985年-），女，汉族，河北河间人，中国政法大学2021级同等学力在读研究生，研究方向为民商法学。

步拓展、补充大有裨益。在司法实务上,对处理纷繁的虚拟财产民事、刑事纠纷也具有重大的积极意义。

一、虚拟财产的特点

(一)虚拟性和现实性的结合

网络虚拟财产的虚拟性在于它本质上是网络中的一组电磁记录,不论是脚本编程还是存储运营都离不开互联网以及网络终端服务器,其只能依附于网络而存在。但虚拟社会并不是一个完全封闭的"世外桃源",现实社会的法律关系在虚拟社会中也有所反映,与现实社会有着盘根错节的联系。目前,侵犯网络虚拟财产及其交易行为已经突破虚拟空间,开始向现实空间过渡,具有了一定的现实性。

(二)价值性

虚拟财产最终是通过编程等劳动而形成的,具有形成价值的客观基础;虚拟财产不仅能使得参与网络游戏的玩家产生愉悦感,而且还能极大地满足玩家占有和增加财产的成就感,具有使用价值,所以其具有转化为现实货币的能力。由于其可通过交易获得经济利益,因此具有了交换价值。可见,虚拟财产的现实价值意义不容否认。

(三)合法性

这主要是指虚拟财产获得方式的合法性,而并非特指其符合现行法律规定,因为目前我国法律尚未明确将虚拟财产纳入财产范畴。

(四)期限性

由于虚拟财产依赖于网络游戏本身,因此网络游戏运营商一旦将该网络游戏的运营暂停,虚拟财产便将不再具有使用价值,同时其交换价值也将不复存在。网络游戏是完全依附于网络而存在的娱乐服务项目,是由网络游戏服务商自主运营向市场推销的。网络游戏作为一种服务性商品,势必会随着网游服务商的经营情况和运营成本以及市场需求等情况的变化而存在服务期限,这种服务期限也决定了网络虚拟财产的期限性。因此,网络游戏服务商的经营状态可以决定其运营期限的长短。

二、网络虚拟财产权利属性各学说争鸣

现今理论界针对网络上虚构财产所有权属性有物权说、债务人说、知识

产权说、新型财产权说等学说。这些基本理论都有不同数量的支持者,并有其相应的理由。

(一)物权说

该理论认为,该种财产本质上是一种电子信息,属于无形物质,在支付了货币或相关投入物之后便可取得,完全可以对它行使财产权。该理论的主要依据有二:其一,这种财产同时具有排他性、支配性和增值性等物权的基础性质,前两个性质是指用户完全能够使用多种手段有效地管理这些财产,而其增值特性是不言而喻的,用户完全能够通过网络平台买卖虚拟财产,从而得到实实在在的货币。因此,我们完全可以把这些财产视为一种物质,并根据担保物权法律的有关要求予以规制。其二,网络虚拟财产同时也是客观存在的电磁记录信息,是实实在在存在的东西,因此理所当然地要对其实施财产权保障。另外,这些理论还可以再被细分为各种理论,如特殊物权论、所有权理论等,而上述理论所依据的无外乎上述两点原理。

(二)债权说

该种观点称,网络虚拟财产权也是财务权的一种形式,而根据这种理论,用户向相应运营方提供物品性利益并取得了该种物品,故二者主要是业务合同联系。网络游戏本身及其伴随发展产生的所有虚构道具均为服务商的主要营业内容,由网络玩家享受售后咨询服务并支付相应货款。另外,这种学说还主张双方之间并不能形成产权利益交换的司法关联,而售后服务商的真正目的也并不仅仅是转让对网络游戏中虚化道具的所有,而使用者购入虚拟财产的真正目的也是从网络游戏中得到更美好的享受,而对这些物品的有效掌控也就表明了他们有权利获得所提供的公共服务。[1]

(三)知识产权说

这个观念又可被进一步细化,部分研究者指出,用户在游戏中倾注了巨大的时间与精神,这可看作用户完成了智力劳作,故这些财富是用户的思想成果。据此,人们可以把用户对这些财富的使用权看作一项专利。另外,这种理论的另一些研究者称,这些财产是由网络游戏的提供商带来的,故应是他们的经营成果。换句话说,由于网络游戏提供商对这种财产拥有著作权,

---

[1] 韦柳婷、莫初明:"民法视域下数字资产的性质界定和保护路径",载《广西政法管理干部学院学报》2022年第4期。

因此使用者通过一定的方法取得这种财产，便只是取得了对这种知识产权的使用权，而不是所有权。[1]

（四）新型财产权说或数据说

一种说法认为此类财产，既不是财产也不是负债，更没有知识产权，而是一类新型财产。主要原因有三个：其一，由于互联网上的虚拟财产的实质是电子数据，并不是《刑法》规定的有体物，将其划归物权的范畴并不恰当。其二，就目前情况而言，网络游戏中的互联网虚拟财产并不具有财产性质，也不具有对网络游戏服务商而言的债权凭证性质。因此，将该种财产划归债权的调整范畴其实是持所有权观念者的一厢情愿。其三，将该种财产归入知识产权的保护范畴忽视了知识产权自身的创新性，玩家们根据游戏规则获得互联网虚拟财产，并没有实现创新。由此，知识产权理论者把知识产权维护的理念与其媒介概念混为一谈。互联网虚拟财产是一个媒介概念，而知识产权维护的则是内容理念，所以该种财产并没有实现这一点。综合以上三点，这种财产既不具有物的基本性质，也不具有债的具体性质，更非智力结果。互联网虚拟财产基于自身特有的权利性质（如其使用权、处分权等）会受信息技术局限以及运营商的特定约束，进而区分于我国现行司法系统中的各种客体。因而，根据此种理论可认为，互联网虚拟财产应当是一种新兴财产，需针对其建立独立的司法体系并进行维护。

结　论

目前，研发、代理经营网络游戏、售卖网络游戏点卡等已经形成了拥有很高利润和良好前景的金融服务型产业。而国内外几大知名的门户网络平台均已相继开展与网络游戏相关的业务并实现了盈利。但是，网络游戏的商家在日常运营过程中却暴露出了不少潜藏的问题，运营方对虚拟交易财产的保护力度不足，从而造成了大量登录使用者的丧失。此外，网络游戏产品开发商的营销技术手段、设计宗旨等也可能造成在不同网络游戏的贸易网络平台，技术手段存在显著差异，从而导致使用者在交易过程中受到损失。

从全球范围内来看，通过立法允许"虚构产业"已经成为一种趋势。作为全球游戏产业的领头羊之一，网络游戏较为发达的韩国也是全球唯一一个

---

[1] 谢萌瑶：""私人数字货币的法律性质及法律规制研究"，外交学院2022年硕士学位论文。

单独为游戏立法的国家。其在规定和裁判层面均明确允许"虚构产业",规定网络游戏中的虚构角色和虚构道具可以独立于业务商而同时拥有其他企业利益。金融服务商只能为网络游戏用户的这些私人物品提供一种寄存的地点,而不能对它们随意加以变更或者撤销。可见,从法理上讲,这些"网络财富"的属性与存在银行业务账户中的钱财并无实质差别。

唯有及时制定维护虚拟财产的有关立法才能做到对互联网使用者的权益和互联网信息提供商权益的保障,维持网络空间的社会秩序,为互联网行业的发展创造良好的法治环境。

监察回避转化制度之初探

张小峰*

(中国政法大学 北京 100088)

摘 要:《监察法》第58条规定了监察人员的回避问题,但对个体回避转化为整体回避的例外程序和制度尚未作出明确、具体的规制,这给实际操作带来了困惑,亟待完善。

关键词: 监察法 回避制度转化 例外制度

《监察法》规定的回避制度,适用主体是办理监察事项的监察人员,针对的是个人的职务行为,属于一种个别回避制度。然而,在《监察法》第58条第4项的兜底性规定中隐含着立法者潜在的意图,即在特定的情形下,如果监察人员隶属的调查机关里面的成员全都存在法定的回避情形,可以自然转化为整体回避状态,并继而导致管辖变更的法律后果。但是,在司法实践中,这种由个体回避转化为整体回避的例外程序和制度尚没有得到明确、具体的规制,这给实际操作带来了困惑,亟待完善。

一、案情简介

A市监察委指定B县监察委对A市经济技术开发区市场监督管理局(以下简称"区监管局")局长李某涉嫌严重违纪违法案件立案审查调查,并采取留置措施。同日,B县监察委决定对李某涉嫌职务犯罪进行立案调查。后,B县人民检察院以李某涉嫌滥用职权罪、受贿罪向B县人民法院提起公诉。案涉李某滥用职权的问题涉及A市C公司的传销行为,且原A市纪委副书

---

* 作者简介:张小峰(1981年-),男,汉族,天津市蓟州区人,中国政法大学同等学力研修班2022级学员,研究方向为刑法学。

记、监察局（现监察委）局长 D 是 C 公司的顾问，还亲自为 C 公司的传销行为作线下宣传推广，经传播后产生了一定的社会影响，且在案证据没有显示 D 因此接受党纪政纪处分并被追究刑事责任。

据此：首先，参与本案调查的是 A 市监察委和 B 县监察委的监察人员。由于 D 退休时间短，故而原 A 市纪委副书记、监察局长 D 与现在的 A 市监察委以及下属单位 B 县监察委的全体监察人员均可能存在工作、生活等多方面的亲疏利益关系，有可能影响对监察事项的公正处理。并且，根据在案证据，确实存在大量不实调查的情况，存在合理的回避事由。其次，从回避的法律后果看，虽然监察人员的个别回避并不会涉及管辖权的变更，但是如果出现整体回避情形，情况则会完全不同。当调查机关法定整体回避事由成立时，调查机关就不能再受理该案件，即便调查机关有调查权，也会涉及变更管辖权问题。如果 A 市监察委和 B 县监察委的全体监察人员均需要回避，那将必然引起本案的管辖权变更，换言之，本案管辖权变更是依据现行法律规定直接产生的法律后果。

二、监察回避转化制度的价值

（一）实现实体的公正

确保监察案件得到客观、公正的处理是回避转化制度的实体意义。而如果出现监察机关本身或者监察机关离任和现任负责人涉案或与案件当事人有着某种利害关系等情形，由于涉及多方错综复杂的整体性结构关系，案件真相就有可能被人为掩盖起来，酿成冤假错案。因此，在《监察法》没有设立整体回避制度的背景下，依照现有法律规定，建构和完善监察回避转化制度有利于保证监察案件得到公正、客观的调查处理，避免冤假错案的发生。[1]

（二）实现程序的公正

调查过程要使当事人各方均受到公正的对待，这是监察回避转化制度的程序意义，监察回避转化制度的构建与实施可以确保那些与案件有利害关系或其他不当关系的监察机关及其负责人及时退出调查进程，使当事人各方免受歧视、偏袒及其他不公正的对待。监察回避转化制度正是基于对监察机关

---

[1] 彭剑鸣："从粗疏到精密：监察法回避制度的完善——以犯罪控制模式为视角"，载《广西警察学院学报》2018 年第 6 期。

及其负责人的中立性以及当事人各方的平等参与性的制约与纠偏确保调查过程公正性的。

三、监察回避转化制度存在的先天不足和缺憾

（一）缺乏明确的回避转化适用对象

不仅《监察法》没有规定整体回避制度，而且《〈中华人民共和国监察法〉释义》也没有规定整体回避制度。因此，这种由个别回避转化为整体回避的方式，作为监察回避制度的一种重要补充和补救规则，其规制的首要内容之一就是必须明确适用对象，否则就可能因为转化的界限不清、模棱两可而导致具体案件是否可以引起管辖权变更出现争议。

（二）缺乏回避转化的决定程序

"回避的提出是权利人的诉讼权利，但诉讼权利的行使是否适法则需要权力机关进行审查并作出相应的决定，且该审查、决定直接关涉权利人诉讼权利的保障和诉讼行为能否继续进行。"[1]但是，《监察法》并没有对相关的回避转化决定机制（包括决定主体和决定期限等）作出设计，致使回避转化的实施可能陷入无规可依的窘境。

（三）缺乏回避转化的复议程序

"无救济即无权利。"有效且畅通的救济途径是权利得以实现的重要保障。《监察法》虽然明确规定了自行回避和申请回避两种方式，但是却没有规定在监察机关驳回回避申请主体的申请之后，其应有的权利救济程序，从而导致回避申请权缺乏相应的制度保障。

（四）缺乏回避转化效力的规定

监察回避制度是保障监察程序公正最有效的手段之一，而这种公正性又与获取证据的及时性和真实性存在内在冲突。一般而言，监察机关的调查行为相较于公安机关的侦查行为，其时效性并不突出。因此，监察机关在受理回避申请之时，监察人员可以继续有关的调查行为。但是，监察机关一旦作出回避决定，监察人员就"不得参加有关调查、讨论、决定，也不得以任何形式施加影响"。特别是对于监察人员在回避之前所作调查行为的效力如何，

---

[1] 彭剑鸣："从粗疏到精密：监察法回避制度的完善——以犯罪控制模式为视角"，载《广西警察学院学报》2018年第6期。

亦需重新进行评价。

（五）缺乏违反回避转化制度的法律责任

监察机关及其监察人员违反回避制度的法律责任包括两个方面：一是监察机关应当作出回避转化决定而不作出回避决定应承担的责任；二是监察人员应当自行回避而不自行回避应承担的责任。对此，《〈中华人民共和国监察法〉释义》只对后一种情况作出了解释，对前一种情况并未作出解释。

四、完善监察回避转化制度的建议

（一）监察回避转化的适用对象

我国是一个有着悠久历史的国家，重情轻法思想根深蒂固，人们极其重视血缘关系，人情关系也是极其复杂的。血缘、人情在人们心目中处于相当重要的地位，这就是司法实践中"情大于法""以情代法""以情乱法"现象层出不穷的深层次原因。[1]如果监察机关以及监察委员会离任或现任的主任、副主任本身涉案或与当事人有利害关系或与案件有利益牵连，那么，要求其下属能够公正地履行调查程序，不仅不具有现实可能性，而且从情理上讲对监察人员也是不人道的。因此，检察机关在遭遇上述情形时，应当适用回避转化制度。

（二）监察回避转化的决定规范

一是监察回避转化的决定主体。回避转化由监察委员会主任会议决定，然后报请上级监察委员会批准。同时，原有监察事项由上级监察委员会指定给其他监察机关管辖。二是监察委员会应当自收到回避转化申请并报上级监察委员会批复后3个工作日内对申请人作出是否回避转化、变更管辖权的答复。

（三）监察回避转化的复议规范

监察机关驳回回避转化、变更管辖申请的，申请人可以在收到驳回决定后3日内，申请复议一次。复议申请向原决定监察机关提出，复议监察机关应当在3日内作出是否撤销原决定的复议决定，复议决定应当在15日内书面送达申请人。

---

〔1〕 陈卫东主编：《刑事诉讼法实施问题调研报告》，中国方正出版社2001年版，第15页。

(四) 监察回避转化的效力规范

要明确规定，在作出回避转化决定之前，监察人员不得停止有关监察工作。而在监察回避转化决定作出之后，其监察事项的调查结果由其他监察机关进行重新审查。

(五) 监察回避转化的责任追究制度

对于监察机关应当作出回避转化决定而不作出回避转化决定的主要负责人，应当追究相应的法律责任；对于监察人员应当自行回避而不自行回避的，亦应当追究相应的法律责任。

结 语

《监察法》目前对于回避制度的规定稍显粗疏和原则化，缺乏可操作性，这对于实现监察公正是不利的。而监察回避转化制度赋予了监察法程序更多"看得见的正义"，它对于实现实体公正，切实保障当事人的合法权益，彰显监察工作的公信力，"确保监察工作客观、公正、合法，树立监察机关公正执法的良好形象"，都有着至关重要的影响和积极的推动作用。

智能穿戴设备中的敏感个人信息保护法研究

高铭瑜*

(中国政法大学 北京 100088)

摘　要：智能穿戴设备能够极为容易地收集到公民个人的生物识别信息和位置等敏感信息，且这些信息具有实时性以及极高的商业价值。这一高价值的敏感个人信息容易被滥用，甚至被用于犯罪。因此，必须构建起民事自律与赔偿、行政监管、刑事制裁三位一体、分工协作的侵犯个人信息处罚体系，对智能穿戴设备中的敏感个人信息实行强化保护和分类分级保护。

关键词：智能穿戴设备　个人信息保护　敏感个人信息　分类分级

央视财经频道"3·15"晚会曾曝光市面上的一些低配儿童智能手表存在严重的数据安全隐患，会在儿童不知情的情况下收集其敏感个人信息，对于孩子而言存在人身和财产安全隐患。网络上大量个人信息的泄露，无论是对数据服务商而言还是对用户个人而言，影响均是巨大的，带来的是公司管理运营的危机和个人生活与工作的不安，其危害性不可小觑。

一、智能穿戴设备与敏感个人信息

智能穿戴设备是指穿戴于人体，直接或间接接触皮肤，可以分别佩戴于头部、眼部、耳部、手部、脚部等部位，利用生物传感技术、无线通信技术、智能分析算法等软硬件结合的技术，获取、处理和传输用户个人信息的设备。《个人信息保护法》第28条第1款规定："敏感个人信息是一旦泄露或者非法使用，容易导致自然人的人格尊严受到侵害或者人身、财产安全受到危害的

---

* 作者简介：高铭瑜（1992年-），男，汉族，广东汕头人，中国政法大学同等学力研修班2022级学员，研究方向为知识产权。

个人信息，包括生物识别、宗教信仰、特定身份、医疗健康、金融账户、行踪轨迹等信息，以及不满十四周岁未成年人的个人信息。"

伴随着智能可穿戴设备的不断更新迭代，其市场规模、种类、出货量不断增大。智能穿戴设备可以利用传感器对用户运动情况和健康状况进行记录和评估，并自动向互联网发布用户位置信息、记录用户运动轨迹，极易暴露民事主体位置和个人隐私，导致泄密事件发生，引发非法侵犯公民敏感个人信息权益事件。基于此，如何利用法律手段保护公民敏感个人信息成了亟待解决的问题。

二、敏感个人信息保护的现有规范

在我国《个人信息保护法》《数据安全法》《刑法》《民法典》《网络安全法》等法律中均可见我国对于公民个人信息安全保护的态度，表明了公民个人信息的神圣不可侵犯性。但各司法领域大部分是将"敏感个人信息"归集于"个人信息"，以"个人信息"的概念进行统一阐述，并未突出敏感个人信息的特殊性，针对性不强，面临着法律适用困境。

我国《民法典》第1034条规定自然人的个人信息受法律保护则是以个人信息包含生物识别信息进行法律保护，在一定程度上是保护了部分敏感个人信息的。其规定"个人信息是以电子或者其他方式记录的能够单独或者与其他信息结合识别特定自然人的各种信息"，但并未涵盖敏感个人信息的所有内容。《网络安全法》《数据安全法》则仅广泛使用"个人信息"的概念，对公民的敏感个人信息并未作出明确规定，且过于形式化，不利于智能穿戴设备下敏感个人信息的法律保护。另外，医疗领域相关联法律法规亦未提及有关敏感个人信息保护的相关内容，若发生敏感个人信息泄露事件，将造成医院及关联机关单位公信力的锐减。[1]

从《刑法》的角度考虑，侵犯公民个人信息罪，通过判定情节严重或特别严重执行相应制裁。敏感个人信息作为特殊的个人信息，极具价值，易受非法侵害，若情节较严重或一般严重，对公民的危害和影响将是不可忽略的，但其却无法得到现有刑法的保护。

---

[1] 张勇："敏感个人信息的公私法一体化保护"，载《东方法学》2022年第1期。

三、敏感个人信息的公私法一体保护

（一）敏感个人信息的公私法保护

公法和私法的划分首先出现于古罗马著名法学家乌尔比安主张的理论中，并在罗马法中实际实现。在一般情况下，公法调整的是国家和社会公共利益，私法调整的是民事主体的私人利益，其共同利益部分则受公私法融合调整。公私法的一体化融合表现为公法和私法的动态转化，属于我国法治建设一大具有代表性的特征，体现出了我国法治建设应时而生、应时而变的特点，亦是我国法治民主与正义的体现。

我国《个人信息保护法》对敏感个人信息的公私法保护主要以个人信息为论。其中第二节"敏感个人信息的处理规则"以"单独同意"为原则，对个人信息处理者处理敏感个人信息进行了法律规范，规定在具有特定的目的和充分的必要性且采取严格保护措施的情形下，必须获得个人单独同意方可处理敏感个人信息，其主要以私法规范为主。在公法规制方面，则主要约束公权力机构的个人信息处理，设定国家机关处理个人信息的特别规定，基于"告知""权限范围""安全保障""法定职责"等原则进行处理。由此可见，《个人信息保护法》主要以私法为主导、以公法为辅助，旨在实现民法、行政法、刑法三法交叉融合保护。

（二）强化公私法保护

在我国，针对智能穿戴设备敏感个人信息的法律法规主要集中于个人信息保护相关立法、信息安全技术标准、穿戴设备行业规范之中。笔者认为，有关智能穿戴设备及敏感个人信息的相关技术规范，应当被作为立法基础，以加强当前法律的适用性保护，明确侵权责任。

第一，明令禁止处理敏感个人信息。若因合法、正当、必要的情况需使用敏感个人信息，应当取得个人的单独书面同意，不得采用一般个人信息处理的概括授权同意规则，禁止以任意方式直接或间接"强迫"个人同意，比如不授权同意则不予服务。[1]

第二，明确权利和义务，严格遵守告知义务。明确信息权利人应当享有知情权、决定权；查阅、复制权；请求更正、补充权，请求删除权；要求解

---

[1] 王春晖："营造良好数字生态的三大法治基石"，载《中国电信业》2021年第11期。

释说明权等。信息处理者（包括公权力机关、民事主体等）应承担防止敏感个人信息未经个人授权被使用、访问、泄露、篡改、删除等义务，分工协作，在信息定向推送、三方接入管理、用户权限、安全认证、信息处理能力、责任人/组织、应急预案等方面进行严格控制，且应告知信息权利人需处理的敏感个人信息的类型、设备、传播范围、影响、信息处理的必要性和目的、处理执行对象，"明确标识"和"突出显示"，严禁直接或间接"糊弄"告知。

第三，加强行政监管，限制对敏感个人信息的处理行为。加强对信息处理者经营管理的控制，对敏感个人信息的处理应严格遵守合法、正当、必要的原则和单独同意原则，禁止信息处理者传输、公开敏感个人信息，且严格控制信息处理者对敏感个人信息的收集、存储、使用、加工。

第四，加强刑事制裁。对于侵犯敏感个人信息罪，细化情节较严重与一般严重的情形，增设刑事惩罚规则条款。

（三）完善分类分级保护

根据《信息技术-穿戴式设备》国家标准可知，智能穿戴设备的类型包括近身型、贴身型、体内型。不同类型的智能穿戴设备[1]对应的可处理的敏感个人信息种类、可收集的敏感个人信息量均不同。根据《个人信息保护法》的相关规定，个人信息处理者对个人信息有分类管理的义务，个人信息处理者应提前告知公民该智能穿戴设备在处理过程中采集敏感个人信息的种类和量级，并基于此确定敏感个人信息的保密管理等级。

对于信息处理者的事后补救，我国有关部门制定出台了一系列有关信息安全分类分级管理的标准规范，如《信息安全技术-信息安全事件分类分级指南》。信息处理者应建立敏感个人信息安全事故管理体系，配备信息安全事故等级制度和解决方案。

结　语

《个人信息保护法》的出台进一步强调了强化敏感个人信息分类分级保护的必要性。基于此，如何识别敏感个人信息的危害及影响程度成了立法适用

---

[1] 刘宪权、何阳阳："《个人信息保护法》视角下侵犯公民个人信息罪要件的调整"，载《华南师范大学学报（社会科学版）》2022年第1期。

的难点。[1]智能穿戴设备作为未来生活娱乐、医疗健康领域的重要产品,其在为人类社会造福的同时若被不当应用,将影响国家安全和社会稳定。因此,建设强有力的公私法一体化法律保护制度,分类分级管理智能穿戴设备采集的敏感个人信息具有必要性。

---

〔1〕 宁园:"敏感个人信息的法律基准与范畴界定——以《个人信息保护法》第28条第1款为中心",载《比较法研究》2021年第5期。

隔代探望权的法律研究

姜中枢[*]

(中国政法大学 北京 100088)

摘 要：隔代探望权在法律中没有明确的依据，因此在婚姻家庭纠纷中一直是一个富有争议的问题。针对这种情况，本文从隔代探望权理论层面进行详细的阐述，肯定了隔代探望权对未成年人的有利作用。在赋予隔代探望权时，我国应着重考虑（外）祖父母与（外）孙子女的关系以及未成年人的意愿，保障未成年人的利益最大化，维护家庭幸福，促进社会和谐。

关键词：隔代探望权　（外）祖父母　未成年人利益最大化

隔代探望问题一直是一个在婚姻家庭纠纷中富有争议的话题。2016 年《第八次全国法院民事商事审判工作会议（民事部分）纪要》第 3 条规定："祖父母、外祖父母对父母已经死亡或父母无力抚养的未成年孙子女、外孙子女尽了抚养义务，其定期探望孙子女、外孙子女的权利应当得到尊重，并有权通过诉讼方式获得司法保护。"同时，《民法典》虽未直接确立隔代探望权制度，但不排除法院根据具体情况支持当事人隔代探望的请求。然而，隔代探望权没有确切的法律依据，引发了各方对是否赋予隔代探望权的争议。

一、隔代探望权的理论探索

（一）隔代探望权的法律属性

从法理上看，未成年人父母的探望权属于亲权的内容。当父母离婚后，抚养并和子女共同居住生活的一方享有直接的抚养权和监护权，而另一方则

---

[*] 作者简介：姜中枢（1992 年-），男，汉族，吉林长春人，中国政法大学同等学力研修班 2022 级学生，研究方向为民商法学。

享有探望权。其中，（外）祖父母的隔代探望权派生于亲权，是其延伸和补充。[1]隔代探望权具有以下三个法律属性：①身份权属性，隔代探望权的权利主体一般是未成年人三代以内的直系长辈血亲；②亲属权属性，（外）祖父母对未成年人享有的亲属权是对未成年人身份权益保护的重要一环；③人格和精神权益属性，（外）祖父母探望（外）孙子女时，可以与未成年人进行情感上的交流，满足探望人的情感需求，也可以给予未成年人照顾和关心，这对于双方特别是未成年人的成长都是有利的。

（二）隔代探望权的必要性

计划生育在我国实行多年，对我国的人口增长产生了深远影响，独生子女家庭迅速增加，相应也导致失独家庭不断增多。然而，我国现有对老年人的社会保障制度仍不完善，老年人的晚年生活成了一个社会问题。对于重亲情的老年人来说，对（外）孙子女的探望无疑是对其良好的慰藉。此外，由于经济的发展，人口的流动性增强，许多年轻人离开家乡外出打工，大部分留守儿童都由（外）祖父母照顾，双方建立了深厚的感情。随着年轻人长时间分离，家庭观念淡薄，离婚率也不断上升。此时，（外）祖父母如果得不到抚养孩子的监护人同意，见面便会很困难。这既不利于未成年人的身心发展，也会对老年人造成打击。因此，老年人要求隔代探望权从情感上说是可以理解且正当的，符合社会公德，对未成年人特别是留守儿童的情感发展也是有利的。

目前，法律对隔代探望权没有作出明确规定，面对此类案件时缺乏法律依据，不同法院的判决结果大相径庭，造成了结果的混乱，无法使当事人信服，产生了不良的社会效果，影响了法院的权威性。因此，祖孙之间的探望问题是一个亟待解决的社会问题。

（三）隔代探望权的正当性

虽然现行的法律暂时没有对隔代探望权作出明确规定，但《民法通则》第7条的"民事活动应当尊重社会公德"规定为隔代探望权的行使埋下了伏笔。中华民族自古以来一直重视家庭、重视亲情，从该规定出发，可以引申出隔代探望权的正当性。近年来，随着社会各界对隔代探望问题的重视，最

---

[1] 景春兰、殷昭仙："探望权及其主体扩展的立法思考——以'儿童最大利益'原则为视角"，载《法学杂志》2011年第8期。

高人民法院关于这个问题已经开展尝试。2015年，最高人民法院针对探望权问题明确"抚养孙子女、外孙子女的祖父母、外祖父母主张探望孙子女、外孙子女的，一般应予保护"，进一步填补了隔代探望权的空白。同时，国际上也有不断扩大探望权主体的趋势。随着立法国际化以及司法实践的不断探索，具有中国特色的隔代探望权制度必将不断完善。

二、隔代探望权行使的基本原则

（一）遵循未成年人利益最大化原则

探望权是为未成年人设立的法律权益，是基于父母与子女之间特定的身份关系衍生出来的，其目的是保护未成年人的权益。[1]目前，亲权制度的宗旨就是保障未成年人获得父母的关爱，不受父母离异影响，保障未成年人利益最大化。因此，隔代探望权制度应当把未成年人的利益作为重要的考量因素。

（二）权利与义务相适应原则

《民法典》第1074条和第1128条第1款规定，在某些情况下，（外）祖父母对（外）孙子女有法定抚养义务，未成年人也有继承（外）祖父母遗产的权利。基于此，我国应该赋予（外）祖父母与（外）孙子女交往的权利。[2]

（三）尊重亲情伦理原则

《民法典》规定，从事民事活动以不违背公序良俗为基本原则。对隔代探望权的保护，不仅能满足祖孙两代人的情感需求，也可以保护老年人和未成年人权益，弘扬中华民族敬老爱幼的传统美德。[3]

（四）符合私法自治原则

对私权利来说，只有法律法规明确禁止的相关行为才不可为，其他个人行为皆属可为。《民法典》并没有禁止（外）祖父母对（外）孙子女进行探望，因此隔代探望权的认定和保护仍有空间。此外，探望权的设立是为了保护未成年人的利益，保护其身心健康，（外）祖父母的探望可以提高未成年人

---

[1] 李贝："《民法典》时代隔代探望纠纷的裁判思路——从权利进路向义务进路的转向"，载《法商研究》2022年第4期。

[2] 宋暖阳："隔代探望权的法律思考"，载《法制博览》2019年第23期。

[3] 项定宜、徐久雅："我国探望权制度探析"，载《白城师范学院学报》2022年第3期。

的幸福感,符合立法目的。[1]

三、隔代探望权的落实

如前所述,隔代探望权制度有其法律价值与现实意义,但法律并未明确规定应如何落实这一机制。因此,在实践落实中,应做如下适用,原则上应同意(外)祖父母的探望权,除非存在例外情形:

父母离婚后,不直接抚养未成年人一方能够正常行使探望权,因此未成年人的(外)祖父母往往可以通过未成年人父母的探望,实现陪同探望或委托探望的需求。但如果出现下面的情况,(外)祖父母的探望需求则会凸显:①不直接抚养未成年人的一方死亡[2];②不直接抚养未成年人一方丧失民事行为能力;③不直接抚养未成年人的一方被限制人身自由(如被羁押等)。由于父母的探望权缺失或受阻,(外)祖父母探望权的补充功能更应该得到重视。

如果祖孙之间长期共同生活,建立了深厚的感情,为了未成年人健康成长,其(外)祖父母的探望权应该得到保护。如果祖孙之间没有联系和生活交集,祖辈由于与直接抚养人之间有矛盾等其他原因主张隔代探望权就不应得到支持。

未成年人权益最大化原则应当适用于探望权制度。如果(外)祖父母探望会严重影响未成年人的生活,对未成年人有不利举动,甚至严重危害未成年人权益,就需要限制隔代探望权的行使。此外,年满8周岁的未成年人已经具有一定的识别能力,可以对是否愿意(外)祖父母进行探望作出判断。此时,应该考虑未成年人的意愿,如果能够确定(外)祖父母对未成年人有不良影响,则不应支持其探望主张。

综上,《民法典》对隔代探望权没有作出明确规定,但这并不意味着法院在审理此类纠纷时处于无法可依的境地。监护制度的延伸价值、直系血亲亲属身份权益的保护、未成年人利益最大化等司法理念、公序良俗,都可以成为法院进行裁判的依托。故应根据双方的具体情况,结合情感、隐私、风俗习惯等伦理因素,找到实现探望权的最佳路径,维护家庭的和谐与社会稳定。

---

[1] 陈丹、靳英:"隔代探望权行使的现实困境及其司法应对",载《黑龙江社会科学》2019年第4期。

[2] 潘家永:"失独老人享有隔代探望权吗",载《新农村》2019年第11期。

商标侵权行为中的商标性使用

李盛楠*

(中国政法大学　北京 100088)

摘　要：在一般情况下，商标性使用是商标功能实现的前提，也是认定商标侵权的前提条件。但随着信息技术的发展，商标性使用的方式更为多样，判断某一行为是否属于商标性使用也更为困难。在判定商标性使用时要结合具体的商标使用形式，把握住商标性使用的目的是体现商标价值这一核心点，将具备识别商品或服务来源功能的标识使用行为认定为商标性使用。

关键词：商标侵权　商标性使用　多元化商标使用

我们常将商标法意义上的使用称为"商标性使用"，其在商标法律体系中具有非常重要的作用，贯穿于商标权利的起始和终了，涉及商标权利的取得、维持和救济等方方面面。更有外国学者将"商标性使用"比喻为"守门人"，足可见其举足轻重的法律地位。在2013年《商标法》修正后该法第48条对"商标的使用"给出了定义："本法所称商标的使用，是指将商标用于商品、商品包装或者容器以及商品交易文书上，或者将商标用于广告宣传、展览以及其他商业活动中，用于识别商品来源的行为。"

一、商标性使用的立法背景及本质特征

从2013年《商标法》第48条的规定来看，其中不仅列举了多种商标的使用形式，更在结尾处明确"用于识别商品来源"这一使用目的，从而丰富了商标使用的内涵。事实上，在修订《商标法实施条例》的过程中，我国也

---

* 作者简介：李盛楠（1985年-），女，回族，北京人，中国政法大学同等学力研修班2022级学员，研究方向为知识产权。

曾对商标的使用形式进行过多次完善，但商标使用的实质内涵却是首次出现在《商标法》中。

此前，在商标侵权裁判案件中，法院常将"商标意义上的使用"作为首要构成要件，我们在实践当中也可发现，不能将贴在商品上的标识简单等同于商标使用，有些未起到识别功能的标识不应被认定为商标意义上的使用。由此，在最高人民法院的建议下，"用于识别商品来源"这一表述，经审议被正式写入法条。此类概念的划分也说明："商标使用不但需要有商标使用之形式，更需要有识别商品来源之实质，如此才能在纷繁复杂的商标使用或者貌似商标使用中去伪存真和透过现象看本质。"[1]

在日常的商业活动中，经营者创立品牌，并将其显著识别的文字、图形、颜色组合甚至声音注册为商标，使其与自己的产品建立对应关系，目的就是在向消费者介绍产品时能使之区别于其他同行业竞争者，这也是商标的基本价值。除此之外，商标还承载着企业沉淀多年的文化背景和经营理念乃至商誉，可以为经营者带来更多的附加价值。

"现代市场营销之父"菲利普·科特勒（Philip Kotler）在他的《市场管理》一书中写道："品牌是一个名字、一种说法、一个符号或者设计，或者是以上所有这些的总和，其目的就是要让你的产品或服务跟竞争对手有所区别。"由此我们不难理解，区分商品来源是商标性使用的根本内涵，也是它不同于其他标志的本质区别。

二、商标侵权案件中的判定标准

商标性使用是商标功能实现的前提，也是商标权得以维持的必要条件。国家知识产权局制定的《商标侵权判断标准》第3条第1款规定："判断是否构成商标侵权，一般需要判断涉嫌侵权行为是否构成商标法意义上的商标的使用。"结合之前国家知识产权局公布的对《商标侵权判断标准》的理解与适用我们不难理解，商标性使用是判断商标侵权行为的前提条件，而只有能发挥商标的识别来源功能才算是商标法意义上的使用。[2]

---

〔1〕孔祥俊："商标使用行为法律构造的实质主义——基于涉外贴牌加工商标侵权案的展开"，载《中外法学》2020年第5期。

〔2〕国家知识产权局《商标侵权判断标准》理解与适用。

司法实践中不乏因不满足商标性使用这一必要前提，从而排除侵权的案例。湖北虾乡食品公司以第14776174号"虾香稻"注册商标权，主张湖北洪森实业公司在其生产的大米包装上使用"虾乡稻米"标识的行为构成侵权。后经由湖北省沙洋县原工商局逐级报请至国家知识产权局，最终查实，由于该地区推广稻田里养虾，虾稻共生的种植方式已具规模，被诉企业在其生产大米包装上标注了此种植方式说明，且有与商号一致的"洪森"商标用以区别商品来源，其使用"虾乡稻米"标识仅是为了描述产品种植方式等特征，不属于商标性使用，因而认定未构成侵权。[1]

尽管《商标法》第57条针对侵权行为还列有多种情形，且在判定是否构成侵权时也要考虑商标本身的相同近似性、商品类似与否，是否存在混淆等诸多因素，但在判定上述因素之前，一般应先就被诉侵权的行为是否属于商标性使用这一前置要素进行认定。

三、互联网经济给商标性使用的界定带来了新挑战

在判定商标性使用时要结合具体的商标使用形式，《商标侵权判断标准》第6条概括性地列举了5种使用类型，与《商标法》第48条相比，增加了网站、即时通信工具、社交网络平台以及二维码等载体表现形式。随着互联网经济的飞速发展，电子商务、社交平台在给我们的生活带来便利的同时，也更新了大家对于传统商标使用方式的认知，比如用作关键词检索、网页标签甚至直接用作域名。如此多元化的表现形式使得对商标性使用的界定面临新的难题。

有关商标性使用的争论最早源于美国一件搜索引擎关键词的商标权纠纷案件，可见由于互联网打破了时间和空间的限制，其信息的传递方式、传播速度和周期都远胜于传统媒介，线上营销凭借网络的方便快捷、不受场地约束等特有优势也很快取代了传统广告推送模式。在这种市场环境下，经营者要想在众多竞争者中占得一席之地，品牌塑造和广告宣传无疑处于关键地位，商标的价值也更加凸显。消费者在无法实际触摸和感受产品之前，会基于经营者的商业信誉、品牌口碑等条件选择商品。此时，附着于商品上的商标便承

---

[1]《国家知识产权局关于湖北洪森（集团）实业有限公司是否侵犯"虾香稻"商标专用权的批复》（国知发保函字［2019］227号）。

载着企业商誉，直接担负起宣传的功能，这也会使得经营者更加关注并积极拓展商标在互联网中的各种使用形式。

网络平台上的商标性使用应被如何界定？以关键词检索这一方式举例，我们常见的使用他人商标的情形有两类：一是在搜索引擎关键词部分使用与他人注册商标相同近似的文字，但该文字仅用于推广，不显示在搜索结果中；二是不仅将与他人注册商标相同近似的文字用作关键词，并且在搜索结果网页链接标题等显著位置也显示该文字。后一种情形易使网络用户基于其检索目的产生联想，认为含有该关键词的链接与其期待检索的特定商品或服务之间存在特定关联。此时该关键词由于具备了识别商品或服务来源的功能，便可以被认定为是商标性使用行为。[1]

结　论

在互联网经济时代背景下，信息传递方式、商业经营模式以及消费者意识等都在随时随地发生改变，诸多未知因素也影响着商标价值的体现。不断更迭的商标侵权类型，在多元化使用方式面前该如何被界定，这也将成为我们持续探索的新课题。但无论商标使用方式如何改变，商标性使用都是体现商标价值的核心要素，只有把握这一基础认知，我们方能在捍卫商标权人法定权益与保障消费者合法利益之间寻找到平衡点。

---

〔1〕 徐子淼："互联网环境下商标侵权判定中的'商标性使用'辨析"，载《科技与法律（中英文）》2022年第4期。

功能性限定权利要求审查与解释

杨 爽*

(中国政法大学 北京 100088)

摘 要：对于功能性特征，我国在专利审查阶段和侵权诉讼的司法阶段执行的标准不尽相同，导致在权利要求中对特征的解释不一致，范围亦不一致。这就使对专利保护范围的确定陷入了争议。针对该情况，笔者通过对国内相关案件的审查和诉讼进行分析，以及参考国外相关案例的审判过程，提出了统一审查阶段和诉讼阶段对权利要求的解释的建议，以期减少相关争议。

关键词：权利要求 功能性限定 必要技术特征 审查

专利的权利要求书是撰写、申请、审查、保护和维权整个专利生命周期最重要的组成部分。对权利要求保护范围的解释最直接的影响就是确定专利保护范围的大小，将权利要求保护范围解释得过大将损害公众的利益，而将权利要求保护范围解释得过小则将损害专利权人的利益，本文试图对此进行研究，提出解决的对策，以期在专利审查和后续维权诉讼阶段实现标准统一。

一、我国功能性限定的审查和诉讼标准

在专利审查阶段，我国《专利审查指南》（2010年修订）第二部分第二章第3.2.1节有如下规定：对于权利要求所包含的功能性限定的技术特征，应当理解为覆盖了所有能够实现所述功能的实施方式。[1]可见，在我国的审查阶段，对专利的权利要求的解释使用了最宽泛的解释方法。

---

* 作者简介：杨爽（1986年-），男，汉族，江苏南京人，中国政法大学同等学力研修班2022级学员，研究方向为知识产权。

[1] 中华人民共和国国家知识产权局：《专利审查指南（2010）》，知识产权出版社2010年版。

然而，在专利侵权诉讼阶段，《最高人民法院关于审理侵犯专利权纠纷案件应用法律若干问题的解释（二）》（以下简称《专利权纠纷解释（二）》）第8条规定："与说明书及附图记载的实现前款所称功能或者效果不可缺少的技术特征相比，被诉侵权技术方案的相应技术特征是以基本相同的手段，实现相同的功能，达到相同的效果，且本领域普通技术人员在被诉侵权行为发生时无需经过创造性劳动就能够联想到的，人民法院应当认定该相应技术特征与功能性特征相同或者等同。"《专利权纠纷解释（二）》是结合说明书和附图的内容，并运用"一基本相同及二相同"的判断原则进行解释的。[1]

由此可见，在审查和专利侵权诉讼阶段，我国对相同的权利要求中的功能性限定技术特征采用了不同的解释方法，这很可能导致不同的保护范围，从而对专利权人或者公众的利益造成损害。[2]

二、功能性限定相关案例分析

下面笔者将通过几个案例来详细阐述：

（一）"自动鞋套机案"

该案的一审判决书认定了权利要求书中的"止动件"为功能性限定，并依据《专利权纠纷解释（二）》的规定，援引专利说明书中关于第一止动件和第二止动件的记载的相关内容进行了审理；[3]该案还进行了二审，二审认同了一审判决的意见，维持了原判。权利要求书对该专利特征的描述是"包括第一止动件和第二止动件，第一止动件和第二止动件分别对称设置于脚插入孔内的前、后两端"。可见，其并不包括"止动件"的具体机构。[4]

从上述的案例审查及一、二审判决可知，在该专利的审查阶段，我国虽对未明确的第一和第二止动件的结构给予了最宽范围解释的认定和保护，但是两审法院都提出该第一及第二止动件仅描述了相关部件之功能，在权利要求文字中并无具体的结构特征限定。且两审法院并未认定全部可实现止动件

---

〔1〕 师彦斌："专利权利要求中功能性限定特征的审查标准及对策建议"，载《知识产权》2011年第1期。

〔2〕 孙平："关于权利要求中功能性限定特征解释的探讨"，载《中国发明与专利》2010年第5期。

〔3〕 上海知识产权法院［2015］沪知民初字第212号判决书。

〔4〕 上海市高级人民法院［2015］沪高民三（知）终字第88号判决书。

功能的方式，仅援引了专利说明书中相关的结构描述。将权利要求中相应的特征解释为"第一和第二止动件之具体结构或是铰接设置于机身内的单摆构件和弹性挡条，或是设置于机身内的弹性挡板"的相同或等同技术特征。该解释明显缩小了相应的权利要求的保护范围，而相应的特征只被记载在专利说明书中而未被记载在权利要求书中。因此，这两种解释造成了审查阶段和诉讼阶段专利认定的范围不一致。且从两审法院的特征认定中可以看出，法院在对被控侵权产品的相关"止动件"技术特征进行比对的时候，在技术手段方面分别比对了止动件的形状以及其主要的连接结构是否相同或等同。其中，专利说明书描述的相关特征的必要部分包括了止动件的连接方式是铰接还是直接设置，其形状结构是单摆构件、弹性挡条还是挡板。因此，相当于从专利说明书中引入了"该第一止动件和第二止动件为铰接或直接设置于机身内的单摆构件和/或弹性挡条或挡板"不可缺少的技术特征，且将专利权人认定的被控侵权产品中的"导轨具有弧度的部分与卡扣接触而具有摩擦力，该摩擦力与鞋套的橡皮筋之间的张力保持平衡"的技术特征与"第二止动件"的相关必要技术特征进行对比可见，二者明显不具有相同或等同的特征。因此，若在审查阶段对权利要求进行解释时要求申请人对相关的功能性限定进一步引入专利说明书中记载的不可缺少的技术特征，将对进一步明确该权利要求的保护边界起到更好的公示作用。

（二）"接线端子案"

该案在无效复审时将"使公端和/或母端与外部套件紧密配合"的功能性限定作为区别而未作进一步限定。[1]然而，一审判决时，法院对该功能性进行限定时援引了专利说明书记载的"其采用了在公端和/或母端的外侧壁设置凸条、凸点或具有高摩擦系数的涂层，使得外部套件插入时由于挤压或者摩擦力的作用实现紧密配合"。[2]

该案在审查阶段以及复审阶段都未指出该功能性限定的特征应该包括专利说明书记载的相应的不可缺少的技术特征便确定了该权利要求的保护范围。然而，在该案一审阶段，法院在解释权利要求时援引了与功能性限定相关的专利说明书记载的内容，对权利要求的保护范围进行了缩小解释，认定权利

---

[1] 国家知识产权局专利复审和无效委员会第53524号决定书。
[2] 广州知识产权法院［2020］粤73知民初2559号判决书。

要求书中的"连接件"需要具有"在公端和/或母端的外侧壁设置凸条、凸点或具有高摩擦系数的涂层"。因此，上述特征属于该功能性限定不可缺少的技术特征。由此可见，在诉讼阶段认定权利要求的保护范围的时候，法院并未局限于依据权利要求书的字面含义作出最宽泛解释，而是援引了专利说明书中功能性特征的不可缺少技术特征作为权利要求的特征的一部分来进行相关解释。进一步说明，在审查阶段引导申请人增加功能性限定特征的不可缺少的技术特征，可以明确权利要求保护范围且不会对最终的诉讼阶段权利要求范围产生影响，能使审查和诉讼阶段对权利要求解释的标准达成一致。

（三）"Williamson v Citrix Online LLC 案"

该案是一件美国专利历史上具有"里程碑"意义的专利诉讼案，该案涉及美国专利 US 6155840（以下简称"涉案专利"）。美国联邦巡回法院在审理该案时认可了本案中的"distributed learning control module"（分布式学习控制模块）属于功能性限定，且认为专利说明书并未公开权利要求 8 对应于"协调数据信息"功能的相关结构，并且专利权说明书缺少执行该功能的算法/结构的必不可少的特征。基于该缺少的事实，法院裁定权利要求由于具有不确定性而无效。[1]由此可见，在该案件的审理过程中，美国法院同样在解释功能性限定时援引了相关必不可少的技术特征。也就是说，认定了作为功能性限定的技术特征在解释的时候需要有相应的结构、组分、步骤、条件或其之间的关系对应于实现该功能的功能性特征。

结　论

从上述中国和美国的司法实践我们可以看出，针对功能性限定的特征时，两国都会使用必不可少的特征对该特征进行限定。有鉴于此，为了实现审查和诉讼审理阶段对权利要求解释的统一和标准的一致，更好地平衡专利权人与社会公众的利益，笔者建议，在审查阶段可以根据我国《专利法实施细则》第 20.2 关于必要技术特征的规定，将其适用范围扩张至权利要求中的功能性特征也需要包括相应的必要技术特征：首先，这与《专利权纠纷解释（二）》

---

〔1〕 "Williamson vs Citrix 案：美国专利审查中关于功能性限定描述的认定和解释"，载 TiPLab Miya，https://mp.weixin.qq.com/s? src = 11&timestamp = 1665189996&ver = 4091&signature = -oH0ELGI9 Eq ＊ T7xthfvxEs3Dj0 ＊ MC7JdChXSXKabq1EuqhHRRzqFuX63DgkZdIK4aM4 - uusZKTefegUztUcjEvpLU9 - r2lGkJo0vPAGiKelEzN9P6IzecizzNsCFQfH2&new = 1.

记载的"与说明书及附图记载的实现前款所称功能或者效果不可缺少的技术特征相比"判断标准是相一致的;其次,在审查通知书中引入该条款能够很好地避免专利说明书仅记载功能性特征而没有对特征的详细描述的情况;最后,在审查阶段通过专利权人的主动修改能够进一步明确权利要求的保护范围边界,增强专利的公示作用。

"一房二卖"法律适用问题研究

周丽娜[*]

(中国政法大学 北京 100088)

摘 要：近年来，"一房二卖"经常性地出现在房屋买卖过程中，且在司法实践中我们经常能够发现由"一房二卖"引发的纠纷。基于此，"一房二卖"背后的法律问题成了人们所关心的问题。所谓"一房二卖"，是指房屋所有权人将一套房屋分别出售给两名购房人，且房屋所有权人分别与两名购房人签订房屋买卖合同的行为。

关键词：一房二卖 房屋买卖 合同纠纷

一、问题的提出

2018年11月13日，王某与张某签订商品房买卖合同，约定将A房屋以100万元的价格出售给张某，合同签订后，王某将A房屋交付给张某，张某也向王某支付了相应的购房款，但王某并未与张某办理过户登记，且商品房买卖合同也未进行网签备案登记。2018年11月25日，王某又与不知情的李某签订商品房买卖合同，约定王某将A房屋以120万元的价格出售给李某，王某与李某办理了过户登记，李某也将购房款支付给了王某，但王某未将房屋交付给李某。后李某在办理入住时，发现A房屋已被张某入住，便要求张某向其返还房屋，张某拒绝返还，纠纷遂起。

上文论述的就是一个典型的"一房二卖"案件。在日常生活中，"一房二卖"行为通常涉及以下几类组合形式：首先，房屋所有权人在两次售卖过程

---

[*] 作者简介：周丽娜（1981年-），女，汉族，湖北襄阳人，中国政法大学同等学力研修班2022级学员，研究方向为经济法学。

中均没有完成房屋交付以及房屋登记；其次，房屋所有权人已经完成一次房屋交付和登记，但是针对另一名购房人却没有完成房屋交付和房屋登记；最后，房屋所有权人已经完成了一次买卖的房屋登记却没交付，另一次房屋买卖没有完成房屋登记，但完成了房屋交付。针对这三种情形，我国相关法律以及法律理论界给出了比较一致的解决方式，即已完成登记的一方优先，若两者均未完成登记，则应当以受领交付的一方优先，若购房方均未完成登记和受领交付，则签订合同或者支付购房款的一方优先。

二、普通"一房二卖"行为适用法律

普通"一房二卖"与商品房重复销售的区别。在这里要探讨的是普通"一房二卖"，而不是房地产企业的商品房重复销售。这两个概念看起来相似，都是出卖人把作为合同标的物的房屋出售给两个以上的买受人，但是二者其实是有区别的。商品房重复销售的出卖人主体一方是具有商品房开发资质的房地产开发企业和与房地产开发企业订立包销合同的房地产中介服务机构，买受人一方可以是公民或者其他企业法人。而我们在这里所说的普通"一房二卖"的双方都并非房地产开发企业或是与房地产开发企业订立包销合同的房地产中介服务机构。其中包括公民个人之间，非房地产开发企业法人之间的房屋买卖。另外，二者适用的法律也存在很大差异。《最高人民法院关于审理商品房买卖合同纠纷案件适用法律若干问题的解释》规定了关于商品房重复交易的相关规范。但是，本文所指的普通"一房二卖"问题却无法适用上述法律规范，这是因为该法律规范针对的商品房重复售卖的主体是房地产的开发者或者与房地产开发企业订立包销合同的房地产中介服务机构。所以，针对普通"一房二卖"行为，我们需要从其他的法律中寻找解决的方法。

早期，普通民众认为就同一房屋，已经办理房产过户登记手续的买卖行为有效，而没有办理房屋过户登记的买卖行为无效；或者是先签订的房屋买卖合同有效，而后签订的房屋买卖合同无效。[1]这一认识误区在很长一段时间内一直左右着人们对"一房二卖"行为效力的判断，甚至有的法官在判案

---

[1] 周琼："买卖合同交付主义风险负担浅析——以'一房二卖'为切入点"，载《山西省政法管理干部学院学报》2018年第1期。

时也采用上述原则。虽然最高人民法院在《关于审理房地产管理法施行前房地产开发经营案件若干问题的解答》中对"一房二卖"的问题作出过类似的规定，但是针对的主体还是房地产开发企业。笔者认为，对普通"一房二卖"的处理应该适用《民法典》的相关规定。

三、普通"一房二卖"行为中前后两个合同的效力及处理方法

（一）两个合同的效力

法律或行政法规并未将房屋买卖过户登记规定为房屋买卖合同的生效要件。在这种情况下应当认为前后两个买卖合同都是有效的。依据《民法典》"合同编"的相关规定，依照我国法律设立的合同，在合同成立时就具有相应的法律效力。《民法典》第502条第2款规定："依照法律、行政法规的规定，合同应当办理批准等手续的，依照其规定。未办理批准等手续影响合同生效的，不影响合同中履行报批等义务条款以及相关条款的效力。应当办理申请批准等手续的当事人未履行义务的，对方可以请求其承担违反该义务的责任。"《城市房地产管理法》第36条规定："房地产转让、抵押，当事人应当依照本法第五章的规定办理权属登记。"但并未规定登记与合同效力之间的关系。从以上条款来看，法律或行政法规并未将房屋过户登记规定为合同的生效要件，也就是说，房屋买卖合同生效不以房屋登记为要件。第二个买卖合同虽然没有办理过户登记，但是这并不会影响其效力。因此，两个房屋买卖合同均属有效。

（二）物权与债权的区别

由于第一个房屋买卖合同成立在前，且合同已经履行并具有法律效力，所以在第一个合同当中的购房人已经获得了交易房屋的所有权，但是由于当事人签订合同的前后时间不同，所以享有的请求权性质也存在差异。首个与房屋所有权人签订合同的买受人的债权已经满足，所以房屋所有权人也已经发生了转变。因此，首个签订合同的买受人已经具备了物权请求权，而第二个买受人所享有的是房屋买卖合同中产生的债权请求权。[1]物权行为与债权行为两者之间存在着很大的差别，所以会引起不同的法律后果。

物权是指权利人在法定的范围内直接支配一定的物，并排斥他人干涉的

---

〔1〕巫国平、李俊晔："一房二卖的差价损失赔偿"，载《人民司法》2014年第12期。

权利。物权作为绝对权和"对世权",权利的主体是特定的,所有人不能通过任何形式、任何手段对所有权人所享受的权利进行非法侵害。对于物权的权利人而言,其在行使权利的过程中无需受到他人行为的影响。物权具备排他性质,这种性质涉及两个方面:首先是物权受到保护,他人不能侵害;其次是物权可以产生优先权以及物上请求权等效力。

而债权的内容与物权相反,债权人一般不是支配一定的物,而是请求债务人依照债的内容为一定行为或不为一定行为。债权的排他性是有一定限制的,债权无法像物权那样产生优先权等效力。因此,第二个买受人享有的对标的物房屋的债权是不能对抗第一个买受人对该房屋的物权的。所以,第二个合同的买受人不能主张对房屋享有所有权。

(三) 处理方法

第二个买受人所享有的债权请求权对作为买卖标的物的房屋本身无直接支配及排他的效力,即使已占有买卖标的物,但因为该房屋所有权已经被移转至第一个买受人,故其对该房屋的占有没有法律上的基础,属于无权占有,应负返还房屋的义务。[1]

但是,第二个买受人签订的合同同样是有效的。前文已述,我国法律或行政法规并未将房屋买卖过户登记规定为房屋买卖合同的生效要件,因此第二个合同的效力是可以获得肯定的。可是房屋已经被过户给第一个买受人,合同的继续履行已经是不可能的了。依据《民法典》第580条的规定,出卖人对买受人不履行非金钱债务或者履行非金钱债务不符合约定的,在法律上或者事实上不能履行的情况下,买受人不得要求履行。出卖人违反此种义务,即应承担相应的法律后果。也就是说,合同的标的物已经归他人所有,实际履行已不能,在该种情形下,没有强制实际履行问题。此时,合同上的债务将转化为损害赔偿的债务,买受人可以依据《民法典》合同编的相关规定让出卖人承担违约赔偿责任。

总 结

普通"一房二买"是一个较为复杂的现象。我国法律对此问题的规定仍有漏洞,许多不法之徒借此机会来坑害广大的购房者,让很多买房人安家置

---

[1] 崔建远:"一房成为数个权利标的物时的紧张关系及其理顺",载《清华法学》2013年第5期。

业的美好梦想破灭。[1]笔者在这里对普通"一房二卖"前后两个合同的法律效力及处理方法做了简单的论述。希望国家相关部门尽快完善相关法律、法规,为买房者营造一个安全、公平的购房环境。

---

[1] 曾耀林:"因中介诈骗形成的一房二卖纠纷案的裁判思路",载《人民司法》2019年第5期。

论网络服务提供者不履行"反通知"程序的责任认定

陈 新*

(中国政法大学 北京 100088)

摘 要：网络服务提供者不履行反通知程序的现象常常发生，而责任认定却存在诸多问题。其原因是网络服务提供者的功能定位不明、责任性质不明、审查的初步证据标准不同和请求权基础不明。要解决这些问题：首先，要把握其责任的两个特征，一是属于过错责任，二是属于一般责任，表现为不作为的方式。其次，要规范网络服务提供者的审查程序，明确其居中责任，明确其审查的初步证据标准，采取形式审查与实质审查相结合的方式，并且借助法律规范、行政管理和行业自律等手段处理该责任认定，公平协调各方利益。

关键词：网络服务提供者　反通知程序　责任认定

一、问题的提出

互联网给人们的工作和生活带来了极大便利，也引发了侵权更加容易、维权更加困难的问题。由此，网络侵权保护逐渐受到社会关注。我国从立法层面建立了"避风港规则"，这一规则有两个重要内容：一是通知规则，即"通知—取下"程序，权利人发现侵权行为时，可以通过此程序维权。二是反通知规则，即"反通知—恢复"程序。对于不当利用"通知—取下"程序，

---

* 作者简介：陈新（1970年-），男，汉族，安徽池州人，中国政法大学同等学力研修班2022级学员，研究方向为民商法学专业。

虚假投诉、重复投诉,借助网络服务提供者的"通知—取下"程序达到打击竞争对手、控制定价等不正当竞争目的的行为,网络用户可以运用"反通知—恢复"程序进行维权。然而,网络用户在通过"反通知—恢复"程序维权时,经常会遭遇网络服务提供者不遵守"反通知"程序的情形,从而造成利益的损失扩大。

二、网络服务提供者不履行反通知程序的乱象分析

(一) 网络服务提供者的功能定位不明

网络服务提供者作为最大获益者和主动参与者,在主动预防侵权行为发生中应承担更多义务,应当对反通知进行实质审查,并对错误转通知和采取的措施承担相应的责任,但这无疑会给网络服务提供者增加巨大的审核成本,从而使其深受其累,不利于网络经营行业的健康发展。如果认为网络服务提供者仅是发挥"信使"的作用,居间转送相关权利人和网络用户的通知即可,不需要对通知或反通知内容进行法律上的判断,也无须对通知或反通知内容进行调查核实,仅作形式审查即可,则又不利于对相关权利人利益的保护。法律并未明确规定网络服务提供者的功能定位,从而导致其责权不明。

(二) 网络服务提供者的责任性质不明

在现实生活中,网络服务提供者的责任性质被分为两种:网络服务提供者未及时根据网络用户的反通知,终止所采取的措施,明知而不作为,由此基于共同侵权理论中的客观行为关联性,与错误投诉人构成共同侵权,两者应承担连带赔偿责任;网络服务提供者与错误投诉人明显没有客观行为的关联性,均不能满足"各侵权行为都足以造成全部损害",由此认定为分别侵权,按责任大小,按份承担责任。

(三) 进行审查的初步证据标准不同

在一个平台上可以解决的问题,另一个平台却不受理是常有的事情。即便是同一网络服务提供者,对通知与反通知的证据审查标准也存在差异。网络服务提供者常常不受理反通知,或者以更高的初步证据标准为理由,在形式审查后认为反通知未达到初步证据的标准,据以认定反通知不成立,避免承担可能的帮助侵权责任,以及避免由证据审查的非专业性带来的风险。

(四) 被投诉人的反通知请求权基础不明

虽然《民法典》第1196条未使用与"通知—取下"规则相同的"有权"

一词，而用的是"可以"，但理论界和实务界普遍认为网络用户享有反通知权，当网络用户接到网络服务提供者转送的侵权通知后，即产生反通知权。但对于反通知侵权的构成要件，立法却并未作出明确规定，因此网络用户损害赔偿请求权的基础尚未完全形成，不利于对网络用户正当权利的保护。

三、网络服务提供者不履行反通知程序的责任特征

（一）责任源于未尽审查义务

网络服务提供者在收到反通知后，要审查其内容，如果反通知的内容令一般理性人相信存在不侵权的可能性，那么网络服务提供者便应该将其转送给权利人。是否承担责任要看收到反通知内容时是否尽到了审查义务。如果尽到了审查义务，即证据达到了"一般可能性"的标准，相信不构成侵权事实成立继而转发给权利人，则不承担侵权责任，反之则要承担侵权责任。

（二）责任属于分别实施侵权

网络服务提供者需要承担侵权责任是因为其违反了其应尽的保护义务，表现为不作为的方式。由于没有和权利人进行意思联络，因而不适用"共同侵权"的规定，属于两人以上分别实施侵权行为造成同一损害，按一定比例承担责任。

四、网络服务提供者未履行反通知程序的责任认定

（一）规范网络服务提供者的审查程序

可以由行业主管部门出台行政规章或者由行业协会出台行业规定，从三个方面对反通知审查程序进行统一，从而划清责任边界线。一是统一程序规则，可以采用大多数网络服务提供者的"通知—必要措施—反通知"模式。二是统一审查规则。需要统一反通知审查内容和形式，包含权属证明和初步的证据材料，使各个网络服务提供者基于相同的事情得出相同的处理结果。三是统一审查时间。法律文本中为"合理期限"，这会引发不同的观点，从而催生时间认定争议，可以确定为《电子商务法》明确的15天，保持各个网络服务提供者遵循同一审查时间标准，较为合理。

（二）确定网络服务提供者的居中责任

网络用户与网络服务提供者在经济能力、信息控制等方面均明显不对等，法律在认定网络服务提供者的责任时，不能仅考虑技术中立，还必须关注网

络侵权这一特定环境下的公平性问题，综合运用价值衡量、一般理性人的经验判断等方式，判断网络服务提供者在审查过程中发挥居中作用有无明显不当，如果其主观过错达到故意或疏忽大意的程度，则应认定网络服务提供者构成侵权，并根据过错程度确定承担一定比例的赔偿责任。同时明确网络服务提供者"反通知"程序的居中责任，也为其提供一个保护机制，其如果不存在严重审查瑕疵或规避义务履行的情形，应予以免责。

（三）统一网络服务提供者的"初步证据"标准

初步证据的审核应有一定的标准。笔者认为，应鼓励争议双方通过电子商务争议处置机制于诉前解决纠纷。所以，在争议处置程序中，有关初步证据的证明标准可适当参照民事诉讼的证据标准。但这种民间机制毕竟不是诉讼程序，不能直接套用民事诉讼中高度盖然性的证明标准。王利明先生认为，证据判断不一定要求达到司法裁判所要求的水平，只需按照一般的法律常识来判断即可。[1] 杨立新教授认为，初步证明的程度，达到一般的可能性即可，无须达到较大的可能性（极大的可能性）甚至高度盖然性。[2] 因此，有关不侵权声明初步证据的证明标准应采用"一般可能性"证明标准。行政主管部门也可以出台类型化的证据指引，以尽可能减少争议的发生。

（四）明确网络服务提供者的"实质审查"内容

如果拘泥于形式审查，回避实质审查，会使网络服务提供者的投诉机制流于形式，为恶意投诉人创造便利，无法发挥网络服务提供者居中把关的作用。因此，网络服务提供者不仅要进行形式审查，还应当进行实质审查。当然，面对网络环境下的多元利益诉求，特别是在一些专业领域，网络服务提供者确有审查的困难，要合理分配举证责任，按照一般可能性的证明标准审查即可，这样才能科学界定网络服务提供者的责任。简而言之，审查的程度应当高于一般的形式审查，但低于一般的实质审查。行业行政主管部门也可以出台相关审查技术规范，作为相关工作指导。

结　论

虽然网络服务提供者处于较为强势的地位，其不履行反通知程序，造成

---

［1］　王利明：“论网络侵权中的通知规则”，载《北方法学》2014 年第 2 期。
［2］　杨立新、李佳伦：“论网络侵权责任中的反通知及效果”，载《法律科学（西北政法大学学报）》2012 年第 2 期。

被投诉人利益受损时，责任认定存在诸多问题。但是，只要明确了其责任特征，把握了其责任本质，充分运用法律、行政、行业自律等手段，通过完善相关法律制度、制定行政规章、出台行业规范、明确证据指引等方式完全能够明晰其责任，公平协调相关各方利益。

论混合担保下担保人的内部追偿权

傅玲佳*

(中国政法大学 北京 100088)

摘 要：在混合担保中，存在既有人保，又有物保的担保情形，主要包括债务人提供的物保、第三人提供的物保以及第三人提供的人保。根据《民法典》第 392 条的规定，在此种情形下，若有约定的担保实现顺序，则人保和物保根据约定依序承担担保责任，若没有约定或约定不明，则物保优先于人保履行责任，且以债务人提供的物保更为优先承担担保责任。《民法典》就混合担保中人保和物保并存的处理进行了规定，但是未明确已经承担担保责任的担保人能否向其他担保人进行追偿的问题，目前就该内部追偿权问题存在较大的争议。

关键词：混合担保 《民法典》 内部追偿权

一、立法演变

混合担保下担保人内部追偿权的立法文件经历了一系列演变，主要可以概括为从无规定到有规定、从模糊规定到肯定有限规定。

(一) 内部追偿权无规定：《担保法》

该法于 1995 年颁布实施，其中第 28 条[1]的规定是我国以法律条款的形式首次明确承认了混合担保的存在。同时，在该条款中就混合担保中人保和

---

* 作者简介：傅玲佳（1999 年－），女，汉族，浙江杭州人，中国政法大学同等学力研修班 2022 级学员，研究方向为民商法学。

[1]《担保法》第 28 条规定："同一债权既有保证又有物的担保的，保证人对物的担保以外的债权承担保证责任。债权人放弃物的担保的，保证人在债权人放弃权利的范围内免除保证责任。"

物保并存的处理规定了"物保绝对优先于人保"承担担保责任的处理依据，即保证人仅需对物保以外的债权承担保证责任。[1]由此，该法对内部追偿权无任何相关的规定，也无相应的追偿问题。

(二) 内部追偿权有规定：《最高人民法院关于适用〈中华人民共和国担保法〉若干问题的解释》

该司法解释于2000年由最高人民法院发布实施，其中第38条[2]就混合担保中人保和物保并存的处理规定了"人保与物保平等"承担担保责任的处理依据，即债权人可以自行选择由保证人或者物的保证人承担担保责任。同时，该条款更进一步规定，承担了担保责任的担保人可以向其他担保人要求清偿其应当分担的份额。自此，内部追偿权有了相关的规定。

(三) 内部追偿权模糊规定：《物权法》《民法典》

《物权法》于2007年颁布实施，其中第176条[3]就混合担保中人保和物保并存的处理规定"约定优先、债务人其次、第三人垫后"承担担保责任，即债务到期后，若事先有相关实现顺序约定，则债权人按照约定实现债权，若无约定或约定不明确，则债务人提供的物保优先于第三人提供的人保和物保承担担保责任。但需要注意的是，该条款仅规定承担了担保责任的担保人可以向债务人追偿，而回避了内部追偿的相关问题。[4]

《民法典》于2021年实施，该法沿袭了《物权法》的规定，在第392条中规定了同样的人保和物保并存的处理依据以及担保人追偿的相关问题。但

---

[1] 谢鸿飞："共同担保一般规则的建构及其限度"，载《四川大学学报（哲学社会科学版）》2019年第4期。

[2] 《最高人民法院关于适用〈中华人民共和国担保法〉若干问题的解释》第38条第1款规定："同一债权既有保证又有第三人提供物的担保的，债权人可以请求保证人或者物的担保人承担担保责任。当事人对保证担保的范围或者物的担保的范围没有约定或者约定不明的，承担了担保责任的担保人，可以向债务人追偿，也可以要求其他担保人清偿其应当分担的份额。"

[3] 《物权法》第176条规定："被担保的债权既有物的担保又有人的担保的，债务人不履行到期债务或者发生当事人约定的实现担保物权的情形，债权人应当按照约定实现债权；没有约定或者约定不明确，债务人自己提供物的担保的，债权人应当先就该物的担保实现债权；第三人提供物的担保的，债权人可以就物的担保实现债权，也可以要求保证人承担保证责任。提供担保的第三人承担担保责任后，有权向债务人追偿。"

[4] 程啸："混合共同担保中担保人的追偿权与代位权——对《物权法》第176条的理解"，载《政治与法律》2014年第6期。

是，该法第 700 条〔1〕又明确已承担担保责任的担保人享有债权人对债务人的权利，结合体系解释的法律解释规则，应可认为包含了债权人对担保人的追偿权利，即包含了担保人之间的追偿权，但该条款并未予以明确列明。由此，我国对内部追偿权进行了较为模糊的规定。

(四) 内部追偿权肯定有限规定：《最高人民法院关于适用〈中华人民共和国民法典〉有关担保制度的解释》（以下简称《民法典担保制度解释》）

该司法解释于 2021 年实施，其中第 13 条〔2〕就混合担保下担保人可适用的内部追偿权规定了具体的适用情形，即仅限于在已就责任分担问题作出相关约定或者构成连带共同担保的情形下予以适用。而除上述情形外，担保人主张内部追偿权的，法院均不予支持。由此，我国对内部追偿权进行了肯定且有限的规定。〔3〕

二、实践困境

立法演变频发，同时又缺乏明确、统一的法律法规规定。目前，混合担保下担保人之间是否有追偿权以及实际适用等问题在司法实践中争议颇多。首先，因对相关法律法规的理解不一，各地法院存在着不少同法不同解、类案不同判的情况。其次，基于现行法律法规就混合担保中人保和物保并存时约定优先的处理依据，各地法院在具体审理认定有无存在优先约定时受到诸多主观因素的影响。

(一) 困境 1：如何落实《民法典担保制度解释》第 13 条第 2 款的规定

根据体系解释的法律解释规则，《民法典担保制度解释》第 13 条第 1 款

---

〔1〕《民法典》第 700 条规定："保证人承担保证责任后，除当事人另有约定外，有权在其承担保证责任的范围内向债务人追偿，享有债权人对债务人的权利，但是不得损害债权人的利益。"

〔2〕《民法典担保制度解释》第 13 条规定："同一债务有两个以上第三人提供担保，担保人之间约定相互追偿及分担份额，承担了担保责任的担保人请求其他担保人按照约定分担份额的，人民法院应予支持；担保人之间约定承担连带共同担保，或者约定相互追偿但是未约定分担份额的，各担保人按照比例分担向债务人不能追偿的部分。同一债务有两个以上第三人提供担保，担保人之间未对相互追偿作出约定且未约定承担连带共同担保，但是各担保人在同一份合同书上签字、盖章或者按指印，承担了担保责任的担保人请求其他担保人按照比例分担向债务人不能追偿部分的，人民法院应予支持。除前两款规定的情形外，承担了担保责任的担保人请求其他担保人分担向债务人不能追偿部分的，人民法院不予支持。"

〔3〕杨文杰："混合共同担保人内部追偿问题研究"，载《河北法学》2009 年第 10 期。

规定，混合担保下仅在担保人已就责任分担问题作出相关约定或者构成连带共同担保的情形下，担保人之间才可以进行内部追偿。而第 2 款又列明若各担保人在同一份合同书上签字、盖章、按指印，则也认定为符合前款内部追偿权的适用情形。但是，需要注意的是：首先，各担保人在同一份合同书上签字的行为是否可被认定为各方对混合担保作出追偿约定或者愿意承担连带共同担保？就通常理解而言，签署行为应该仅表明各方愿意为债务提供担保，而不含其他意义。其次，各担保人在同一份合同书上签字的行为是否与《民法典》其他条款的规定存在冲突？结合《民法典》第 686 条[1]以及第 688 条[2]的规定，承担连带责任的各方需要事先进行明确的约定，而各担保人在同一份合同书上签字的行为显然不符合明确约定承担连带责任的要件，而若没有约定或者约定不明确，则担保人仅需承担一般保证责任。由此，如何在实践中认定、落实《民法典担保制度解释》第 13 条第 2 款的相关规定？

（二）困境 2：如何判定《民法典》第 392 条约定实现担保物权的情形

在司法实践中，"约定"到何种程度才算是法律意义上的明确约定存在争议？[3]目前，最高人民法院就该"约定"认为，应既包括对实现债权的顺序约定，也包括约定在任何情形下担保人都应当承担担保责任的情形。同时，在实践过程中存在债权人与个别担保人分别签署担保合同的情形，即在各担保合同中对实现担保物权的顺序进行约定。由此，基于合同的相对性，合同项下的权利义务仅对合同各方当事人产生拘束力，原则上，债权人对个别担保人的债权实现顺序的约定不能约束其他担保人。在具体判定中，各地法院对约定一致以及约定相悖情形下的判定结果较为统一，但是对约定相对情形则存在争议。在该类约定情形下，在担保合同中，债权人与担保人约定，无论如何担保人均放弃承担担保责任的顺序，放弃以顺位利益进行抗辩。由此，该类约定情形是否符合《民法典》第 392 条规定的约定实现担保物权的情形？对这一问题，实践中存在较大争议。

---

[1]《民法典》第 686 条规定："保证的方式包括一般保证和连带责任保证。当事人在保证合同中对保证方式没有约定或者约定不明确，按照一般保证承担保证责任。"

[2]《民法典》第 688 条规定："当事人在保证合同中约定保证人和债务人对债务承担连带责任的，为连带责任保证。连带责任保证的债务人不履行到期债务或者发生当事人约定的情形时，债权人可以请求债务人履行债务，也可以请求保证人在其保证范围内承担保证责任。"

[3] 杨代雄："共同担保人的相互追偿权——兼论我国民法典分则相关规范的设计"，载《四川大学学报（哲学社会科学版）》2019 年第 3 期。

(三) 困境3：如何判定担保人之间的责任划分

根据《民法典》第392条、《民法典担保制度解释》第13条的规定，在混合担保下，各担保人按照约定的分担份额相互追偿，或者按照约定的连带责任承担方式相互追偿。在立法上充分尊重、体现了各权利人的意思自治原则，但是缺乏对无明确约定情形下划分责任的明确规定，即缺乏统一的担保人责任划分规则。在司法实践中，各地法院对如何判定担保人之间的责任存在众多观点，其中以"平均分配"以及"比例分配"为主要观点。平均分配，即以已承担担保责任担保人的履行责任为基数，由其他各担保人平均承担担保份额。而比例分配，即以混合担保下人保和物保的担保价值之和为基数，各担保人分别按照各自在基数中所占的比例来确定责任，若提供的物保的市场价值低于应提供担保的债务数额，则按照物保的市场价值计算担保价值，若提供的物保的市场价值高于应提供担保的债务数额，则按照物保的担保数额计算担保价值。除此之外，也有学者表示应当采取"债权人对担保人的担责期待责任"[1]的观点进行责任划分。[2]

结　语

综合而言，目前在混合担保中人保与物保并存时，应首先按照约定的责任顺序承担担保责任，如无约定或约定不明确，债务人提供的物保优先于第三人提供的人保和物保承担担保责任，而已承担担保责任的担保人则依据《民法典》以及《民法典担保制度解释》的相应规定享有有限的内部追偿权。

---

〔1〕贺剑："走出共同担保人内部追偿的'公平'误区——《物权法》第176条的解释论"，载《法学》2017年第3期。

〔2〕张睿哲："论债权人放弃部分担保对其他担保人的影响"，载《吉林工商学院学报》2021年第3期。

浅析房地产开发企业破产债权的清偿顺序

李彦超*

(中国政法大学 北京 100088)

摘 要： 近年来，在"房子是用来住的，不是用来炒的"的定位下，国家对房地产开发企业（以下简称"房企"）的调控措施密集出台、调控力度空前严厉，房企（尤其是民营房企）由于自身管理不善，破产现象频发，恒大、融创等知名企业也深陷破产危机。由于房企破产涉及的利益群体较为复杂、债权种类名目繁多、清偿顺位争议较大，在这种情况下，梳理房企破产债权的清偿顺序显得尤为重要和紧迫。本文尝试在法律"理解与适用"层面上，将消费型购房款债权、建设工程价款优先受偿权、担保物权、破产费用和共益债务、企业职工债权、社保税收债权等不同债权的清偿顺序梳理清楚，希望有助于解决实践中的问题。

关键词： 房企　破产债权　清偿顺序

一、房企破产债权清偿顺序的争论

目前，我国对于房企破产债权的清偿顺序并没有统一的法律规定。除《企业破产法》的一般规定以外，购房人、建设工程承包人、担保权人等特殊利益主体的优先权利都分散在各种司法解释和批复当中。这在一定程度上造成了理论界、实务界对房企破产债权清偿顺序的争论。

其中主要的争论有以下两种：

一种观点认为，基于《企业破产法》的立法目的，破产费用及共益债务

---

* 作者简介：李彦超（1986年-），男，汉族，河北邯郸人，中国政法大学同等学力研修班2022级学员，研究方向为民商法。

应当排在第一顺位，这也是为了使其他债权人的债权能够得到有效清偿。因此，房企破产债权清偿顺序应为：破产费用和共益债务＞消费型购房款债权＞建设工程价款优先受偿权＞抵押权等担保物权＞企业职工债权＞社保税收债权＞普通债权。[1]

另一种观点认为，别除权是针对债务人特定财产行使的优先受偿权，不受破产清算与和解程序限制，可优先于其他债权人单独及时受偿。在别除权中，支付全部或大部分款项的消费型购房款债权相较于建设工程价款优先受偿，建设工程价款优先受偿权又优先于担保物权。因此，房企破产债权清偿顺序应为：消费型购房款债权＞建设工程价款优先受偿权＞抵押权等担保物权＞破产费用和共益债务＞企业职工债权＞社保税收债权＞普通债权。[2]

上述两种观点最关键的争论点就是别除权的清偿顺位。如果认定别除权的清偿顺位优先于破产费用和共益债务，则第二种观点较为合理；反之，则第一种观点较为合理。

二、房企破产债权清偿顺序的简要分析

如上文所述，房企破产债权清偿顺序的关键争论点是"别除权"的清偿顺位，厘清该争议点其他问题就会迎刃而解。下面，笔者将围绕"别除权"的清偿顺序展开分析。

（一）别除权与破产费用和共益债务

1. 法律规定

《企业破产法》第 43 条第 1 款规定："破产费用和共益债务由债务人财产随时清偿。"

《企业破产法》第 109 条规定："对破产人的特定财产享有担保权的权利人，对该特定财产享有优先受偿的权利。"

《最高人民法院关于适用〈中华人民共和国企业破产法〉若干问题的规定（二）》（2020 年修正）（以下简称《企业破产法司法解释（二）》）第 3 条第 2 款规定："对债务人的特定财产在担保物权消灭或者实现担保物权后的剩

---

[1] 周莹召："房地产开发企业破产债权的清偿顺序"，载《吉林工商学院学报》2019 年第 2 期。

[2] 王欣新："破产别除权理论与实务研究"，载《政法论坛》2007 年第 1 期。

余部分，在破产程序中可用以清偿破产费用、共益债务和其他破产债权。"

2. 简要分析

从《企业破产法》第 43 条的规定来看，破产费用和共益债务拥有绝对的优先权利，可以由债务人财产随时清偿，这也是部分学者认为破产费用和共益债务应当排在第一顺位进行清偿的主要原因。但该部分学者没有注意到"债务人财产"有广义和狭义之分，广义的"债务人财产"既包括有物权担保的债务人财产，又包括无物权担保的债务人财产；狭义的"债务人财产"仅指无物权担保的债务人财产。针对《企业破产法》第 43 条规定的债务人财产，应作狭义解释，否则便会导致"破坏担保制度，使担保债权形同虚设，影响交易安全"[1]的严重后果。因此，破产费用和共益债务由债务人财产随时清偿，仅指由"无物权担保的债权人财产"随时清偿，或者是由"有物权担保的债权人财产"清偿担保债权后的剩余部分随时清偿。

《企业破产法》第 109 条规定担保权人可以就特定财产优先受偿，这被称为破产法中的别除权制度。从本源上讲，别除权并非破产法所新创，而是破产法对民法担保物权和特别优先权的承认。别除权制度保障了商事交易的秩序和安全，体现了商事交易的公平和意思自治原则。部分学者在了解该条规定后仍旧认为破产费用和共益债务应当被排在第一顺位进行清偿，主要是没有准确理解在破产法中设置别除权条款的价值追求，也没有准确理解贯穿破产程序始终的实质公平原则。因此，别除权就特定财产优先受偿的权利，优先于破产费用和共益债务。

《企业破产法司法解释（二）》第 3 条直接规定特定财产在首先实现别除权后，剩余部分才能被用于清偿破产费用、共益债务，才能被用于清偿企业职工债权、社保税收债权等其他破产债权。可以说，该条司法解释是对《企业破产法》第 43 条、第 109 条优先关系的明确答复，印证了笔者的上述分析。当然，别除权只针对特定财产，如果特定财产不足以清偿别除权对应的基础债权，别除权的剩余部分债权便只能作为普通债权参与清偿分配。

（二）别除权与消费型购房款债权

1. 法律规定

《最高人民法院关于审理建设工程施工合同纠纷案件适用法律问题的解释

---

[1] 徐樟鲁："破产清算中担保债权与劳动债权的清偿顺位"，载《中国律师》2016 年第 6 期。

（一）》（2021年1月1日起施行）（以下简称《建工司法解释（一）》）第36条规定："承包人根据民法典第八百零七条规定享有的建设工程价款优先受偿权优先于抵押权和其他债权。"

《最高人民法院关于建设工程价款优先受偿权问题的批复》（已废止）第2条规定："消费者交付购买商品房的全部或者大部分款项后，承包人就该商品房享有的工程价款优先受偿权不得对抗买受人。"

2. 简要分析

别除权包含担保物权和特别优先权。上述司法解释和批复中的建设工程价款优先受偿权就属于法定的特别优先权，抵押权属于担保物权，两者均属于别除权范畴。

《建工司法解释（一）》规定建设工程价款优先受偿权优先于抵押权和其他债权，该规定主要是为了保护建筑工人这一社会弱势群体的利益。《最高人民法院关于建设工程价款优先受偿权问题的批复》虽然已被废止，相关规定也未被《建工司法解释（一）》吸纳保留，但这并非因为该法律精神与实践不符，更不是因为该法律精神被否定，而是"该问题法律对此没有作出规定，宜作个案处理"，这是全国人大常委会法制工作委员会给出的答复。建设工程价款优先受偿权与消费型购房款债权的顺位问题，大多是在执行异议中解决处理。《最高人民法院关于人民法院办理执行异议和复议案件若干问题的规定》《最高人民法院关于人民法院民事执行中查封、扣押、冻结财产的规定》《最高人民法院关于印发〈全国法院民商事审判工作会议纪要〉的通知》等多部司法解释文件，均明确规定符合一定条件的商品房消费者的物权期待权优先于承包人的建设工程价款优先受偿权。因此，符合一定条件的消费型购房款债权也就当然优先于清偿顺序次之的抵押权等担保物权。换言之，符合一定条件的消费型购房款债权的清偿顺序优先于别除权。

鉴于《企业破产法》第113条对破产费用和共益债务、企业职工债权、社保税收债权、普通债权的清偿顺位已经作出明确规定，笔者在此不再赘述。

结　论

通过上述分析，笔者粗浅认为，房企破产债权的清偿顺序应为：符合一定条件的消费型购房款债权>建设工程价款优先受偿权>抵押权等担保物权>破产费用和共益债务>企业职工债权>社保税收债权>普通债权。

当然，理论界还就被拆迁人权利、预告登记权等清偿顺位有较多讨论。后续，在上述房企破产债权清偿顺序的基础上，笔者还有很多内容需要进一步研究。

论预约合同的效力认定

卢春竹[*]

(中国政法大学 100088)

摘 要：预约合同的目的系订立本约合同，一方违约的，守约方能否要求继续履行，能否要求强行缔约，如不能缔约，损害赔偿范围如何确定，此实为预约合同效力问题。预约合同与本约合同既有区别亦有联系，基于意思自治原则，预约不应产生强行缔约的效力。

关键词：预约 本约 合同效力

一、预约合同的定义

关于预约合同的定义，最为大众接受的系史尚宽提出的"约定将来订立一定契约之契约"。[1]买卖合同从要物合同过渡到诺成合同的过程中产生了预约合同制度。域外立法中最早确认预约合同的系1804年的《拿破仑民法典》。[2]我国立法中的预约合同制度于2003年方出现，从适用领域来看，这一制度先后从商品房买卖合同领域扩至买卖合同领域最后扩至所有合同领域。从法律渊源上看，这一制度经历了从司法解释提升至法律规范的过程。2020年《民法典》的出台标志着我国的预约合同制度扩展至所有交易领域，并且法律层级上升至法律规范。

---

[*] 作者简介：卢春竹（1987年-），女，汉族，广西北流人，中国政法大学同等学力研修班2022级学员，研究方向为民商法。

[1] 史尚宽：《债法总论》，葛支松校勘，中国政法大学出版社2000年版，第12页。

[2] 最高人民法院民法典贯彻实施工作领导小组主编：《中华人民共和国民法典合同编理解与适用（一）》，人民法院出版社2020年版，第229页。

二、预约合同的法律性质

学界对预约合同法律性质的讨论主要有四种观点：前契约说、从合同说、附停止条件本约、独立契约说。[1] 其中独立契约说为主流观点，笔者也较认同。笔者不认同其他三种观点的理由为：首先，从文意解释上看，预约合同系合同的一种，预约合同在合同体系中属无名合同、诺成合同，其订立适用《民法典》合同编第一分编通则的规定，具备合同的基本特征，因此前契约说欠妥当。其次，从订立时间先后上来看，一般先有主合同后有从合同，而预约合同务必先于本约签订，并且即便日后本约合同未能订立，预约合同也仍可独立存在，预约合同的效力亦不会因本约合同无效而无效。因此，预约合同亦并非从合同。最后，预约合同的效力虽往往止于本约订立时，但本约之所以为本约，系因另行订立了相对于预约而言的本约合同，而非预约合同经约定条件成就直接变更为本约。

三、预约合同的效力

（一）预约合同的有效、无效认定

预约合同虽具有独立性，但其作为合同的子概念，其效力认定亦首先需符合《民法典》第143条所规定的民事法律行为有效的一般要素。

（二）预约合同与本约效力特别要件

预约合同往往是某种特定合同的预约，如租赁预约、商品房买卖预约、工程建设预约，那么预约合同效力是否需满足本约的特别要件？例如，双方订立预约合同时，案涉项目尚未取得相应的建设工程规划许可证、商品房预售许可证，而双方之后因一些原因未能订立本约，则在审查合同效力时，能否以尚未取得建设工程规划许可证、商品房预售许可证为由认定此类预约合同无效？笔者认为，基于预约合同的独立性，预约不能等同于本约，因此影响本约效力的特别要件不应在预约合同中适用。

---

[1] 最高人民法院民法典贯彻实施工作领导小组主编：《中华人民共和国民法典合同编理解与适用（一）》，人民法院出版社2020年版，第231页。

(三) 预约合同的效力认定

预约合同应当产生何种效力？学界关于预约合同的法律效力问题有应当磋商说、应当缔约说、内容决定说、视为本约说等四种观点。[1]应当磋商说认为磋商即可，最终是否签订本约在所不问。应当缔约说认为除了磋商外还应签订本约，否则预约毫无意义。内容决定说认为应视情况而定，此种情形可能产生应当缔约的效力，而彼种情形却可能仅产生应当磋商的效力。笔者认为，视为本约说实际上吸收了应当缔约说。笔者较赞同应当磋商说。

首先，应当缔约说违背了意思自治原则，在实务中亦无法强制执行。如违反预约仍产生应当缔约的结果，则预约与本约无异，预约无疑多此一举。预约条款包含已决条款和未决条款，订立预约合同的目的系锁定磋商机会。未有预约合同制度前，承担缔约过失责任还是违约责任，以是否签订合同为界限，现《民法典》将预约上升至合同地位，无非是从违约救济上赋予守约方追究违约方比缔约过失更大的责任，提高违约成本，促进交易。但预约作为本约前的特殊阶段，无论从哪个角度看，二者本质上都仍应是有区别的，因此，预约不应产生应当缔约、视为本约的效力。实务中，虽有案例判决继续履行预约合同，如西藏自治区拉萨市中级人民法院［2019］藏01民终845号案判决"四川省射洪县长兴房地产开发有限责任公司西藏分公司于判决生效之日起向孙某立继续履行2016年4月6日签订的《商品房预约协议》中约定的义务"，"张某青与内蒙古恒盛泰房地产集团有限责任公司房屋买卖合同纠纷案"[2]判决"确认原告张某青与被告内蒙古恒盛泰房地产集团有限责任公司于2013年10月13日签订的《房屋认购协议书》合法有效，继续履行"。但该类判决就"继续履行"系指应当磋商还是应当缔结均未予正面回应。笔者认为，基于应当缔结的不可强制执行性，该类判决终将因无法继续履行而解除合同，即预约合同产生应当缔结的效力不具有可行性。

其次，对于视为本约说，笔者认为，如预约条款具备一定条件即视为本约，则亦相当于应当缔约，未缔约的亦视为已缔约，预约本身亦毫无意义。《最高人民法院关于审理商品房买卖合同纠纷案件适用法律若干问题的解释》

---

［1］最高人民法院民法典贯彻实施工作领导小组主编：《中华人民共和国民法典合同编理解与适用（一）》，人民法院出版社2020年版，第231页。

［2］参见内蒙古自治区呼和浩特市中级人民法院［2017］内01民终3732号裁判文书。

（2020年修正）第5条〔1〕往往被解读为视为本约说。笔者认为，该条的适用需符合两个条件：①具备完备的合同条款；②已履行购房款支付义务。该条实际为《民法典》第490条第2款规定的事实合同，系事实上履行的本约和已经订立的预约在交易内容上的重合，而并非视为本约说。

最后，关于应当磋商说。大多数学者认为预约合同作为合同的子概念，其本身也是一种合同，故其违约救济亦应适用继续履行，即应当缔结本约。然实务中多采用应当磋商说。比如，最高人民法院［2016］最高法民申200号案、最高人民法院［2018］最高法民终661号案、广东省湛江市中级人民法院［2021］粤08民终549号案等，采用应当磋商说的理由基本为"由人民法院强制缔结本约有违合同意思自治原则，亦不符合强制执行限于物或行为的给付而不包括意志给付的基本原理"。〔2〕否认应当磋商说的学者大多是为了维护结果正义，认为如果仅依靠磋商不足以实现合同根本目的。笔者认为，结果正义需要维护，但程序正义亦需要维护，作为签约的双方，在订立预约合同时，已明知本约合同可能订立，亦可能不订立，就不能归咎于双方过错导致的本约未能订立，应属自甘风险，就因一方过错导致的未能签订本约，《民法典》亦课以了违约责任予以救济，守约方可以解除预约合同并主张损害赔偿，并非只有订立本约才能救济。因此，笔者认为，在探究其效力时，应首先从程序正义出发，正视预约合同的本质，预约系为本约而订立的合同，具备独立性，违反预约合同与本约合同虽有紧密联系，但预约合同的效力应限于应当磋商，尊重意思自治。

结　语

预约合同的目的虽为订立本约合同，但从程序及本质上看，二者存在区别。预约合同系独立的合同，不依附于本约合同。预约合同的效力应尊重双方的意思自治，效力限于应当磋商。一方违约的，虽不宜强制缔约，但可追究对方的违约责任。为避免损失难以得到有效弥补，笔者建议注重预约合同违约金条款、明确预约违约金额或违约金计算方法。

〔1〕《最高人民法院关于审理商品房买卖合同纠纷案件适用法律若干问题的解释》（2020年修正）第5条规定："商品房的认购、订购、预订等协议具备《商品房销售管理办法》第十六条规定的商品房买卖合同的主要内容，并且出卖人已经按照约定收受购房款的，该协议应当认定为商品房买卖合同。"

〔2〕参见最高人民法院［2016］最高法民申200号裁判文书。

论预约合同的识别

梁 林*

(中国政法大学 北京 100088)

摘 要：2022年7月27日，在中国裁判文书网检索关键词"预约合同"，检索结果为53 731篇，可见在我国司法实践中，此类纠纷案件的数量较大。在社会生活的法律实践中，对于预约合同与本约合同的区别、认定、裁量等，实务界和学术界均有各自的观点和观察角度。为进一步推进以辨析具体情形为基础的预约合同认定，可以在对合同自由的尊重和最大限度保护守约的利益两方中，积极探寻合法、合理的认定方式和流程。通过在预约合同中加入增强双方当事人对缔约利益的实现预期的条款，通过参考不同行业管理做法和指导型案例的增加，进一步明确法官的裁量权。同时，进一步完善建立在《民法典》第495条基础之上的相关司法解释。

关键词：预约合同 效力认定 裁量权

一、问题的提出

《民法典》于2020年5月28日的第十三届全国人民代表大会第三次会议表决通过，并于2021年1月1日实施。其"合同编"第495条具有重要的法律意义，将预约合同从司法解释层面上升到法律层面，确立了预约合同的概念，将合同的保护进行了延伸，扩大了法律保护的范围，使守约方的权益保护更加及时。改革开放四十多年来，我国社会全面、快速发展，尤其是在民商事方面的诸多合作、合约都涉及了预约、预订、意向书等具体情况，由此

---

* 作者简介：梁林（1982年-），女，汉族，现居深圳，中国政法大学同等学力研修班2022级学员，研究方向为民商法。

产生了这类合意文本与本约合同之间效力的差异及其确定的一些争议。这些争议引发了人们对合意合约和契约精神的讨论，同时也一直期待着立法能有更明确的对其效力的认定。

二、《民法典》从法律层面单列预约合同的意义

从预约合同与本约合同在司法实践中的历史来看，为了规范市场买卖机制和维护诚实守信原则，2012年7月1日生效的《最高人民法院关于审理买卖合同纠纷案件适用法律问题的解释》第2条规定："当事人签订认购书、订购书、预订书、意向书、备忘录等预约合同，约定在将来一定期限内订立买卖合同，一方不履行订立买卖合同的义务，对方请求其承担预约合同违约责任或者要求解除预约合同并主张损害赔偿的，人民法院应予支持。"这一司法解释首次使用了预约合同的概念，并明确了预约合同作为合同形式的独立存在价值，也从侧面加强了其法律效力。

在民商法实践中，全国各地方法院大多均适用了以上司法解释。例如，在〔2018〕沪01民终8237号判决中，上海市第一中级人民法院认为："预约合同系合同双方约定在一定期限内订立新的合同，以最终明确双方之间的具体权利义务关系的协议。预约与本约在效力上的最大区别在于，给予合同自由原则，一方违反预约合同的约定拒绝订立本约的，相对方不能强制违约订立本约，而只能要求对方承担其他违约责任。"[1]预约合同作为独立的合约形式，逐步得到认可。

三、从法理角度看预约合同与本约的区别

（一）预约合同与本约的区别

立足法理学角度，预约与本约，在订立时间、目的、标的等方面有所不同。

第一，订立合同的时间不同，或者也可以说是在不同的时机下订立合同。在当事人双方尚未达成完全合意的状态下，双方当事人尚需对合同的具体内容、条款和相关情况进行进一步的磋商。因此，就初步意向订立预约合同，具有主观性。等待事件发展和时机成熟，即双方认为的客观条件均成熟，则

---

[1] 天眼查诉讼频道：susong.tianyancha.com.

在双方均完全合意的基础之上订立本约合同。

第二，订立合同的目的不同。预约合同的订立，目的是在一定条件满足或者一定期间内双方能够订立本约合同；双方当事人订立本约的目的，是要通过各方在本约合同中对权利和义务的详述、履行和救济，满足双方自始或者订立本约时完全合意之诉求。

第三，订立合同的标的不同。预约合同和本约合同的标的及其效力，是在法理学和法律实践中均有一定争议的问题。以股权投资行业的出资意向函为例，行业普遍认为已经出具的写明出资比例、目的、拟投资方向的盖有公章的出资意向函具有合意指示功能，即合伙人之间对即将合作设立的基金产品具有初步共识，那么预约合同的标的即为正式的合伙协议。其他合伙人随即将就剩余资金比例的募集付出努力，在一定期限或者范围内完成出资意向的确定。[1] 当各方资金到位时，即可签署正式的合伙协议，完成各方详尽的本约之权利和义务之约。

（二）预约合同与本约的识别

预约合同与本约通常从名称和内容的意思表示、履行及违约责任的角度进行识别。

合同的名称和内容如包含"意向""预定""预定金""另行签订正式合同后终止"等字样，通常可被判断为预约合同。其内容无需包括详尽的权利和义务等内容，本约合同的条款应当就合作事宜对当事人双方的权利和义务约定完备。在司法实践中，商品房买卖是较多存在预约合同的领域。如中国裁判文书网发布的李某远与重庆葆翔房地产开发有限公司就预约合同和本约合同认定标准不一、签订预约合同后签订本约合同的期间是否合理之诉，[2] 法院采用综合因素进行判定，通过对合同的内容、履约详情、当事人对预约合同内容的意思表示和认可等综合维度判断预约合同的成立与否和效力问题。[3] 房地产行业的预约合同应用非常普遍，相关指导案例和可参照标准相对凸显。其他行业，例如金融行业的出资意向书、定制产品的样品与整平采

---

[1] 王利明："民法典合同编通则中的重大疑难问题研究"，载《云南社会科学》2020年第1期。

[2] 李某远、重庆葆翔房地产开发有限公司商品房预约合同纠纷再审审查与审判监督民事裁定书［2021］最高民申1544号。

[3] 谭涵琦、刘敏、于建尧："预约合同的司法认定标准——基于最高人民法院的有关案例之研究"，载《西部学刊》2021年第1期。

购数量承诺函等，都具有显著的行业特征。而在司法实践中，由于参与识别和司法裁判人员的专业知识、行业经验有限，因而可能出现"同案不同判"和延长审判、消耗司法资源的情况。

本约合同的履行和违约，具有相当的明确性。预约合同的强制力和违约责任在现有法条中相较于本约合同而言不够明确，所以其效力是否能够获得法院的支持，在司法实践中存在一定的分歧。在当事人双方签订预约合同之后，一方认为后续的磋商过程和结果不符合预期目的，决定不缔约；而另一方则认为双方有必要进一步磋商或者对磋商结果满意，并对这一时期的投入产出抱有正向预期。双方矛盾随机产生，不想缔约本约的一方是否需要就另一方的前期投入进行赔偿，想要缔约一方应当如何寻求救济，法官根据不同角度该如何裁量均是法律实践中一直存在的争议点。

四、预约合同在司法实践中的认定标准

（一）有关预约合同认定的探讨

在民商事活动的社会实践中，预约合同与本约合同常因为当事人双方对本约期许尚存异议或者疑虑而留下一处或多处不明确条款。其或者是为了在订立本约时有调整的空间，或者是为了给自己留有反悔的余地。这给预约合同的认定带来了一定的麻烦和争议。

认定合同是否为预约合同，其要件有四：一是合同成立的要件，即当事人名称或者姓名、标的物及其价款、生效条件和违约责任等，并经双方当事人签字或盖章生效。我们所见的预约合同通常都能够具备这些基本要件。二是交易主体特定，即未来将要订立本约合同的实际利益义务主体就是现在预约合同所约束的双方当事人。这一点若改变，预约合同和本约合同即不能成为同一法律关系基础之上订立的契约。三是交易标的物特定，预约合同明确约定标的物的种类、型号、名称等，本约合同则在此基础上细化数量、型号具体技术指标等。若标的物不能有具体的限制范围，则同一法律关系的预约合同和本约合同不成立匹配关系，也就很难说本约是否实现了预约的期许，又或者说谁先违背了曾经的共同预期，界定物的难度将加大。四是在预约合同中要有约束双方信守承诺、明确订立本约合同期间限制的内容。这是预约合同的一个关键条件。

(二)法官在预约合同认定上的裁量权

预约合同已被写入《民法典》,从司法解释层面正式上升到了法律层面。但是,在各地的司法实践中,由于法官对于预约合同理解的不同,仍存在针对预约合同和本约合同认定方法和标准的诸多不同观点,以及由此而产生的相关民商事纠纷,甚至出现了"同案不同判"的现象。因此,关于认定标准和法官在面对具体问题时的裁量权,从长期来看可从各行业常见履约习惯的统一和不断补充完善典型案例两方面寻求解决路径。

结 论

综上,对于预约合同在司法实践中的定性与识别,基于学术观点、行业惯例等观察角度的不同,会产生针对其效力、约束力、裁量的不同观点,进而产生不同的裁判结果,引发实际争议。基于此,我们应从订立和认定两个角度,更加明确对预约合同的四要件的辨识,通过对照要件进行责任和刑责裁量。逐步增强对预约合同的认定和识别度,并进一步减少裁判结果的争议。同时,较为明确的认定边界和裁量标准也会随着法治进程的完善而逐步形成。

农村宅基地拆迁后继承人的相关权益在司法实践中的探究

付 宇*

(中国政法大学 北京 100088)

摘 要: 农村集体土地是我国土地所有制的一种形式。目前,随着我国经济体制的改革和社会主义现代化的发展,集体土地有可能面临国家征收问题。与此同时,由土地征收引发的拆迁利益及家事继承问题随之产生,集体土地现状及农村宅基地拆迁后引发的相关法律问题亦由此产生。现需以当今司法实践中的实施标准来探究继承人的限制继承权。

关键词: 土地产权 宅基地拆迁 限制继承

一、问题的提出

目前,我国农村问题的关键是土地问题。随着经济的发展,基于公共利益需要,我国大量的集体土地都已依照法定的程序和权限转化为国有土地,并依法给予被征地的农村集体经济组织和被征地农民合理补偿和妥善安置。由此,由土地征收所引发的一系列法律和社会问题也随之而来,特别是由征收引发的众多家事纠纷,根据现有的法律政策及相应的实施标准,出现的问题值得我们进一步学习和探究。

---

* 作者简介:付宇(1992年-),女,汉族,北京市人,中国政法大学同等学力研修班2022级学员,研究方向为刑法学。

二、宅基地使用权继承的相关理论

(一) 宅基地使用权继承的基本原则

宅基地使用权基本原则主要包括：继承权的平等保护原则、保护集体权益的原则以及限制继承的原则。其中，限制继承也被称为有限继承。主要体现在：首先，限制宅基地继承的范围，只能对宅基地地上物的房屋及其他附属物进行继承。其次，宅基地使用权的继承要根据成员的条件予以划分，具体是指在允许继承的基础上对其继承设定限制性的条件。[1]因宅基地所有权属于集体，本身不属于农民个人遗产，已分家或离家单独生活的子女请求继承父母宅基地上房屋的，不应得到支持。但对于可作为遗产分割的房屋建设成本价值，对父母生前享有的宅基地房屋共有部分价值主张继承，实践中可参考房屋重置成新价计算。

(二) 宅基地使用权限制继承在司法实践中的体现

结合宅基地的基本特征我们可以得出结论，宅基地所有权属于集体，不属于农民遗产，不允许继承，这就导致了农村宅基地继承具有特殊性。究其根源，我们需要从宅基地使用权的性质入手加以阐述。关于宅基地使用权的性质，学界至今尚未达成共识。[2]但宅基地使用权主体以"户"来确定，"户"中的人员会随之发生改变，但是宅基地使用权主体的性质不会发生改变，即宅基地使用权的继承依旧会以"户"作为继承依据。加之现行的我国农村房屋宅基地继承制度建立在城乡户籍分割制度上，存在很多弊端，农村宅基地使用权和宅基地上房屋的所有权继承必将产生矛盾。基于此，宅基地使用权的继承加剧了社会矛盾。在现实生活中，最为典型的就是宅基地使用权人死亡后，宅基地被征收时，其继承人享有的相关继承份额的确定问题。要想结合宅基地使用权性质来评判其继承的法律后果，需要引用限制继承原则处理继承纠纷，即平衡继承人和集体成员之间的权益，具体是指在允许继承的基础上，就其继承设定限制性条件。

案例一： 原告宋某诉被告宋1、宋2、许某、宋女法定继承纠纷一案在北

---

〔1〕 胡建："农村宅基地使用权有限抵押法律制度的构建与配套"，载《农业经济问题》2015年第4期，第42页。

〔2〕 解玉娟："农村宅基地使用权性质探析"，载《河南省政法管理干部学院学报》2008年第3期。

京某法院依法公开开庭进行了审理。宋父与王母系夫妻关系，婚后育有长子宋1、次子宋2、三子宋3、女儿宋某4名子女。丰台区南苑公所胡同原A号后变更为B号院内有西房3间，1970年3月南苑大队以150元的价格卖给村民宋父，1972年，宋父与妻子王母及子女宋2、宋3、宋某出资，将原来的西房翻建为3间北房和1间西房，后宋1、宋2、宋某均结婚从此宅基地中搬出独立生活。宋3与妻子许某、女儿宋女依旧在该院内居住。王母和宋父死亡后，2014年上述宅基地拆迁，随后宋3去世，现宋某向法院起诉要求继承宋父、王母的遗产，院内3间北房和1间西房的拆迁利益；拆迁后取得的4套房屋中1套房屋归原告宋某居住使用。

法院在审理中认为，宋父出资购买涉案的房屋用于家庭生活，其与王母应为合法产权人。后经过批准，涉案房屋进行翻建，从其家庭结构及翻建目的来看，翻建是为了家庭生活，宋2、宋3、宋某虽然出资参与了房屋的翻建，增加了宅基地上的房屋价值，但并不能导致房屋所有权发生变化，其出资应视为对家庭共同生活的帮扶与贡献，即涉案房屋仍为宋父、王母所有。其二人死后上述房屋应该作为遗产由其合法继承人4名子女继承，因宋3在宋父、王母死亡后死亡，所得遗产应该由其法定继承人许某和宋女继承。因宋1、宋2、宋某结婚后各自在其使用的宅基地上建房屋单独生活。根据我国《土地管理法》关于"一户一宅"的宅基地使用原则，原告在已经取得宅基地使用权后，又要求继承宋父和王母死亡后的房屋和拆迁利益，法院不予支持。但对于地上房屋的建设成本价值，继承人可依法分割，因诉争遗产房屋已经拆除，法院应就遗产房屋的重置成新价，根据双方的实际情况予以分割。最终，依照相关法律规定，法院作出如下判决：被告许某与宋女于本判决生效后10日内给付宋某、宋1、宋2房价款各一万余元；驳回原告宋某的其他诉讼请求。

案例二：刘某英与于某某系夫妻关系，于某某在东阁村有宅基地6间，二人共生育5个子女。长女于某珍自1976年结婚后，户口迁至××街道××村。次女于某兰自1979年结婚后，户口迁至××街道××坊村。三女于某香自1984年结婚与父母分户，户口一直在东阁村，另批有宅基地。四女于某波自1988年结婚与父母分户，户口一直在东阁村。儿子于某瑞与官某伟于1992年登记结婚，1993年6月30日生育于某，于某瑞全家与于某某和刘某英共同生活并居住在涉案房屋，户籍一直登记在该户头。刘某英与于某某先后去世。2020

年7月4日,平度市人民政府东阁村与于某就涉案房屋签订《安置补偿协议》,领取各项补助共计 105 536.86 元。随后,于家四姐妹将于某瑞全家告上法院,请求上述拆迁利益归四姐妹所有。

法院在审理中认为,本案房屋拆迁安置房屋的面积计算以农村宅基地面积为依据,故对于本案拆迁利益的确定,首先分析该宅基地使用权属问题,农村宅基地不能继承,农房可以依法继承。宅基地使用权人以户为单位,依法享有占有和使用宅基地的权利。在户内有成员死亡而农户存续的情况下,不发生宅基地继承问题。1993年后,于某瑞全家与于某某和刘某英共同生活并居住在涉案房屋,户籍都一直登记在该户头,并未分户再批宅基地。故在于某某和刘某英去世后,应认定户内剩余成员为于某瑞一家,其为该宅基地使用权人,进而确认上述于某瑞一家三口为安置补偿房屋利益的参与分配主体具有事实与法律依据,本院予以确认。案涉安置房补偿利益应为原宅基地使用权人共有,故针对于家四姐妹的诉求不予支持。

案例三: 孙某某、张某某夫妇共生育子女三人,长女孙某1、长子孙某3、次女孙某2。孙某1与孙某2先后出嫁至邻村,孙某3一直与父母一同居住在孙某某名下的宅基地,即位于烟台市莱山区××街道××村××街××号的房产内,直至孙某某于1994年去世,张某某于2019年11月20日去世。旧村改造时孙某3与村委会签订《旧村改造房屋预征收补偿安置协议》若干,最终旧村拆迁共安置房屋3套。随后,孙某1、孙某2将孙某3诉至法院要求依法分割被安置房屋中父母的遗产份额。

法院在审理中认为,因孙某1、孙某2结婚后各自在其使用的宅基地上建房屋单独生活,根据我国《土地管理法》关于"一户一宅"的宅基地使用原则,其在已经取得宅基地使用权后,又要求继承父母死亡后的房屋和拆迁利益,法院不予支持。最终驳回孙某1、孙某2的诉求。

结 论

农村习惯中存在年长子女分家另过,另行分配宅基地,而幼子与父母共同生活居住,负责养老送终的情况,此时,幼子将不再另行申请宅基地使用。在父母去世后,宅基地房屋进入拆迁程序可获得较高补偿情况下,年长子女们往往会就去世父母名下的宅基地房屋提出遗产继承要求,以期获得拆迁补偿份额。在司法实践中,根据《土地管理法》关于农村居民"一户一宅"的规定，宅基地使用权的主体资格是以户为单位的家庭，而户内人口由于生老病死、婚丧嫁娶等情况，往往处于流变之中。在家中年长成员死亡后，因该户尚存，宅基地使用权即应当由剩余户内成员继续享有，原则上并不存在宅基地继承的问题，已分家另行取得宅基地的兄姐再行主张获得父母宅基地上的房屋权利即侵害了与父母共同居住子女的宅基地使用权，既违背农村习俗也有失公平。

浅析预约合同的损害赔偿责任范围

沈飞鸿*

(中国政法大学 北京 100088)

摘 要：《民法典》第495条首次在我国以法律条文的形式定义了预约合同，并明确了违反预约合同的一方应当承担违约责任，但是对于赔偿责任范围却没有作具体规定。对此，法学理论与实务界也存在较大的争议，目前没有形成通识。本文通过对预约合同的赔偿责任范围构建进行讨论，以供司法实践进行检验。

关键词：预约合同 损害赔偿 履行利益 信赖利益

预约合同指的是为将来订立合同的合同。损害赔偿是《民法典》合同编规定的违约责任的形式之一。其中，预约合同作为一种独立的合同，当然可适用损害赔偿。我国民法上主要的损害赔偿方式就是货币赔偿，所以在阐述预约合同的违约责任时，确定损害赔偿的标准变得十分重要。但《民法典》并未对一方违反预约合同时损害赔偿的范围加以规定，导致司法实践中出现了逻辑完全不同的裁量。该范围的确定问题亟待解决。

一、预约合同损害赔偿范围难以确定的主要原因

(一) 立法匮乏

我国与预约有关的规范性文件主要有两部司法解释和一部法律，分别为《最高人民法院关于审理商品房买卖合同纠纷案件适用法律若干问题的解释》(以下简称《商品房买卖合同司法解释》)《最高人民法院关于审理买卖合同

---

* 作者简介：沈飞鸿（1995年–），女，汉族，浙江杭州人，中国政法大学同等学力研修班2022级学员，研究方向为经济法。

纠纷案件适用法律问题的解释》（以下简称《买卖合同司法解释》）和《民法典》。其中，从《商品房买卖合同司法解释》第5条可以反推，在商品房交易中，我国认可预约和本约是两种不同的合同。不过，《商品房买卖合同司法解释》全文都没有出现过"预约合同"一词，且除了在第4条规定了商品房预定、认购、订购等协议适用定金罚则外，其他部分未对违约责任进行有关规定。《买卖合同司法解释》第2条明文使用"预约合同"一词，并且将损害赔偿这项违约责任形式单独拎出，与解除合同并列作为违约的救济方式，对审判实践起到了重要的指导作用。但由于该司法解释未对损害赔偿责任的性质和范围进行规定，且只适用于买卖合同，因而仍不能满足司法实践的需要。

《民法典》第495条基本沿用了《买卖合同司法解释》的规定，且第495条更加着重于预约合同的实质要件，即为了"在将来一定期限内"缔结本约。同时，将损害赔偿并入违约责任，与《民法典》第577条关于违约责任的形式的规定相呼应。关于损害赔偿，《民法典》第584条规定了完全赔偿原则和可预见性原则、第591条规定了减轻损失限制原则、第592条规定了过失限制原则，前述原则当然适用于预约合同。但除此之外，《民法典》并未单独对预约合同的损害赔偿责任范围进行具体规定。

（二）基础理论纷争

1. 赔偿本约履行利益说

履行利益指的是在合同得以履行的情况下，受损方能够得到的法益价值。持本约履行利益说观点的学者认为，预约应至少就本约的必要点达成合意，本约在预约的基础上扩张补充即可确定，[1]因此对预约的损害与本约无实质差异。德国学界已经基本形成了预约的损害赔偿与本约的履行利益相一致的通说，[2]且德国多数法院已经穿透预约与本约之间的薄纱，在判决中支持守约一方直接获得等同于本约履行利益的赔偿。

2. 赔偿本约信赖利益说

信赖利益指的是在信赖合同有效或履行的一方因合同无效或不成立而受到的损失利益。我国最高人民法院民二庭在解释《买卖合同司法解释》第2条时就认为，违反预约的损失应与缔约过失责任相当，损害赔偿范围为本约

---

[1] 汤文平："德国预约制度研究"，载《北方法学》2012年第1期。
[2] 朱晓东：《中国预约合同制度研究》，北京大学出版社2020年版，第274页。

的信赖利益。[1]广东省高级人民法院印发的《关于审理房屋买卖合同纠纷案件的指引》第5条规定预约合同的违约责任如果不足以弥补守约方的信赖利益损失，守约方可以请求增加赔偿。这说明广东省高级人民法院是以买卖合同司法解释起草小组的观点为依据指引广东地区的裁判的。

3. 内容决定说

国内外有不少学者认为赔偿履行利益还是赔偿信赖利益应当视预约的内容进行具体情况具体分析。如果预约合同的内容无限接近于本约，则按本约的履行利益进行赔偿；如果预约合同的内容无限远离于本约，不具备本约的必要点，则按本约的信赖利益进行赔偿，甚至是不进行赔偿。[2]

（三）是否赔偿机会利益的不确定性

所谓机会利益，是指基于信赖预约合同的履行和因此产生的履行利益而放弃了与第三方订立合同的机会。在信赖利益内部存在着是否要赔偿机会利益损失的纷争。一种观点认为，信赖利益仅包含为履行合同支出的成本，不包含丧失的机会利益，如信赖利益的范围过大则不利于确定责任，[3]总结公式可归纳为：信赖利益＝履行合同支出的成本；另一种观点则认为应包含机会利益损失，[4]总结公式可归纳为：信赖利益＝履行合同支出的成本＋机会利益。

二、预约合同的赔偿责任范围厘定

（一）明确赔偿履行利益、信赖利益或者其他

厘定和重构预约合同的损害赔偿责任范围，首要的就是明确预约的违约方究竟是赔偿履行利益、信赖利益，还是二者都包括，或者是赔偿其他形式的利益。在取向确定上，笔者认为，绝对采用信赖利益说并不妥当，而应当以赔偿履行利益为主，以赔偿信赖利益为补充。原因如下：

首先，德国法是我国预约制度的重要借鉴法域，我国在西方接受法律时

---

[1] 最高人民法院民事审判第二庭编著：《最高人民法院关于买卖合同司法解释理解与适用》，人民法院出版社2012年版，第61页。

[2] Di Majo, Obbligo a contrarre, in Enc. giur, XXI, Roma, 1990, at 6, 转引自陆青："《买卖合同司法解释》第2条评析"，载《法学家》2013年第3期。

[3] 王利明：《违约责任论》，中国政法大学出版社1996年版，第814~815页。

[4] 房绍坤：《民商法问题研究与适用》，北京大学出版社2003年版，第231页。

借鉴外国，主要依照的也是大陆法系。但在德国法以履行利益说为基本观点时，我国法院却普遍采纳司法解释和最高人民法院民二庭的信赖利益意见。这一现状虽然可以说兼容并包，但其实也会导致预约制度的基本框架与预约的损害赔偿范围出现法域冲突问题。而履行利益说在德国、瑞士等国家有较为丰富的司法实践检验支持，具有一定的普遍性。

其次，我国部分学者和最高人民法院的法官认为预约仅应赔偿信赖利益的基础是他们认为预约合同的履行实际上没有交易的发生。但这种观点其实忽略了当事人从接触、磋商到订立预约的价值，预约的根本目的仍然是达成本约以及实现本约的履行，而信赖利益无法体现对这种根本目的的考量。

最后，原则上，信赖利益其实是以履行利益为上限的，说明履行利益基本能覆盖信赖利益。所以，笔者认为，在违反预约时赔偿履行利益已经能实现对受损方的权利的最高保护。当然，不可否认，也存在一些特殊的情况，赔偿信赖利益能发挥其应有的价值，故其应作为履行利益的补充。比如，受损方基于对预约的信赖和对利润的期待投入了高额的成本支出，损害方违约与第三人订立了合同，但损害方与第三人的交易最终亏损严重，在这种情况下，受损方的实际支出远高于履行利益，赔偿受损方的信赖利益也就成了必要。

（二）对机会利益肯定与否定调

我国目前对机会利益的赔偿持否定态度，但这种观点过于保守，限制了对受损方的利益保护范围。诚然，机会利益不易量化，但不能因此否认法律保护的价值。机会利益较难计算，但不等于不能计算。比如，酒店房客在节假日预订房间，又在很晚的时间取消预订，导致该房间在节假日成为唯一空置的房，酒店基于信赖而相信房客会入住并因此丧失了与其他客人订立合同的机会，这时候机会利益就能确定，即该房间在节假日期间的入住价格。笔者认为，在信赖利益中应当肯定机会利益，但预约的机会利益应适用未有效成立的预约，而不适用有效成立的预约。因为当预约有效成立时，应当赔偿受损方的履行利益，履行利益本身就是得以履行情况下的利益，而机会利益是基于与其他人订立同种预约的机会而产生的利益，可以视为其他人的履行利益，这是重复矛盾的。

在解决机会利益的举证问题上，笔者认为，一方面需要受损方更加注重对机会利益损失的证据搜集，另一方面需要立法和司法适当减轻对受损方的举证责任。

结　论

　　预约不是一种特定的合同，其与本约之间存在可转化性，同时又具有自身的独立性。而在违约责任中，损害赔偿范围问题亦复杂多样。因而确定预约损害赔偿范围成了世界公认的难题。基于我国市场经济的迅速发展，商业交易模式日渐复杂，立法引入和确定预约合同的损害赔偿范围是必然趋势。构建好损害赔偿范围，能更好地预防和惩治预约合同主体的违约行为，同时也能统一裁判尺度，反哺司法审判。综合前述分析，笔者认为，在预约合同中，对违约责任如有约定应从约定，但这种约定不能肆意放大，应受到损害赔偿范围的限制；如无约定，也应受到损害赔偿范围的限制。损害赔偿范围应以赔偿履行利益为原则，以赔偿信赖利益为补充。当然，不管是采纳哪种方式确定预约的损害赔偿范围，都应当恪守预约与本约的边界。由于理论水平和实践经验的限制，笔者的看法较为浅陋，尚存在许多不足之处，对于损害赔偿范围的计算仍需要有更深入的研究和更深刻的思考。

试论职务犯罪的预防

——以国有企业管理人员为例

张盛云[*]

(中国政法大学 北京 100088)

摘 要：职务犯罪预防是一个世界各国面临的共同课题。基于我国国有企业的独特地位，国有企业管理人员职务犯罪预防在国内各层面都受到了广泛关注。本文将从国有企业管理人员职务犯罪的含义、预防国有企业管理人员职务犯罪法律问题分析、预防国有企业管理人员职务犯罪的法律对策等三个方面进行阐述，以期为预防和遏制国有企业管理人员职务犯罪提供合理化建议，起到积极的促进作用。

关键词：国有企业 职务犯罪 预防

一、国有企业管理人员职务犯罪的含义

国有企业在中国经济体系中扮演着重要角色，其管理人员是否正确履行职权关乎国计民生。国有企业管理人员职务犯罪问题日益受到广泛关注。

2018年3月，全国人民代表大会先后通过《宪法（修正案）》《监察法》并施行，标志着我国监察体制在立法层面的正式确立，对打击与预防职务犯罪影响深远。监察体制改革改变了过去职务犯罪的概念，准确地讲是公职人员犯罪的概念。[1]

---

[*] 作者简介：张盛云（1983年-），男，汉族，广西百色人，中国政法大学同等学力研修班2022级学员，研究方向为民商法。

[1] 李伟东等：《职务犯罪典型案例精解》，法律出版社2020年版，第3页。

中央纪律检查委员会、国家监察委员会于2018年4月颁行的《国家监察委员会管辖规定（试行）》列举了国家监察委员会管辖的6大类88个职务犯罪案件罪名，其中就囊括了国有企业管理人员的职务犯罪。当然，基于部分职务犯罪主体的特定性，88个罪名并非都适用于国有企业管理人员。

根据《国家监察委员会管辖规定（试行）》及2021年3月1日施行的《最高人民法院、最高人民检察院关于执行〈中华人民共和国刑法〉确定罪名的补充规定（七）》，经整理，国有企业管理人员职务犯罪主要有贪污贿赂类犯罪、滥用职权类犯罪、玩忽职守类犯罪、徇私舞弊类犯罪、重大责任事故类犯罪、其他类职务犯罪等六大类型，共涉及49个罪名。

根据相关法律条文、中央相关文件及个人理解，笔者认为，国有企业管理人员职务犯罪，是指国有企业管理人员在履行职责过程中，不正当行使手中公权力或不作为，侵犯国家、社会、企业或个人正当权益，依照刑法应当受刑罚处罚的行为的总称。

二、预防国有企业管理人员职务犯罪法律问题分析

（一）预防职务犯罪无专门法律

当前，关于我国职务犯罪的法律散见于《刑法》《监察法》《刑事诉讼法》中，且其中更多是关于职务犯罪事后惩治的条文。从抓早抓小、防微杜渐、防止违法走向犯罪的角度，2020年颁布施行的《公职人员政务处分法》，也可以算作是预防职务犯罪立法的一个组成部分，也为监察机关监督检查和调查职务违法提供了法律依据。但是，目前就国家层面而言，我国在职务犯罪预防领域尚无专门性法律；就地方层面而言，经笔者统计，在2018年《宪法（修正案）》《监察法》施行以前，上海、江苏、山西等14个省（或直辖市）都出台了预防职务犯罪地方性法规，但随着《宪法（修正案）》《监察法》的施行、国家监察体制的正式确立，各地先后废止了该类地方性法规。预防职务犯罪专门性法律的空白，增加了国有企业管理人员职务犯罪预防的难度。

（二）单一性的留置措施难以适应纷繁复杂的案件

《监察法》针对被调查对象规定的留置措施，是在我国纪委独具特色的"双规"制度上建立起来的。"双规"制度因无法律依据即限制被调查对象人身自由而颇受诟病，故《监察法》将此项"党纪"上升为"国法"，赋予了其法律效力，此即为留置。但《监察法》针对被调查对象也仅配置了留置一

项强制措施,缺少阶梯式监察强制措施,这给监察机关调查职务犯罪带来了困难。

(三) 国内国际法律衔接不到位

在国内法与国际法衔接方面,当前,我国《刑法》尚未废除死刑,而已经废除死刑并坚持死刑不引渡、不遣返的国家则成了大多数职务犯罪人员的"避罪天堂"。截至 2020 年 10 月,我国仅对外缔结 59 项引渡条约。[1]

(四) 办理职务犯罪实践中衔接不到位

对于国有企业与监察委员会,根据《监察法》第 16 条第 1 款的规定,各级监察机关按照管理权限管辖本辖区内的公职人员、有关人员所涉监察事项,但国有企业与各级监察委员会在预防、打击职务犯罪衔接方面天然存在壁垒。国有企业大多自成体系,且多是垂直管理,其内一般也设置有纪检监察部门,出于"保护干部""消除影响"等考虑,很可能会出现"有罪不罚、罚不当罪、以罚代刑"的情况,从而让犯罪分子逍遥法外。

对于监察委员会和检察机关,监察委员会的职权配置及《监察法》的相关规定都具有明显的"纪法共治"特征,[2]而移送检察院起诉的案件仅限于犯罪案件。监察委员会"纪法共治"的多重属性给检察机关案件移交等方面带来了困扰,如根据《公职人员政务处分法》,公职人员一般职务违法行为,不涉及职务犯罪的,监察机关是可以直接给予相应政务处分的,但职务违法与职务犯罪的界限需要专职机关界定,这就导致什么案件该移交、什么案件不该移交检察机关存在模糊区域。同时,违法违纪与职务犯罪往往相互交织,何时移交也需进一步厘清。此外,在办案实践中,留置与刑事措施的衔接、证据适用等也需进一步规范和完善。

三、预防国有企业管理人员职务犯罪的法律对策

(一) 制定职务犯罪特别法

经过长期探索和实践,新加坡、美国、英国、日本等国家建立了专门性的职务犯罪法律,职务犯罪领域法律日趋成熟,从方方面面对公职人员的行

---

[1] 王卓:"我国对外缔结 59 项引渡条约——'天网行动'依法引渡 50 人",载《中国纪检监察报》2020 年 10 月 26 日。

[2] 秦前红、刘怡达:"国家监察体制改革背景下人民法院监察制度述要",载《现代法学》2018 年第 4 期。

为进行了规范,这对我国职务犯罪立法具有借鉴意义。笔者认为,基于我国职务犯罪预防实际,可在借鉴国外职务犯罪立法先进做法、全面提炼国内职务犯罪地方立法经验的基础上,转变"重惩治、轻预防"理念,坚持标本兼治、惩防并重,对《刑法》《监察法》《刑事诉讼法》等进行重新梳理,从实体法、程序法两个角度出台全国职务犯罪预防统一、专门法律,明确职务犯罪惩防基本制度、专责机关及其权利义务、适用范围、运行程序等,将公职人员个人重要财产、重要事项公示报告由"党纪"上升至"国法",突出事前预防、事后惩治功能,为有效预防和打击职务犯罪提供更强有力的法律支撑。

(二)加强国内国际法律衔接

近年来,我国境外追逃追赃所遇到的困难几乎都与中国刑事法治自身的问题以及西方国家对中国刑事法治的误解有关。[1]在职务犯罪境外追逃追赃过程中,国外死刑不引渡、不遣返要求不应成为我国立即废除死刑的理由,而是应结合中国国情,谨慎研究,逐步探索,笔者认为,《刑法修正案(九)》针对贪污罪、受贿罪增加的"终身监禁"制度就是一种非常有益的尝试和探索。通过全方位的努力,进一步加强国内国际法律衔接,不断压缩职务犯罪分子的活动空间,消除其侥幸心理。

(三)规范职务犯罪办理中监察机关与公、检、法、企衔接

以问题为导向,建立对调查对象的阶梯式强制措施,解决单一性留置措施无法应对纷繁复杂职务犯罪案件的困境;进一步规范留置与刑事措施的衔接,进一步规范监察机关通过公安机关发布通缉令、限制出境等流程;加强监察机关与检察院、法院之间的沟通、协调、对接,以法律形式进一步规范、完善证据适用、案件移交、退回补充侦查、自行补充侦查等流程;监察机关应建立与国有企业的预防、打击职务犯罪信息交流、共享机制,打破国有企业保护壁垒,解决"有罪不罚、罚不当罪、以罚代刑"等问题。

(四)加快推进监察机构专业化职业化

2018年监察体制确立后,各级监察委员会与各级纪律检查委员会合署办公,实行的是"一套人马,两块牌子"机制。但与纪律检查委员会的"党纪"属性不同,监察委员会兼具"法纪共治"双重属性,这对监察委员会队

---

[1] 张磊:"境外追逃追赃良性循环理念的界定与论证",载《当代法学》2018年第2期。

伍建设提出了更高的要求,即既要熟悉党的各项纪律,又需要是法律方面的专业人士。

从目前来看,我国监察机构队伍的专业化、职业化仍然任重而道远。笔者认为,可以借鉴法官、检察官制度,从准入制、职业资格认证等多方面加快实施监察机构队伍专业化、职业化建设,为我国职务犯罪预防提供坚强的人才保障。

结　语

职务犯罪预防和遏制不可能一蹴而就,需国家顶层设计规划、社会各个层面共同参与,需各机关、各部门从立法、司法、普法宣传、队伍建设等多方面共同努力,常抓不懈,方可出现成效。笔者相信,经过持续不懈的努力,我国必将走出一条独具特色的国有企业管理人员职务犯罪预防之路,为国有企业改革、发展和稳定保驾护航。

合同之债和侵权之债下夫妻共同债务的认定

王 晓[*]

(中国政法大学 100088)

摘 要: 夫妻共同债务的认定,本身就存在保护债权人的合法权益和保护夫妻双方婚姻存续期间非举债方合法权益的冲突,其本质就是这两种权益的平衡和对抗。2018 年以前,夫妻共同债务的认定比例高,[1]立法上过于倾向于对债权人的权利保护,加重了借款人配偶的举证责任。而 2018 年发布的司法解释贯彻了民法的公平原则,找到了其中的分界点,更好地平衡了两种价值取向,对夫妻共同债务的认定必然产生极大的影响。维护家庭伦理是婚姻的本质,其目的在于让夫妻双方更好地相互扶助,共同生产、生活、经营。婚姻的伦理是婚姻安全的基本要素,维护债权人和配偶的权利两者不可偏废。

关键词: 夫妻共同债务 侵权之债 合同之债

一、夫妻共同债务认定的法理基础

从 2013 年开始,国内的离婚率在持续上升,刚开始只有 130 多万对办理离婚,但过了几年之后,这个数字却直接翻了几倍,到 2019 年,离婚登记人数达到了 470.1 万对,其中"80 后"是离婚的主力军。2021 年各地更新的婚姻大数据显示:离婚率暴跌成为 2021 年的主要趋势。其原因之一是结婚率的下降导致了离婚率的下降。结婚的意义在于找到人生中的另一半,从此过上

---

[*] 作者简介:王晓(1989 年-),女,汉族,河南焦作人,中国政法大学同等学力研修班 2022 级学员,研究方向为民商法。

[1] 叶名怡:"《婚姻法解释(二)》第 24 条废除论——基于相关统计数据的实证分析",载《法学》2017 年第 6 期。

安居乐业，有人陪、有人爱的生活，而婚姻带来的责任和排他性也要求夫妻双方能够在日常生活、生产经营方面共享收益、共担风险。

根据《民法典》[1]第1057条，夫妻双方都有参加生产、工作、学习和社会活动的自由，一方不得对另一方加以限制或者干涉。夫妻双方的财产、债务关系并不天然归属于夫妻共同所有。夫妻一方婚前的财产，法律上认定系可属于夫妻一方的个人财产。在婚姻关系存续期间，夫妻一方以个人名义超出家庭日常生活需要所负的债务，不属于夫妻共同债务。

对夫妻共同债务的认定包括两种形式：①自认认定。即夫妻双方同意认可的债务，这属于夫妻双方意思自治的范畴，法律尊重自然人真实、自愿、合法的意思表示。但夫妻一方如果反驳不是用于夫妻共同生活则需要承担举证责任。②推定认定。即非举债的夫妻一方不认可该债务为共同债务时，由法院进行一般理性人审查，符合共同债务构成要件的，推定该债务为共同债务。但在法律实务当中，法院在认定是否属于夫妻共同债务的举证责任分配问题上标准不一。

二、常见合同之债系夫妻共同债务的认定思路

对于因合同之债导致的夫妻共同债务，基于市场风险意识及自身作为债权人的审慎注意义务，合同相对方在与夫妻一方产生债权债务时，可以选择要求以夫妻共同债务等形式规避风险；即使合同相对方在合同之债中没有提及属于夫妻共同债务，但只要合同相对方可以举证该合同之债主要被用于夫妻共同生活、共同生产经营或者夫妻一方反驳债务未用于夫妻共同生活但是举证不能，即可推定该合同之债属于夫妻共同债务。常见的夫妻共同债务均是合同之债，例如支付家庭正常开支，抚养子女、赡养老人的生活性开支，还有从事个体工商业、经营、投资且用于共同生活的生产经营性开支。

如在［2021］鲁1321民初5476号[2]刘某、肖某等借款合同纠纷民事一审案中，其争议焦点为涉案借款是否系夫妻共同债务。涉案的两笔借款均发生于肖某与姜某婚姻关系存续期间，且借款数额未超过家庭日常生活需要。姜某主张其对涉案借款不知情，借款未用于家庭共同生产生活，但并未提供

---

[1]《民法典》自2021年1月1日起实施。
[2] 沂南县人民法院［2021］鲁1321民初5476号。

证据予以证实。根据《最高人民法院关于适用〈中华人民共和国民事诉讼法〉的解释》[1]第90条第1款"当事人对自己提出的诉讼请求所依据的事实或者反驳对方诉讼请求所依据的事实，应当提供证据加以证明，但法律另有规定的除外"的规定，姜某应承担举证不能的法律后果，故对其辩解意见，法院不予采纳。由此可见，夫妻双方一方对外举债，如果这笔钱确实被用于夫妻共同生产生活，可以追加另一方成为共同债务人，对外承担连带债务清偿责任。

三、常见侵权之债系夫妻共同债务的情形

侵权之债一般系由侵权行为造成的赔偿责任，学界有观点认为，夫妻一方因侵权行为负担的债务是否构成夫妻共同债务，应当按照夫妻共同利益标准认定。审查该侵权行为是否符合夫妻共同生活、共同生产经营的要件，同时结合侵权行为自身的特点，综合认定该侵权行为造成的赔偿责任（侵权之债）是否属于夫妻共同债务。

如在［2022］京0109民初1164号[2]江苏中铁环保装备有限公司与吴某侵权责任纠纷案中，案件争议的焦点在于刘某对中铁公司应承担的偿还工程款债务为刘某、吴某夫妻共同债务。理由如下：第一，吴某与刘某原系夫妻，夫妻关系存续期间，刘某及其经营的馨悦公司欠中铁公司工程款610万元，经生效判决确认所欠工程款由馨悦公司、刘某连带给付。虽然2021年12月24日吴某与刘某协议离婚，但当时双方约定的财产分割及债务承担方式不能对抗对中铁公司所负债务。第二，馨悦公司虽为一人公司，由刘某独资经营，但吴某为该公司监事，而且馨悦公司的往来账目中有公司以工资、奖金、还款及借款之名给吴某的多次转款记录，款项合计412万元，说明吴某显然参与且知晓公司经营情况。吴某提供的证据及答辩意见不能够否认其参与公司经营，也不能排除所得款项被用于夫妻共同生活。法院认定对中铁公司应承担的偿还工程款债务为刘某、吴某夫妻共同债务。

如侵权之债的侵权行为超出一般理性人理解的夫妻共同生活、共同生产经营等情况，那么就不应当直接推定为夫妻共同债务，而应当将举证责任放

---

[1]《最高人民法院关于适用〈中华人民共和国民事诉讼法〉的解释》自2022年4月10日实施。

[2] 参见北京市门头沟区人民法院［2022］京0109民初1164号。

在债权人方，由债权人举证证明该侵权之债符合用于夫妻共同生活、共同生产经营的情况，否则债权人就应当承担举证不能的法律后果。

另以常见的机动车交通事故的侵权行为为例，其驾驶行为本身需要具体问题具体分析，由此判断侵权行为产生的侵权之债是否属于夫妻共同债务。

如在［2018］苏09民申403号[1]张某与仇某、高某合同、无因管理、不当得利纠纷中，法院经审查认为：张某起诉要求确认因交通事故形成的侵权之债为高某、仇某的夫妻共同债务。经查，高某借用他人车辆与仇某一起去看望仇某的母亲，高某驾驶的车辆致张某受伤，公安部门认定高某负交通事故的全部责任，高某亦经人民法院判决构成交通肇事罪。高某与仇某对高某侵权行为形成的债务并无共同合意，张某的诉讼请求没有事实和法律依据，一、二审据此判决驳回张某的诉讼请求并无不当。

综上所述，对于合同之债和侵权之债下的夫妻共同债务的认定，主要为双方合意或用于夫妻共同生活的举债应由夫妻共同偿还，这是民法上意思自治及权利义务相一致原则的体现。一对男女一旦结为夫妻，就应该为自己的家庭共担荣辱、共同进退，夫妻双方享有平等的权利和义务，同时也意味着婚姻存续期间，甚至婚前和离婚后，夫妻就会结为一个"命运共同体"。

总之，合同之债和侵权之债下夫妻共同债务的认定仍然存在着法院裁判标准不一、举证责任分配混乱的问题，《民法典》第1064条的"家庭日常需要"与第1060条的"家事代理权"密切相关，构成了日常家事类共债的认定标准，但无论是单独规定还是后者推定前者，立法上的规范都比较原则化。[2]因此，夫妻共同债务的认定仍然要从合理分配举证责任、明确家事代理范围和重视债务用途查明的角度进行综合分析。[3]建议从立法上理顺条文逻辑，明确价值内涵，贯彻公平原则；从司法上积累一定数量的案例后找到统一的符合实际的认定标准。

由此可见，可以将夫妻共同债务认定为"合意型夫妻共同债务""日常家事型夫妻共同债务"和"共同生产，共同生活型夫妻共同债务"。在进行合同之债和侵权之债下夫妻共同债务的认定时，需要通盘考虑夫妻关系的存续情

---

[1] 江苏省盐城市中级人民法院［2018］苏09民申403号。
[2] 李洪祥："论日常家事代理权视角下的夫妻共同债务构成"，载《当代法学》2020年第5期。
[3] 商聪聪（国浩律师事务所）《夫妻共同债务认定实证研究》（2021年8月2日）。

况、债务的类型、举债的目的和用途、举证责任的分配等要素，权衡债权人的利益和夫妻双方中未举债一方配偶的利益。同时，夫妻双方的举债在被认定为共同债务，需要共同承担作为债务人的清偿责任时，不要忘记作为一个"命运共同体"的信念。夫妻形成一个家庭的意义就在于有福同享、有难同当，不回避责任，也同样共享荣光，一人行一家之事，需要更加理性、审慎。

论混合担保下担保人的内部追偿权

王忠鹏*

(中国政法大学 北京 100088)

摘 要：为了更好地确保债权的实现，债务担保制度得以被广泛运用。在混合连带担保中，人的担保与物的担保同时存在。对于债务人不能履行义务，担保人承担担保义务后，担保人是否可以从其他担保人处获得赔偿，立法给出了不同的观点。本文以《最高人民法院关于适用〈中华人民共和国民法典〉有关担保制度的解释》第13条切入分析，以否定追偿权为原则，肯定追偿权为例外，对追偿权展开讨论。如果当事人之间未就相互追偿达成协议，则拒绝追偿权，不仅符合公平、风险和自我义务的原则，还有助于维持执法的统一，而相对于肯定追偿权在理论层面缺乏理论逻辑依据，在司法实务中的争议也是累累不断。由此看来，否定追偿权实现了逻辑上的自我一致性，符合法律原则，符合社会对担保制度的法律期待。

关键词：混合担保 担保人 内部追偿权

《民法典》颁布实施后，虽然从立法层面上针对担保人之间能否追偿已经统一了裁判立场，但针对担保体系解释的学术争议仍有不同的声音。有学者认为，应当将《最高人民法院关于适用〈中华人民共和国民法典〉有关担保制度的解释》与实质公平、当事人预期、道德风险、整体利益平等诸多要素进行结合考虑，进而论证追偿权的可行性。肯定说与否定说的争议也时隐时现。因此，本文将结合司法解释以及相关诸多案例对担保人的追偿权进行以下分析。

---

* 作者简介：王忠鹏（1990年-），男，汉族，黑龙江省哈尔滨市人，中国政法大学同等学力研修班2022级学员，研究方向民商法学。

一、肯定说在理论与实务中面临的困境

《民法典》第 392 条的核心是保障债权人利益。此款规定赋予了债权人实现债权的选择权。当下的实体法对于债权人的此等选择权并没有设置明确的监督机制,由此,债权人在选择如何实现担保权时便会存在故意滥用或过失滥用的情形,进而影响担保人之间的实体公平。从担保人的利益角度考虑,这属于对担保人救济渠道的缩限。因此,在存在债权人滥用选择权的特殊情形下,应赋予担保人内部的追偿权,这对于实现实体公平而言具有重要意义。

在混合担保体系下,担保人能否被追偿将显著影响担保人承担担保义务的想法,提高违约的概率。在普通私人借贷的情况下,担保人通常不理解担保义务,在混合担保的情况下,担保人更有可能作出射幸担保(担保人不确定),这在本质上不是其真实意图。因此,一些专家认为,允许担保人追偿有利于防范道德风险,甚至在平衡利益方面发挥重要作用。

有学者认为,担保人承担担保义务后,其身份应转变为债权人,由此也应当享有债权人的代位权,进而可以向其他担保人主张代位权。[1]此种观点的依据是债权转让理论,可以视为原债权人将债权转让给担保人,由此担保人作为新债权人,可以向债务人主张债权。

(一) 违背有因性原则

有因性原则是指导致转让人转让标的物的第一手债务合同或法律事实,必须包含法律原因或具有有效的法律依据,这是产权变更的基本要素。

混合担保,换句话说,指由多人提供的不同性质的担保。如果确定无共同关系的担保人享有内部追偿权,其实质是在担保人之间建立担保关系,为其他担保人承担担保义务搭建桥梁。这一强制性决定既不是由法律关系的自然性质决定的,也不是由双方之间的协议决定的。若法律允许担保人受益于内部追偿权,则必然会违反债务合同相对性原则。

在混合担保关系中,如果担保人在承担了对债权人的义务后有权向其他担保人追讨财产,则毫无疑问,它违反了债务相对性原则。担保人与债权人订立的担保合同是债法领域的合同,仅对合同双方有效。

对混合担保的内部追偿持积极态度的专家试图从共同义务、不当得利、

---

[1] 张尧:"混合共同担保中担保人内部求偿的解释论",载《法学家》2017 年第 3 期。

代位求偿等方面证明这一点，试图通过与现有体系的类比，突破法律障碍，主张追偿权。但其大多数论点都有缺陷，无法实现逻辑上的自我一致性。

（二）降低程序经济价值

一方面，承认追偿权会导致诉讼行为频繁发生。担保人为弥补自身担保损失，会尽可能地通过诉讼方式主张其权利。由此，第一担保人和第二担保人以及其他担保人将开启无限制的追偿。这种高重复性且低效的追偿行为不仅毫无司法效率，浪费司法资源，而且对案件本身的解决更是毫无助力。

担保人与债权人建立担保关系前，双方应明确担保条款内容，明确标准条款约束。若不同的担保人在同一份合同或协议中作出明确的担保意思表示，则可以视为担保人之间承认且愿意分摊担保风险。在知悉本标准条款后，担保人仍然签署、盖章和按指纹，表明担保人同意在担保合同中应用本条款。通过标准条款，担保人能够有效减少纠纷，确保追偿顺利进行。因此，拟订合同的一方有义务提醒并告知标准条款。

另一方面，承认追偿权，在实务中如何确定追偿比例是重点、难点。第一，对于保证人保证，其保证价值不好均衡评估。第二，对于物保人来说，要评估就意味着增加司法程序，进而影响司法进度。第三，各担保人之间并没有共享协议，评估追偿份额难以平衡各方利益并可能造成进一步纠纷。因此，在物保和人保共存的混合担保中，很难确定追偿的实际比例。

二、否定说的法理基础证成

《民法典》第392条规定，当事人对实现债权具有选择权，实质上并非此法条赋予的权利，而是当事人依据处分原则本身即享有的权利，《民法典》第392条仅是释明当事人具有的选择权不应受到干涉。此等权利是当事人意思自治原则的体现，在当事人自愿原则的逻辑下，担保人自愿承担担保风险、自愿加入担保法律关系，是充分衡量了担保风险与自身能力以及法律后果后的有效民事法律行为。因此，在此观点下，担保人之间不应存在追偿权。

此外，合同具有相对性，崔建远先生认为，担保人提供担保时并无意思联络，也没有在同一合同上签字盖章，更不存在相互追偿的约定。[1]因此，承担了担保义务的担保人只能向债务人追偿，不能向其他担保人追偿。否则

---

[1] 崔建远："补论混合共同担保人相互间不享有追偿权"，载《清华法学》2021年第1期。

就是违背了意思自治原则。否定说可以有效体现风险承担、自己义务、公平原则。

（一）风险承担

风险承担是内部追偿权的根本争议点，其焦点是债务人不履行到期债务，由谁承担替代性违约风险。此问题关系到债权人如何受偿，也关涉担保人之间的相互关系。对于债权人来讲，增加的担保人无疑会为债权实现增添保障。对其他保证人来讲，若承认担保风险能够在各担保人之间流转，则意味着此种行为认可了民事法律行为的无因性，而这一观点与我国民事法律关系的有因性基础相悖。笔者认为，有因性是产生民事法律行为的基础，也是风险承担义务的来源，由此应当否定其追偿权。

此外，担保人的权利义务是十分明确的，一方面对债权人承担债权担保义务，另一方面对债务人享有追偿权。因此，任一担保人所面临的风险是恒定的。不应当基于其他层面的原因增设相互追偿权，也不应当增加其承担担保义务的风险。

因此，由于债权人不要求对担保人承担义务，因此其债权可以行使，也可以终止。未约定共同追偿权和连带义务的担保人之间不存在风险分担的先决条件，否认追偿权是一种合乎逻辑的必然选择。

（二）自己义务原则符合当事人预期

自己义务原则，要求当事人在自我主观能动性的支配下，通过实际行为表示，完成其欲意达到的行为效果，并为其行为效果承担相应责任。顾名思义，自己义务原则是对你的行为负责。在混合共同担保的情况下，物保人或保证人已根据独立义务原则为债权人建立担保，物保人或保证人承担担保责任是合理的独立负责。如果承认混合共同担保的担保人有追偿权，既违背当事人的预期、义务责任承担方式的改变，也缺乏理论上的合法性。

（三）否定追偿权符合公平原则

本文认为，在混合担保制度下，担保人之间并不存在相互法律关系，不应承认担保人之间的相互追偿权。各担保人对担保责任应具有认识能力，对担保风险应有较为客观的评价。因此，担保人对于将来要承担何种责任，面临何种风险是基于深入了解后才作出的客观选择。担保人之间的追偿是缺乏严禁逻辑的，若要强制在各个担保人之间设立关联关系，强行要求担保人在承担担保责任后享有对其他担保人的追偿权，将极大地冲击公平原则。

预约合同违约时的赔偿范围

徐 峰[*]

(中国政法大学 北京 100088)

摘 要：在基础理论和实践中，预约合同违约承担方式主要包含继续履行、损失赔偿、定金罚则等。既可以填补由一方状况转变致使的交易利益损害，又能扩张交易机会、及时获得可得利益时，恰恰能体现违约损害赔偿责任作为一种救济方式，具备优异的制度价值。其特性和范畴有别于有关定义，但在实务中与预约合同的分类保持对应。有关预约合同违约损害赔偿责任的范围有两种观点，即信赖利益说和期待利益说。但这类区划方法过于武断，必须区别预约合同的主要内容才可以实现具体指导司法实务的价值目标。

关键词：预约合同 违约责任 损害赔偿 信赖利益 期待利益

引 言

随着市场经济的迅速发展，中国的交易也渐渐迈向市场化。与此同时，交易的风险性也随之增加，合同书起到了不可缺少的作用。当违背预约合同时理应担负违约责任，但对相对应的义务方式却没有实际优化的要求。笔者认为，为了保护市场交易中民事主体的合法权利，发展合理、合法、有序的市场经济，应持续研究预约合同违约的相关问题，包含预约合同能不能申请强制执行、怎样有效地明确损失赔偿范畴等。[1]

---

[*] 作者简介：徐峰（1993 年-），男，汉族，安徽阜阳人，中国政法大学同等学力研修班 2022 级学员，研究方向为民商法学。

[1] 刘承韪："预约合同层次论"，载《法学论坛》2013 年第 6 期。

一、预约合同的违约责任概念

不同的基础理论学者对预约合同的理解各有不同,但融合一些学者的见解,预约合同本质上通常是指将来各方当事人能够签订并履行本合同的法律行为,归根结底是缔结本约合同,即预约合同的行为主体订立本约这一行为。合同违约责任就是指预约合同起效后,彼此理应按照承诺履行义务。假如一方不履行义务,导致本合同的交涉没法开展,违约责任理应由违约方承担。虽然预约合同在定义上不同于有名合同,但却适用一般的合同违约救济方式,主要包含继续履行、赔偿损失、定金罚则、支付违约金。

二、预约合同的违约损害赔偿责任的理论基础

在预约合同中,合同违约责任主要包含继续履行和损害赔偿。当再次采用的补救措施不可以执行时,损害赔偿责任能够作为法律责任被承担。根据诚实信用原则,当事人在订立预约合同时互相信任,订立后又希望能够开展更深层次的商谈,期待签署本约合同。毫无疑问,一方毁约导致的一切损害,都应该由违约方依据损害范畴进行赔付。

三、预约合同违约损害赔偿责任的范围

在预约合同环节,各方当事人一般会耗费很多的人力、物力和财力开展提前准备,以提高各方商谈的效率,促进本约合同的签署且能成功履行。假如预约合同的一方不能全面、客观地履行预约合同的责任,另一方的人力、物力、财力当然会被消耗,引起的影响由违约方承担。但是,理论界和实务界对怎样定义提早毁约的职责范畴并没有达成一致,存在将信赖利益作为赔偿范畴和将期待利益作为赔偿范畴两种见解。

(一)预约合同违约损害赔偿的范围——信赖利益说与期待利益说

1. 两种观点的理论支持

(1)信赖利益说。日本法学家袖木馨得认为,合同解除后,其原来的追溯力将被清除,未履行的负债将被免去履行,已履行的一部分将有权利规定退还。在赔偿范围之内,因为消除是由当事人修复到合同书订立前状态,信赖利益理应获得赔偿,即违背预约合同的一方担负的损害赔偿范畴不可超出信赖利益。直接原因是预约合同有别于本约合同,预约合同的履行不一定造

成本约合同的订立。因而，以期待利益作为毁约赔偿范畴过于严苛，以信赖利益作为赔偿范畴更加合情合理。[1]

（2）期待利益说。日本法学家我妻荣认为，虽说合同书的追溯力因停止而丧失，但对于赔偿应该限定追溯力，因而应赔偿履行的利益。[2]一般来说，依据期待利益赔偿范畴的见解，预约合同违约方担负的损害赔偿义务范畴要以希望利益为标准。我国《民法典》合同编明确规定，在赔偿实际损失时要以可预见为规范，即只赔偿可预料的、可获得的利益。基于对法律诉讼便捷和效果的考虑，守约方可以要求违约方再次履行，即签订本协议，与此同时履行本协议的附随义务。显而易见，对非违约方的伤害不但包含信赖利益，还涉及被告方所期待的履行利益。[3]

2. 两种观点的实务运行

在司法实务中，紧紧围绕信赖利益和期待利益，将预约合同的损失赔偿责任范畴区划为两种观点，造成了"同案不同判"的分歧裁定。极具标志性的实例有"张某诉上海佘山国际性高尔夫球会有限责任公司独栋别墅认缴合同纠纷案"和"陈某红诉浙江省深圳福田房产开发有限责任公司房认缴合同纠纷案"。上海市高级人民法院认为，违背预约合同，不履行签署本约合同的责任，理应担负缔约过失责任。缔约过失责任作为损失赔偿，包含直接利益的降低和与第三人订立合同机会的失去，但不包含强制性缔结本约合同的责任。但浙江省高级人民法院认同了该合同书，违反合同的，理应担负期待利益的赔付责任。

（1）依据信赖利益基础理论，否认优先履行利益的一方觉得否认优先履行利益赔偿的原因有三：一是合同订立时无法预料履行利益；二是利益履行赔偿无法律依据；三是对守约方丧失缔约的机会利益进行赔偿。

（2）期待利益说，即履行利益，认为当因本协议具体内容欠缺可预测性而造成协议无效时，同样可以根据缔约过失基础理论主张信赖利益的损害赔偿，当预约合理但未履行时，可以根据负债不履行认定信赖利益损害赔偿。

---

[1] Michael Furmston, *Thelaw of Contract*, UK: Lexis Nexi 4 th edn, 2010, p. 447.
[2] 王泽鉴：《债法原理》（第2版），北京大学出版社2013年版，第167页。
[3] 韩世远：《合同法总论》（第3版），法律出版社2011年版，第66页。

赔偿范畴与本约合同未偿负债的贷款利益相同。[1]

由于预约合同的标识是本约合同的签署和履行,本约合同的一些关键要素,如标的物、价款等一般都有确定的界定,因此一旦一方毁约,另一方已经固化的期待利益便会丧失。从而也就丧失了与第三方签署相近合同书的机会,最后将丧失转变成信赖利益的机会。[2]

(二) 实务观点评析

信赖利益重在保护预约合同不成立或无效时的利益,如果预约合同成立并有效但被解除则同样需保护预约合同前状态。相反,期待利益保护预约合同已生效且未解除时的履行利益。换句话说,信赖利益是要恢复到预约合同未订立之前的状态,期待利益是要恢复到预约合同正常履行的状态。实务中,在不同合同关系下,信赖利益与期待利益存在竞合和并存的情形,且极易混淆。我们首先应承认,在预约合同成立并有效的情形下,信赖利益不一定不存在,这是由其本身的性质所决定的。如果不在预约合同的期待利益里寻求信赖利益的"痕迹",守约方的利益将不能得到全面、高效的保护。在判断两者是竞合还是并存关系时,关键在于守约方的信赖利益是否为了获得期待利益,若信赖利益与期待利益之间关系紧密,则信赖利益与期待利益发生交叉、重叠,即为竞合关系,基于公平原则不能重复获利,守约方仅择一而为。相反,则信赖利益与期待利益并列同存,没有重复获利,守约方可以同时主张违约方承担违约责任。笔者认为,就预约合同违约的损害赔偿范围虽然存在信赖利益说与期待利益说,但在实践中,不能将两者严格予以区分,应当根据具体情况分析运用,以便在法律允许的范围内,最大限度地维护守约方的合法权益。

---

[1] 最高人民法院民事审判第二庭编著:《最高人民法院关于买卖合同司法解释理解与适用》,人民法院出版社 2012 年版,第 52 页。

[2] 沈伟、于宝露:"预约合同责任的'诚实信用'进路及法经济学解构",载《苏州大学学报(法学版)》2015 年第 1 期。

论股权让与担保下的名义股东出资瑕疵责任

周超颖 *

(中国政法大学 北京 100088)

摘　要：股权让与担保作为一种非典型担保方式，由于缺乏相应的登记公示制度，第三人对此无法主动得知，其对外部的影响，主要在于名义股东责任承担问题。就瑕疵出资问题而言，《最高人民法院关于适用〈中华人民共和国民法典〉有关担保制度的解释》从功能主义角度出发提供了解决思路，但对于规定的合理性、具体解释和运用规则，还需进一步结合《公司法》相关规定予以整体分析，同时还需将协调外观主义、维护实质公平等纳入考量范围。

关键词：股权让与担保　名义股东　出资义务

一、问题的提出

在市场经济体制下，伴随商事交易结构的不断发展，融资担保方式层出不穷，股权让与担保就是一个例证。所谓股权让与担保，是指债务人或者第三人为担保债务的履行，将其股权转移至债权人名下并完成变更登记，若债务清偿，股权返还于债务人或者第三人；若债务不获清偿，债权人得就该股权折价受偿的一种方式。[1] 与物的让与和担保不同的是，在股权让与担保情形下，不仅存在合同法律关系，当债权人被登记为名义股东后，还涉及其与公司及公司债权人之间的公司法律关系。

2021 年 1 月 1 日，《最高人民法院关于适用〈中华人民共和国民法典〉有

---

* 作者简介：周超颖（1994 年-），女，汉族，浙江温岭人，中国政法大学同等学力研修班 2022 级学员，研究方向为经济法学。

〔1〕 刘贵祥在全国法院民商事审判工作会议上的讲话，2019 年 7 月 3 日。

关担保制度的解释》(以下简称《担保制度解释》)第68条、第69条第一次以司法解释的形式确定了让与担保制度的相关裁判规则。在《担保制度解释》出台之前,法院多是参考《最高人民法院关于适用〈中华人民共和国公司法〉若干问题的规定(三)》(以下简称《公司法解释(三)》)的相关规则进行裁判。

《担保制度解释》第69条[1]的出台,在一定程度上统一了实务中关于股权让与担保名义股东出资瑕疵责任的裁判思路。但是,该条解释自身如何形成逻辑自洽,如何与《公司法》相关制度进行衔接,如何厘清其与商事外观主义原则的关系,仍旧存在诸多探讨空间。本文拟对此展开探索,以期为相关纠纷处理拓宽思路。

二、对相关司法解释"冲突"的解读

就该问题,法学界及实务界尚未形成较为系统的代表性意见,大致梳理有如下几种观点:

(一)股权让与担保不适用公司法说

此观点认为,《公司法解释(三)》的相关规定,即公司债权人有权要求名义股东承担补充或者连带责任,与《担保制度解释》第69条的规定存在矛盾,前述规则构拟时未将股权让与担保的模式考虑在内,即此种模式下的股权受让人不应当适用《公司法》的相关规定。[2]但笔者认为,《担保制度解释》出台的同时,最高人民法院对《公司法解释(三)》亦进行了修正。其中第18条[3]、第26条[4]均未进行改动。这说明两个司法解释的相关条

---

[1] 《担保制度解释》第69条规定:"股东以将其股权转移至债权人名下的方式为债务履行提供担保,公司或者公司的债权人以股东未履行或者未全面履行出资义务、抽逃出资等为由,请求作为名义股东的债权人与股东承担连带责任的,人民法院不予支持。"

[2] 最高人民法院民事审判二庭:《最高人民法院民法典担保制度司法解释理解与适用》,人民法院出版社2021年版,第575页。

[3] 《公司法解释(三)》第18条规定:"有限责任公司的股东未履行或者未全面履行出资义务即转让股权,受让人对此知道或者应当知道,公司请求该股东履行出资义务、受让人对此承担连带责任的,人民法院应予支持;公司债权人依照本规定第十三条第二款向该股东提起诉讼,同时请求前述受让人对此承担连带责任的,人民法院应予支持。受让人根据前款规定承担责任后,向该未履行或者未全面履行出资义务的股东追偿的,人民法院应予支持。但是,当事人另有约定的除外。"

[4] 《公司法解释(三)》第26条规定:"公司债权人以登记于公司登记机关的股东未履行出资义务为由,请求其对公司债务不能清偿的部分在未出资本息范围内承担补充赔偿责任,股东以其仅为名义股东而非实际出资人为由进行抗辩的,人民法院不予支持。名义股东根据前款规定承担赔偿责任后,向实际出资人追偿的,人民法院应予支持。"

款之间并非对立关系。

(二)《担保制度解释》第 69 条优先适用说

此观点进一步认为,处理股权让与担保案件时,《担保制度解释》第 69 条较《公司法解释(三)》相关条款更为合理,基于利益衡量的立场,应当适用《担保制度解释》第 69 条的规定。为此,将《公司法解释(三)》第 18 条等条款视为调整一般意义上的股东出资义务及相关责任、普通的股权转让以及典型的股权代持的情形,系普通法;而《担保制度解释》第 69 条则为专门规范股权让与担保下的名义股东不宜负担过重责任的情形,系特别法,应优先适用。[1]笔者认为,从法的效力层面出发化解司法解释之间的"冲突"不失为一种办法,但基于代持目的不同在法律效果层面作差异化处理,可能引发新的不公。[2]

(三) 按照公司是否明知区分适用说

此观点认为,《担保制度解释》第 69 条所体现的内涵,并非在任何情形下股权让与担保的名义股东均无需承担出资瑕疵责任。该条表述中同时出现了"股东"和"名义股东",说明其本身即设定了公司明知"名义股东"非实际"受让人",故该条的适用范围仅限于公司明知让与担保的情形。此时,公司共同起诉名义股东与实际股东,而名义股东并无真实受让股权的意思表示,则其并不属于股权的"受让人",不应当适用《公司法解释(三)》第 18 条的规定,而是应当适用《担保制度解释》第 69 条的规定。[3]这个观点采用文义解释和体系解释的方式,为两个司法解释的相关制度衔接提供了新的思路。

三、责任承担的双向透视

当我们讨论股权让与担保情形下名义股东是否需要承担出资瑕疵责任时,我们实际上须同时关注以下两个问题:

(一) 如何协调外观主义原则

笔者认为,将《担保制度解释》第 69 条的适用范围限制在"公司明知让

---

[1] 崔建远:"对非典型担保司法解释的解读",载《法治研究》2021 年第 4 期。

[2] 司伟、陈泫华:"股权让与担保效力及内外部关系辨析——兼议《民法典担保制度解释》第 68 条、第 69 条",载《法律适用》2021 年第 4 期。

[3] 罗锦荣:"股权让与担保下,名义股东是否应向公司债权人承担出资责任?",载微信公众号:https://mp.weixin.qq.com/s/tvZ5STKpz-C9zsGI81-RpA,最后访问日期:2021 年 7 月 5 日。

与担保的情形",可应对外观主义原则之诘问。

就名义股东与公司之间的关系而言,若股权让与担保的双方不对公司披露让与担保的意思表示,此时再对担保权人进行优先保护,无疑是对外观主义的极大冲击。质言之,股权让与担保合同双方之间的内部合同约定,未经公示不足以排除公司基于股东名册、工商登记的公信力而形成的正当信赖。

至于名义股东与公司债权人之间的关系,鉴于公司债权人缔结交易的对象为公司而非股东,其应当投放信赖的也应当是公司本身的资信,与谁具体出资无关。且在公司债权人起诉实际股东与名义股东之时,终局责任人即实际股东已被锁定,则至少公司债权人的信赖利益不会落空,不必再对名义股东课以过高义务,为此就该问题不宜适用外观主义。[1]

(二) 是否平衡利益兼顾公平

若允许股权让与担保中的瑕疵出资问题适用《公司法解释(三)》关于名义股东及股权转让的相关规定,当出现不适用《担保制度解释》第 69 条的情形时,一旦名义股东承担了责任,根据其承担的是补偿赔偿责任还是连带责任,可分别依照《公司法解释(三)》第 26 条、第 18 条的规定向实际股东追偿。此外,其还可以基于合同法上的义务要求担保人承担赔偿责任。而公司债权人作为一个外部第三人,权利救济的路径相对单一和受限。

结 论

虽然《担保制度解释》第 69 条对出资瑕疵的处理已形成初步规则,然其适用范围应被限定为公司明知让与担保。而对于公司不知让与担保的情形,应当按照一般股权转让的规则进行处理。名义股东承担出资瑕疵责任后,可以按照其实际承担的责任种类依照《公司法解释(三)》第 26 条或第 18 条的规定向实际股东追偿。

---

[1] 钱进、钱玉文:"股权让与担保的法律构成及效力建构",载《河南财经政法大学学报》2022 年第 1 期。

论商标侵权中"双相似"与"混淆可能性"的认定逻辑

肖越心*

(中国政法大学 北京 100088)

摘　要：根据我国现行《商标法》，商标侵权需同时满足"双相似"和"混淆可能性"两个要件，但二者具有何种逻辑关系一直是存在争议的问题。厘清前述问题，需先厘清二者的判断因素及判断因素间的逻辑关系。

关键词：商标侵权　商标近似　混淆可能性　商标授权确权

关于我国现行《商标法》中"双相似"与"混淆可能性"的认定逻辑，法律并无明确规定。二者的逻辑关系在学理上大致可分为三种："双相似"吸收"混淆可能性"；"混淆可能性"吸收"双相似"；以"双相似"为基础，"混淆可能性"为调整。笔者将从字面解释、学理及司法实践等角度一作初探。

一、立法沿革

我国 1982 年《商标法》仅规定了商标侵权的"双相似"要件，1993 年及 2001 年修正时采取了基本相同的表述。2002 年《最高人民法院关于审理商标民事纠纷案件适用法律若干问题的解释》在解释"商标近似"时规定了需要考虑来源混淆；确定商标近似应考虑"商标的显著性和知名度"；针对商品或服务亦规定了"混淆"要件。[1] 此为我国首次明确将"混淆可能性"引

---

* 作者简介：肖越心（1985 年-），女，汉族，四川省广汉市人，中国政法大学同等学力在读研究生，研究方向为知识产权法学。

[1] 王太平："商标侵权的判断标准：相似性与混淆可能性之关系"，载《法学研究》2014 年第 6 期。

入商标侵权判断,"混淆可能性"是认定"双相似"的考虑因素。2013年修正的《商标法》则首次明确商标侵权需要同时满足"双相似"及"容易导致混淆"。2019年修正《商标法》时沿用了2013年的规定。

从我国立法沿革可知,2013年之前,结合2002年《最高人民法院关于审理商标民事纠纷案件适用法律若干问题的解释》(以下简称《商标民事纠纷解释》),我国采用了"双相似"吸收"混淆性要件"的观点。但笔者认为,这一规定并不能代表当时立法者对"双相似"吸收"混淆性要件"这一观点的自主选择,原因在于2002年《商标民事纠纷解释》是对2001年修正《商标法》所作的解释,在2001年修正《商标法》未规定混淆性要件的前提下,作为司法解释无法在法律之上额外附加混淆性要件,而仅能将其内置于双相似的认定过程之中。而2013年及2019年修正《商标法》时则明确要求商标侵权必须同时满足"双相似"与"混淆可能性"两个要件。这一选择从字面解释上显然改变了2013年修法之前"双相似"吸收"混淆可能性"的观点,且将两个要件均"并列"为侵权要件的方式也意味着不存在"混淆可能性"吸纳"双相似"的可能。

那么,现行法中"双相似"与"混淆可能性"具有何种逻辑关系?探讨关系之前我们首先需要界定"双相似"及"混淆可能性"的含义及判断因素。2020年《商标民事纠纷解释》依然沿用了2002年《商标民事纠纷解释》的规定,仍为"双相似"吸纳"混淆可能性"逻辑。这一规定显然与2013年及之后修正《商标法》的逻辑相矛盾,而该解释对何为"混淆可能性"及其考虑因素亦未加解释,未对修法引入的"混淆可能性"要件作出回应,反而造成了与新法的逻辑矛盾,这不得不说是该解释的一大遗憾。

对"混淆可能性"的解释,我们可参照商标行政授权确权制度的相关规定。现行《商标法》在第13条第2款类似商品或服务上的未注册驰名商标条款中规定了"混淆"要件,可做借鉴。根据《最高人民法院关于审理商标授权确权行政案件若干问题的规定》的规定,"混淆"应考虑商标近似、商品类似、商标的显著性和知名度等因素。根据这一设置,"双相似"应是独立的客观近似,且可作为判定"混淆可能性"的考虑因素之一。可以说,现行商标授权确权的规定相较于现行商标民事解释,更加与时俱进、逻辑自洽。但遗憾的是,商标授权确权的规定仅能作为商标侵权判定的参考,而无直接法律效力。

显然,从现行立法层面看,我国的"双相似"与"混淆可能性"既存在定义不清、判断因素不明确的问题，也陷入了在商标侵权判定过程中和行政授权确权过程中"双相似"吸纳"混淆可能性"与"混淆可能性"吸纳"双相似"并存的循环论证的逻辑陷阱，这就使得我们对两者逻辑关系的研究需要从学理上及司法实践角度做进一步探究。

二、各国关于"双相似"与"混淆可能性"的制度设计比较

横向比较美国、欧盟及日本商标制度：美国采取全面"混淆可能性"标准，综合考虑"商标的相似性""被告意图""商品的类似性""原告商标的强度"和"实际混淆的证据"来判断是否具有"混淆可能性"，并以"混淆可能性"作为侵权的直接要件。

《欧洲共同体商标条例》第9条第1款（b）亦规定商标侵权需满足"双相似"和"混淆可能性"。从字面上讲，该规定与我国现行规定具有相似性。再看欧盟制度中的"双相似"及"混淆可能性"的定义或判断标准。《欧盟商标审查指南》对商标的比较为客观比较，"不考虑它们的显著性和知名度"；《欧盟商标指令》第10条立法理由指出"双相似"是"混淆可能性"的考虑因素。虽然欧盟对于商标侵权的规定与我国现行法措辞类似，但欧盟明确"双相似"为客观"相似"而不考虑主观因素，避免了"双相似"吸纳"混淆可能性"的考虑因素——知名度和显著性因素、"混淆可能性"又吸纳"双相似"的循环论证错误。

日本成文法的规定仅涉及客观"双相似"，然而日本最高法院通过"水山印案"引入了"混淆可能性"判断标准，基于"其他市场交易情况，消费者很难造成对商品出处来源的混淆。因此，申请商标和引证商标不构成近似"[1]。这采取的是类似于我国2013年修法之前的逻辑安排，认为具有"混淆可能性"是认定构成"近似"的前提，即"双相似"吸纳"混淆可能性"。

可以看到的是，在"双相似"和"混淆可能性"的定义和影响因素层面，美国和欧盟的做法类似，"双相似"均指客观相似，并作为"混淆可能性"的认定因素之一。但在逻辑关系上，美国采取的是将"混淆可能性"作为侵权要件的全面"混淆可能性"标准，欧盟采取的是以"双相似"为基础，"混淆可能性"为调整的复合逻辑结构。

---

[1] 王太平、卢结华："商标法中商标近似的界定与判断"，载《中华商标》2015年第3期。

我国 2013 年修法前的制度更接近日本的司法实践，修法后的制度借鉴了欧盟的制度，但很可惜 2020 年《商标民事纠纷解释》未能厘清"双相似"应当为客观相似这一基本概念，造成"双相似"与"混淆可能性"在逻辑关系上的混乱。

三、结合司法实践分析"双相似"与"混淆可能性"逻辑关系的合理选择

从司法实践角度看，对于同时满足"双相似"及"混淆可能性"要件的案例，因难以区分二者对结论的影响以及二者间的逻辑关系而不在本文讨论范畴之内，同时考虑到实践中对于"相似"与"混淆"概念之混淆主要涉及对商标的判断而鲜有涉及商品或服务，因此本文仅从涉"商标近似"及"混淆"问题的案例管窥一斑。

在笔者曾代理过的"沈阳艾尔玛商贸有限公司诉申某伟侵害商标权案"中，法院基于"不混淆"从而认定被告使用"百利本能"标识的行为不侵犯原告"百利本能及图"的注册商标专用权。在笔者代理的另一件"株式会社资生堂诉国家知识产权局及许某生无效宣告行政诉讼案"中，北京知识产权法院基于"混淆可能性"认定诉争商标"SUIZIYAN 水滋源"与资生堂引证商标"SHISEIDO"构成近似商标。前述两案分别代表商标近似但不具有混淆可能性，以及商标近似性低但具有混淆可能的两类极端情况。此外，实践中不乏大量商标近似性低但具有一定混淆可能性的案件，如综合考虑权利人较强显著性与知名度，以及注册人或使用人恶意等因素，往往会因受制于商标不近似最终未认定为"侵权"的案件。

综合而言，在我国的司法实践中，"双相似"在侵权判定的考虑因素中仍占最大权重，"混淆可能性"可在"双相似"基础上调整"相似"程度，这也符合现行《商标法》明确将"双相似"与"混淆可能性"列明的字面含义；在个别案例中，亦存在基于"混淆可能性"是否会突破"双相似"结论的情况，这类案例更贴近于美国所全面采取的"混淆可能性"标准，无论最终认定是"混淆可能性"的表述还是"双相似"吸纳"混淆可能性"的表述。前述观点在个案中均有其合理性，在我国立法不甚明确的情况下似乎均能找到解释路径。但如从统一标准、确定逻辑的角度而言，还需我国从立法层面进一步明确"双相似"与"混淆可能性"的认定逻辑。

人脸识别技术的法律风险和动态知情同意机制的构建

黄娟华[*]

（中国政法大学 北京 100088）

摘　要：人脸识别技术已被广泛应用于我们的日常生活中，但该技术在给社会治理、日常生活、消费带来便利的同时，也引发了一系列风险。一方面，作为敏感个人信息的生物识别信息的泄露将给个人的人身和财产安全造成巨大影响；另一方面，传统的静态知情同意机制在非接触式信息收集中也难以发挥作用。因此，必须探索新型的动态知情同意规则，构筑起事前风险评估和事中动态同意的多层次知情同意机制。

关键词：人脸识别　个人信息保护　知情同意原则

人脸识别技术是基于生理特征的识别，通过计算机提取人脸特征，并依特征进行身份验证的一种技术。[1] 由于人脸识别技术的非接触性优势，其自2015年以来便得到了广泛的应用，特别是在新冠肺炎疫情暴发以来，人脸识别技术的应用更是呈现了井喷式的增长。然而，2019年郭某诉杭州野生动物世界有限公司合同纠纷作为"中国人脸识别第一案"引发了人们对人脸识别技术应用的思考与担忧。技术的进步在给人们的生活带来便利的同时，也带来了一系列的风险与危害，如何通过探索动态知情同意规则来平衡经济技术发展与个人权益的保障是值得思考的问题。

---

[*] 作者简介：黄娟华（1987年-），女，汉族，福建建宁人，中国政法大学同等学力研修班2021级学员，研究方向为知识产权。

[1] 参见颜文彩："人脸识别技术的应用风险及其法律规制"，载《哈尔滨学院学报》2022年第6期。

一、人脸识别技术衍生的法律风险

人脸识别技术作为一种身份认证技术，如今已被多角度、多领域地广泛运用，比如解锁解密、支付转账、门禁考勤等。但其应用会衍生出一系列的风险，这些风险包括了技术本身带来的风险和法律层面的风险。

（一）技术风险

人脸识别技术的本质是一项基于人脸数据分析算法的人工智能身份验证技术，[1]而技术的发展往往是一个循序渐进的过程，不可避免地会存在一些漏洞，人们需要不断地填补这些漏洞从而不断改良技术，因此在技术发展的过程中会衍生出一些由于技术不成熟而引发的风险。比如，早期的人脸识别系统可能会被一张照片或者面具轻易欺骗，认为就是被认证的对象本人。而随着技术的进步，人脸识别技术已经可以区分平面与立体图像，但对于立体图像的识别仍不够精确。例如，曾有人用3D打印制作的蜡像人头，骗过支付宝的人脸识别系统。同时，人脸信息在存储和流转的过程中也存在因技术原因而被泄露的风险，人脸信息通过转化为计算机可识别的二进制代码进行存储和流转，无论是存储在本地服务器还是存储在公共云平台都存在被攻破的风险，而在流转过程中也存在被复制、泄露和窃取的风险。

（二）法律风险

相较于指纹、基因、虹膜、声纹等其他生物识别信息，人脸信息的采取具有被动性、隐蔽性以及不可觉察性。[2]人脸信息可以被轻易获取，无需经过信息主体的同意，信息主体甚至根本无法察觉，此种行为既侵害了信息主体的信息自决权也侵害了信息主体的隐私权。2021年央视"3·15"晚会曝光了科勒卫浴、宝马等二十多个知名品牌或机构，通过安装人脸识别摄像头非法采集甚至滥用顾客人脸信息。[3]在消费者完全不知情的情况下进行人脸信息采集即侵犯了消费者的信息自决权和人格权益。在俄乌战争中，乌克兰

---

[1] 戴丽娜："人脸识别技术应用的机遇与挑战"，载光明网：https://m.gmw.cn/baijia/2019-12/26/33430586.html，最后访问日期：2022年8月20日。

[2] 参见潘林青："面部特征信息法律保护的技术诱因、理论基础及其规范构造"，载《西北民族大学学报（哲学社会科学版）》2020年第6期。

[3] "你的脸正在被偷走，你却对此无能为力"，载凤凰新闻：https://ishare.ifeng.com/c/s/v002SE8hjOyPzhHvmBfvhC--RfNFJMpaB-_KOTWGT14Q6gE0s，最后访问日期：2022年8月20日。

士兵通过面部识别软件，对阵亡或被俘的俄罗斯士兵进行面部识别搜索，确认俄罗斯士兵的身份并联系了数百名死者家属，甚至还向他们发送了尸体被遗弃的照片。[1]单纯的人脸信息可能尚不构成对隐私权的侵犯，然而通过将人脸信息与其他信息相结合，就能锁定个人的身份信息、家庭情况、社交关系，使得个人隐私暴露无遗。[2]而随着人们在支付转账领域对人脸识别技术的广泛应用，人脸信息的泄露还会侵犯信息主体的财产权。

二、我国人脸识别知情同意规则及其困境

从《全国人民代表大会常务委员会关于加强网络信息保护的决定》《消费者权益保护法》《网络安全法》到《民法典》《数据安全法》《个人信息保护法》均以知情同意作为信息处理的合法性基础。而人脸信息这一生物识别信息作为一种敏感信息受到《个人信息保护法》的强化保护。该法第29条明确规定："处理敏感个人信息应取得个人的单独同意，或者按照法律、行政法规的规定取得个人的书面同意。"而对在公共场所安装图像采集、个人身份识别设备的情形，该法第26条亦作出规定，如系维护公共安全所必需则可以无需取得个人的事先同意，但也必须"遵守国家有关规定，并设置显著的提示标识，所搜集的信息也只能用于维护公共安全的目的"，否则便必须要取得个人的单独同意。

上述知情同意规则在实际操作中面临适用困境。一是基于信息不对称和技术的复杂性，信息主体无法充分理解信息处理者的告知内容，在实践中信息处理者往往是通过《隐私政策》或《用户协议》的形式向信息主体履行告知义务。但是，上述内容过于冗长，信息主体往往没有耐心看完，即便看完了可能也无法理解条文的真实含义。二是信息主体的同意在很多时候并不能反映信息主体的真实意思表示。比如，前述的《隐私政策》《用户协议》往往都是信息处理者制定的格式合同，合同中包含了众多的权利义务，而信息主体虽然不同意其中的人脸识别内容，但只有全部同意方能使用相应服务，因此事实上信息主体丧失了选择权，只能选择同意，此种同意很难反映主体

---

[1] 参见"人脸识别最令人毛骨悚然的一次应用"，载微信公众号：https://mp.weixin.qq.com/s/9U1TRoLnmi4_kggbfnY4kA，最后访问日期：2022年8月20日。

[2] 参见朱红："论人脸识别技术的法律规制"，载《中阿科技论坛（中英文）》2022年第3期。

的真实意思。而基于不平等地位下的同意亦难反映主体的真实意愿。比如，2019年瑞典一所学校在征得学生和监护人同意后，实行刷脸的考勤制度，但仍然受到瑞典数据保护局的行政处罚。理由就是学校与学生之间存在着明显的不平等地位，因而学校所获取的学生及其监护人对使用人脸识别技术的同意，并不能够证明属于其真实意愿。[1]

三、动态知情同意机制的构建

基于前述困境，笔者认为，为进一步探索经济技术发展与个人权益保障的平衡，可建立一种事前风险评估、事中动态同意的多层次动态同意机制。

（一）事前风险评估

由于人脸信息作为一种敏感个人信息，信息处理者在设置人脸识别技术前应进行充分的事前风险评估，以评估人脸识别技术是否确有必要，即如果可以通过其他方式实现就说明是非必要的。《个人信息保护法》第28条第2款明确规定："只有在具有特定的目的和充分的必要性，并采取严格保护措施的情形下，个人信息处理者方可处理敏感个人信息。"《最高人民法院关于审理使用人脸识别技术处理个人信息相关民事案件适用法律若干问题的规定》第2条第8项规定，信息处理者违反必要原则处理人脸信息的行为，侵害了自然人的人格权益。比如，在郭某诉杭州野生动物世界有限公司合同纠纷中，动物世界将原本合同约定的指纹识别验证方式变更为人脸识别验证即不具有必要性。

（二）事中动态同意调整

结合前文所述通过《隐私政策》等进行概括告知并未履行明确的信息披露义务，信息主体的同意是在违背其真实意愿的情况下不得不作出的选择，以及《个人信息保护法》第29条规定的"处理敏感个人信息应取得个人的单独同意"，笔者建议信息处理者将人脸信息收集及处理的各项告知内容从《隐私政策》中单独抽出，就该部分内容向信息主体进行单独告知，详细列明人脸识别信息的使用方式、范围和目的，保障信息主体的知情权，同时排除"推定同意、默示同意"的设置模式。这种同意不应该是一劳永逸的，

---

[1] 参见张新宝、葛鑫："人脸识别法律规制的利益衡量与制度构建"，载《湖湘法学评论》2021年第1期。

而是应该进行动态调整,如果信息处理的情形发生了变化,信息处理者应对变化的利用情形及时进行披露、提示可能存在的风险,并重新获得信息主体的同意,保障信息主体在信息对称的情况下作出最符合内心真实意愿的选择。

股权代持在有限责任公司经营过程中产生的若干法律问题及风险防范

李楚齐[*]

(中国政法大学 北京 100088)

摘　要：股权代持作为一种操作简便、程序简单的股权处理方式，受到了广大自然人投资者、法人组织的青睐，成了当前立法和司法实践中需要解决的热点问题。其中，大家对代持股协议被认定无效后股权的归属问题尤为关注。本文主要从有限责任公司的角度阐述了股权代持可能产生的问题，提出了解决对策，即应完善股权代持协议无效基础中的处置，认定股东资格的统一指标，确定股权代持协议内容，完善隐名股东身份认定程序。

关键词：股权代持　有限责任公司　隐名股东　显名股东

在股权代持行为中被代持人可能为隐名股东，通常由于各原因不想曝光个人的真实身份；而代持人为名义股东、显名股东，该类群体受利益的影响或者出于帮助他人的目的，为他人实施代持行为。尽管代持者在企业股东名册中为名义股东，但由于代持行为的人合性，有较大概率只是挂名，并非真实股权权利的应用者。

在股权代持中，有限责任、股份制企业有一定的不同。第一，有限责任制的公司缺乏确定的代持主体；第二，在股权代持过程中，有限责任制的公司具有极强的隐蔽性，一般为以隐名股东以及出资人运用代持协议的方式确定两者的权利以及义务，且两方均为知情人。产生该情况的原因是股权代持

---

[*] 作者简介：李楚齐，男，汉族，湖南长沙人，中国政法大学同等学力研修班2022级学员，研究方向为民商法学。

的重点是规避某一个制度的制约性，投资人不想公开信息，由此可就个人的身份、财产运用股权代持的方式获益。

一、股权代持在有限责任公司经营过程中产生的问题

中国当下关于有限责任制的企业在股权代持方面的要求的法律条文并不多。例如，《公司法》只设置了有限的适用条件和范围，在实践中很难解决比较复杂的问题，导致有关的纠纷越来越多。

（一）隐名股东的权益存在被侵害的风险

第一，显名股东尚未获得出资人的认可就对股权随意处置。显名股东依托个人在股东名册中登记的外观名字或者是其他可明确股东身份的有商事权利的股权所有者权利，按照有关的规定履行义务、享有权利。对公司股东来说，在不了解存在股权代持的情况下，只可以按照权利外观确定持股的成员。由此，在显名股东随意处置股权的情况下，就会对真实出资人产生消极影响。第二，对真实出资人而言，隐瞒身份应用股权代持的方式，可以获得更多的收益，也有可能存在显名股东违背签订的协议，为个人的利益独吞投资收益的情况，还有的会拒绝向隐名股东提供收益。第三，显名股东有一定概率滥用权利，并没有经其认可以及同意就擅自作出决定，造成企业亏损，并损害企业利益。[1]

（二）隐名股东显名困难

《最高人民法院关于适用〈中华人民共和国公司法〉若干问题的规定（三）》（以下简称《公司法司法解释（三）》）认可了有限责任制企业在代持股份方面的效力。在股权代持情况下，按照法律规定，股东权益并非可以被认为是真实收益。出资人并不可以被当作企业真实股东，无法向企业谋求股东权利，其只可以按照代持协议对拥有股东权利的显名股东主张收益。《公司法司法解释（三）》第24条表示，真实出资人申请显名，就要获得其他半数之上股东的认可和同意。"其他半数之上股东的认可和同意"是不是涵盖了默认？什么行为可以被当作默认？在《公司司法解释（三）》颁布之后，法院在具体实践过程中对这一问题有不同的看法和建议，尚未制定统一标准。由此，我国最高人民法院的［2019］254号《全国法院民商事审判工作会议

---

[1] 魏加耀："有限责任公司股权代持法律问题分析"，载《法制博览》2021年第22期。

纪要》第 24 条就论述了真实出资人显名的基本条件，要求其可以举证公司有半数之上的其他股东明确了解具备代持行为，并且对出资人的股权应用不存在异议，可以显名为企业的股东。但对隐名股东来说，要怎样证明是目前迫切需要解决的问题。类似（案号：[2013] 民申字第 2450 号）的股东资格确认纠纷案便是依据《全国法院民商事审判工作会议纪要》予以裁判。在这一案件中，如果其他股东不认可、不同意，那么真实出资人的显名诉讼申请将难以获得二审支持。

（三）债权人债权得不到实现

《公司法司法解释（三）》第 25 条、第 26 条规定法律保护债权人的权利。第 25 条提出显名股东债权人可适用善意取得；第 26 条规定了显名人申请债务的基本权利。但以上保护模式对债权落地来说有一定的缺陷。首先，第三者能不能应用善意取得制度尚未得到明确规定；其次，适用该制度的基础会对隐名股东债权人形成消极影响，在隐名股东要偿还债务时，原本可通过股权收益进行债务偿还，但由于显名人随意将股权转让，造成隐名人难以获得更多的收益和权益，导致其不能偿还债务。[1]

二、有限责任公司股权代持风险防范措施

（一）完善股权代持协议无效情形下的处理机制

最高人民法院在《公司法司法解释（三）》中规定，基于原《合同法》第 52 条判断股权代持行为是否有效。秉持《民法典》和合同的有关规则，只要具备合同无效的情形，便可以将代持股权当作一个无效协议。在实践过程中将代持股权行为界定为一种无效行为，是基于其违反了中国法律的强制要求。股东或投资的公司是禁止投资的特定产业或投资人。由此该行为违背了强制性要求，应被界定为以合法模式掩盖非法目的的合同方式，被当作是对公共利益的损害，由此可将其当作一种法律的无效行为。在 [2002] 民四终字第 30 号案例中，某公司委托中小公司以入股的方式投资某银行，这一行为就直接违背了我国金融管理制度的强制规定，应将其签署的协议当作无效协议。在判定股权归属问题时可按照两个情况进行处理：一是在企业将名义股东登记为股东的时期，且其在公司的管理、经营活动内真实参与，按照约定

---

[1] 杨宜然："有限责任公司股权代持法律问题研究"，甘肃政法大学 2021 年硕士学位论文。

使用其个人的股东权益并履行义务，那么名义股东的股份为名义股东所有；二是如果名义股东只是挂名股东，出资人应用权利且履行了股东义务，那么则按照《民法典》规定的公平原则，在认定为无效合同后，如果当事人之后不能将其恢复为最初的状态，则要秉持公平原则予以分配。在该期间不能判股权为名义股东所有，需要运用拍卖、变卖的对策。[1]

（二）统一股东资格认定标准

在有效的股权协议层面，出资人并不会被登记为企业股东。《公司法》针对被登记在股东名册内的股东，给予其被保护的股东权益。股东名册被当作是对股东资格认定的最直接、最有力凭证。就司法案例层面来说，隐名股东倘若要显名，则需要满足如下条件：一是股权代持协议是有效存在的；二是其他股东对该股权代持行为没有异议，且未违背法律强制性的规定；三是除公司内部认定外，出资人要获得政府认可以及批准。进而可明确，隐名股东需要就这一问题提供相关的证据，方可确定其股东资格。

（三）参考被代持公司意见

股东权利涵盖了财产权以及人身权，倘若被企业认定为股东，则会签发证明书，且登记在企业的股东名册中，并使用如上材料在工商部门登记。公司可直接了解和掌握公司内部的管理、经营情况，特别是股东的现状。由此可见，代持企业的建议和股权的归属存在密切关系。

（四）明确股权代持协议内容

明确合同内关乎隐名、显名股东的权利、义务。隐名股东可按照要求和约定查看账簿，名义股东则要定时汇报企业的决策和日常情况，明确时间期限。

（五）保护债权人的信赖利益

为保护交易的安全性，需要将形式主义当作基本的原则，对其他情况予以特定的处置。《公司法》的原则为引导和提倡投资，维护信赖关系，维护交易的安全性，激励投资行为。投资者基于商事外观保护原则在工商部门登记股东信息，获得信赖。对于特殊情形，为更有利于公平、公正，我们必须予以区别对待。

---

[1] 刘迎霜："股权代持协议的性质与法律效力"，载《法学家》2021年第3期。

结　语

股东是公司发展的基础，可直接影响公司的综合利益关系，因此我们对待股东问题要尤为审慎、细致，特别是认定股东资格，涉及特别多的主体，怎样均衡不同主体之间的利益关系，维持利益稳定性、安全性为格外重要的存在。在经济发展全球化的基础上，明确市场定位，学习其他国家的经验和与股权代持相关的立法需求也是一条出路。

关于我国未成年人附条件不起诉制度探究

边巴吉巴[*]

(中国政法大学 100088)

摘 要：我国2012年修正的《刑事诉讼法》增设了未成年人附条件不起诉制度，这一制度在我国应对未成年人犯罪问题及维护其合法权益等方面发挥着重要作用。但我国未成年人附条件不起诉制度在实施过程中存在着适用条件狭窄、所附条件不够清晰、考察机制不健全等问题，在司法实践中也暴露出了很多弊端。因此，本文对我国未成年人附条件不起诉制度存在的问题进行探讨，并从适用范围、明确所附条件内容、完善考察帮教机制三个方面提出完善建议。

关键词：未成年人 附条件不起诉 检察机关

我国正式将未成年人附条件不起诉制度纳入法律规范是在2012年的《刑事诉讼法（修正案）》中。[1]这一项制度的确立为检察机关办理相关的未成年人犯罪案件提供了一些有据可依的制度保障和指导，对我国保护未成年人的人权也提供了更多的法律依据。但我国的未成年人附条件不起诉制度限定的范围比较严苛，在适用上仍然存在问题。各种案件情况错综复杂，使得该制度的适用率下降，既增加了司法人员的压力，还与立法理念相悖。因此，本文将从未成年人附条件不起诉制度的存在问题以及完善途径两个方面来对该制度进行探讨。

---

[*] 作者简介：边巴吉巴（1994年-），女，藏族，西藏日喀则市人，中国政法大学同等学力研修班2022级学员，研究方向为刑法学

[1] 王文博、杨满增："未成年人附条件不起诉制度立法规定与司法实施的困境与完善"，载《法制博览》2022年第33期。

一、我国未成年人附条件不起诉制度存在的问题

（一）适用范围较为狭窄

1. 适用范围和刑罚条件较为严苛

首先，我国《刑事诉讼法》明确规定附条件不起诉制度仅仅适用于刑法分则第四、五、六章，但是纵观司法实际，未成年人所触及的犯罪范围较大，不仅仅是法律规定的那三章。该制度秉持着国家对未成年人教育挽救的方针，在考察期内观察其是否具有再犯可能性，以达到再社会化，达到特别预防的目的。如果过于限制犯罪性质，很容易造成司法窘境，使得该制度没有适用的意义。

其次，法律规定附条件不起诉制度适用于一年以下有期徒刑的案件，但是现实生活中犯罪行为触犯的刑罚少于一年的几乎不可见，况且加上各种因素的影响，不是能以量刑时间简单评析的。该限制不利于日常的司法实践，容易脱离实际，受限于该范围会让其适用空间大量缩减，而且难以真正区分附条件不起诉与其他不起诉的区别，与立法初衷相悖。

2. "有悔罪表现"界定难度大

"有悔罪表现"是适用附条件不起诉制度的前提条件，但是，在司法实践中怎样认定有悔罪表现仍然是一个难题，立法的模糊性使得现实中检察机关操作混乱。2017年通过的《未成年人刑事检察工作指引（试行）》对于悔罪表现列举了几种情形，包括认罪认罚、赔偿损失、取得被害人谅解等。[1]但是，司法实践中经常会出现认定犯罪嫌疑人有悔罪表现，对自己所作所为进行深刻忏悔，检察机关就此作出附条件不起诉决定，但是却未和被害人就民事赔偿的金额达成一致意见，又或者是达成谅解却没有赔偿能力的情况。这时候应该如何认定？如果认定犯罪嫌疑人有悔罪表现，但是当事人没有得到应有的赔偿，容易造成双方的对立，将会影响所办理案件的质量和效果，也不利于保护被害人的合法权益。

（二）附加条件缺乏针对性

我国《刑事诉讼法》对附条件不起诉仅仅是规定了附加条件的形式要求，例如遵守法律规定、服从监管、按时报告自己的实时情况等，整体上较为笼

---

[1] 施忠华："认罪认罚案件中成年人附条件不起诉制度构建与思考"，载《中国检察官》2021年第5期。

统，缺乏细致说明。我国《刑事诉讼法》采用概括立法的方式中规中矩，契合不了现实中的复杂情况，导致实践随意、混乱，那么适用的附加条件就有可能达不到预期的效果。虽然地方人民检察院制定了相关司法解释对其予以进一步细化，但是仍然存在不充分的情况。例如，有些未成年人是因为家里有苦衷才犯罪，是基于被逼无奈，要对症下药帮助其学习知识和技能，维持基本生活开支、摆脱困境，这样才能真正起到作用，把他们从犯罪边缘拉回来，也能凸显出附加条件的意义。但在现实中，检察机关没有这种理念，受制于时间、精力成本，只是机械操作、流于表面，没有将被附条件不起诉人的教育工作落到实处，实际效果会大打折扣。

（三）考察帮教机制不健全

1. 考察内容简单

《刑事诉讼法》仅仅规定了四项义务，并且规定得较为简单，现实中可操作性不强，基本参照缓刑、假释犯的规定来施行，没有进行针对性的矫正教育，这样未成年人就难以意识到其给社会带来的危害，不利于己也不利于社会。实践中各地检察机关通过自行制定内部文件进行规范，但是处理措施的针对性不强，专业力度不够，每个地方的标准不一，不利于这个阶段未成年人的身心健康发展。

2. 考察机关单一

考虑到检察机关熟悉案件的具体情况和未成年人的个人状况，因此法律规定由检察机关承担考察义务，如果检察机关不履行职责，相当于是在违反法律规定。我国实行的是"检察一体化"模式，该未成年人的家庭关系、社会关系等大都由检察机关掌握，平时的日常监管也需要检察机关调配部分人员参与。但是，实际上，检察机关除了此类案件，还要面对不断增加的公诉案件，案少人多的情况更加凸显，在业务繁忙的情况下难以投入大量精力，就只是普通的说教工作，可想而知很难取得理想效果。

二、完善我国未成年人附条件不起诉制度的途径

（一）扩大该制度的适用范围

1. 扩大适用的范围

我国于2018年正式确立了认罪认罚从宽制度，该制度与附条件不起诉制度有部分同等的理念基础，都是为了贯彻我国宽严相济的刑事政策，促进案

件的从简分流。附条件不起诉制度以"有悔罪表现"为适用条件，而悔罪又以承认犯罪为前提。尽管承认犯罪与法律意义上的认罪认罚有一定差别，但是两者可以交汇融合。附条件不起诉制度的适用条件有多重限制，光是适用对象便将认罪认罚案件排除在外，因此有必要将适用范围扩大至未成年人以外，增强对认罪认罚案件的兼容性。同时"一年以下有期徒刑"的刑罚条件过于严苛，不能真正满足现实需要，将认罪认罚的主旨要义与附条件不起诉制度相连接，在保证公平的情况下，可以扩大适用空间。

2. 深入分析"有悔罪表现"

"有悔罪表现"作为附条件不起诉制度的适用前提条件，也是作出决定的重要考核因素，但是，在现实中，就这个问题学界却存在分歧。对这个问题的分析和法官的自由裁量权都比较主观，不同地方的检察机关有可能对同一案件有不同看法，这样就有可能导致附条件不起诉制度的异化。因此，检察机关应当开展相关的学习活动，提高司法人员的职业素养，保证基本的职业操守，必要时还要加派人手对犯罪嫌疑人进行一系列调查才能提高适用的准确性。还要制定相应文件，规制不合法的业绩行为。该制度的适用应当合法、合理，不能是变相的工作业绩。因此，检察机关应当根据具体情况删改相关规定，出台相应的激励政策，这样才能既提高适用的准确性，又提高司法工作人员的积极性。

(二) 丰富所附条件的内容

未成年人犯罪除了自身因素，也离不开周围的环境，身边人的行为举止也会对他们造成很大影响，一个健全的人有可能会因为各种事情走上犯罪的道路。所以，国家、社会、家庭都应当肩负起这个重任，要探索多样化的附加条件，使适用效果得到保障。

检察机关应当根据犯罪嫌疑人的自身特点，结合他们的生活环境进行社会调查，了解他们的犯罪动机等，如此才能合理设置附加条件，进行实际改造，使其更好地回归社会。除了法律规定的四项基本义务外，还要根据每个犯罪嫌疑人的不同情况附加不同的义务，以此来考察他们真正的底线。[1] 例如，在有条件的情况下，进行一定的罚款，罚款这种手段虽然常规但是也最让人印象深刻，罚款的金额与犯罪行为成正比。

---

〔1〕 孙聪："再论未成年人附条件不起诉制度"，载《湖北警官学院学报》2020年第6期。

同时，也要不断推进立法，保证该制度适用的合法性，进行细化规定，做出特殊情况的批复，多方面互相配合，做到有法可依，增加附条件行为的可行性。附加条件是为了矫正犯罪嫌疑人的错误行为，修补社会关系，进行针对性的对症施救，法治观念淡薄的就要加强思想教育，对由家庭生长环境导致的犯罪要考虑通过亲职教育的方式协助双方沟通，只有让双方达到一个较为理想的界限才能体现该制度的生命力。

（三）健全考察帮教机制

首先，未成年犯罪嫌疑人的心理与自身有关，应当寻找专业人员成立专业队伍，让专业的人做专业的事情，动员社会力量设立统一的考察基地，联动其他机构进行帮助。这样既能取得较好的效果也能减轻检察机关的压力，做到集中观察、实时监测未成年人情况，提高考察质量，让其早日走上正轨。

其次，以居住的附近社区作为考察帮教的新场所，直接监督考察具体义务的实施情况，让犯罪嫌疑人参与社区的义务劳动等等，不能局限于思想教育，要让他们付诸行动，在安全的情况下接触社会的温暖，早日脱掉犯罪的标签。政府应当适当地提供帮教启动资金，整合周围的社会组织开展培训班统一学习，理论与实践相结合，保证质量和效率，加快发展进程。

最后，考察帮教的内容也应该趋向于多元化，笼统的规定不能体现每个犯罪嫌疑人的特点，应当将责任落实到具体的各个部门，让他们基于自己所负责案件的犯罪嫌疑人具体情况，制定详细方案，后期的所有过程也要跟进，避免执行刑罚造成的不利影响。例如，北京市海淀区人民检察院制定了《附条件不起诉监督考察工作实施细则》，侧重于对未成年人回归社会期望的提升，不局限于不切实际的条条框框，进而实现未来的长远发展。[1]

结　语

综上所述，未成年人附条件不起诉制度是一项针对未成年人的特殊司法制度，它不仅是我国全面推进依法治国的铺垫石，还是司法界对未成年人的特殊保护。未成年人附条件不起诉制度在实施过程中仍然存在着许多问题，因此笔者提出扩大未成年人附条件不起诉制度的适用范围、丰富所附条件的内容以及健全考察帮教机制三方面措施，以应对未成年人附条件不起诉制度存在的问题。

---

〔1〕　庄莉："未成年附条件不起诉制度的完善路径研究"，载《法制与经济》2019年第11期。

论胎儿利益的民法保护

耿学文*

（中国政法大学 100088）

摘　要：胎儿是成为自然人之前的必经形态，已经具备了人类基本特征，对于胎儿利益的民法保护，我国立法者在《民法典》第16条中采用列举加概括的模式对胎儿权利的保护范围作出了规定。主要体现在经济利益、生命权、健康权、人格权等方面。

关键词：胎儿　权利能力　民法保护

一、对胎儿进行民法保护的法理基础

就对胎儿利益的保护问题，传统民法采取了多种不同的立法模式。但对胎儿保护的法理依据，学界有多种不同的观点，主要有生命保护法益说、人身权延展说、权利能力说等。

（一）生命保护法益说

人天生具有生存、自由追求幸福与财产利益的权利。生命法益是自然存在的，是人与生俱来的，应平等地享有和被保护。[1]一切权利的存在都以生命为前提，因此生命是先于法律而存在的，对生命权的法律保护是最为重要的，任何对生命法益的侵害都要受到法律的严厉打击。胎儿是自然人出生的必经阶段，基于此，法律应该对胎儿的生命权、健康权、财产权作出保护，

---

* 作者简介：耿学文（1990年-），女，汉族，天津人，中国政法大学同等学力研修班2022级学员，研究方向为民商法。

[1] 郎嬛琳：" 论胎儿人格权益的民法保护——以《民法典》第16条的解释为出发点"，载《理论界》2021年第6期。

这也是人类社会生存和发展的基础。

(二) 人身权延展说

人的生命是连续不断的,始于受孕终于死亡。[1]人身权利延展说认为,应保护并维护那些自出生起就存在的权利。自古罗马法起就开始了对人身权的延伸保护,罗马法从受孕时就认可胎儿的权利能力,保护胎儿的权益。[2]到了近代法律,相关法律对出生前胎儿的先期利益和人死后的延续利益均作出了规定。可以看到,人身权益延展说符合现实立法需要,顺应历史发展,被广大学者所认可。

(三) 权利能力说

权利能力说认为,胎儿作为一个已经存在的生命体,应该具有权利能力。我国《民法典》第16条赋予了胎儿权利能力,胎儿和自然人一样享有人身和财产权益。赋予胎儿权利能力,对其财产利益、生命健康权予以保护,有利于完善法律保护对象的完整性和周全性。这已成为当今世界对胎儿保护立法的趋势,许多国家均予以采纳。

二、对胎儿进行民法保护的模式

对于胎儿的定义,法学与医学不一样,鉴于生命的延续性,法律保护的范围包括自受孕至分娩前的所有形态。各国立法采取不同的保护模式,根据是否认可胎儿的权利能力及对胎儿利益的保护范围,主要有概括保护模式和列举保护模式。

(一) 概括保护模式

概括保护主义认为,分娩时为活体的胎儿,自始便具有权利能力,与胎儿利益有关的内容应被法律保护。其中,《瑞士民法典》第31条第2款规定:"胎儿,以将来非死者为限,出生前有权利能力。"瑞士民法采取了概括主义学说,认为胎儿在出生前就具备民事权利能力,但如果出生时为死体,则溯及地丧失民事权利能力。

---

[1] 申扬扬、王清源:"论胎儿经济利益的民法保护",载《现代营销(经营版)》2020年第10期。

[2] 申扬扬、王清源:"论胎儿经济利益的民法保护",载《现代营销(经营版)》2020年第10期。

（二）列举保护模式

以德国、日本等国家为代表的列举保护主义，原则上不认可胎儿具有民事权利能力，仅在法条中明确列举具体的事项承认胎儿具有该项民事权利。列举的选项大多包括继承、赠与、损害赔偿等。

（三）我国《民法典》立法模式

我国《民法典》第 16 条规定："涉及遗产继承、接受赠与等胎儿利益保护的，胎儿视为具有民事权利能力。但是，胎儿娩出时为死体的，其民事权利能力自始不存在。"可以看出，我国《民法典》对胎儿的保护采取列举保护加概括保护相结合的模式。一方面，明确列举了涉及胎儿保护的具体情形；另一方面，通过"等"字明确规定胎儿权利的保护不限于法条所列举的情形。我国《民法典》关于胎儿的民法保护吸取了这两种立法模式的优点，是对传统民法的突破与创新。

三、胎儿民事权益的保护与救济

随着社会的发展，胎儿利益遭受侵害的不确定因素、遭受侵害的方式都在逐渐增加。其中，最典型的、发生频率最高的两种侵权案件就是医疗机构对胎儿利益的侵害和继承案件中第三人对胎儿利益的侵害。

（一）医疗机构对胎儿利益的侵害

在日常生活中，由于医疗机构没有尽到谨慎诊疗的义务，没能及时发现并告知父母胎儿存在先天疾病或残疾，导致父母在不知情的情况下生下不健康的胎儿。对于不健康胎儿的错误出生，医院侵犯了父母的知情权及优生优育选择权，但对胎儿的权益侵害能否得到救济？在司法实践中，对于此类案件，学界与实务界存在争议。下面这个案件就是典型的医疗机构侵权案件：

刘某 1、赵某 1 夫妇发现刘某 1 怀孕后选择在通州妇幼保健院处建档立卡、定期产检，通州妇幼保健院在整个产检过程中严重失职，导致新生儿赵某 2 出生后即被确诊为严重的先天性心脏病，双方遂产生纠纷。刘某 1、赵某 1、赵某 2 向一审法院起诉请求：第一，判令通州妇幼保健院退还刘某 1 检查、生育医疗费；第二，判令通州妇幼保健院赔偿因治疗赵某 2 先天性心脏病产生的医疗费用、住院伙食补助费、护理费、交通费及精神损害抚慰金；第三，通州妇幼保健院承担本案鉴定费、诉讼费。经鉴定，通州妇幼保健院对刘某 1 的诊疗行为存在过错，该过错与赵某 2 的损害后果存在一定的因果关系，建议原因力大小为轻微。通州法院认为，患者在诊疗活动中受到损害，医疗机构或者其医务人员有过错的，由医疗机构承担赔偿责任。当事人对自己提出的主张，有责任提供证据。本案属于缺陷出生损害赔偿，赵某2单纯的出生事实不应定性为损害，其所患先天性心脏病亦并非医疗过失导致，故赵某2并非损害赔偿的请求权主体，不具备原告主体资格，其起诉应予以驳回。仅酌情支持20%费用及少数精神损害赔偿金，并作出了［2021］京0112民初3530号民事判决。[1]从该判决中可以看到，本案中法院并未承认胎儿具备民事权利能力，并以胎儿不具备民事主体资格为由驳回起诉，且并未认可医疗机构对胎儿存在侵权行为，认为胎儿的先天疾病并非医院导致，出生是最终结局，并非损害后果，二者不存在因果关系。故而并未支持胎儿的任何权利主张。从该案中我们可以看到，当前民事审判对医疗侵权案件中胎儿是否具备民事权利能力，医院过失导致胎儿错误出生，胎儿利益如何得到保护等问题的处理尚存在不足。

（二）第三人对胎儿继承权的侵害

在继承案件中，他人对胎儿继承权的侵害并不少见，很多人认为胎儿作为遗腹子，并非真正意义上的人，不承认其具有继承权，这些都是对胎儿经济利益的侵害。《民法典》实施后，在司法实践中，胎儿继承权在到侵害时能够得到更加全面的保护。

何1、罗2系死者何某的父母，何3出生于2020年12月4日，系死者何某与谯某的儿子。死者何某在四川某公司担任驾驶员兼工地采购工作。2020年5月11日，死者何某在四川某公司承建的工地上转运木板时被汽车撞击死亡。2021年7月22日，当地人力资源和社会保障局认定死者何某为工亡。何1、罗2、何3就与四川某公司工伤保险待遇纠纷一案向达州市达川区劳动人事争议仲裁委员会申请仲裁。达州市达川区劳动人事争议仲裁委员会作出仲裁：由四川某公司向何1、罗2、何3支付一次性工亡补助金、供养亲属抚恤金。后四川某公司不服仲裁裁定起诉至法院，四川某公司认为何3不是该案的适格主体，何3作为遗腹子不能够享受工伤保险待遇。《民法典》仅规定了胎儿享有继承权、接受赠与的权利，而并未对遗腹子是否享有供养亲属待遇有任何的规定。何某工亡时何3并没有出生，母腹中的胎儿不具有民事权利

---

[1] 北京市通州区人民法院［2021］京0112民初3530号判决书，第3、4、5页。

能力。法院认为,《民法典》第16条规定"涉及遗产继承、接受赠与等胎儿利益保护的,胎儿视为具有民事权利能力",且该条款并非封闭式列举,只是概括式列举了"遗产继承、接受赠与等胎儿利益保护的"情形,说明该法条的立法本意是保护胎儿的合法权利。《因工死亡职工供养亲属范围规定》第2条规定:"本规定所称子女,包括婚生子女、非婚生子女、养子女和有抚养关系的继子女,其中婚生子女、非婚生子女包括遗腹子女。"判令四川某公司向何1、罗2、何3支付一次性工亡补助金、供养亲属抚恤金。[1]由此案可以看出,在继承案件中,法院认定胎儿具有民事权利能力,如发生侵犯胎儿继承权的情形,代理人可以提起诉讼维护胎儿的经济权益。

结　语

当前,我国对于胎儿利益的保护尚存在很多缺陷与不足,在理论与实践中仍存在较大争议,法官在判案中适用的法律依据不尽相同。如前所述,两个案例胎儿权益的保护仅在继承案件中体现得较多、较成熟,但在医疗纠纷等侵权案件中仍存在不足。在当前的形势下,我国需对胎儿民法保护尽快出台相应的司法解释,这样才能实现对胎儿利益真正、全面的保护。

---

[1] 四川省达州市达川区人民法院［2022］川1703民初933号民事判决书,第4~7页。

论刑事司法中对律师庭外言论的规制与限度

蒋可馨*

(中国政法大学 100088)

摘　要：随着科技的发展，自媒体的时代已经到来，越来越多的律师通过自媒体这一渠道发表庭外言论，企图以此达到干扰司法公正、获得胜诉的目的。基于立法的滞后性，我国对这一现象还没有很好的规制手段。本文从律师庭外言论的界定入手，分析庭外言论产生之根本原因，同时全面分析世界主要国家就这一问题的立法现状。以之为鉴，结合我国国情提出具体的立法建议。

关键词：大数据　个人信息保护　知情同意原则

何为律师庭外言论？顾名思义，就是律师在法庭审理程序之外就案件信息所发表的意见、看法、观点。但是，就"律师庭外言论"这个概念而言，作为行为主体的"律师"应包含两种不同的含义，分别是接受当事人委托，成为案件辩护人的辩护律师和与案件无直接利害关系，仅仅有律师身份，而就案件发表个人言论的一般律师。其中，案件的辩护律师当然地被认为是律师庭外言论的合格主体，那么非本案辩护人的其他律师就案件发表的言论是否可以被界定为律师庭外言论？有学者认为，基于律师职业的特殊性，其发表的言论对民众有更强的影响力，因此非案件辩护人而仅具有律师身份的人所发表的言论也应该在被规制的范围之内。但是，笔者认为，我国《宪法》明确赋予了公民言论自由，律师在成为律师之前，首先是一个人、一个公民，我们不能因为一个人职业具有特殊性就剥夺或限制其言论自由，除非这个案

---

* 作者简介：蒋可馨（1998年-），女，汉族，河南鹤壁人，中国政法大学同等学力研修班2022级学员，研究方向为刑法学。

件与其有利害关系。因此,笔者所讨论的律师庭外言论,可以被界定为案件当事人委托的辩护律师在法庭审理程序之外就案件信息所发表的意见、看法以及观点。

一、律师庭外言论产生之原因

(一) 控辩地位不平等

理想的庭审结构应该是控辩双方平等对抗、法官居中裁决,但是这在现实中却很难实现。首先是侦查工作一般由公安机关一手操办,虽然《刑事诉讼法》规定了律师的调查取证权,但由于不具有强制执行力,因此此项权利的行使受到了很大限制。由于公安机关接触的是第一手证据,比起律师显然是处于上风,同时,公安机关在证据收集过程中,不可避免地会倾向于收集有罪证据,少收集或不收集无罪或罪轻证据,这为律师在接下来的审判阶段持续处于弱势地位埋下了伏笔。其次是审判过程,法官和检察官所代表的都是公权力机关,只有律师代表的是个人或组织的利益,个体在公权力机关面前无疑处于弱势地位,力量的悬殊成了律师积极寻求外界帮助的有力推手。

(二) 互联网发展迅速

如果没有好的传递渠道,律师庭外言论将很难发挥期望的效果。近年来,网络自媒体发展势头迅猛,从《第42次中国互联网络发展状况统计报告》可以了解到,到2018年6月为止,我国的网民数量已经超过8.02亿,这是中国网民人数第一次突破8亿大关。这之中,社交平台如新浪微博、微信一骑绝尘,成为自媒体的突出代表,也是律师庭外言论的主要发布地。参与人数的庞大以及参与方式的快捷、简单使得网络世界的信息传播越来越迅捷、猛烈,律师通过网络制造舆论已经是抬抬手指就可以实现的事情。如今很多律师都开通了微博、微信公众号等自媒体账号,成了颇具影响力的"舆论领袖"。

二、规制律师言论的必要性

(一) 言论自由有限度

《宪法》赋予公民言论自由,并不意味着公民可以随心所欲说任何话,这个"自由"是有限度的。权利伴随义务而存在,言论自由对应的义务便是公民应该在一定限度内行使权利,有不超过这个限度发表言论的义务。作为特殊行业的律师,行使自己的言论自由权时更应该把握"限度"。律师能够通过社交平台发布案件相关信息或者发布个人对案件的看法、评论和观点，这是律师作为一个公民所享有的权利。但是，就律师这个身份而言，其要承担的义务是不能干扰司法公正、不能侵害他人利益，也就是律师应该在不公开案件当事人隐私、不抹黑司法工作人员的前提下发表庭外言论，这就是律师言论自由的"限度"。[1]

（二）不当的庭外言论影响司法公正

一些典型案例的出现，让越来越多的律师意识到舆论是把利器，通过操纵舆论干扰法官判断甚至迫使法官轻判的情况愈演愈烈。律师作为法律行业的专业人士，熟知法律法规的运用。相较而言，我国普通民众则普遍并不擅长解读法律法规，对于具体的法律问题也很难形成自己的独立思考，具有易煽动的特点。根据这一情况，律师很容易以敏感问题刺激大众情绪，制造舆论向法官施压，从而得到己方满意的判决。虽然律师的目的达到了，但是这一行为却严重影响了我国的司法公正。

三、我国对于律师言论规制应有的界限

自媒体时代下，律师的庭外言论对司法的影响力不容小觑，任其自由发展必然会给我国的司法建设造成巨大阻力，对律师庭外言论的规制已经势在必行。但前文也分析了律师庭外言论存在的必要性，因此不能一味禁止律师发表庭外言论，不当规制很有可能引发更大的法律问题。解决之道是"宜疏不宜堵"，在缓解律师庭外言论与独立审判的矛盾这个问题上，应该设定一条界线，在不影响司法公正的前提下保障民众的知情权，这是我们当下最重要的立法目标。综上，在规制律师庭外言论的问题上，笔者认为，要从合法性、合理性、保护并有度这三个方面出发。

（一）合法性

加强律师庭外言论规制的合法性，就是要求对这个问题进行明确的立法，用明确的法律条文让这个问题"有法可依"。目前，我国关于规制律师庭外言论的法条多为笼统性规定，笔者认为，可以在现有规定的基础上进一步细化法条，将应受规制的情形和应该如何规制都以成文法的形式规定下来，这是规制律师庭外言论的必要前提。同时，明确立法也可以避免对律师庭外言论

---

[1] 张薇："律师庭外言论规制的探讨"，载《浙江万里学院学报》2016年第6期。

进行盲目打击，让执法机关有法可依、按规矩办事，不超越法律限度执法。

(二) 合理性

有了合法性的前提，就应该讨论法条之内容的合理性。合理性原则中包含妥当性、必要性和相称性三个特性，这一原则主要是限制执法机关在规制律师庭外言论时过度执法。律师发表的庭外言论，实际上只有在极少的状况下才会涉及不被允许公开的信息或诉讼参与人的个人隐私，而很大一部分信息都是有关案件具体情况的。律师发表庭外言论，主要作用在于让民众更加了解案件实际情况，更加客观地产生自己的判断。因此，若执法机关一味限制律师发表庭外言论，不仅会损害律师的言论自由权，还不利于保障民众的知情权，因此不可肆意限制律师的庭外言论。除此之外，合理性原则也要求执法机关对于确实需要被规制言论的律师，也不可肆意惩处，应采用与其行为相匹配的惩罚，以最小的刑罚发挥最大的警示效应。

(三) 限制与保护并举原则

凡事都有两面性，我们应该用辩证的眼光看待问题。我们已经注意到不当的律师庭外言论会给当事人、诉讼参与人甚至个案公正带来不可忽视的恶劣影响，因此，对于发表不当庭外言论的律师，执法机关应该毫不犹豫地进行惩处。另一方面，我们也不能忽视合理的律师庭外言论带来的好处，律师发表庭外言论可以让公众从不同渠道、不同立场全方位了解案情，不仅可以保障公众的知情权，也可以使公众更好地发挥监督作用，让办案过程更加透明化，促进司法公平公正。因此，对这样的律师庭外言论我们不仅不能打压，还应该鼓励和保护。在这一问题上，外国已有先例，《加拿大律师协会联合会职业行为示范守则》就明确规定了凡是有良好普法教育效果的、对体系有督促作用的、对国家法治建设有推动力的律师庭外发言都应该受到赞赏并发扬。

诈骗罪和盗窃罪的区分

凌 云[*]

(中国政法大学 100088)

摘 要:在互联网环境下,诈骗罪和盗窃罪除了传统的高发性特点之外,逐渐呈现出"交叉"和"竞合"的趋势。在教义学层面的解释和辨析基础上,如何结合时代发展,赋予传统争论过程更为坚定的内涵,进而使我们更好地学习学者的各类学说和观点,是值得关注的问题。本文在"主观和客观""认识和意志"背景下,从"处分意识""犯罪手段""入罪标准"三个方面对诈骗罪和盗窃罪进行了区分辨析。

关键词:诈骗罪 盗窃罪 区分辨析

信息时代全方位改变了人们的生活和工作,财产、财产性利益、对平台的债权等概念影响着诈骗罪和盗窃罪的认定。理论界和实务界对这两个罪名存在不同的解读,在适应时代发展的前提下对这两个罪名进行辨析成了学界关注的问题。

引 言

作为历史悠久的"核心犯罪圈"[1]的两个重要组成部分,诈骗罪和盗窃罪均属于转移占有型或取得型的财产类犯罪。[2]而今,两类犯罪的形式及认定出现了变化。传统如"超市调包案"中行为人将摄像机放入方便面箱,到

---

[*] 作者简介:凌云(1985年-),男,汉族,江苏无锡人,中国政法大学同等学力研修班2022级学员,研究方向为刑事诉讼法学。

[1] 核心犯罪圈,指对人类基本社会生活秩序的破坏,被法文化长期认定为犯罪,同时具有常见多发之特征的犯罪行为类型,包括诈骗、盗窃、伤害、杀人四种。

[2] 钱叶六:"存款占有的归属与财产犯罪的界限",载《中国法学(文摘)》2019年第2期。

收银台以方便面价格结账,非法取得摄像机;"餐厅逃单案"中行为人餐毕起意逃单,谎称送友,趁机逃走。"二维码案"中,行为人在店铺中趁人不备将店主的收款二维码换成自己微信的收款二维码,从而获得其他顾客通过微信扫码支付给店主的钱款。"花呗案"中,行为人捡到被害人身份证件,获取其支付宝和手机号等信息后,利用支付宝花呗消费累计数万元。随着移动支付和第三方平台的介入,"普通诈骗说""普通三角诈骗说""新型三角诈骗说"等各类学说被提出。一时间,关于诈骗罪和盗窃罪这两个传统而朴素的罪名的认定引发了众说纷纭的解读。

一、诈骗罪和盗窃罪的定义

所谓诈骗罪,是指犯罪人以非法占有为目的,采用欺骗手段,骗取数额较大的财物的犯罪行为。就客观构成要件而言,其既遂状态的基本逻辑构造为:犯罪人实施欺骗行为导致被骗人产生或维持错误认识,进而促使被骗人基于前述错误认识处分相应财物,之后犯罪人或关联第三方取得前述财物,最终造成被骗人遭受损害。就主观责任形式而言,犯罪人属于故意,且必须具备非法占有目的。

所谓盗窃罪,是指犯罪人以非法占有为目的,盗取或窃取他人占有的数额较大的财物,其本质是违反被害人的意志,排除其对财物的支配,建立新的支配关系。盗窃罪的主观要件是故意,且犯罪人存有非法占有的主观目的。

二、诈骗罪和盗窃罪的区分

有学者认为,诈骗罪和盗窃罪的区分是刑法的经典问题之一,高居"与财产犯罪相关问题"的首位。通过加入创造性的欺诈或伪装,区分这两个罪的难度将增加,特别是在互联网时代,被骗人和被害人发生偏离,两个罪名的排他属性弱化或被质疑,应当被明晰区分的观点获得了普遍赞同。

(一)是否需要处分意识

"基于主观处分意识"进而实施"客观的财物处分行为"是区分诈骗罪和盗窃罪的关键。[1]在诈骗罪的交流性或互动性法益侵害中,被害人产生主

---

[1] 马卫军:"论诈骗罪中的被害人错误认识",载《当代法学》2016年第6期。

观的错误认识，进而维持这种错误认识状态，再产生处分财物的主观意志，最终客观实施了处分财物的行为。因而，不能忽视诈骗罪中被害人的"处分意识"（含错误认识和处分意志）。而在盗窃罪中，被害人并未产生错误认识，尤其是在秘密窃取形式中，被害人甚至并未产生认识，更谈不上处分财物。由此可见，在此类情况中，"处分意识"是区分诈骗罪和盗窃罪的重要标准。

有学者认为，盗窃罪不仅仅是秘密窃取，也可以是以公开方式窃取。[1] 盗窃本质上属于排除被害人对财物的原有支配，建立新的支配关系。[2] 在此类情况下，被害人对犯罪行为有认识，但打破原有支配关系显然违背了被害人的意志，面对非法占有，被害人更不可能产生"处分意志"。因而，被害人同样缺乏"处分意识"。为客观防止受损，是否有主观"处分意识"是在被害人认识基础上本能地划分诈骗罪和盗窃罪的标准。

（二）犯罪手段不同

在诈骗罪中，通说认为犯罪人实施欺骗行为，包括两类犯罪手段：其一是虚构事实，其二是隐瞒真相。这两类均属于传递不真实的信息，使被骗人陷入错误认识。具体而言，在方式方法层面上可以是语言欺骗，也可以是文字欺骗，还可以是动作欺骗（包括明示的或默示的）。在责任义务层面上，既可以是作为类型，也可以是不作为类型，即负有某种告知事实的义务而不予告知，使对方陷入或维持错误认识。在因果关系层面上，前述错误认识是由犯罪人的欺骗行为导致的。在程度层面上，欺骗行为必须达到足以使被骗人产生错误认识的程度，不以一般认识标准导致的错误程度为限。欺骗行为必须导致被骗人陷入错误认识后处分财物，将财产转移至犯罪人或关联第三人占有或取得。

而盗窃罪是对他人占有财物或支配状态的侵害，其表现为财物被原物主占有支配—行为人利用秘密窃取手段或公然盗取手段破坏原物主对财物的占有支配—财物进入行为人占有支配范围内非法形成新的占有支配关系—对于整个过程原物主并不知情。盗窃行为人既不存在虚构、隐瞒情况或欺骗过程，也不存在不作为类型，更不存在使被害人产生或维系错误认识的行为。由此而见，诈骗罪和盗窃罪在犯罪手段上的差异是明显的。

---

[1] 张明楷："盗窃与抢夺的界限"，载《法学家》2006年第2期。
[2] 张明楷：《刑法学》（第6版），法律出版社2021年版，第1229页。

（三）入罪标准不同

我国《刑法》第 266 条规定，诈骗公私财物，数额较大的，构成诈骗罪。根据《最高人民法院、最高人民检察院关于办理诈骗刑事案件具体应用法律若干问题的解释》，诈骗公私财物价值 3000 元至 1 万元以上的，应当认定为"数额较大"；诈骗未遂，以数额巨大的财物为诈骗目标的，或者具有其他严重情节（如针对不特定多数人实施诈骗行为类型情形）的，应当定罪处罚。

我国《刑法》第 264 条、第 265 条规定，盗窃公私财物，数额较大的，或者多次盗窃、入户盗窃、携带凶器盗窃、扒窃的，以牟利为目的，盗接他人通信线路、复制他人电信码号或明知是盗接、复制的电信设备、设施而使用的，构成盗窃罪。根据《最高人民法院、最高人民检察院关于办理盗窃刑事案件适用法律若干问题的解释》的规定，盗窃公私财物价值达 1000 元至 3000 元以上，应当认定为"数额较大"。另外，盗窃毒品等违禁品，应按盗窃罪处理的，根据情节轻重量刑。由此可见，诈骗罪和盗窃罪的入罪标准存在很大差异。

结　论

近年来，不断有学者在学术层面对"诈骗罪和盗窃罪是排他性犯罪"的观点提出质疑，客观反映了这两个罪名在刑法教义学层面得到持续高度重视。在司法层面，最高人民法院、最高人民检察院的司法解释也基于审判实践中的新形式给出了包括行为对象和行为方式在内的诸多解读。诈骗罪和盗窃罪的学习研究属于法学专业人士的基本功，这就要求我们在厘清理论转向后仍能坚守传统教义学内核涵义的关键。有学者细化提出了"处分意识""处分的自愿性""处分的即时性"等区分标准。[1] 也有学者提出了诈骗罪说的核心缺陷——扩张处分行为，基于"二维码案"中被骗者和受害者偏离的情况进行了深入分析。[2] 还有学者提出对"被骗人参与""处分意向"等核心要件

---

〔1〕 廖斌："网络支付方式下盗窃罪与诈骗罪区分的教义学分析"，载《当代法学》2022 年第 5 期。

〔2〕 付立庆："二维码案件中诈骗罪说的质疑与盗窃罪说的论证"，载《浙江大学学报（人文社会科学版）》2022 年第 1 期。

进行理论更新。[1]诸多学者孜孜以求的治学研究精神鼓励着我们这些后辈不断思索和探究。基于诈骗罪和盗窃罪的区分和辨析，对传统刑法教义学模式作出针对性、适应性的研读，必将使其重新焕发出活力。

---

[1] 王志远、陈昊："从'处分'到'意向'：诈骗与盗窃界分的网络支付视野观察"，载《东南大学学报（哲学社会科学版）》2022年第2期。

如何有效打击有组织犯罪

刘嘉诚*

（中国政法大学 北京 100088）

摘 要：从社会学范畴来看，黑社会是与主流社会相对抗，以非正式的社会形态出现并与现实社会渗透融合，且有一套自成体系的、与法律相悖的地下秩序的有组织犯罪集团，甚至在一定程度上具备类似于社会制度的组织形式和运转方式，如意大利黑手党、日本山口组等。我国并不存在这种意义上的大规模从事有组织犯罪的黑社会性质组织，但存在具有黑社会雏形的组织，即所谓黑社会性质的组织，严重侵害了国家政权和人民安危。因此，深入研究黑社会性质组织有组织犯罪，以及如何有效打击有组织犯罪的问题及其解决之道，具有重要的理论和现实意义。有鉴于此，本文拟对"黑社会性质组织"和"有组织犯罪"进行法理探究并在此基础上构建防范对策。首先，对黑社会性质组织、有组织犯罪进行全面的分析和研究；其次，有组织犯罪应该如何有效打击？下文将依次对这些问题展开研讨。

关键词：黑社会性质组织 有组织犯罪 打击

一、有组织犯罪的概述

本文对有组织犯罪的定义是：有明确的组织领导者，纠集多人多次以暴力和软暴力手段，以进行不法活动获取钱财为主要目的，并在部分行业和区域形成一定的影响力，组织分工明确、等级制度明显、骨干核心成员固定的犯罪行为。对于有组织犯罪，我们可以从刑法学、犯罪学、社会学多角度对

---

* 作者简介：刘嘉诚（1984年-），男，汉族，四川自贡人，中国政法大学同等学力研修班2022级学员，研究方向为刑法学。

其产生的原因、犯罪形态、给社会造成的危害、有效打击的防范措施进行研究。

二、有组织犯罪的动机

（一）历史原因

在新中国成立之前，当时的思想意识具有相对独立性，因此，一些与黑社会有关的思想文化一直流传下来，如"土豪思想""特权意识""帮会文化"等，成了我国有组织犯罪的思想文化基础。

（二）现实原因

随着改革开放和市场经济的发展，人们的收入不均衡，富有者的物质消费和精神显摆刺激着人们对美好生活的向往，一些不良思想倾向影响了不少人的头脑。

（三）文化原因

除上述社会观念和社会心理因素外，社会不良文化的传播也使得一些人盲目崇拜、模仿，认为欧美、港台片里的社会大哥是多么的威风凛凛、不可一世，这些文化使得一些不良青少年从此走上了犯罪的道路，也成了有组织犯罪的又一社会基础。

（四）境外原因

除了境内自身的政治、经济、社会、文化因素，境外有组织犯罪的渗透也对境内有组织犯罪起着推波助澜的作用，特别是在20世纪90年代，境外的有组织犯罪集团向我国东南沿海地区不断渗透，与境内的犯罪团伙相互勾结、共同作案；建立新的势力范围，刺激、诱发境内有组织犯罪发展进一步加快，其社会危害性日益严重。

三、有组织犯罪的形态

有组织犯罪形态是指：在有组织犯罪的过程中所呈现出来的各种犯罪状态。对犯罪形态的研究能够帮助我们更好地对犯罪进行深入了解，从而更加准确地施加处罚。

（一）组织、领导、参加黑社会性质组织罪

从构成要件看，只有组织性特征和行为特征兼备，黑社会性质组织才能成立。如果黑社会性质组织已成立，但行为人的行为即已停止或者未达到完成形态，则属于犯罪未遂，不能成立组织、领导、参加黑社会性质组织罪。

（二）入境发展黑社会组织罪

从行为特征看，对于在入境后实施发展黑社会组织成员的行为并实施犯罪的境外黑社会组织成员，在认定是否成立入境发展黑社会组织罪时应该坚持主客观相统一原则，不能单从入境行为和发展成员的非法性来判定，还应从行为意志以外的原因和行为特征来判定其是否构成犯罪既遂。

（三）包庇、纵容黑社会性质组织罪

从犯罪标准看，必须是具备犯罪构成的全部要件后，达到一定程度的行为，存在犯罪既遂与未完成形态。并不能以达到预期的包庇目的为条件成立包庇行为，更不能以主观上使黑社会性质组织及其成员逃避刑事追究或处罚为目的成立犯罪既遂。

四、有组织犯罪的危害

黑社会性质组织犯罪不同于其他意义上的犯罪，它的危害是社会性和全局性的。因为它的本质是反社会，以暴力、威胁为手段，称霸一方、为非作恶、欺压残害群众甚至侵蚀基层政权，严重破坏社会经济和人民生活秩序。其通过将触角渗透到政治领域和经济领域，达到"以商助政""以政护商"的罪恶目的，形成一个庞大且复杂的反社会体系，严重影响党和政府的形象以及执政地位。在社会风气方面更是会毒化青少年的心灵，使其精神和文化萎靡颓废，容易诱发校园霸凌事件，以及青少年吸毒、贩毒、抢劫、盗窃等犯罪问题。由此可见，黑社会性质有组织犯罪对整个社会的危害性是多么的巨大和广泛。[1]

五、如何有效打击有组织犯罪

首先，"以法之利剑，扫黑除恶"，深挖背后的"保护伞"，建立德才兼备的政法队伍，大力推进平安中国、法治中国建设，以马克思主义和习近平法治思想为指导，依据《反有组织犯罪法》《刑法》《最高人民法院、最高人民检察院、公安部、司法部关于办理黑恶势力犯罪案件若干问题的指导意见》

---

[1] 李楠："黑恶势力犯罪行为特征实证研究——以河南省100起涉黑恶案件为分析样本"，载《人民司法》2021年第34期。

《最高人民法院关于常见犯罪的量刑指导意见》，以及最高人民法院扫黑办配合全国扫黑办汇编的《扫黑除恶法律政策文件适用指导案例》，组织编写的《刑事审判参考》办理涉黑恶犯罪案件专辑，有效提升侦查、审判等办案人员的专业化水平，把每一起案件都办成经得起法律和历史检验的"铁案"。

做好刑事侦查、立案审讯、证据审查、法律适用、事实认定、程序指引，确保高效打击有组织犯罪，推进扫黑除恶专项斗争高质量、常态化发展。

其次，"用法之利器，重拳出击"，斩草除根，把黑恶势力萌芽的种子扼杀在摇篮里，把全国扫黑办要求的"确保万起案件依法审结"作为硬任务、硬指标，狠抓落实，将从严从快惩处黑恶犯罪的各项职能发挥到极致。扫黑除恶专项斗争的开展是一个由表及里、由浅入深、逐步推进的过程，打掉浮在表面的黑恶势力只能"治标"，而"治本"则需要清除黑恶势力赖以生存的基础，铲除其背后"保护伞""关系网"，只有彻底"打伞破网"才能走出黑恶势力"死而复生"的怪圈，防止黑恶势力卷土重来。

再次，扫黑除恶是一场人民战争，既要为人民群众伸张正义，也要将斗争成果及时向人民展示，让人民共享、让人民参与，让整个社会都树立起扫黑除恶的氛围。唯其如此，才能在全社会弘扬正气，祛除歪风邪气，有效提升人民群众对扫黑除恶工作的知晓率和满意度。要以听党指挥的忠诚精神、公平正义的法治精神、勇于担当的斗争精神，以实际行动贯彻落实党中央的决策部署，回应人民对公平正义的殷殷期盼，践行与黑恶势力斗争到底的铮铮誓言，有效巩固党的执政地位。

最后，建立健全各项法治机制是实现有效打击有组织犯罪的基石。通过立法惩治公职人员违法特别是"围猎"公职人员的不法之徒，协调好警民关系，让警民关系处于"鱼儿离不开水，水能养鱼"的鱼水情中。增强"四个意识"、坚定"四个自信"、做到"两个维护"，有效提升社会治理能力，不断健全社会治理体系，建设美好和谐社会，以法之利剑，护社会稳定，保民生平安。

结　论

本文的研究结论可以被概括为如下几点：

其一，在理论实践中，始终坚持扫黑除恶专项斗争理论研究与实际业务相结合，在开展涉黑涉恶线索摸排和案件处理过程中不断探索打击黑恶势力的法学理论和路径方法。

其二，在责任认定中，主张在适度范围内采取"行为责任与行为者责任"并和的观点，认真区分共犯中行为人的客观危害性和人身危险性。

其三，在司法审判中，以"总体国家安全观"为指导，严格贯彻宽严相济的刑事政策，以实现刑法规制的法律效果与社会效果的统一。同时，反思我国立法与司法解释在适用中的诸多问题，在入罪时坚守责任主义，不突破罪刑法定原则的底线。

其四，在国家立法中，将有组织犯罪上升到危害国家安全的战略高度，确保国家安全和社会稳定，加强国家安全体系和社会治理能力建设，坚持全面依法治国，推进法治中国建设。

其五，在社会治理中，打和判治标，"防"才是关键、根本、核心，只有"防"好才能让打击有组织犯罪变得更加高效。

洗钱罪与上游犯罪的共同犯罪的界限

刘新天*

(中国政法大学 北京 100088)

摘 要：洗钱行为在全球范围内的泛滥化使得各国越来越重视对洗钱行为的打击，中国近些年对洗钱犯罪的打击力度也在加大。但是，在目前的司法实务中，对于洗钱行为应该独立成罪还是与上游犯罪构成共同犯罪尚存在争论。通过对洗钱罪与上游犯罪进行对比，找出洗钱罪与上游犯罪的共同犯罪的界限，有利于确认洗钱犯罪的惩治范围，进而更有效地打击洗钱犯罪。

关键词：洗钱行为 帮助犯 共犯通谋

基于自身高利润、隐蔽性的特点，洗钱行为在近些年有愈演愈烈之势。洗钱行为被多个国家认定为犯罪，已经成为国际社会的一大公害。随着中国改革开放的深入发展，毒品犯罪、走私犯罪等犯罪日益严重，由此衍生而来的洗钱行为也愈发猖獗。为了打击此类犯罪行为，1997年《刑法》把洗钱罪作为独立犯罪加以规定。

2021年3月1日起施行的《刑法》对洗钱罪作出了重大修改，在法律上将"自洗钱"行为入罪，凸显了国家坚定打击洗钱犯罪的决心。在目前的司法实务中存在这样一个现象，即洗钱罪往往不会独立成罪，而是被当成上游犯罪的共同犯罪处理。[1] 在这种情况下，通过对上游犯罪和洗钱罪进行分析，我们发现，洗钱罪与七种上游犯罪的共同犯罪存在界限，这将有助于在司法实务中处理洗钱罪，从而更有力地打击洗钱犯罪。

---

* 作者简介：刘新天（1991年-），男，汉族，四川成都人，中国政法大学同等学力研修班2022级学员，研究方向为刑法学。

〔1〕 吴波："洗钱罪的司法适用困境及出路"，载《法学》2021年第10期。

一、上游犯罪与洗钱罪的区别

(一) 保护法益不同

洗钱罪的七种上游犯罪分别是毒品类犯罪、黑社会性质的组织类犯罪、恐怖活动类犯罪、走私类犯罪、贪污贿赂类犯罪、破坏金融管理秩序类犯罪与金融诈骗类犯罪。其中,毒品类犯罪所保护的法益是社会公众健康与社会管理秩序,黑社会性质的组织类犯罪所保护的法益是社会管理秩序,恐怖活动类犯罪所保护的法益是国家安全,走私类犯罪所保护的法益是国家的海关监管秩序,贪污贿赂类犯罪所保护法益是国家公职人员职务的不可收买性,破坏金融管理秩序类犯罪所保护的法益是国家金融管理秩序,金融诈骗类犯罪所保护的法益是国家金融管理秩序及金融消费者的财产安全。

洗钱罪所保护的法益有两个方面:其主要保护的法益是国家金融管理秩序,其次要保护的法益则是上游犯罪所保护的法益。[1]这既表明设立洗钱罪是为了预防特定上游犯罪,也能说明自洗钱构成犯罪。

从洗钱罪的七种上游犯罪所保护的法益与洗钱罪所保护的法益来看,二者之间存在很大区别。七种上游犯罪是为了保护自身类型的犯罪所保护的法益,就保护法益本身来看,仅仅考虑上游犯罪本身,很难找出共通点。洗钱罪的次要保护法益虽然是上游犯罪所保护的法益,但是究其根本其主要保护的法益是国家的金融管理秩序。因此,单就保护的法益来看,洗钱罪与七种上游犯罪没有多少相同之处。

(二) 犯罪构成不同

从法条规定上来看,洗钱罪是指为隐瞒、掩饰七种上游犯罪的犯罪所得从而提供资金账户,将财产转换为现金、金融票据、有价证券,通过转账或者其他支付结算方式转移资金;跨境转移资产,以其他方法掩饰、隐瞒犯罪所得及其收益的来源和性质的行为。

而洗钱罪的七种上游犯罪从法条上看皆有本身独特的犯罪构成。毒品类犯罪要求行为人有走私、贩卖、运输、制造、非法持有毒品的行为;黑社会性质类犯罪要求行为人有组织、领导黑社会性质组织的行为;恐怖活动类犯罪要求行为人有组织、领导恐怖活动的行为;走私类犯罪要求行为人有走私

---

[1] 张明楷:"洗钱罪的保护法益",载《法学》2022年第5期。

行为；贪污贿赂类犯罪要求行为人有贪污贿赂行为；破坏金融管理秩序类犯罪要求行为人有破坏国家货币、外汇、有价证券行为；金融诈骗类犯罪要求行为人通过有价证券对受害人实施了诈骗行为。

从法条规定来看，洗钱罪与七种上游犯罪在犯罪构成上并无相通之处，洗钱罪与上游犯罪之间不存在法条竞合关系。

二、符合洗钱罪的洗钱行为可成立洗钱罪的上游犯罪帮助犯

洗钱罪的上游犯罪行为与下游的洗钱行为，在司法实务中往往可以分成两种情况，即上游犯罪行为和洗钱行为由一人实施，以及上游犯罪行为和洗钱行为由不同的人实施。

如果洗钱罪的上游犯罪行为和洗钱行为由一个人实施，此时不会出现共犯的情况。由于《刑法》将自洗钱行为独立成罪，因此上游犯罪行为和洗钱行为应作为两个犯罪行为独立成罪，此时应该数罪并罚。[1]

只有当洗钱罪的上游犯罪行为和洗钱行为由不同的人实施之时，才会出现共同犯罪的问题。由于洗钱罪与上游犯罪无论是在保护法益上还是在犯罪构成上均有极大不同，此时一个洗钱行为不能同时构成洗钱罪上游犯罪的正犯行为及洗钱罪的正犯行为。换句话说，单独洗钱行为不可能成立洗钱罪上游犯罪的共同正犯。

在通常情况下，洗钱行为只针对上游犯罪所得及收益本身，并不会加入上游犯罪的实际实行过程，其犯罪行为的介入时间是在七种上游行为犯罪既遂之后，并不影响上游犯罪的犯罪结果，或其影响根本不足以改变上游犯罪的犯罪结果。

而洗钱罪的上游犯罪如果存在共犯，其共犯行为应该和正犯行为具有统一性，共同发生作用，其共犯行为与正犯行为一同造成了上游犯罪的最终结果。

因此，洗钱行为如果构成上游犯罪的共犯，其原因只能是洗钱行为对上游犯罪形成了帮助。通过对帮助行为进行分析，才能从中确定洗钱罪与上游犯罪的共同犯罪的界限所在。

---

[1] 徐弘艳、逄政："自洗钱行为的认定及刑事规制"，载《人民检察》2021年第20期。

三、洗钱罪与上游犯罪的共同犯罪的界限在于是否存在"共犯通谋"

那么，在何种情况下，洗钱行为才能成立帮助行为？

从主观上看，洗钱犯罪的目的在于掩饰、隐瞒犯罪所得。通常来说，洗钱犯罪行为人对上游犯罪参与人数、实施手段、分工问题等并无认识，也没有参与上游犯罪、共同达成犯罪目的的意志因素。如果成立共犯，其前提是明知他人实施犯罪，又致力于达成共同犯意，最终达到实现犯罪结果的目的。

明知他人实施犯罪，存在与他人事前通谋的情形，也不能一概以共犯论处，而应根据通谋的具体内涵划分出"洗钱通谋"和"共犯通谋"。[1]

"洗钱通谋"是指洗钱行为者与上游犯罪行为者虽然在上游犯罪结果既遂之前就达成了洗钱的合意，有具体的针对洗钱的协商行为，但是其协商内容仅仅限于如何处理上游犯罪所得，对上游犯罪所得进行事后的掩饰、隐瞒。洗钱者缺少与上游犯罪者共同进行上游犯罪的意志因素。洗钱行为者的行为仅仅对上游犯罪行为者的犯罪行为具有微弱的心理帮助，而这种帮助不足以坚定上游犯罪行为者实施犯罪的精神意志，也不足以影响上游犯罪的犯罪结果。

"共犯通谋"中的共同谋划主要是指对上游犯罪的正犯实行行为的谋划，包括实施的时间地点、手段方式以及人员的分工合作等。从行为对共犯的作用来讲，"共犯通谋"就是事先就上游犯罪的正犯行为的合谋。其合谋的程度较深，足以对上游犯罪行为者产生实质性的帮助。

因此，洗钱罪与上游犯罪的共同犯罪的界限就在于洗钱行为者是否和上游犯罪行为者存在就上游犯罪的"共犯同谋"，只有在这种前提成立的情况下，才可以说某种洗钱行为成立上游犯罪的共同犯罪。

结 论

本文通过对洗钱罪与洗钱罪上游犯罪从保护法益、法条规定等角度进行分析，认为只有当符合洗钱罪的洗钱行为成立上游犯罪的帮助犯时，洗钱罪与上游犯罪才能成立共犯。而只有在事先通谋的手段和程度达到"共犯通谋"时，帮助犯行为才能成立。"共犯通谋"行为也正是洗钱罪与上游犯罪的共同

---

〔1〕 孙静松："依据'通谋'区分洗钱犯罪与上游犯罪共犯"，载《检察日报》2021年9月24日。

犯罪的界限。

目前,我国加强了对各类洗钱违法犯罪行为的打击力度,尤其是针对触犯《刑法》第 191 条规定的洗钱犯罪行为。在这种情况下,厘清洗钱罪与上游犯罪的关系,明确洗钱罪与上游犯罪的共同犯罪的界限,有利于更好地遏制洗钱及相关犯罪的蔓延势头,从而有利于构建更加完善的国家洗钱风险防控体系,有效维护国家安全、社会稳定以及人民群众的切实利益。

房屋拆迁纠纷解决机制存在的问题及对策

吕喜石*

(中国政法大学 北京 100088)

摘　要：拆迁纠纷案件影响范围较广，涉及各种不同的利益群体，所涉的法律和法规十分繁杂，其处置程序也十分复杂。拆迁利益边界模糊不清、拆迁程序不够规范。纠纷解决机制有待完善，各地执法水平、能力有待提升，纠纷解决基础依据有待进一步细化、科学化。针对上述问题，我们采取了行政裁决、行政复议、行政诉讼、民事诉讼和仲裁等多种方式来化解。要想完全化解拆迁争议，必须建立一个单独的行政裁决机构，完善行政复议制度，突出合理审查原则，强化拆迁判决执行，建立调解制度。

关键词：房屋拆迁　纠纷解决　调解矛盾

一、房屋拆迁纠纷解决现状

房屋拆迁争议是指拆迁人与被拆迁人在拆迁过程中基于拆迁而产生的各种矛盾。例如，根据某市对2014年上半年初审行政案例的统计，行政诉讼中各类建筑工程（包括规划、拆迁、产权等）案件呈上升趋势。其中，拆迁纠纷占据绝大多数。从2013年至2014年末，某市房地产管理局立案调查的拆迁纠纷共有993起，涉及1415个住户。单是在2013年度，就有318宗案件被受理。[1]

（一）拆迁行为不规范

在我国，由于某些政府部门的行政不当，致使被拆迁人的权益受到损害，

---

* 作者简介：吕喜石（1985年-），男，汉族，云南宣威人，中国政法大学同等学力研修班2022级学员，研究方向为民商法学。

〔1〕胡欢欢："房屋拆迁纠纷解决机制的常见问题及应对"，载《中小企业管理与科技（下旬刊）》2017年第6期。

主要有以下几个方面：一是征地的随意，一些地方政府会对规划进行多次变更。第二，一些地方政府会对有关的资料进行封堵，使被拆迁人的利益受到损害。政府对有关的拆迁资料进行保密的行为引发了很多争议。

（二）拆迁补偿标准不统一

拆迁人为使房屋征收工作能够正常进行，对房屋征收的标准作出让步导致房屋征收的标准不一。其主要体现如下：第一，在房屋拆迁工作的初期进行宣传，并与被拆迁人签订房屋补偿安置协议书。第二，被拆迁人通过"关系"来获得更多的补偿，最终导致拆迁人向他们让步，致使补偿的标准出现偏差。

二、房屋拆迁纠纷解决机制现状

（一）民事诉讼

达成协议后的民事诉讼，签订房屋征收补偿和安置协议书。本协议属于一种民事契约，由法律规定，双方必须严格遵守协议，并能切实执行。当拆迁人因为搬迁计划或者其他的理由而违约，致使被拆迁人的权益受到损害时，被拆迁人可以提起诉讼。

未达成协议的民事诉讼。拆迁人和被拆迁人之间并未签订任何补偿协议，但一些拆迁人却基于自身的私利而非法地将房屋拆除或者侵犯被拆迁人产权。因此，如果拆迁管理机构没有法律依据，也没有与业主签订任何协议，导致被拆迁人遭受了经济上的损失，那么被拆迁人可以就此索赔。

（二）仲裁

在拆迁争议中，如果双方希望进行调解，则需要签订一份仲裁合同，或者在合同中订立仲裁条款。若拆迁人与被拆迁者在订立房屋补偿协议时，有一方未遵守该协议，则另一方可以向合同条款规定的仲裁机关提出仲裁请求。如果双方不能调解，也不在合同中规定，那么双方就无法进行仲裁，就算提出了，也不会被法院接受。

（三）行政裁决

拆迁管理机构可以处理拆迁补偿和安置争议，如果双方未签署补偿协议，则由房管局负责处理。

灭失房屋补偿安置纠纷的行政裁决。在一些特殊的条件下，房子会被人为破坏。例如，拆迁人未获得拆迁许可或者基于其他理由而非法地将被拆人的房子拆除，此时被拆迁人必须向拆迁人提出赔偿和安置。若拆迁人未能满足被拆迁人的需求，则被拆迁人应当首先向政府提出行政申诉。

被拆迁房屋价格评估纠纷的行政裁决。房地产估价是一项高度专业化的工作，相关机构在评估房地产时必须独立进行，不能受到客户意愿的左右。对被拆迁人是否有利、是否公正属于法院的民事诉讼管辖范畴。被拆迁人对房屋价值提出异议，申请法院审理的，应当予以驳回。对于这种情况，法院可以根据有关的法律、法规依法作出决定。

（四）行政诉讼

被拆迁人认定政府的拆迁决定属于非法或者属于行政强制拆除的，可以提起行政性民事诉讼或者诉请行政补偿。

三、房屋拆迁纠纷解决机制存在的问题

（一）行政裁决存在的问题

在我国的城镇房屋拆迁争议处理机制中，行政判决的中立地位基本不存在。在拆迁实践中，其具体体现如下：在我国，无论是由哪个部门决定执行拆迁，其大部分对应的都是行政机关的内部组织，由对应的政府来领导和指挥。在判决机构裁定房屋拆除时，相关部门无法与行政机关的意愿发生冲突，因而造成了行政判决的独立性和公平性问题。

（二）行政复议存在的问题

第一，当政府决定作出时，被拆迁人对判决有异议的，可以按照《城市房屋拆迁行政裁决工作规程》第16条的有关要求，向拆迁人提出行政复议或者提起行政诉讼。然而，针对行政复议的立法条文却显得比较笼统，缺少现实可操作性。第二，行政复审机构的独立性不强。从诉讼的角度看，《行政复议法》并没有对复议的过程进行详细界定，也没有明确回避的主体、当事人的权利和责任。

（三）行政诉讼存在的问题

在我国的行政诉讼中，行政机关必须接受人民法院的复审，而对正当性的复审和法定复审通常仅在特殊情形下进行。在某些特定的情况下，法院可以对某些特定的行政行为进行合理的检查。这种特定的情况和事件有两类：一是机构有没有行使权力；二是行政惩罚公正与否。

（四）民事诉讼存在的问题

在我国，对行政权力的行使，最有效的是司法权力。然而，就目前的司法实务而言，特别是在与房屋征收相关的民事案件中，司法部门对行政权力的保护有余而制约不足，这与我们国家的政治制度有着密切的联系。实际上，对于拆迁纠纷，在民事诉讼中，一旦作出裁决，政府基于对自身利益的考虑有可能会拒不履行判决。

四、完善我国房屋拆迁纠纷解决机制的对策

（一）建立独立的行政裁决机制

设立独立的行政裁判机构已成为我国司法体制改革的一个重要方向。在国内，通过行政判决机构的独立性，可以实现对争议的公平、合理处理。首先，在仲裁机关的设置上，可以不按照行政区域划分，而是按照拆迁争议的人数在省级城市设立，其性质是国家机关。第二，可以参照其他组织的雇员招聘和长期任职制度，确保裁判者拥有合格的专业技术和知识。通过设立独立的行政判决来更全面、更好地保障当事人的权益。

（二）行政复议的完善

首先，要确保行政复议工作能够在不受到外部制约的情况下自主开展。目前，一些地方正在逐步探索设立行政复议委员会，以便能够独立地开展复议。其次，要健全行政复议的程序规定，以保证诉讼主体的诉讼权利。现行《行政复议法》针对复议程序的规定过于简单，缺乏可操作性。为此，我国必须对行政复议程序进行改进。

（三）在行政诉讼中凸显合理性审查原则

对行政程序的审查仅局限在法律上，对于复杂的拆迁争议，行政程序无法一劳永逸地予以处理。在对行政处罚行为进行制约与监控的同时，行政诉讼仅仅是一种象征性的补偿手段，并不能有效地解决争议。经济的发展、行政法律制度的不断完善对我国现行法律制度的完善提出了更高的要求，即对法律规定的合理性进行重新审视。

结 论

在拆迁中出现的种种冲突制约着社会的和谐发展，要真正实现社会和谐，就必须从根本上解决冲突。为此，必须加快完善和改革农村住房拆迁争议处

理制度，并对其法律、法规、行政判决进行严格把关。要想使我国的房屋拆迁纠纷得到有效控制，就必须尽可能降低房屋矛盾，从而使社会生活更加安定。

由"借腹生子"所引发的思考

马 珐*

(中国政法大学 北京 100088)

摘 要:生育是每个人的权利,但这并不意味着个人的生育自由完全不受限制,可以任意行使。当生育被演绎成一种非法交易、当母亲的子宫被当作交易工具,生物学上的基因延续便会违背社会伦理,这与"生育自由"早已背道而驰。通过收养未成年子女等合法途径来满足实际需求,完善代孕问题相关立法有利于保护儿童和女性的身心健康。

关键词:生育权 代孕 合法化 公序良俗原则

代孕,是指女性接受他人委托,提供子宫为委托方完成怀孕和分娩的行为,通俗一点就是"借腹生子"。现如今各界对"借腹生子"问题争议不休:法律、伦理、社会问题乱麻难解。随着代孕现象的增多,代孕带来的一系列问题也日益凸显。例如,代理孕母的人性贬低和剥削问题、代孕子女身份问题、买卖儿童问题、遗弃儿童和虐待儿童问题等。加之,现在黑代孕中介的数量十分庞大,生存于这些黑代孕中介的代孕者的人权、生命健康权也无法得到保障。代孕这一产业会给代孕者带来多大的精神以及生理上的伤害?这是否会进一步造成社会问题?

一、代孕引发伦理、社会问题

传宗接代是中国的传统伦理,生育权是每个人的权利,然而除了生理原因无法生育外,越来越多的人出于非生理障碍原因不愿生子,理由为怀孕会

---

* 作者简介:马珐(1997年-),东乡族,甘肃兰州人,中国政法大学同等学力研修班2022级学员,研究方向为民商法学。

耽误工作、怀孕会让身材走样等。近年来，这一部分人的比例逐渐增加，萌发了有悖于渴望新生命的生育理念。

公民的生育权是一项基本人权。作为人的基本权利，生育权与其他由宪法、法律赋予的政治权利不同，是在任何时候都不能被剥夺的。生育权包括生育自由和生育健康，其对妇女权利的保护具有重要的现实意义。但这并不意味着国家必须采取具体措施，积极促进公民的权利行使，也不意味着个人的生育自由完全没有限制，可以任意行使。[1]

如果说父母的爱来自怀孕的过程，那么为了代孕而把十月怀胎的孩子送给别人，无疑是在无视和剥夺人类最宝贵的亲情，在整个社会的视野下，无论是在道德上还是在情感上代孕都无法被社会所认同。代孕是基因的传承，从生物学上看，其无疑构成了对社会公众情感和基本人伦观念的挑战。在此视角之下，代孕被定义为交易，亲子关系可以通过金钱来实现。

基于代孕可能造成的一系列问题，各国就代孕作出了不同规定，这使代孕问题更加复杂化。在世界上的大多数国家，商业代孕都是违法的，但一些国家和地区却将商业代孕合法化，如乌克兰、格鲁吉亚、印度及美国的某些州。在西方国家，乌克兰女人被非常不礼貌地描述为"欧洲子宫"，因为经济低迷，很多乌克兰女人沦落到代孕的地步，甚至催生了发达的代孕行业。但由于新型冠状病毒疫情暴发，乌克兰出现了数十名代孕婴儿滞留的情况，加之俄乌冲突，很多代孕妈妈和婴幼儿正面临着生存问题，这或是人类历史的悲哀。

二、代孕合法化是否有必要

代孕无法合法化和其所造成的复杂且严重的伦理和法律问题密不可分。《民法典》第8条明确规定："民事主体从事民事活动，不得违反法律，不得违背公序良俗。"第143条规定，违背公序良俗的民事法律行为无效。法律是最低限度的道德，代孕的合法性会不可避免地受到道德考量，而代孕与公共秩序、社会伦理相背离，违背了社会道德并因此违背了我国民法规定的公序良俗基本原则。

在司法实践中，代孕者和委托人之间签订的有偿代孕协议，或者代孕机构和代孕客户之间签订的代孕协议，均会因违反现行法律规定以及基本原则

---

[1] 蔡鹏程："代孕行为的刑法规制"，载《濮阳职业技术学院学报》2022年第2期。

被认定为无效。[1]可见，代孕行为在我国是违反法律规定及相关政策的，是违法行为，情节严重者甚至还可能构成犯罪。有学者认为，代孕与传统意义上的"借腹生子"不同。代孕实质上是人工生殖的一部分，通过医疗技术操作，并没有直接的男女身体接触。[2]代孕行为中的母子关系，是单纯来源于生物学上的基因延续，缺乏社会学、心理学层面的情感关联。[3]某明星"代孕欲弃养"引发了社会争议，中央政法委也发表文章对此事进行了严厉的批评。代孕行为不仅面临着棘手的法律问题和伦理问题，其背后也蕴藏着一定的社会危机。生物学上的母亲，即卵子的提供者在选择代孕的情况下并未真正体会孕育过程的苦与爱，也错过了这段感情的培养过程。那么，生物学母亲是否能如普通的母亲一样爱自己的孩子？缺少了母爱的孩子，在其成长过程中是否更容易遭遇心理上的问题？与其对应，上述感情培养过程由代孕者取代，这也就不可避免地会存在代孕者反悔，宁可放弃经济利益也要留住孩子的情况。

许多女权主义者认为，代孕使女性成为仅供租用的婴儿容器。在2015年，欧洲议会将其描述为"生殖剥削"，削弱女性的"人类尊严"。代孕合法这个口一旦开启，在利益驱使之下会有很多生活窘迫女性因此沦落，甚至被丈夫当作生育赚钱的工具。试问经济优渥的女性会愿意为他人代孕吗？[4]生育本是人的基本权利，代孕无疑是践踏了女性的尊严。笔者认为，将代孕母亲的身体视为"生育机器"，使子宫走向工具化和商业化的行为不应得到法律支持。

三、完善代孕立法对策建议

我国《人类辅助生殖技术管理办法》和《人类辅助生殖技术规范》明令禁止相关医疗机构和技术人员实施代孕，并明确了医疗机构实施非法代孕的法律责任。但在打击代孕行为方面，法律上仍然存在空白，需要进一步完善立法对策。[5]

---

[1] 李丽向："代孕女童遭'退单'生物学父母需承担什么法律责任？"，载《中关村》2021年第1期。
[2] 杨璐：" '代孕'的法律困境"，载《法制博览》2016年第1期。
[3] 王怡："代孕合法化争议的法理辨析"，载《黑龙江省政法管理干部学院学报》2013年第4期。
[4] 周鑫、刘翠："代孕的伦理考量与法律规制"，载《湖北工程学院学报》2022年第5期。
[5] 王怡："代孕合法化争议的法理辨析"，载《黑龙江省政法管理干部学院学报》2013年第4期。

（1）全面、彻底禁止代孕。对代孕的禁止不应仅及于医疗机构与医务人员，更应当扩及所有从事代孕有关活动的机构与人员。为此，立法应当将所有实施或从事代孕及与之相关活动的机构和个人（包括医疗机构及其人员、计划生育机构及其人员以及非医疗机构及其人员）所实施的代孕，以及中介机构及其人员、网络媒体及其人员、法律服务机构及其人员所实施的与代孕有关的行为（如促成代孕协议的行为、制作刊发代孕信息或广告的行为、提供代孕法律服务的行为等等）全部纳入禁止之列。明确规定违法为他人实施代孕的医疗机构与医务人员、计生机构及其人员、从事代孕中介活动（包括为代孕提供广告服务、提供法律咨询的法律工作者等）以及为他人代孕或寻求他人为自己代孕者的法律责任，使代孕在我国得到全面、彻底的禁止。

（2）在相关的民事立法中明确宣示代孕协议的非法性。对基于代孕而产生的孩子的法律地位等问题作出明确规定，以便在令代孕得到全面、彻底性禁止的同时，使代孕产生的社会问题在法律的框架内得到合理解决。

（3）在《刑法》中增设有关代孕的犯罪。应当借鉴其他国家和地区在规制代孕问题上引入刑罚的做法，考虑在我国《刑法》中增设诸如"组织他人进行代孕罪""制作、发送、刊登代孕广告或讯息罪"以及"实施代孕手术罪"等代孕方面的专门犯罪以及"非法买卖精子、卵子、受精卵或胚胎罪"等关涉代孕的犯罪，运用刑法的威慑力遏止代孕在我国的多发，保障人类辅助生殖技术在我国的健康发展及其在医疗临床上的合理应用。考虑到目前发生在我国的代孕几乎全部为商业性代孕，我国应当考虑至少将商业性代孕明确增设为犯罪。

（4）将代孕问题全面纳入我国的立法视野。我国相关立法应当对公民或机构跨国或跨境从事代孕业务的行为是否违法以及如何处罚、代孕所生子女与代母之间是否具有法律上的亲子关系、在委托人毁约的情况下代孕所生的子女应当由谁抚养，以及违规为代孕活动提供法律咨询的行为如何规制等具体而复杂的问题作出详细而有针对性的规定，为我国相关部门的执法及司法工作提供具体的法律指导。

结　论

代孕行为不仅会损害女性人格尊严与身体健康，更会破坏社会的善良风俗。故此，该行为应被法律和社会伦理所禁止。代孕将女性生育机能异化为牟利工具，这本身就是对人类生命的藐视。同时，基于代孕而产生的犯罪行为，监护权、抚养权、继承权纠纷等一系列法律与伦理问题也会层出不穷。不可否认的是，现实生活中的确存在许多不能生育却渴望享有天伦之乐的家庭，对于这种家庭，我们可以鼓励其通过收养等合法途径来满足实际需求。[1]

人类孕育下一代是建立在尊重自然规律基础上的血脉延续，若是将生育作为交易手段，这无疑是对自然法则和社会文明的严重僭越。

---

[1] 李丽向："代孕遭'退单'，生物学父母有义务协助落户"，载《中国妇女报》2021年1月27日。

对过于自信的过失意志因素的分析

王 冠*

(中国政法大学 北京 100088)

摘 要：当今社会，人们接触外界的媒介多了起来，改革开放带给人们更多机遇与挑战，也让更多人勇于挑战。面对花花绿绿的大千世界，很多人开始变得盲目自信甚至自负，容易形成过分自信的过失，即有认识的过失。从刑法的定义可以看出，行为人主观上要有两个基本要素，即注意能力和注意义务。

关键词：过于自信过失 意志 行为因素 意志因素

在我国实体法理论中，认定过于自信的过失的关键点是对行为人的意志因素进行考量。但不同的意志因素存在于行为人的心里，外界无法知晓。对此，只有把行为人的心理因素客观化才能更有利于司法认定。

一、过于自信的过失

过于自信的过失是指行为人已经预见自己的行为可能导致危害社会的结果，但轻信能够避免以致发生这种结果的心理态度。应当避免而没有避免造成过于自信过失的刑事责任，主要由以下几个方面构成：

（1）行为人对自己的行为产生危害社会的可能性已经预见到了结果，这是过于自信的前提，是过失行为能够成立的依据。既然行为人已经预见到了，就应当采取措施，避免危害的发生，这是行为人应尽的义务。

（2）行为人认为可以避免所发生的结果，这是造成这类过失犯罪的心理

---

* 作者简介：王冠（1992年–），女，汉族，哈尔滨人，中国政法大学2022级同等学力在读研究生，研究方向为刑法学。

原因，是过于自信过失的意志因素，也是过于自信过失的行为人承担刑事责任的本质条件。因此，行为人认为可以避免所发生的后果充分说明：行为人对刑法所保护的社会关系抱着轻率态度，对社会缺乏责任感和道德基础。这是行为人应当受到否定性评价和刑罚制裁的原因。[1]

二、意志因素

从某种意义上来讲，具体到意志层面，过失就是不希望发生此事但是却发生了。故判断行为人是抱有希望还是不希望心态就成了重点。这需要从客观事实出发，判断当事人是否反对危害结果的发生。检查有没有具体的条件可以防止发生相应的危害结果。在过分自信的过失中，正是当事人将自己估计得过于强大，将其他客观因素估计得过于简单，才造成了对相应结果的无法回避。在此过程中，当事人始终对这种危害结果的发生持否定和反对态度，而这种危害结果的出现已经超出了当事人的意志内容，更超出了其行为所依托的主客观条件所能承受的程度。在过于自信的过失中，行为人认为可以避免此事的发生，但并不能表明存在行为人直接恶意伤害被害者的事实。同样的判断，也需要在事后的积极挽救措施等相应客观事实的帮助下进行。另外，行为人即使已经预见到结果有可能发生，但对于是否能够发生或者认定结果不可能发生的想法，确实表现出了明显的怀疑，也应该认定为过于自信的过失。

三、区别疏忽大意的过失和过于自信的过失

笔者将通过举例阐述疏忽大意与过于自信的区别与联系：

案例一：大雾天，张三开车超速，并且违反交通规则，把突然冲出来的过路人撞倒了。但实际上，他认为自己如此开车并不会撞到人，也并无意识故意撞人，这是过于自信的过失。

案例二：大雾天，张三开车，没有超速也没有违规，把突然冲出来的过路人撞倒了。张三只是疏忽大意，主观并非故意撞人，这是疏忽大意的过失。

---

[1] 张纪寒："论有认识犯罪过失的要素及构造"，载《中南大学学报（社会科学版）》2010年第1期。

(一) 疏忽大意

疏忽大意是指应当预见到由于自己的疏忽大意可能会产生危害社会的结果而没有预见到，或者是已经预见到并认为可以避免，从而使这种结果发生的行为。疏忽大意的关键是对结果的预知能力。既然事情已经发生，那么行为与结果之间的因果关系便已经展现得很清楚了，对于行为人所能预见或者应该预见的事情，也就不应该继续推而广之。这种做法容易使过失犯罪的范围扩大。正确的做法应该是从行为的分析入手，根据行为本身的危险程度、行为所处的客观环境以及行为人的感知程度等因素，对行为人是否能够预见当时情形下结果的发生作出判断。不能因行为人能够预见甚至应当预见而认定为后果严重。行为人对结果的发生与实际结果的严重与否、是否能够预见存在一定的关联性。但不能因此而认为，凡是结果严重的，行为人就都能预见或者应当预见，只要结果不严重，行为人就都不能预见或者不应当预见。行为人对结果责任的参与，违背主客观相统一的原则，结果严重的，就应追究当事人的刑事责任。

行为人实施不道德行为、违法行为甚至犯罪行为时，有时也会引发行为人所不能预见的结果。不能因行为系由行为人实施就认定行为人对其行为的所有结果都能预见，尤其是不能针对行为人不能预见的结果而追究其过失犯罪的刑事责任，因此行为人的行为本身不构成犯罪。

(二) 过于自信

第一，认定过于自信不能适用合理信赖原则。合理信赖原则认为，行为人在对被害人或第三人因采取不当行为造成损害结果的情况下，在合理信赖被害人或第三人会采取适当行为的情况下，不负刑事责任。过于自信并不适用合理信赖原则。也就是说，不能仅在满足适用合理信赖原则的条件下，就认定其是过失犯罪。适用合理信赖原则的条件是：行为人基于对他人的信任执行适当的行为，这种信任具有合理性；有具体的条件或条件，相信别人采取适当的行为，自己的行为并不触犯法律。

第二，按行规行事的行为不能被认定为过于自信的过失。在社会生活复杂化的情况下，危险行为明显增加；许多危险行为不仅必然存在而且必须存在，有助于社会的发展。如果实施这种危险行为的人，以谨慎的态度遵守了其行为所必须遵守的规则，那么行为人的刑事责任便是不能被追究的，即使该行为对合法权益造成了侵害。比如，搞科学试验的人，对试验失败可能产生的危害后果总是先知先觉,但不能认定为过于自信的过失,只要按照科学试验的规律,抱着谨慎的态度,就算是试验失败,其对试验所造成的损失也无须担责。

第三,因为过于自信而无法确定必然结果是必然结果。行为人在某些情况下对结果是可以预见的,但不存在采取回避的可能性。如若措施发生,或虽有措施避免结果发生,但显然无法将结果认定为过于自信的过失,那么结果仍有一定的必然性。行为人对结果的可能性有认识上的过失,其持有某种阶段性的意志态度是可以肯定的,但这并不等于最终必然会产生认识上的过失。

因此。分清疏忽大意的过失和过于自信的过失,对于行为人是否预见危害结果的发生进行科学判断极为重要。这里先看是不是"想","不想"就判定为疏忽大意,然后再细看是否有过失,若有过失则为过于自信的过失,若无过失则为疏忽大意的过失。此外,还要看是否针对指定人。在意志特征上,过于自信的过失表现为行为人对危害结果的发生既不希望也不放任,即与行为人意志相悖而发生危害结果。行为人由于轻信可以避免这种危害结果的发生而实施了这种行为。因此,行为人虽未能阻止危害结果的发生,但根据其认识,其对危害结果的发生往往会采取一定措施加以制止。

结　论

随着时代的发展,主观意识活动变得更加频繁。我们只有把握住行为人的主观意识才能作出合理并且正确的判断。造成过于自信的过失的意志因素是多样的。对于过于自信的过失来说,履行"保持谨慎的态度义务"的能力是主观层面的,应该以行为人的注意能力为标准,然后再结合其本身的履行能力进行综合评判。对过于自信的过失应予以客观对待,认真分析行为人的心理与举止因素,弄清造成过失的原因,以便后续更好地为司法提供更多、更详细、更准确的判断依据。可见,无论是疏忽大意的过失还是过于自信的过失,判断其主观能动性都非常重要,而其认定标准也必将被重写。因此,在有责认定中,在应知的条件下,过失成立的标准内容为当事人对危害结果可能性"不知"。

劳动合同中试用期的浅析

武秋月*

(中国政法大学 北京 100088)

摘 要：试用期是劳动合同中的重要组成部分，被用人单位用来考核劳动者是否符合其发展需求，用人单位往往会在试用期间设定考核条件，于试用期结束前进行考核。如劳动者未通过考核，则用人单位会作出解除劳动合同的决定。劳动者尚处于试用期间，对于用人单位自行设定的考核条件不具有决策性，用人单位自行设定的考核条件是否合理，往往会在劳动争议仲裁案件审理过程中成为考评用人单位解除合法性的重要依据。如何解决用人单位的"用人权"及保障劳动者基本劳动权的冲突为本文讨论的内容。

关键词：试用期 劳动合同 考核困境

一、《劳动合同法》对试用期的约定

我国《劳动合同法》明确规定了用人单位可以设置试用期，这一权力的设置，给予了用人单位自由选取、录用符合用人单位期待的人才的权力。但同时，我国《劳动合同法》也对试用期设置了严格的规定，如试用期的工资支付标准、不得设定试用期的情形等。这些规定的设置对用人单位的"用人权"作了相应的限制。

实践中，试用期规定一般不独立于劳动合同，而是劳动合同的组成部分，即用人单位系在与劳动者缔结劳动关系后，在签署劳动合同时约定与试用期相关的内容。此时用人单位与劳动者已经缔结劳动关系，为保障用工关系的

---

* 作者简介：武秋月（1991年-）女，汉族，北京人，中国政法大学同等学力研修班2022级学员，研究方向为民商法。

稳定及劳动者的劳动权,《劳动合同法》限定了用人单位在试用期与劳动者解除劳动合同的情形。如只有用人单位能够证明劳动者不符合录用情形,出现违反用人单位的规章制度、存在重大违纪等情况或者劳动者因患病不能从事原工作,劳动者不能胜任工作经培训、调岗后仍不能胜任等(《劳动合同法》第 40 条),用人单位在行使解除劳动关系这一权利时才具有合法的事由。如劳动者不具有上述情形,用人单位仍然选择在试用期解除与劳动者的劳动关系,则依然会构成解除劳动关系没有合法事由,即违法解除。

《劳动合同法》所描述的用人单位合法解除劳动合同的情形,存在着一些细微的差异。《劳动合同法》第 39 条规定"劳动者在试用期内被证明不符合录用条件"即可以解除劳动关系。此条即意味着用人单位在解除与劳动者的劳动关系时,仅具有证明劳动者有不符合录用条件的情况存在的义务。由于针对录用条件,用人单位一般都是在招聘过程中最先向劳动者公示的,而劳动者在投递简历或面试过程中对用人单位出示的录取条件作出了承诺符合的表示,故在试用期间,经用人单位考察发现劳动者不符合录用条件时,用人单位即可解除与劳动者的劳动关系,而不需要再进行培训、调岗等处理。《劳动合同法》第 40 条第 2 款规定,劳动者不能胜任工作的,用人单位经过培训或者调整工作岗位,劳动者仍然不能胜任的,用人单位即可以解除劳动关系。这一条款明确表述,用人单位除证明劳动者不能胜任工作外,还需要经过培训、调岗等处理。如用人单位想要引用该条款解除与劳动者的劳动关系,则除需要证明劳动者存在不能胜任的情形外,还需要对劳动者进行培训、调岗等处理。

《劳动合同法》第 39 条与第 40 条第 2 款在司法实践中非常容易被混淆。从条款规定来看,两个条款所针对的解除的原因有细微的差异,《劳动合同法》第 39 条针对的是劳动者不符合录用条件的情形,而《劳动合同法》第 40 条是指无过失性解除,针对的是劳动者虽具备用人单位罗列的录用条件,但在试用期经用人单位考核发现无法胜任工作。故在劳动者出现不能胜任工作的情形下,《劳动合同法》要求用人单位履行调岗或培训等义务,从而最终确认劳动者无法胜任工作。

此外,如劳动者在试用期出现以上情形,则用人单位在向劳动者说明理由后,即可以解除劳动关系,而不需要向劳动者支付补偿金、赔偿金等。

二、实践中试用期解除劳动合同所面临的困难

以北京为例,笔者以"试用期""解除""劳动合同""判决书"为关键词进行检索,共检索出 15 367 篇裁判文书。再以"试用期""录用条件""解除""劳动合同""判决书"为关键词进行检索,共检索出 2017 篇裁判文书。再以"试用期""不能胜任"或"不胜任""解除""劳动合同""判决书"为关键词进行检索,共检索出 1890 篇裁判文书。综合以上数据,可以看出在试用期因解除而引发的纠纷中,"劳动者不符合录用条件"或"劳动者不能胜任"这一类案件占比约为 25%。以上判决一审支持了诉讼请求的比例是 50.77%。

这一组数据说明,用人单位在引用《劳动合同法》第 39 条及第 40 条第 2 款时,得到支持的比例仅有 50%。对于用人单位认为劳动者不符合录用条件或者不能胜任的主张得不到支持的原因,笔者认为,这是由用人单位考核制度或考核指标过于主观化导致的。

目前国内用人单位的管理水平参差不齐,部分用人单位虽设置了试用期考核,但是缺乏具体的考核指标、考核制度、考核流程,劳动者能否通过考核,仅以管理者的主观判断作为评判标准。这部分用人单位在遇到相关纠纷时,会因缺乏考核流程及考核指标,导致考核执行人在行使考核权力时无相关依据,容易出现考核人乱用考核权力的情形。部分用人单位虽具备试用期考核制度,但是考核指标过多地依靠主观评判标准(例如,"是否展现出积极进取的工作面貌,是否展现了强烈的敬业精神和服务意识,与其他员工之间是否能够通力合作、互相配合"等),因此在考核的过程中,基于劳动者与考核人所处的视角不同,劳动者与考核人容易在上述所列的主观评价标准上出现较大分歧,从而造成考核过于主观化。在遇到相关纠纷时,用人单位很难阐述其考核结果具有客观性,再加之主观性的考核标准很难进行证据收集,以上这些均会造成用人单位证据收集困难,从而导致举证不能,或很难通过已收集的证据证明"劳动者不符合录用条件"或"劳动者不能胜任"。对于劳动者来说,主观的评判标准因个体之间差异较大而容易出现不同考核人形成两极化评判结果的情形。过于主观的评判标准,在考核中也容易存在认定模糊的情况,使得评判结果可能会不公平、不能反映真实的工

作能力。[1]

三、困境的解决及结论

劳动法领域特殊的举证规则使得用人单位承担了更多的举证责任，如在与劳动者解除劳动合同这类诉讼中，证明解除劳动关系是合法的义务，由用人单位承担。而本文涉及的试用期间与劳动者解除劳动合同是否合法，则需要进一步由用人单位证明劳动者是否符合录用条件或者是否能胜任工作。基于前述举证规则，在试用期因解除引发的纠纷中，用人单位首先应举证证明用人单位具备可作为考核依据的考核标准。此时，用人单位制定的考核制度，应是劳动者认可并知晓的，这需要用人单位向劳动者公示考核内容。其次，用人单位还需要对考核的流程及结果以书面形式记载，这需要考核的实际执行人在行使考核权力的过程中尽量采用书面的方式进行，让考核指标能够以书面的方式呈现，在出现"不合格"的考核结果时，考核的实际执行人也应通过书面的方式记录"不合格"的原因。最后，关于考核的事项，尽量选取可量化、可视化的指标，应与劳动者工作内容相关，以劳动者完成工作的质量、效率、协同完成工作内容的情况、日常出勤等作为考核相关项目，结合劳动者的工作汇报情况及劳动者自述的工作完成情况，予以综合考核。

试用期是用人单位选择符合其发展需求的劳动者的一种重要手段，为使用人单位真正享有"自主用人的权力"，在试用期间用人单位解除劳动关系所承担的举证责任，至少应宽松于用人单位在劳动关系正常履行阶段解除劳动合同所应承担的举证义务。在试用期间解除劳动关系的案件中，应通过降低用人单位的举证标准，使试用期发挥真正的效用。这一举措也有益于就业环境的良性发展，保障有完善制度的用人单位的自主用人权，同时也能约束劳动者忠实履行工作职责，有益于人力资源的良性调配。

---

[1] 孙雅婷："劳动合同试用期相关法律问题浅析"，载《黑龙江人力资源和社会保障》2021年第7期。

优先于抵押权的企业欠税问题研究

潘琼芳*

(中国政法大学 北京 100088)

摘 要：抵押权的设立是为保障债权的实现，而在实践过程中，由于社会经济活动的复杂性，突破抵押权优先受偿的情形也时有发生。例如，抵押权登记设立前抵押人所欠的税款便是常见的优先于抵押债权受偿的情形，理清税收优先权应具备的要件和需关注的细节，将有利于保障抵押权人的合法权益。

关键词：税收征收管理法 抵押权 税收优先权

税收优先权是实现国家税收的一项重要规定，当纳税人拥有合法权益的资产不能同时支付所欠税款和清偿其全部债务时，必须按照法定要求优先支付所欠税款。但是，目前法律对税收优先权仅作了原则性规范，并没有关于税收优先权的主客体范围、实施的标准以及实施过程的详细规范，导致法院在分配执行款时缺乏可以参考的依据，从而忽视了该协助拨付税款行为的内在法律逻辑。例如，当纳税人名下财产被法院执行处置时，大多法院在分配执行款时会直接参考税务机关提交的欠税清单，以便协助拨付抵押人所欠税款，这就容易损害其他债权人的合法权益。有鉴于此，本文将就税收优先权应满足的特殊要件和相关的特别规定展开论述。

---

* 作者简介：潘琼芳（1988年-），女，汉族，福建厦门人，中国政法大学同等学力研修班2022级学员，研究方向为经济法。

一、税收优先于抵押权的形式要件与实质要件

（一）税收优先权的形式要件

1. 不同欠税主体的优先权认定

目前，在司法实践中，法院在分配执行款时，往往仅将法人在抵押前的欠税划定为优先于抵押权，并未对自然人和个体工商户的在先欠税予以协助划拨。然而，法律上虽未对税收优先权的纳税主体进行明确规定，但在征税实践中，民事法律关系是税收法律关系产生的前提条件和理论基础，纳税主体既是税收法律关系的关键主体，也是民事法律关系的重要主体。[1] 因此，税法与《民法典》的配合和衔接是税收法治体系形成的重要环节，纳税主体也应尽可能与民事法律关系的主体保持同步，而自然人和个体工商户作为民事法律关系的重要参与者，其在设立抵押登记前的欠税也应该优先于抵押权受偿。

2. 优先权税收应满足的时间要件

税法规定，纳税人在以其财产设定抵押权、质权或留置权前欠缴的税款应优先于抵押权、质权和留置权执行；税务机关认为纳税人存在逃税行为时，可以责其限期缴纳，若期满仍未缴纳，则须经县级以上税务机关的负责人批准，税务机关方可采取强制措施。

在征税实践中，向税务机关缴纳税款一般存在两个期限，即纳税申报期限和规定的纳税期限，鉴于抵押人未在前述两个期限内缴纳税款尚未实际构成欠税行为，只有在抵押人超过前述两个期限仍未足额缴纳税款时才构成欠税行为，税务机关方有权对其采取强制措施。因此，将法定或税务机关核定的纳税申报和缴纳期限均届满之日确认为税收优先权的发生时点更为合理，即法定或税务机关核定的纳税期限届满之日在抵押权设立登记前的欠税优先于抵押权。

3. 优先权税收应满足的公示要件

为了完善税务机关清收税款的工作机制和明确其公示欠税信息的义务，国家税务总局于2004年出台了《欠税公告办法（试行）》，规定税务机关应定期在办税地点或通过电视、网站、报纸等媒体公示纳税人的欠缴税款情况。

规定税务机关有对纳税人欠税情况的公示义务，其背后的法理是对民事

---

[1] 熊伟、刘珊："协调与衔接：《民法典》实施对税法的影响"，载《税务研究》2021年第1期。

法律关系的权利义务对等和保护善意第三人利益原则的贯彻执行。税务机关在参与分配抵押物的执行款时，要享受税收优先权，首先应就该欠税情况（包括欠税时间、所欠税种和数额等）履行相应的公示义务，使得抵押权人能够在设立抵押登记前查明该情况，并基于接受该税收优先权的约束而与抵押人建立民事法律关系。

（二）税收优先权的实质要件

1. 具有优先权的税款范围

按照现行的税法规定，欠税发生在担保物权设立前的有优先权，发生在担保物权设立后的没有优先权；而按照现行的破产法规定，企业拖欠的税收债权只能从清偿设立担保的债权后剩余的财产中获得清偿。税法调整的对象是在正常经营状态下的企业，而破产法调整的对象则是已经进入破产程序的企业；在破产程序中，《企业破产法》属于特别法，《税收征收管理法》属于普通法，根据特别法优于普通法的基本原则，应按照《企业破产法》的有关规定进行税收债权的申报和办理，[1]即在一般情况下在先欠税享有优先权，但在破产程序中，抵押权与税收债权不在同一债权组内，因此无论欠税发生在前还是在后均不会影响抵押权受偿。

国税函〔2008〕1084号文件规定了税收优先权包括税款和相应的滞纳金，但法释〔2012〕9号司法解释则明确表示在破产案件受理前企业欠缴税款产生的滞纳金属于普通债权。因此，在通常情况下，在先的税收滞纳金享有优先权，但在破产程序中，该滞纳金和通过特殊税务处理所产生的利息均属于普通债权，与其他普通债权处于同等地位，不会影响抵押权的受偿。

根据税法的相关规定，罚款和被没收的违法所得作为税务机关的处罚性措施，不管在什么情形下均不应在税收优先权的保护范围之内。

2. 具有优先权的税种限制

我国负责税收征管工作的主体主要是税务机关和海关两个部门，在通常情况下，税务机关征管税收适用《税收征收管理法》，而海关征管税收则适用《海关法》。因此，理论上由海关负责征收的进出口关税、船舶吨税以及海关代征的进口增值税、消费税，并不能适用《税收征收管理法》规定的税收优

---

[1] 王雄飞、李杰："破产程序中税收优先权与担保物权的冲突和解决"，载《法律适用》2018年第9期。

先权，而且由于不同类型的税收在特征、形成的原因或是效力等级上都存在着较大的区别，对公共利益的作用和影响也各不相同，因此并非对每种税都应赋予优先权。

然而，海关征收的税款作为国家税收的重要来源之一，若不享有优先权将会造成国家的财产流失，且在现有法律没有明文规定的前提下，应认为所有的税收都是平等的。在征税实践中，海关征收的税款往往系针对特定进出口物品而产生的。因此，基于《海关法》和《海商法》的相关规定，笔者认为，海关征收的税款应优先于在该特定物品上已设立担保的债权，但不应及于纳税人的其他财产。

3. 税收优先权的主张期限

《税收征收管理法》和《民法典》虽均未明文规定税收债权存在消灭的时间限制，但《税收征收管理法》明确规定，在通常情况下和特别情况下税收债权的消灭期限分别为3年和5年，并且该期间不适用中断或中止的法律规定。因此，税务机关必须严格依法于纳税人构成欠税行为之日起的征收期限内及时主张税收债权，若税务机关在前述期间内没有主张税收债权，即视为其丧失了对该税收债权的优先权。

二、优先权税收对应的退税与返税（税补）回款处理

（一）对应的退税回款应归抵押权人享有

退税，在税法上被解释为纳税人已经缴纳的、高于其实际应该缴纳的税款数额、税务机关无权征收而应予退还的款项。因此，税务机关从执行款中收取的税款，后续发现为多收应退还的，本不属于税务机关应该收取的税款，该退税回款应由抵押权人依据《民法典》等相关法律规定优先享有。

（二）对应的返税（税补）回款应归抵押人享有

返税（税补）即"先征后返"之税款，是指在一定期限内先由税务机关按规定税率征税，再由财政返还给企业的税收补偿，系基于地方税收优惠政策取得的，应适用《企业会计准则——政府补助》第11条的规定，计入其他收益、冲减相关成本费用、计入营业外收支，[1]由纳税人享有。

---

[1] 郑珺、马莉、刘梦琴："政府补助准则的财务影响与损益披露监管问题探讨——基于修订版CAS16"，载《财会通讯》2018年第22期。

结　论

为完善税收优先权制度，国家应从实体法和程序法两方面入手出台相关法律法规，进一步明确税收优先权适用的主客体、范围和执行程序等要素。

为实现信息共享实时化，税务机关应建立欠税信息档案，将企业欠缴税款的情况纳入大数据分析和管理，并利用现代化信息平台，实施动态监控和及时公示。

为建立"司法+税务"的协作体系，税务机关、人民法院、人民检察院和产权登记机构等单位之间应构建更加紧密的协作联系，强化大数据资源共享，执行常态化的服务配合制度，进一步明晰合作各方的职责与具体操作程序，以提高各自内部和相互之间的工作效率。

只有在实体法和程序法均给予了强大的法律保障，并通过现代的信息技术构建起了各部门以及政府部门与群众之间的协调合作关系，才能真正实现对国家税收利益和民事法律关系中各方权益的平衡和保障。

论正当防卫中的退避义务

谢尚航*

(中国政法大学 北京 100088)

摘 要：近年来，随着"昆山杀人案""于欢案"等涉及正当防卫适用问题的案件成为社会热点，防卫人在正当防卫过程中有无退避义务也成了一个亟待解决的问题。但是，在我国，正当防卫中的退避义务存在着适用不一致的情形，故免除防卫人在正当防卫中的退避义务，能够更好地保障公民权益。

关键词：退避义务 防卫意图 不退让法

我国幅员辽阔、人口众多，而随着社会经济的发展，社会治理的难度也在增加，警力的不足和公民权利救济成了一个较为突出的矛盾，而正当防卫作为私力救济，是弥补公力救济不足的较好方法。但是，正当防卫在具体适用过程中存在着退避义务问题，该问题会从根本上影响正当防卫的适用。

一、退避义务的释义及实践中的问题

在正当防卫中，退避义务指的是防卫人在面对致命性暴力侵害时，在可以通过退让的方式免受不法侵害时，应当先行退避，只有在躲避无效的情况下才能够积极反击。[1]退避义务最早起源于英美刑法中对致命性暴力防卫的规定，后来衍生为防卫人在面对非致命性暴力侵害时，也应当采用该防卫路径。该理论实际上是认为防卫人是否履行退避义务可以影响对防卫人的防卫意图的认定，即防卫人在面对不法侵害时，采取事先准备等方式而非寻求公

---

* 作者简介：谢尚航（1996年-），男，汉族，广东梅州人，中国政法大学同等学力研修班2022级学员，研究方向为刑法学。

[1] 韩忠谟：《刑法原理》，北京大学出版社2009年版，第142页。

力救济进行防卫，会被认定为缺乏防卫意图。比如，川端博认为："行为人从形式上看似即将遭受急迫侵害，实际上法益侵害的危险性已经因其迎击态势而消减，甚至可谓是在守株待兔地等待打败对方，因此，法益侵害的危险性已经减低或消除了。"[1]

但是，上述观点并非一直得到承认。以美国为例，在南北战争前后，美国部分州扩大了"城堡法"的适用，将其扩大到房屋之外。但是，在进入20世纪后，美国开始承认退避义务，直至1950年，除了华盛顿州以外，几乎所有州都认为防卫人具有退避义务。20世纪后半叶，以弗吉尼亚州为代表的一些州开始否认防卫人的退避义务，如1958年弗吉尼亚州最高法院在其审理的"贝利案"中提出"被告有权利在受到侵害时，坚守在自己阵地，同时在合理意识到死亡或者重大损害的时候杀死对方"。这也被称为"不退让法"，直至2007年，美国已经有至少25个州承认了"不退让法"。

而在中国，实践中出现了相当多由对防卫人有无退避义务认识不统一引发的问题。比如，在"昆山杀人案"中，防卫人在不法侵害人已经逃跑的情况下依然持刀追杀导致不法侵害人死亡，被刑事拘留后又被判定为正当防卫。再如，在"丽江反杀案"中，防卫人持刀出门与不法侵害人扭打致不法侵害人死亡，检察机关审查起诉后又以构成正当防卫为由撤回起诉。可见，实务界对于防卫人有无退避义务并未达成统一。

二、退避义务并不影响防卫意图的认定

防卫意图是指防卫人行使正当防卫应当是使公共利益、本人或者他人的利益免受不法侵害，而认为防卫人具有退避义务的观点则认为，能够退避而不退避的行为（如事前准备等）是一种对不法侵害人的侵害意图，而不是防卫意图。但是，笔者认为，有无退避义务并不影响防卫意图的认定，主要理由是：

"法不向不法让步"，具体而言是防卫人的利益在正当防卫中不可避免地需要与不法侵害人的利益进行比较，而不法侵害人利益实际上是不正当的，故防卫人的利益具有本质的优越性。[2]在这个前提下，不应当要求防卫人对

---

[1] [日]川端博：《正当防卫权の再生》，成文堂1998年版，第24页。

[2] 张明楷："正当防卫的原理及其运用——对二元论的批判性考察"，载《环球法律评论》2018年第2期。

不法行为退让。与之相反的是，在紧急避险下，由于避险方和避险行为的对象均为合法的法益，故在这种情况下应当承认退避义务的存在。

事前准备行为并不一定具有侵害不法侵害人的意图，而更多是基于降低风险和自我保护的需求。公力救济在一些情况下缺乏时效性和有效性，如果苛求防卫人完全寄希望于公力救济，而否认其事前准备的防卫措施，无疑将不利于公民权利的自我保护。[1]

要求防卫人行使退避义务过于苛刻，具有愤怒、攻击性质的防卫行为也不应被认定存在侵害意图。一般人在面对不法侵害的时候，很难保持冷静，也无法判断自身是否具有履行退避义务的条件，尤其是在面对不法侵害时，防卫人会产生慌张、愤怒情绪。在这种情形下，如果依然要求防卫人先行退避，无疑是过于苛刻的。即便此时防卫人的防卫行为具有愤怒、攻击的性质，也应当认为是社会一般人在面对不法侵害时的正常反应，应当认为具备防卫意图。正如著名的美国法学家霍姆斯所说，面对举起的一把刀，不需要做出适当的反应。[2]

三、无退避义务的适用分析

上文提到，美国很多州已经确立了"不退让法"，而"不退让法"的重要内核之一就是无退避义务。以佛罗里达州的法律为例，《佛罗里达制定法》对"不退让法"的规定是："当犯罪者合理地认为使用暴力（致命暴力除外）是必要的，以保护自己免受他人的非法暴力时，暴力是合法的。但是，在下列情况下，实施者使用致命暴力是合法的，没有义务撤退：实施者合理地认为暴力是为了保护自己不受死亡或严重暴力侵害。有必要立即对人身伤害进行攻击或预防立即发生的严重暴力犯罪。"从上述法条中可以看出，无退避义务依然是受到限制的：一是必须针对致死的或者严重暴力侵害；二是防卫行为是为了保护防卫人自身。但是，这样依然会存在一些问题。比如，要求防卫人精确判断暴力是否致命或者是否严重依然过于苛刻，处在慌乱、恐惧下的防卫人并不能精确判断不法侵害的烈度。另外，被侵害的对象如果是防卫人的亲属、朋友等，一般人正常的反应是积极保护，如果要求防卫人先行退

---

[1] 钟菁："正当防卫的主观要件解构"，载《江西警察学院学报》2020年第1期。
[2] 储槐植：《美国刑法》，北京大学出版社2006年版，第120页。

避,则有违人性。

故笔者认为,无退避义务原则应当扩大至针对所有暴力侵害的防卫行为,无需区分侵害的烈度和对象。这里需要提到的是,不具有人身威胁性的暴力侵财行为,防卫人是否具有退避义务。笔者对此持否定态度,原因是针对不具有人身威胁的暴力侵财行为的防卫最主要的是防卫限度问题,而非防卫意图问题,有无退避义务并不影响对正当防卫的判断。另外,对于即将发生但是尚未发生的暴力侵害,防卫人依然无须先行退避,因为防卫人无法判断暴力侵害发生的时间,但是在可以明确暴力侵害即将发生的情况下,主动出击制止暴力符合一般人的认识。

结 论

陈兴良教授在其著作《正当防卫论》中将正当防卫的出发点分为两种:一种是以个人权利为代表的权利本位,另一种是以社会利益为代表的社会本位。[1]而随着我国公民知识水平的提高,个人权利的彰显也愈发重要,而正当防卫中退避义务的免除便具有浓烈的个人权利色彩。虽然陈兴良教授认为正当防卫的出发点应当是基于社会利益,但若是个人权利无法得到有效保护,那么社会利益也必将受损,如社会舆论的冲击等。目前,我国有着基层警力不足、事后赔偿"执行难"的问题,在公力救济不足的情况下对个人权利予以扩张是一种较好的弥补方法。另外,在公众认知中,不法侵害人的权利受损远比受侵害人的权利受损更加易于接受。

诚如斯宾诺莎所言:"所谓人的法律,我是指生活的一种方策,使生命和国家皆得安全。"故法律应当是一种平衡的艺术,能够最大限度地保全个人与国家的利益。私力救济所不能之事,公力救济应予补全,而公力救济所不及之处,就应当给私力救济更大的发挥空间。我们正是需要这样一种法律,以人为本,在维护生命的同时又能维护国家的安全。但是,社会是不断发展变化的,正当防卫制度也在不断向前,这需要更多怀有法治信仰和公平正义之心的法律人在这条道路上继续探索。

---

[1] 陈兴良:《正当防卫论》(第3版),中国人民大学出版社2017年版,第13~14页。

困境与出路
——青少年犯罪的法律问题探析

胥 文*

(中国政法大学 北京 100088)

摘 要：近些年来，一些手段残忍、影响恶劣的未成年人犯罪案件引起了全社会的广泛关注。解决未成年人犯罪相关问题有利于推进我国的法治化进程，思考减少未成年人犯罪并提出合理对策是法治建设的重要任务。引发未成年人犯罪的原因主要有：互联网高速发展，信息良莠不齐，未成年人不能正确分辨是非；国家法治教育政策由于各种原因尚未落到实处；家庭教育缺失，"隔代养"现象突出。预防和减少未成年人犯罪还需要从净化网络环境、提高未成年人辨认信息能力、加强法治教育、改善家庭环境，重视家庭教育等多个方面进行综合治理。

关键词：未成年人犯罪 犯罪原因 犯罪预防

引 言

近几年，一系列未成年人严重暴力犯罪的曝光使该问题受到了广泛关注。例如，2019年辽宁大连13岁男孩残忍杀死作为邻居的10岁女孩，2020年4月安徽省郎溪县13岁男孩杀害堂妹后抛尸等。毫无疑问，加害人符合《刑法》规定的故意杀人罪的构成要件，由于并未达到当时《刑法》所规定的刑事责任年龄而无法对其进行定罪惩罚，也正是由于《刑法》该项条款规定的刑事责任年龄，让犯下严重罪行的未成年人可以逃脱法律的惩罚，个别未成

---

* 作者简介：胥文（1988年-），男，汉族，四川南充人，中国政法大学同等学力研修班2022级学员，研究方向为民商法学。

年人甚至形成了不满 14 周岁就不用承担任何责任的错误认识，这引发了社会公众的强烈不满。

如何平衡未满 14 周岁不负刑事责任的法理和犯罪就要受罚的情理一直是一个难以解决的问题。面对未成年人极端暴力犯罪事件，在法律上应该如何进行回应，又应该如何作出规制？

一、未成年人犯罪的原因

（一）难以正确分辨互联网信息

随着改革开放的深入推进，我国经济也迈上了腾飞之路，经济的快速发展导致人们的日常生活发生了巨大改变，医疗、交通、饮食、住房、通信等方方面面都有了前所未有的提升。

数据显示：我国网民规模高达 10.11 亿人，互联网普及率达 71.6%，其中以青少年、青年和中年群体为主，74% 的未成年人拥有自己的上网设备，其中手机的比例达到了 63.6%。以上数据显示：青少年使用网络的比例十分高。如今拜金主义、享乐之风有抬头的趋势，各种充斥着暴力的游戏和良莠不齐的信息通过手机等互联网终端广泛传播，未成年人在使用手机、电脑等设备上网的同时接触到不良信息的概率也在直线上升，但未成年人自制力较弱，此时的三观也还并未定型，不能辨别是非对错，在具有很强的可塑性的同时也意味着更容易受到不正之风的侵扰，加之未成年人具有较强的模仿、表现欲望，很容易走向犯罪。

（二）国家法治教育政策尚未落实

现实中，个别学校片面强调学习成绩的重要性而忽视了法治教育。我国大多数学校并未设置单独的法治教育课程以及匹配相应的法治教育书籍，也普遍没有专门从事法治教育的老师，法治教育任务大多是由班主任或者其他老师承担。在少数配备了法治教育教师的学校中，教师的学科背景也颇为复杂，只有 14.39% 的专职教师具备法律专业背景。学校对未成年人进行系统的法治教育是未成年人塑造法律思维的关键一步。现阶段的最大问题是全国超过半数的学校无法对未成年人进行系统、有效的法治教育，塑造法律意识，未让未成年人意识到自己所作所为与造成结果之间存在的法律因果关系，青少年时期不形成正确世界观，就难以从根源上解决青少年犯罪问题。[1]

此外，国家设置未成年人刑事责任年龄始终坚持的指导原则是"教育为主，惩罚为辅"，这项指导原则根据青少年的生理心理特点制定，具有一定的科学性，在实际操作过程中也挽救了许多误入歧途的未成年人。但是，在多年的实践过程中，却出现了对未成年人犯罪的"宽容"变成"纵容"的现象，当子女犯错时，父母的一句"他还只是一个孩子"成了子女的"护身符"，就能够不用承担任何不利后果。长此以往，子女在潜移默化中便会形成"犯了错不必受罚"的思维定势。

(三) 家庭教育缺失，监护人责任很难真正落实

我国未成年人犯罪问题形势严峻，未成年人犯罪问题亟待解决，未成年人犯罪问题严峻的本质不在于法律处罚不严厉，而是未成年人在成长过程中未形成完备的三观，没有正确三观的指导，犯罪率高也就不足为奇了。

父母是孩子的第一任教师，是孩子行为模仿的最主要对象，在孩子的成长过程中扮演着无可替代的角色，家庭教育也是孩子最先接触到的一种教育形式，其重要性不言自明。孩子三观的形成离不开父母的正确引导，但在现实生活中，基于各种因素的影响，家长采用"放养"方式教育孩子的情况并不少见，部分家长甚至认为教育孩子是学校的责任，与自己无关，对于孩子的违法行为也不加以干涉，间接导致孩子走上犯罪道路。

二、未成年人犯罪的对策

(一) 进一步加快网络立法，健全网络管理机制

我国在2020年对《未成年人保护法》《预防未成年人犯罪法》等未成年人相关法律进行修订完善时，建立健全了农村留守儿童以及困境儿童关爱服务体系、加强了对事实无人抚养儿童权利的保障。未成年人犯罪问题是无法在社会生活中被消除的，但是社会至少应该能够确保有最低限度的社会责任来预防未成年人走向犯罪的道路。面对网络上存在的各种乱象，应该加强对未成年人的教育，提高其认知水平和辨认各种信息的能力。

家长可以发挥家庭的基础干涉作用，适度限制孩子的上网时间，注重对未成年人核心价值观的培养，采取多样的教育形式来引导未成年人形成主动

---

[1] 蹇勇："增强未成年人法治教育实效性研究"，载《法制博览》2018年第33期。

分辨、拒绝不良信息的理念；法律作为一种调整手段，具有强行性效力，不可或缺。网络安全立法在互联网发展后如火如荼地进行，全国人民代表大会常务委员会颁布了一系列规范网络适用的文件和法规。但主要集中在网络安全、防范诈骗等方面，对于未成年人使用网络的法律建设仍有待加强。

（二）加强法治教育，落实经费保障

全面法治教育实施的前提是有高质量的法治教材，法治教材在法治教育中具有举足轻重的地位。各个地区的教育部门可以根据当地的经济发展水平等实际情况制定统一、规范并适合本地区未成年人使用的法治教材，研究出科学的教学计划、合理规划法治教育课时、充实学校的法治资源。加大对于法治教育专职教师的投入，采取提高薪资待遇等方式，吸引具有法律学科背景的毕业生到中小学任教，同时加强对非法律专业教师队伍的培训力度，提升教师队伍整体的理论和专业水平。

针对学校法治教育经费保障不足的问题，国家应该加大保障力度，从教材的编制、教师的招募和培训、教室等硬件设施的建设方面给予充足的资金保障。同时，因为我国东西部经济差距较大，国家应该在西部地区的法治教育上投入更多的资源，避免法治教育出现失衡。在法治教育的形式上，学校可以与当地的公、检、法机关建立常态化的合作机制，积极建设法治教育实践基地，定期组织经验丰富和具有一定教学能力的法官或检察官到学校开展普法讲座，或者组织学生到法院旁听庭审，超越理论学习的层次，在实践中学习法律、敬畏法律。

（三）落实监护责任

中国古语有云："子不教，父之过。"孩子三观的形成离不开父母的正确引导，父母对孩子的教育不仅要重视言传，更要以身作则。《未成年人保护法》新增加条款："与未成年人、被委托人至少每周联系和交流一次，了解未成年人的生活、学习、心理等情况，并给予未成年人亲情关爱。未成年人的父母或者其他监护人接到被委托人、居民委员会、村民委员会、学校、幼儿园等关于未成年人心理、行为异常的通知后，应当及时采取干预措施。"针对该项立法，我国应当建立相应的监督政策，以落实家庭监护责任。笔者认为：一是通过村、居委会的宣传加强家长对监护责任的概念的认识；二是健全家庭监护的监督，赋予村居委会监督家庭监护责任的落实，利用村、居委会更容易了解到家庭监护责任落实情况的优势，进行监督，对于未尽到监护责任

的家庭进行批评教育，甚至可以进行行政处罚，如果行为触犯《刑法》，应当及时报警处理；三是建立健全家庭监护责任的配套惩罚制度，达到倒逼家长尽好监护人职责的作用。为未成年人的成长营造完整、良好的家庭氛围。

结　论

少年强，则国家强。青少年作为国家的未来与希望。需要国家、社会、家庭都高度地重视青少年教育，特别是要加强法治教育。正确、全面地分析青少年犯罪的成因，并有针对性地采取对策才能有效地防范青少年犯罪，让广大青少年将来都成为国家的有用之才和社会主义事业可靠的接班人。

违约金调减规则的适用困境与对策
——基于最高人民法院 27 个案例的实证考察

龚 莹[*]

（中国政法大学 北京 100088）

摘 要：《民法典》第 585 条第 2 款虽然明确规定"约定的违约金过分高于造成的损失的，人民法院或者仲裁机构可以根据当事人的请求予以适当减少"。但在司法实践中，损失应当如何界定、举证责任如何分配等问题未能形成统一的司法裁判观点，违约金调减规则面临诸多适用困境。本文基于对最高人民法院 27 个案例进行实证考察，分析违约金规则的适用困境，提出应当加强学界与司法实务界的交流、合作，完善和尽快出台配套司法解释，加强案例指导，统一法律适用的对策。

关键词：违约金调减规则　损失　举证责任　自由裁量权

引 言

我国的违约金调减制度最初被规定于《合同法》第 114 条第 2 款，自 2021 年 1 月 1 日《民法典》实施以来，《民法典》在其"合同编"的第 585 条第 2 款基本延续了《合同法》第 114 条第 2 款关于违约金调减的规定。将违约金调减的规则规定为"约定的违约金过分高于造成的损失的，人民法院或者仲裁机构可以根据当事人的请求予以适当减少"。正如学者姚明斌所指出的，"可以"调减意味着也可以不调减，"适当"调减意味着法官有权根据案

---

[*] 作者简介：龚莹（1983 年-），女，汉族，湖南省益阳市人，中国政法大学同等学力研修班 2022 级学员，研究方向为民商法学。

件具体情况决定调减的数额。[1]其言下之意是,"违约金过分高于损失"和"当事人请求调减违约金"只是触发法官调减裁量权的前提,并不必然导致违约金调减的法律后果。

违约金调减制度以法官的自由裁量权介入民事主体的意思自治领域,是平衡民事主体之间自愿原则和公平诚信原则之关系,以维护实质正义为目的的一项司法制度。在司法实践中,违约金调减制度仍存在损失如何界定、举证责任如何分配等问题,有较多适用困境。

一、违约金调减规则的适用困境

(一)"损失"的具体数额难以厘清

《最高人民法院关于适用〈中华人民共和国民法典〉合同编通则部分的解释(征求意见稿)》(以下简称《〈民法典〉合同编通则部分的解释(征求意见稿)》)第69条第1款规定:"当事人依据民法典第五百八十五条第二款规定请求对违约金予以适当减少的,人民法院应当以民法典第五百八十四条规定的损失为基础,兼顾合同主体、交易类型、合同的履行情况、当事人的过错程度、履约背景等因素,遵循公平原则和诚信原则进行衡量,并作出裁判。"结合《民法典》第584条"当事人一方不履行合同义务或者履行合同义务不符合约定,造成对方损失的,损失赔偿额应当相当于因违约所造成的损失,包括合同履行后可以获得的利益;但是,不得超过违约一方订立合同时预见到或者应当预见到的因违约可能造成的损失"之规定,损失的界定以当事人订合同时预见或者应当预见损失为限,包括直接损失和间接损失。但合同类型、违约情形不同,因违约给守约方造成的损失的构成和计算方式也不同,特别是间接损失的计算更是难以厘清。

在司法实践中,除逾期付款违约的损失可被归类为资金占用损失,以及个别建设工程类合同的损失计算可通过损失评估方式明确以外,在多数情况下,合同违约所造成的具体损失都难以在司法实践中查清。法官在裁判时往往不会主动行使调查权,而是借助程序性规则,转而由负有举证责任的一方当事人承担举证不能的不利后果。

---

[1] 姚明斌:"《民法典》违约金规范的体系性发展",载《比较法研究》2021年第1期。

(二)"违约金过分高于损失"证明责任的分配存疑

《最高人民法院关于适用〈中华人民共和国民事诉讼法〉的解释》第90条规定:"当事人对自己提出的诉讼请求所依据的事实或者反驳对方诉讼请求所依据的事实,应当提供证据加以证明,但法律另有规定的除外。在作出判决前,当事人未能提供证据或者证据不足以证明其事实主张的,由负有举证证明责任的当事人承担不利的后果。"《关于当前形势下审理民商事合同纠纷案件若干问题的指导意见》第8条规定:"……人民法院要正确确定举证责任,违约方对于违约金约定过高的主张承担举证责任,非违约方主张违约金约定合理的,亦应提供相应的证据。……"基于这两条规定,违约方和守约方均负有一定的证明责任。在司法实践中,不同法官对违约金过高的举证责任持不同的裁判观点。比如,有的法官认为应当由违约方负证明责任;有的法官认为应由守约方负证明责任;还有法官认为违约方应进行初步证明,之后守约方就违约金未过分高于损失进行证明。三种观点各有其合理性,也都有最高人民法院的判例支持,但从谁主张、谁举证的基本法理以及尊重合同当事人双方合意,以不调减违约金为原则的角度来看,第一种观点应当更符合法理。

(三) 违约金调减的启动前提不明

有学者认为:"在违约金偏高于违约损害的情况下,法院可经裁量而决定少酌减,甚至不酌减,其正当基础显然已不在于约定违约金的损害补偿功能,而在于尊重交易主体通过约定违约金所注入的履约担保目的。"[1]还有学者进一步认为,在对《民法典》第585条第2款后段的解读中,应将"违约金过分高于损失"理解为违约金调减请求的权利成立要件,而将法官对是否调减以及如何调减的自由裁量理解为权利成立的法律后果。[2]对此,本文持有相同的观点,但是如果违约金高于违约损失,则仍然存在何种情况下应当调减违约金、何种情况下不应调减违约金的界限不明的问题。

实践中,违约方的行为严重违背诚信原则,但尚未给守约方造成损失,违约方申请调减违约金的,法官应否调减违约金?目前,针对这一问题尚未有明确的法律规定。

(四)"适当"调减违约金的裁判幅度不明

对于"违约金过分高于损失",如果法官决定调减违约金,如何规范违约

---

[1] 姚明斌:"《民法典》违约金规范的体系性发展",载《比较法研究》2021年第1期。

[2] 吴泽勇:"违约金调减的证明责任问题",载《法学评论》2022年第1期。

金数额减少的幅度才算"适当"是在司法实践中较难把握的问题。特别是在商事案件中，针对损失难以计算的情况，双方通过违约金预定损失本身具有一定的合理性，应当以尊重当事人合意为原则。在司法实践中，"适当"调减体现出了同类案件违约金调减幅度不一的现象，但又少有明确的说理，法官行使自由裁量权时因缺乏规范指引和明确界限，容易出现实质不公的问题。

三、最高人民法院审理的 27 件涉违约金调减案件的情况

本文通过"威科先行"数据库，以"违约金调减"为关键词，在搜索范围"裁判理由及依据"中进行关键词检索，并将法院级别限定为"最高人民法院"，筛选出了 2023 年 7 月 29 日以前的 27 份民事裁判文书，并以此为基础进行如下梳理：

（一）案由分布情况

27 份裁判文书的案由包括：建设工程合同纠纷（6 份）、买卖合同纠纷（5 份）、房地产开发经营合同纠纷（3 份）、借款合同纠纷（2 份）、融资租赁合同纠纷（2 份）、房屋买卖合同纠纷（1 份）、合同纠纷（5 份）、股权转让纠纷（3 份）。

（二）关于"违约金过分高于损失"的举证责任分配情况

27 份裁判文书中持违约方承担"违约金过分高于损失"举证责任的裁判文书（7 份），认为应由守约方承担"违约金过分高于损失"的举证责任的裁判文书为 2 份，其余裁判文书没有对举证责任分配问题进行说理和认定。

（三）关于是否调减违约金的情况

27 份裁判文书中，支持对违约金进行调减的案件有 18 件，占比约为 67%，不支持对违约金进行调减（或在原审已调减的基础上再进行调减）的案件有 9 件，占比约为 33%。

四、解决违约金调减规则适用困境的对策

（一）加强学界与司法实务界的交流、合作

根据德国法学家拉伦茨的观点，法学主要要做一些能获致裁判基准的陈述，它们可以转换为法律事件的裁判。[1]针对违约金调减规则的问题，特别

---

[1] [德] 卡尔·拉伦茨：《法学方法论》，陈爱娥译，商务印书馆 2003 年版，第 112 页。

是针对法律和司法解释中尚未明确的问题，法学界已有较多理论研究成果，应当予以重视。法官与学者应当加强沟通，密切合作，通过法理研究、案例研讨等找出违约金调减问题中的决定性考量因素，选择公正的司法裁判方向。

（二）完善和尽快出台配套司法解释

法律不仅必须被一再解释，也必须被"填补漏洞"，并且要配合情势的演变。[1]因社会关系和经济活动具有复杂性，相关法律又必须对全部同类事件均可适用，因此法律解释变得尤为重要。最高人民法院于2022年11月4日公布的《〈民法典〉合同编通则部分的解释（征求意见稿）》第69条针对违约金调减酌减问题已有相关解释，但截至目前尚未出台正式稿。尽快完善和出前述配套司法解释，有利于进一步明确违约金调减规则的具体程序和方法，从而解决目前司法实践中法官自由裁量权过于宽泛的困境。

（三）加强案例指导，统一法律适用

随着经济社会的发展，在司法实践中也随之出现了一系列法律或者司法解释没有作出明确规定的新问题。同时，不同地域和审级的法院对法律和司法解释的理解也不尽相同。为了保障违约金调减案件的裁判标准统一、规范法官自由裁量权，我国在进一步完善和尽快出台配套司法解释的同时，还应当加强案例指导，通过发布指导性案件，指导对类似案件的处理，从而达到统一法律适用的目的。

---

[1] [德]卡尔·拉伦茨：《法学方法论》，陈爱娥译，商务印书馆2003年版，第112页。

涉公法人民事案件执行的制度研究

马骏淘*

(中国政法大学 北京 100088)

摘 要：我国目前已经初步建立了解决执行难问题的制度，并进入了巩固执行质效阶段。然而，由于我国大力推动基础设施建设，以及逐渐放弃"土地财政"经营方式，导致很多基层政府无力承担基础设施支出，从而使得许多将以行政机关为代表的公法人作为被告的民事诉讼最终进入了法庭。在民事强制执行中，法院经常忽视公法人行使权力时所具有的独特功能，将其视为一种普遍的被执行主体，并采用一般的执行程序和规定。在保护申请人权益的前提下，很难从公法人行政主体的角度考虑到强制执行行为的限制和可采用的方式。因此，对公法人的执行面临各种混乱情况，也就出现了"执行难"的局面。公法人的民事执行面临的最大难题在于如何在保障公法人正常履行社会公共管理职能、保护代表社会共同利益的同时，实现民事债权人的私权。基于此，我国需要明确对公法人、事业单位预算资金、公共财产的执行条件。

关键词：强制执行 利益衡量 公法人 行政机关

一、涉公法人民事案件财产执行的现状分析

党在十九大和二十大对当前和今后一定时期推进全面依法治国要重点抓好的工作提出了十一个方面的要求，其中提到坚持以人民为中心和坚持依法治国、依法执政、依法行政共同推进，法治国家、法治政府、法治社会一体建设，需要保证最广大人民的利益，需要推进严格、规范、公正、文明执法，

---

* 作者简介：马骏淘（1986年-），男，汉族，云南罗平人，中国政法大学2022级同等学力在读研究生，研究方向为民商法学。

提升司法公信力，保障胜诉当事人的合法权利。[1]

我国近年来一直在加强对高铁、高速公路、公园绿化等基础设施的建设，但最近几年伴随着市场经济体制的持续完善和发展，再加上经济的增速放缓导致财政紧张，以行政机关为代表的公法人因参与民事、经济活动而被起诉到人民法院，甚至成为被执行人的案例越来越多。这类案件的执行效果将直接影响到法庭的司法威信和司法工作的水平。如简单、机械地按照相关法律法规进行执行，会损害政府的公信力，严重的甚至会导致其公共管理职能陷入瘫痪。如不进行强制执行，则会损害申请执行当事人的合法权益，损害司法的权威和法律的公信力，也容易导致人民群众法治信念的动摇，使部分群众对政府产生信任危机，造成基层政府招不来商、引不来资、借不来钱、办不成事，还会激化社会矛盾、影响社会稳定，最终影响安定团结的政治局面。

二、涉公法人执行民事案件在我国的适用困境

（一）我国的强制执行立法不完善

现行的强制执行程序被包含在民事诉讼法以及衍生的一系列的司法解释中，民事诉讼法对执行程序仅规定了几十个条文，如此少的容量、不成体系的司法解释必然导致规定过于原则化、缺乏操作性，也必然会导致强制执行制度的不完备和执行中的无法可依。

（二）对公法人可供执行的财产范围限定过于严格

目前，在司法实践中，与公法人相关的可执行财产，如国库库款、各级政府部门拨付给本级党政机关的预算资金，以及存入各级"财政专户"由各级政府部门管理的预算外资金等，在实践中都受到了各种严格限制，实际上都属于无法被执行的范围。[2]

（三）对涉政府拒不执行现象，目前缺乏监督管理和责任处理机制

公法人在民事活动中因侵权或违约给当事人造成损害，并被法院通过司法审判程序确认应当承担法律责任的，公法人理应自觉履行生效法律文书所

---

[1] 参见"坚持习近平法治思想——论学习贯彻习近平总书记在中央全面依法治国工作会议上重要讲话"，载求是网：http://www.qstheory.cn/qshyjx/2020-11/20/c_1126762609.htm，最后访问时间：2023年7月20日。

[2] 参见高星阁："'执行难'视域下公法人民事执行责任财产范围之厘清"，载《学海》2019年第5期。

确定的义务，以减少当事人的损失和消除影响。但在实践中，对公法人的法定代表人不履行民事义务的行为，我国当前尚缺乏相应的监督管理和责任处理机制，由此助长了部分行政官员的消极执行甚至对抗执行的心理。

（四）政府财政困难，影响涉政府案件的执行

公法人财政的支大于收才是所有问题的根源。当前，我国地方政府经费主要依靠当地财政收入，而地方财政支付能力有限，大部分收入仅限于保障地方公职人员的基本工资及必要费用。而且，部分乡镇级政府确实存在财政困难问题，他们缺乏履行生效裁判的经济基础，这成了影响涉政府案件执行的重要因素之一。

（五）涉及公法人失信惩戒限度与法院执行办案系统的不合理性

《最高人民法院关于公布失信被执行人名单信息的若干规定》第8条明确将国家机关事业单位、国有企业纳入了可适用间接强制执行措施的范畴。[1] 然而，立法机关在考虑这一问题时，并未充分考虑到公法人作为被执行人的具体情况。公法人是一种特殊的社会组织，若被列入失信被执行人名单，将对政府的社会信誉和名誉产生严重影响，进而直接影响公法人处理社会问题和履行职责的能力。

同时，《最高人民法院关于严格规范终结本次执行程序的规定（试行）》没有作出具体规定，在实践中，法院执行办案系统的设计要求，对于终结本次执行程序的案件，必须对作为被执行人的公法人的法定代表人进行限制高消费处理，否则系统将判定不合格并不准予结案。然而，公法人承担着重要的公共事务管理职责，其法定代表人在行使职权时面临限制，特别是在实行首长负责制的机构中，可能会对整个行政部门的运作产生负面影响，导致公法人的法定代表人难以有效履行职责，甚至可能导致部门瘫痪，进而给社会公共利益造成重大损害。因此，有必要结合实际情况进行立法或调整法院执行系统，以确保公法人能够顺畅、有效地履行其使命。

三、涉公法人执行民事案件处理原则及方法

（1）完善强制执行立法，尽快将《民事强制执行法（草案）》通过并实

---

[1]《最高人民法院关于公布失信被执行人名单信息的若干规定》第8条第4款规定："国家机关、事业单位、国有企业等被纳入失信被执行人名单的，人民法院应当将失信情况通报其上级单位、主管部门或者履行出资人职责的机构。"

施，以形成完善的法律框架。并针对涉公法人的执行配套出台相应的司法解释，明确规定执行方法、可执行财产范围、可采用的惩戒措施等。此外，还可以考虑设立专门的强制执行法院或部门，负责统一处理此类案件的执行事务，提高执行效率、降低地方政府对基层法院的影响。

（2）健全监督、管理、激励与评价机制。应当严格追究公法人拒不履行生效法律文书的法律责任，并构建相应的监督和责任追究机制。上级政府可以将下级涉公法人单位支持配合法院执行纳入社会治安综合治理范畴。因公法人不履行法律义务导致当事人上访或者引发不稳定因素等情况的，将执行案件纳入社会治安综合治理范畴，追究公法人的行政责任，增强公法人的自觉履行意识。

（3）加大财政预算的扶持力度。为应对我国基层政府机构普遍存在的资金短缺问题，必须加强对当地政府的资金扶持，以缓解当地的资金短缺问题。与此同时，上级政府可以将下级政府的负债纳入到下一年度的预算，并在下一年度由国库进行预算，从而使债权人的债权得以清偿。

（4）在短期无法提高财政收入的情况下，政府可以加强对行政机关债务的管理，合理安排债务偿还计划。建立健全财政监督体系，加强对财政支出的监督和审计，确保财政资源的合理使用和防止滥用，杜绝执行案件的增量。[1]

（5）调整公法人失信惩戒措施和法院执行办案系统。在制定失信惩戒措施时，应充分考虑公法人的特殊性，并避免对政府的社会信誉造成过大的负面影响。同时，对于法院执行办案系统的设计要求，应合理平衡限制和履职的关系，避免过度限制公法人的法定代表人权益。

结 论

公法人的强制执行制度建设是一把"双刃剑"。如果使用得当，将对依法治国、中国特色社会主义法治体系的形成产生积极影响。这涉及党的执政兴国、人民的幸福安康，以及党和国家的长治久安。公法人及其资产在整个社会生活中发挥着举足轻重的作用，它的正常运行对于社会的正常运转具有无可替代的意义。我们不能片面考虑保护申请执行人的权利而忽视公法人的特

---

〔1〕 参见李培磊、解志勇："论预算法定原则及其实现路径"，载《学术论坛》2015 年第 10 期。

殊性。在维护公众利益的基础上，应坚持遵守公法人强制执行的边界，并合理确定要保护的申请执行人的权利。强制执行本质上是维护法律公平与公正的价值，我们不能忽视这一点，否则将导致法律秩序价值出现严重失调。执法必须在法律公正与法律秩序两个方面进行平衡，才能实现整个社会的和谐统一，提升司法的可信度，最终在实现社会公共利益的基础上确保个人的公平正义。

试述个人保险独立代理人的法律地位及其在寿险转型高质量发展中的作用

欧 丹[*]

（中国政法大学 北京 100088）

摘要： 中国寿险事业经过改革开放以来的发展，取得了巨大进步，其中个人代理人营销制度的引进和推广厥功至伟。随着市场环境的发展变化，传统的个人代理人管理制度的不足凸显出来，寿险公司的发展面临"瓶颈"。为适应形势的变化，监管部门大力倡导发展独立代理人队伍。本文尝试对独立个人保险代理人的法律地位作出分析，并对独立保险代理人模式摆脱旧机制困境、提升行业专业服务能力、实现新的高质量发展提供建议。

关键词： 独立个人保险代理人　法律地位　寿险转型

一、传统个人保险代理人营销机制存在的问题和原因

个人保险代理人营销制度的引进和发展，对中国寿险业的快速发展和中国家庭保障的普及厥功至伟。1992年个人代理人营销队伍从零起步，到2019年最高峰时，在职人力达到900余万人。在当时的市场环境下，焕然一新的营销机制极大地提升了寿险创业者的激情。虽然在发展过程中也经历了起伏，但其带来的巨大成果和辐射效应是有目共睹的。近三年在职个人保险代理人数量锐减，2022年底降至391万人，[1]不少寿险公司新单期交保费增长缓慢，甚至出现了负增长，个人代理人营销体系的问题进一步显露出来：其一，

---

[*] 作者简介：欧丹（1971年-），男，汉族，湖南汨罗人，从事保险行业，中国政法大学2022级同等学力在读研究生，研究方向为经济法学。
[1] 数据来自国家金融监督总局网站：www.cbirc.cn，最后访问日期：2023年7月25日。

队伍大进大出，留存率低；其二，人员素质参差，整体专业度低；其三，以产品为导向进行销售，投诉率居高不下；其四，行业形象不佳，队伍规模近年来逐渐萎缩。

造成以上问题的原因如下：

（一）个人保险代理人法律地位不清晰，职业认同感低

根据《保险法》的规定可知，个人代理人（以下简称"个代"）与保险公司是委托代理关系，具有独立的法律地位，在实际的经营管理中又像劳动合同制员工，但福利待遇则不同，收入低且不稳定，脱落率高。

（二）入职门槛低，整体专业素质不高

边脱落、边新增成为常态。既是裁判员又是运动员的各级机构在实际操作中往往对新人素质把关不严，导致服务不好、行业口碑不佳，优秀人才不愿进来，形成了"劣币驱逐良币"的现象。

（三）多层级利益分配机制有缺陷

"金字塔"式的团队模式一方面鼓励个人做大团队，以获得持续稳定的回报，另一方面又有自限性：主管限制下级的晋升，还因为层层提佣，降低了基层业务员的新单收入。

（四）市场环境变化，难以适应新形势

在居民保险意识提高、互联网保险崛起、专业中介发展迅速的市场变化中，面对问题不断的传统个代队伍，寿险公司要么囿于传统营销模式的成功而陷入"成功者的桎梏"，不想或不敢主动求变；要么限于认知和能力差距迈不出创新步伐。在大金融竞合的时代，市场呼唤机制更新和拥有专业化、职业化的保险营销人才。

二、独立个人保险代理人的法律地位

监管部门针对市场环境的发展变化，提出了尽快建设独立个人保险代理人（以下简称"独代"）队伍的要求。

（一）寿险公司与独立个人保险代理人是专属委托代理关系

首先，两者是委托代理关系。《中国银保监会办公厅关于发展独立个人保险代理人有关事项的通知》（以下简称《独立个人保险代理人通知》）第1条规定："独立个人保险代理人是指与保险公司直接签订委托代理合同，自主独立开展保险销售的保险销售从业人员。"第3条规定："独立个人保险代理

人根据保险公司的授权代为办理保险业务的行为，由保险公司承担责任。独立个人保险代理人开展保险代理活动有违法违规行为的，其所属保险公司依法承担法律责任。保险公司可以依法追究越权的独立个人保险代理人的责任。"由此可见，独代与保险公司构成委托代理关系，具有独立的法律地位。

其次，独代专属于一家保险公司。《保险代理人监管规定》第 38 条第 2 款规定："个人保险代理人、保险代理机构从业人员只限于通过一家机构进行执业登记。"由此可知，目前独代专属于一家保险机构，便于我国在寿险转型期逐步完善独立代理人管理制度。

（二）独立个人保险代理人的商事主体地位

《独立个人保险代理人通知》第 2 条规定："独立个人保险代理人直接按照代理销售的保险费计提佣金，不得发展保险营销团队。"第 6 条规定："独立个人保险代理人应具有承担经营风险的意识，有较强的业务拓展能力和创业意愿。"第 9 条规定："独立个人保险代理人可以按照保险公司要求使用公司标识、字号，可以在社区、商圈、乡镇等地开设门店（工作室）。"由上述规定可知，独代为保险公司从事保险代理行为，辅助保险公司进行保险销售，所以独代是独立商事辅助人中的代理商，属于个人创业，是个体工商户。目前，深圳已试行独立个人保险代理人门店工商营业执照发放制度。

三、独立个人保险代理人制度在寿险转型中的定位

寿险转型期间，由于细分市场的多元化，现阶段以友邦保险为代表的传统个代队伍经过技能优化和严格管理，仍将持续平稳发展。新兴的独代模式发展潜力巨大，有其独特的定位和作用：

（一）定位中高端客户的服务

选择摒弃抱团打拼的传统营销团队的独代，需要有良好的客户资源和个人能力、较高的产能才能生存和发展，这决定了其目标客户定位是中高端客户。

（二）入职门槛高，定位高素质人员

从服务中高端客户这一细分市场的角度来看，独代需要具备高学历、广博的学识、良好的商务交往能力和服务意识。

（三）专业化、职业化，重塑专业技能体系

传统个代专业服务能力逐渐跟不上客户需求，既往的"保险意义与功用"

拓客思维已不能完全适应细分市场。通过为客户提供专业的家庭风险管理和财富管理解决方案和相应产品服务而赢得客户将成为独代的主要拓展方式。

（四）在监管政策框架下可能实施的多种经营模式初探

（1）独代与辅助人团队模式。独代可以聘请辅助人员，以协助处理出单、售后服务等辅助性工作，提高效率。

（2）独代事务所模式。仿效律师事务所的合伙人制度，独代们组成互不隶属的专业合作团队，利用各自的专业长处，互相赋能，共创品牌。

（3）专业服务机构独代模式。具备律师、注册会计师、金融分析师、注册税务师等专业资格的独代分散在各专业服务机构中，从专业的层面服务客户，获得客源和必要信息，为客户提供全面的家庭风险管理和财富管理解决方案。

（五）独立个人保险代理人模式下寿险公司的管理赋能职责

监管部门对独代队伍建设提出了高素质、严管理、独立经营的要求，保险公司承担了更严格的甄选、赋能和管理职责：

（1）寿险公司要提供适合独代销售，能融入大金融竞争合作的产品体系。

（2）搭建开拓高端客户所需的专业技能培训体系，给予系统、完备的培训支持。

（3）搭建数字化获客、养客、拓客和服务的强大后援支持平台。

（4）建立合理的佣金制度。

四、总结与建议

在市场发展变化的情况下，传统个人代理人队伍发展遭遇"瓶颈"。寿险公司需要积极转型，创新营销机制，提升代理人的专业服务能力，以实现高质量发展。定位好独立个人保险代理人的法律地位和在寿险转型开拓中的作用，找到新的增长点和着力点非常重要：

（1）独代与寿险公司之间是专属委托代理关系。商事主体地位是作为独立商事辅助人的代理商，可以领取个体工商户营业执照，享受与其地位相匹配的福利待遇和个人创业税负优惠。

（2）重构中高端客户服务的专业销售逻辑。寿险公司应当重构专业技能体系，重塑以制定家庭风险管理和财富管理方案为底层逻辑的营销体系和产品体系，从而打破以产品为导向的营销痼疾。

（3）加强对独代三种经营模式的探索和支持赋能。他们分别是独代与辅助人团队模式；独代事务所模式；专业服务机构独代模式。打破传统的个人代理人团队多层级利益分割制度，实施市场化和鼓励加强后继服务的佣金激励制度。

（4）提高准入门槛，走专业化、职业化道路。建议监管部门针对重点服务中高端客户的独代专业能力要求高、责任重的特点，设立严格的资格认证考试制度。寿险公司应加强准入把关，培养训练和日常督导。条件成熟地区的工商行政部门应逐步放开对符合条件并选择门店经营的独代的营业许可支持。

（6）公示信用和服务评级，树立良好的行业形象。建议保险行业协会设立针对独代的个人服务信用评级和业务品质监督体系，并向社会公众公示，以方便查询。树立独代良好的诚信、专业的行业形象，提振客户信心，吸引更多高素质人才进入寿险行业。

《民法典人格权编（草案）》第1034条（个人信息）评注

田 娜[*]

（中国政法大学 北京 100088）

摘　要：个人信息保护的需求在随着信息与通信技术的发展而不断增强。《民法典》将个人信息纳入了"人格权编"。该法典第1034条以"可识别性"为核心对个人信息进行了概念界定，同时尝试厘清隐私权保护与个人信息保护的范围和关系。在信息网络社会中，个人信息应当被作为一项单独的"个人信息权利"进行保护，同时其应当兼顾人格权和财产权双重属性。但是，对不同种类个人信息的保护应当区分层次，同时也要注意到"可识别性"界定在某些方面的失灵。

关键词：个人信息　隐私权　可识别性

一、规范目的与内容

（一）规范目的

2017年10月1日个人信息保护被纳入《民法总则》，信息与通信技术的发展使得社交圈中信息能动者的信息获取能力不断提升，信息主体基于网络空间制造的个人信息也日益增长，个人信息的可获得性在网络社会迅速提升，信息流通也随之加快。[1]在这一过程中，信息泄露问题愈演愈烈，滥用个人

---

[*] 作者简介：田娜（1991年-），女，汉族，江西鄱阳人，中国政法大学同等学力研修班2022级学员，研究方向为知识产权法。

[1] 参见［英］卢恰诺·弗洛里迪：《信息伦理学》，薛平译，上海译文出版社2018年版，第339~341页。

信息产生的危害也愈发显现出来。基于此,把个人信息纳入民事权利保护范围来遏制侵犯个人信息的行为变得更加重要。在大数据背景下,信息的分享与保护更加体现为个体利益与公共利益之间的矛盾,这也在要求建立一种适当的个人信息保护制度,特别是首先界定出需要得到保护的个人信息,由此才能调和好信息分享和保护之间的关系。

（二）规范内容

关于个人信息的概念,目前均以可识别性特征为基础,在直接识别和间接识别的差异基础上对各类信息进行分类列举。[1]《民法典》第1034条沿袭了《民法总则》的规定,首先将个人信息作为自然人的一项权利纳入法律保护。同时,在对个人信息的界定上,其相比于《民法总则》又有了完善。《民法典》第1034条的规定与《网络安全法》进行了衔接。《网络安全法》第76条规定了个人信息的概念,即"是指以电子或者其他方式记录的能够单独或者与其他信息结合识别自然人个人身份的各种信息,包括但不限于自然人的姓名、出生日期、身份证件号码、个人生物识别信息、住址、电话号码等"。《网络安全法》采用了概念加列举的方式,围绕着"可识别自然人个人身份"展开。《民法总则》缺少这样的概念规范,而《民法典》则完善了这一点,将个人信息定义为"是以电子或者其他方式记录的能够单独或者与其他信息结合识别特定自然人的各种信息,包括自然人的姓名、出生日期、身份证件号码、生物识别信息、住址、电话号码、电子邮箱地址、行踪信息等"。相比于《网络安全法》中的规定在列举当中增加了"电子邮箱地址、行踪信息"两个种类,但都是开放式的列举。同时还规定了"个人信息中的私密信息,同时适用隐私权保护的有关规定"。这里稍微厘清了个人信息权和隐私权的关系,只有私密信息才同时属于隐私权的保护范围。

二、个人信息的属性与界限

（一）个人信息的属性

关于个人信息,《民法典》并没有用"个人信息权"这样的表述,对比隐私保护的相关内容采用了"隐私权"这样的说法,但是这并不代表"个人

---

[1] 参见苏今:"《民法总则》中个人信息的'可识别性'特征及其规范路径",载《大连理工大学学报（社会科学版）》2020年第1期。

信息"不应该成为一项独立的"个人信息权"。把个人信息确定为一项独立的权利，可以给特别法提供上位法依据，同时方便展开规定这项权利的权利内容，也可以衔接《欧盟通用信息保护条例》及其他域外法的"个人信息权"规定。[1]

个人信息在《民法典》中位于"人格权编"部分，在大数据时代，个人想要完全控制自己的信息实属困难，并且信息与通信技术的发展使得信息能动者的能力增强，[2]导致大数据时代下个人信息呈现出"个人弱控制"与"产业强需求"的特征。[3]这也体现出了一种矛盾的博弈，关于个人信息的界定也是这种博弈的结果。但是，在大数据时代，个人信息已经被广泛应用于商业，使得个人信息不再仅仅与个人的人格息息相关，也与财产、商业价值密不可分，所以个人信息似乎也不再是一个单纯的人格权，而是拥有了某些财产属性。[4]这也体现出了学界对于个人信息权利属性的不同认识。个人信息在大数据时代已经体现出了一种"弱控制性"，而人格权益对"支配性"的要求则比较高。同时，个人信息的本质在于可识别性，即单独或者结合其他信息可以识别特定的个人身份，在大数据时代，运用分析工具提高个人信息的商业价值已经成为许多产业发展的需求，个人信息流通和利用速度也在不断加快，所以个人信息权利也应当具有一定的财产权属性。

（二）个人信息与隐私

《民法典》第1032条第2款对隐私的界定为："隐私是自然人的私人生活安宁和不愿为他人知晓的私密空间、私密活动、私密信息。"第1款规定："自然人享有隐私权。任何组织或者个人不得以刺探、侵扰、泄露、公开等方式侵害他人的隐私权。"可以看到，隐私与个人信息是存在某种关联的，但是个人信息并不一定是隐私，隐私也不一定表现为个人信息。从隐私到个人信息的保护体现出了一种社会和法治的变迁过程，人们最初对隐私的保护可以

---

[1] 参见［英］卢恰诺·弗洛里迪:《信息伦理学》，薛平译，上海译文出版社2018年版，第339~341页。

[2] 参见［英］卢恰诺·弗洛里迪:《信息伦理学》，薛平译，上海译文出版社2018年版，第339~341页。

[3] 参见郭如愿:"大数据时代民法典人格权编对个人信息的定位与保护"，载《人民论坛》2020年第9期。

[4] 参见张彤:"论民法典编纂视角下的个人信息保护立法"，载《行政管理改革》2020年第2期。

说是基于一种自然情感，因此其天生便是人格权利。而个人信息则是伴随着数字化处理方式出现的，信息网络技术带来了个人信息广泛的数字化，同时也带来了一系列风险。与隐私不同，个人信息既可以代表人的人格尊严和自由价值，也具有丰富的商业价值，还具有极强的社会公共管理价值，[1]这些都使得个人信息发展出了与隐私不同的属性和外延。

在当下，个人信息与隐私依旧有很多保护范围的重叠之处，二者在重叠之处的保护关系要厘清。《民法典》第1034条最后一款对这种关系进行的规范指出："个人信息中的私密信息，适用有关隐私权的规定；……"私密信息的概念涉及个人信息的具体分类。《信息安全技术个人信息安全规范（征求意见稿）》将个人敏感信息界定为："一旦泄露、非法提供或滥用可能危害人身和财产安全，极易导致个人名誉、身心健康受到损害或歧视性待遇等的个人信息。"但是，其与"私密信息"是否同一内涵和外延还值得怀疑。

三、个人信息界定方式的问题

对个人信息概念的界定强调它的可识别性，因为从"单独或者与其他信息结合识别自然人个人身份"的表述可以看到，这种识别包括了直接识别和间接识别，这就表明无论是具有强可识别性的信息还是具有弱可识别性的信息都被纳入了这一范畴，这也是大数据技术发展到现在的必然要求。但是，事实上，具有强可识别性的信息和具有弱可识别性的信息不一定需要同等级别的保护，对有些具有弱可识别性的信息加以过度保护可能会导致信息产业发展受阻。

再者，"可识别性"本身在一些具体的问题上也会面临困境。最典型的是个人生物识别信息，它往往都需要以巨大的生物信息库为基础才能通过检索、比对的方式是将某个生物信息对应到个人。如果这个生物信息库不存在，单纯的一个生物信息并不能对应到个人。比如，把指纹信息放入指纹库比对或许可以找到这个指纹的主人，但是在指纹库不存在或者不完善的情况下，单看一个指纹则无法确定这个指纹的主人到底是谁。这也是在很多刑事案件中，警方发现了疑似犯罪嫌疑人的生物信息，但是没有对象和信息库予以比对，

---

[1] 参见张新宝："从隐私到个人信息：利益再衡量的理论与制度安排"，载《中国法学》2015年第3期。

只能等待很多年才有可能将嫌疑人抓捕归案的原因。同时，建立起这些信息库也需要强大的技术支持和政策保障，否则将会面临巨大的安全风险。对这些信息库的调用，更是需要一个全面的规范体系。因此，将"可识别性"放在这里进行"个人信息"界定，可能也需要区分场景。

关于刑事拘留中"路途时间"的界定及有关规范的探讨

丘良尉[*]

(中国政法大学 北京 100088)

摘 要: 刑事拘留是一种人身强制措施,其法定羁押期限的设定,既要服务打击犯罪,又要保障犯罪嫌疑人的人身权利不被恣意"侵犯"。在司法实务中,对于"法定期间不包括路途时间"的文本含义常有不同理解。在执法实践中,由于具体规范缺失,执行刑事拘留的"路途时间"易被不当延展,不利于保障人权。本文尝试从法律法理层面,结合司法实践对有关问题进行思考与定位,以期让理论回归实际,以求实现惩罚犯罪与保障人权的统一。

关键词: 刑事拘留 法定期间 超期羁押 路途时间

我国疆土辽阔,人口众多,公安机关异地查获的落网逃犯数量不少。《刑事诉讼法》第 105 条第 3 款明确规定,法定期间不包括路途上的时间。但是,由于刑事拘留(以下简称"刑拘")后如何计算"路途时间"存在争议,执法实务中不时出现滥用"路途时间"的问题,导致一些犯罪嫌疑人实际被拘的时间超出立法预期。本文尝试从法律法理层面,结合司法实践对"路途时间"的规范设计进行思考与定位,以期厘清争论,让理论回归实际,以期实现惩罚犯罪与保障人权的统一。

一、法律适用认识分歧

当前,司法实务界关于刑拘"路途时间"的观点和计算方式有三种。

---

[*] 作者简介:丘良尉(1982 年-)男,汉族,广东广州人,中国政法大学 2021 级同等学力在读研究生,研究方向为刑法学。

（一）"绝对不扣除"

该种观点认为，对人身羁押期限起算、终止的计算，不能排除"路途时间"。持此观点者以律师群体为主。理由是如果排除"路途时间"，将不利于保障人权。法定期间关于"路途时间"不计算在内的做法只针对送达，不适用于人身羁押，《刑事诉讼法》第 105 条第 4 款明确了人身羁押期限的节假日应连续计算。[1]

（二）"部分不扣除"

该种观点认为，羁押期限中的押解"路途时间"应扣除，但押解前的寄押期间不扣除。此观点者以检察官群体为主。理由是：寄押不属"路途"，且没有时间限制，容易被滥用。但是，押解的"路途"应扣除，否则侦查部门将无法开展工作。[2]

（三）"全部都扣除"

该种观点认为，刑拘期限中的寄押期间和押解时间都属于执行中的"路途时间"，应依法扣除。持此观点者以公安民警为主，并有少数检察官。理由是：看守所条例及公安机关执法细则对看守所的押解、寄押有规定，且《刑事诉讼法》已经明确"法定期间不包括路途时间"。[3]

二、分歧产生的原因

上述三种观点，从不同角度来看均有其合理性。分歧的根源在于两个方面：

（一）法律规定不明晰

寄押期间是否属"路途时间"？"路途时间"是否适用法定期间人身羁押的规定？法律法规对此并没有作出明确规定。司法实务界在对法律文本的理解和适用上存在分歧，产生的法律后果相差甚远。持肯定观点者在适用上不认为追逃押解刑拘期限"超期"，持否定观点者则相反。《刑事诉讼法》虽有扣除"路途时间"的规定，但现行法律法规、司法解释确实没有进一步明确

---

[1] 李豫川、陈进科："异地寄押和押解路途时间应计入刑事拘留时间"，载《人民检察》2010 年第 24 期。

[2] 吴情树："论寄押的性质及其适用"，载《河南警察学院学报》2018 年第 1 期。

[3] 来宝："对异地寄押、押解路途时间计入刑事拘留期限的探讨"，载《长江大学学报（社会科学版）》2011 年第 9 期。

"路途时间"是否适用于寄押期间。

（二）配套工作规范缺失

最高立法和司法机关尚未进一步制定异地执行拘留的具体程序规定，一些问题难以厘清，例如：执行拘留后通知家属的主体是谁？押解路途是否需要办理延长拘留期限手续？押解归途后羁押地点的变更是否需要再次通知家属？寄押及押解期间的合理范围如何界定？《公安机关办理刑事案件程序规定》虽有规定双"立即"[1]，但没有对"立即"作出明确条件限制，也没有对督导手段进行说明。[2]上述问题，从"法定期间不包括路途时间"的文义解释中均难以找到答案。实践中如果还是按照《刑事诉讼法》执行拘留的一般程序进行执法，将会脱离实际，难以执行。

三、"路途期间"的界定

本文认为，"法定期间不包括路途时间"应从以下几方面进行定位和界定：

（一）文本解释应充分结合字面含义与目的

法定期间从字面理解就是法条规定的期间，当然包括《刑事诉讼法》所有条文里的期间。坚持一切从实际出发，实事求是的思想路线，是我国《刑事诉讼法》的立法精神和依据。保证刑法的正确实施，惩罚犯罪，保护人民，是《刑事诉讼法》的直接目的。理查德·A.波斯纳说："解释的正确与否取决于具体解释的目的。"[3]因此，法定期间包括人身羁押期间更契合《刑事诉讼法》的直接目的之应然解释。

（二）法律条文含义的理解应切合实际

法律解释是为了服务现在、指导未来，充分考虑各种社会现状和实践需要。试想，如果逃犯逃到国外或新疆西藏最偏僻的地方，侦查机关抓获后7日期间还在路途，岂不是中途就要把犯罪嫌疑人放了？又如，逮捕侦查羁押期限最长是7个月，但是之后的审查起诉、退回补侦、法庭审理期间也都是

---

[1] 查获地抓捕逃犯后立即通知办案地公安机关和办案地公安机关接到通知后应立即派警员前往押解。

[2] 张春玲："异地寄押及押解在途时间均应计入刑事拘留期限"，载《中国检察官》2013年第8期。

[3] 陈瑞华：《程序性制裁理论》，中国法制出版社2005年，第116页。

当然的羁押延伸。法律的含义理解应有利于解决司法困境，保障诉讼任务顺利进行。因此，"路途时间"属于人身羁押期限的延伸更具合理性。

（三）法定期间不包括"路途时间"并非仅指适用文书送达

《刑事诉讼法》关于期间规定的内容涵盖了人身羁押和审查起诉、法庭审理、文书送达等法定期限，并非仅指适用文书送达。例如：司法实践中强制措施拘传的到案开始时间是指被拘传人到达所在市、县内公安机关指定地点的时间，"路途时间"并不计算在内。把《刑事诉讼法》第 105 条期间的规定理解为文书的送达规定实属牵强。第 105 条第 1 款、第 2 款概括了人身羁押、文书送达、办案期限等期间的计算单位和起止边界。第 3 款分两句表述，中间使用句号而不是逗号。前一句：法定期间不包括路途上的时间。这句是对第 1、2 款的整体补充，后一句是对前一句"路途时间"特指对象的补充。因此，法定期间包括人身羁押期间的解释符合法律文字表述习惯。

（四）刑诉法关于期间第 4 款规定"人身羁押期限的节假日计算"并不与第 3 款"路途期间"规定相矛盾

节假日与路途时间性质并不相同：首先，造成障碍的主体不同，节假日的设定主体是政府，公权力可以主动作为，与人权保障相冲突应当优先保障人权。其次，造成障碍的原因不同，路途是因为逃犯潜逃，并非公权力可以改变的事实，不能苛责于公权力。逃犯必须为其错误行为承担被追捕押解的"路途时间"不计入刑拘期限的不利后果。最后，现行《刑事诉讼法》第 105 条期间的规定与 1996 年《刑事诉讼法》第 79 条的期间规定相比，无非是增加了第 4 款，补充完善了节假日的计算规定，并非对前款之否定。因此，"路途时间"适用人身羁押期限符合逻辑法则。

（五）比较修法沿革及其他地区法典，可增进理解"路途时间"应然适用于人身羁押期限

《刑事诉讼法》的修改，其任务表述始终把打击犯罪作为首要，几次修改对于保障人权的规定都是基于充分考虑和保证诉讼能够顺利进行。例如：2018 年 10 月 26 日的《刑事诉讼法》修改增加了缺席审判程序规定。另一方面，我国《刑事诉讼法》从 1979 年至今历次修改，对于"法定期间不包括路途时间"的规定并无变化。试想，四十年前的交通和通信技术还并不发达，特别是在边远山区，交通工具主要是火车、马车，甚至只能带着犯罪嫌疑人走山路。当时从新疆边远小镇出发到沿海再押回新疆边远县城，几经中转，

即使不耽搁也要耗时至少半个月以上。如果"路途时间"不适用人身羁押，显然有悖于当时的立法司法经验和逻辑。在历次《刑事诉讼法》修改中，有学者建议对刑拘期限作进一步的合理延长，给予执法机关足够的取证时间。总之，"路途时间"适用于人身羁押期限更符合司法实践。

四、相关对策建议

刑拘期限作为公安机关在紧急情况下限制公民人身自由所必须遵守的法定时间，其界限对于确保犯罪嫌疑人、被告人到案，防止其继续犯罪，收集和保存证据继而实现惩罚犯罪目的具有重要意义。实务中滥用"路途时间"的行为不是否定法律文义应然解释的辩由，规范路途时间的合理计算范围及相关工作程序，限制权力滥用是解决实务困境和保障人权的出路。

（一）进一步规范查获地公安机关的执法行为

（1）在逃的犯罪嫌疑人被查获，自羁押在看守所之日起，限制人身自由依据的法律文书为上网办案单位的刑事拘留证和网上逃犯登记表，查获地公安机关应当依照执行刑拘的程序予以宣布、让犯罪嫌疑人在拘留证上签字，并在24小时内进行讯问。同时，查获地公安机关应当在对犯罪嫌疑人执行拘留后的24小时内通知嫌疑人家属或委托办案地公安机关在24小时内通知家属。查获地公安机关在确认被查获人为逃犯时，应当立即电话或通过即时通信设备通知上网的办案单位，及时移交嫌疑人。

（2）办案单位接到通报后，应当在24小时内呈请"路途时间"不计入刑拘时限的报告，经审批后制作法律文书送达查获单位，具体可以分为三联，一联是办案单位附卷，一联给查获单位看守所，一联给被查获的犯罪嫌疑人本人。

（3）查获地公安机关将犯罪嫌疑人移交给办案地公安机关24小时内，应当将来移交的单位名称通知其家属。

（二）细化明确"路途时间"的计算标准

（1）"路途时间"应当包括出发押解的路途时间与押解回途的时间，其中寄押期间属于出发押解的路途时间。

（2）办案单位接到查获地公安机关通知后，至迟第二日应当启程携带相关法律文书前往查获地。规定时间内当地（以地级市为准）没有前往查获地交通工具（特指飞机、动车、火车）的，可顺延至开始的班次当日。交通不便地区，路途需要中转前往的，办案地公安机关应当在接到通报至迟第二日启程前往中转地。当日无中转的顺延时日，但不得故意变相延迟。遇有自然灾害事件无法出发的，应在恢复交通后依照前述规定启程，办案单位需对此作出情况说明。

（3）办案地公安机关派员到达查获地所在地（指县或市辖区）至迟第二日，应当与查获地公安机关办妥犯罪嫌疑人移交法律手续。并至迟第二日启程押解回途，如无回途交通班次则顺延至交通班次当日，中途非因押解需要，不得随意停留、再次寄押。此处的"路途时间"应当连续计算，不得人为中断，期间为办案地公安机关接到查获地公安机关通报之日起，至将逃犯押回至办案地公安机关所在地之日。违反以上规定延迟启程、中途非中转需要停留、延迟与查获地交接逃犯的时日计入刑拘期限。

（4）刑拘时限的以犯罪嫌疑人押回至办案地公安机关所在地第二日起计算，延长期限顺延，但延迟路途时日的应当计算在内。

（三）切实保障犯罪嫌疑人应有权利

（1）"路途时间"除了查获地宣布执行刑拘后 24 小时内的依法讯问，其他计入路途的期间内不得讯问。确实需要再次讯问的，讯问当日起至讯问结束期间计入拘留期限，并以日为计算单位。路途期间应当保障犯罪嫌疑人必要的饮食、休息和睡眠。

（2）充分运用程序性制裁手段倒逼执法规范，公安、检察院、法院、监委、律师应建立机制，充分发挥各自职能，及时、有效地对"路途时间"执法情况进行监督。